Louis XIV
et
vingt millions de Français

Collection *Pluriel* fondée par Georges Liébert
et dirigée par Pierre Vallaud

PIERRE GOUBERT

Louis XIV
et
vingt millions
de Français

FAYARD

Encore un Louis XIV !

Celui-ci ne prétend point apporter sur la vie intime du monarque des révélations neuves, ou des détails croustillants ; si c'est là ce que cherche le lecteur, qu'il se reporte à la littérature spécialisée.

Ce Louis XIV est à la fois une œuvre de vulgarisation et un essai.

Entre les érudits enfermés dans leur spécialité, et le grand public, habituellement obligé de se repaître d'historiettes frelatées ou de pamphlets politiques, il existe un véritable précipice, qui va s'élargissant sans cesse. Sur ce précipice, on a tenté de jeter un pont : le public cultivé doit être informé du travail considérable accompli depuis une vingtaine d'années ; il tend à renouveler beaucoup d'idées reçues, sinon sur la personne du Roi, du moins sur son royaume.

Certaines conceptions exposées dans cet ouvrage choqueront beaucoup de gens, sauf les esprits libres. Quelques interprétations se présentent, il est vrai, comme des hypothèses ; mais ce sont les libres hypothèses — et la pratique de l'Histoire demeure l'un des refuges de la liberté — qui nourrissent la réflexion et aiguillonnent le travail. Flatter les idées reçues et les systèmes en place n'est pas une tâche d'historien.

Juger un personnage, moins encore, même s'il s'agit de Louis XIV, qui a hautement réclamé le jugement des siècles, et qui s'est toujours proclamé responsable de tout ce qui s'est fait sous son règne, les grandes choses et les autres. Le rôle de l'historien est de s'informer, et d'essayer de comprendre ; prononcer la sentence, non point.

Louis XIV seul, enfermé dans sa majesté, n'est qu'objet de littérature. Si conscient de sa responsabilité, si ferme et résolu que soit un tel maître, il dépend de ses sujets, et du monde qui l'entoure, autant que ses sujets dépendent de lui, et que ce monde porte sa marque. Confronter Louis à son royaume et à son temps, tel est plutôt le sujet de cet ouvrage, qui pose en fin de compte, une fois encore, l'éternel problème du grand homme dans l'Histoire.

Sans doute pardonnera-t-on mal les ruptures du récit, telle lacune, tel raccourci cavalier, telle longueur surprenante. Qui voudra un récit complet, didactique, scolaire au bon sens du mot, se reportera à d'excellents manuels d'enseignement secondaire, et ne dédaignera pas les plus anciens. Qui cherchera de plus amples renseignements, des détails, des preuves, des discussions d'érudits, examinera la petite bibliographie (p. 375 à 380).

On remarquera enfin que ce bref essai ressemble peu à tels ouvrages, même récents, principalement consacrés au Roi, au Roi tout seul. Qu'on soit bien assuré que les différences constatées sont conscientes et volontaires et que j'en assume pleinement la responsabilité.

PIERRE GOUBERT.

Pierre Goubert est né à Saumur, le 25 janvier 1915, d'un père manœuvre et jardinier et d'une mère épicière de quartier (Grand-Rue) ; tous deux d'origine paysanne. Après des études à l'école primaire, puis au cours complémentaire du quartier, à Saumur, il entre comme boursier — sans être bachelier — à l'Ecole normale d'instituteurs d'Angers, puis de Rennes (préparation à « Saint-Cloud »). De 1935 à 1937, il est à l'Ecole normale supérieure de Saint-Cloud qui préparait alors les enseignants des écoles normales primaires.

Nommé à l'Ecole normale de Périgueux, Pierre Goubert enseigne depuis 1937. Après un intermède militaire — service militaire, puis campagne de 1939-1940 avec le grade de caporal ; n'est pas prisonnier — il est professeur aux collèges modernes des lycées de Pithiviers, Beauvais, Paris (lycée Turgot), puis Beauvais de nouveau jusqu'en 1959. Pierre Goubert passe la licence d'histoire par morceaux, en travaillant, puis l'agrégation en 1948, enfin le doctorat d'Etat qu'il obtiendra en 1958 (sur *Beauvais et le Beauvaisis...*). Au C.N.R.S. de 1951 à 1955 il est ensuite nommé directeur d'études à l'Ecole pratique des Hautes Etudes, VIᵉ section, puis professeur d'histoire moderne à l'université de Rennes en 1958, à celle de Nanterre en 1965, enfin à la Sorbonne en 1969 (Paris I depuis 1971).

Pierre Goubert a effectué des missions de conférences variées en Grande-Bretagne (Oxford et Cambridge), en Belgique (Louvain et Bruxelles), aux Pays-Bas, en Suisse (surtout à Genève), en Italie (Florence), en Espagne (Santiago), au Canada (Québec et Ontario), aux Etats-Unis (Yale, Cornell, Columbia et Princeton), au Japon (Kyoto, Tokyo, Kyu-Shu). Il a assuré un enseignement semestriel aux universités de Princeton (1969-1970) et de Montréal (1976).

Principaux ouvrages de Pierre Goubert

Beauvais et le Beauvaisis de 1600 à 1730, contribution à l'histoire sociale de la France du XVIIe siècle, Paris, S.E.V.P.E.N., 2 vol., 1960 (épuisé).

1789, les Français ont la parole, en collaboration avec Michel Denis, Archives n° 1, Julliard-Gallimard, 1964.

Louis XIV et vingt millions de Français, Fayard, 1966, Coll. « L'Histoire sans frontière ».

L'avènement du Roi-Soleil, 1661, Archives, Julliard-Gallimard, 1967.

Cent mille Provinciaux au XVIIe siècle, Flammarion, 1968, Coll. « Science » (il s'agit d'un *digest* de la thèse parue en 1960 : *Beauvais et le Beauvaisis*).

L'Ancien Régime : tome I, « La Société », 1969 ; tome II, « Les Pouvoirs », 1973 ; Armand Colin, Coll. « U ».

Histoire économique et sociale de la France (dirigée par Braudel et Labrousse), tome I, 1660-1789, P.U.F. (participation de 220 pages environ).

Clio parmi les hommes (recueil d'articles), Mouton, 1976.

Sommaire

Préface

Vingt ans après

ME permettra-t-on d'emprunter au plus spirituel des romanciers-historiens du XVIIe siècle l'un de ses plus célèbres titres ? Sans doute, puisqu'il est, dans le cas présent, aussi sérieusement inexact que les aventures frondeuses des mousquetaires mûris. Pour tout dire, les premières pages de cet essai furent écrites, laborieusement, durant l'été de 1960, à la demande d'un homme tout à fait hors série : Jean Massin, visage de prophète, culture inimaginable, parler vert et libre, bonté radieuse... Il dirigeait alors une de ces collections plus ou moins historiques dont le sort habituel est d'apparaître, de faire quelques petits tours, puis de disparaître. La collection disparut donc, vers 1962. Terminé, le manuscrit dormit dans un coin. Fin 1965, il suivit son auteur à Paris. Vers cette époque, Denis Richet et François Furet, amis fidèles bien qu'historiens, lançaient à leur tour une autre collection chez un autre éditeur [1] ; au hasard d'une rencontre, le premier me demanda si je ne pouvais pas ficeler quelque chose pour ladite collection. Rajeuni, un peu allongé, le manuscrit oublié devint ce *Louis XIV et vingt millions de Français* qui, depuis septembre

---

1. « L'Histoire sans frontières » elle aussi interrompue, sinon disparue.

1966, a paru intéresser un certain nombre de gens,
dans ce pays et quelques autres, malgré sa concision, son mépris des détails affriolants et son
empaquetage un peu trop universitaire. Son passage
au « Livre de Poche », dix ans après sa publication
et seize ans après sa conception, paraît entraîner
obligatoirement, d'abord une refonte de la bibliographie, presque entièrement périmée (ce qui montre à quel point les historiens ont travaillé) ; ensuite,
étant donné le nombre, la diversité et souvent l'intérêt des commentaires et des comptes rendus que
le livre a suscités, une franche explication des desseins avoués et des intentions moins ostensibles de
son auteur ; et enfin, puisque dix années de travail
historique souvent assez sérieux se sont écoulées,
une sorte de panorama rajeuni, sans doute plus
exact (mais ajouté et non intégré au livre) de ces
vingt millions de Français qui, sans doute, sont
plus dignes d'intérêt que le monarque trop encensé
qui tentait de les faire obéir.

*
**

Roi de France qui figure parmi les mieux connus
(Louis XV l'est moins), Louis XIV a presque toujours déchaîné les passions, en France évidemment,
mais tout autant hors de France, et l'on n'imagine
pas à quel point il a pu être détesté en anglais,
en allemand et en néerlandais. Mais, dans la sacro-
sainte Université française d'hier (dont celle d'aujourd'hui conserve quelques traits), il était de fort
mauvais ton de parler de Lui autrement qu'en termes dithyrambiques, les yeux tournés vers le Ciel,
des vibrations dans la voix et des tremblements au
corps. Ces délires sont probablement indignes du

modèle, sans doute inacceptables et sûrement ridicules. C'est ainsi que j'ai pu entendre ou lire que j'avais « noirci » le Grand Roi, osé l'appeler Louis (ce qui est la seule appellation exacte), parlé de Lui comme d'un être humain ordinaire, songé parfois à Le comparer à tel général de brigade du XXe siècle, etc.

Peut-être à tort, mais sincèrement, j'ai toujours pensé que le travail de l'historien ne se ramenait pas à l'exaltation des gloires nationales (il existe des gens spécialisés dans ce commerce), mais dans la recherche honnête et toujours plus approfondie de ce qui est connaissable (beaucoup), en essayant de le comprendre, puis de le faire comprendre et revivre. Toutes les discussions engagées ces dernières années, pour la centième fois, afin de déterminer l'objet, le sens et la fonction de l'histoire, dans un verbiage de plus en plus prétentieux, me paraissent ne rien ajouter, que du bruit, à ces évidences immédiates, simplistes et définitivement primaires.

Bref, je n'ai rien à modifier des aspects successifs du Grand Roi qui se dégagent de ce texte. Sinon rappeler encore qu'il n'a pas existé un Louis XIV « en pied », immuable, campé une fois pour toutes. Il avait vingt-deux ans en 1661, et soixante-seize en 1715 : l'homme change, comme on sait. L'homme très jeune avait de la séduction, de la puissance, de la virilité, du courage et parfois de l'originalité : mélomane très sûr, et incroyable soutien de ce libertin de Molière. Le vieillard, infiniment de dignité, généralement de maîtrise, et plus encore de courage, quelquefois jusqu'à l'aveuglement. L'homme mûr, ivre d'encens, cassant, vaniteux, souvent sot, m'a toujours paru assez insupportable.

Qu'il ait toujours été un gros travailleur m'apparaît simplement comme une vertu nécessaire, en fin de compte banale en France, et sûrement indispensable à son rang. Si l'on désirait un avis personnel, le voilà. Mais un véritable historien aurait-il dû le donner ? Il me semble ; sinon, qu'on cesse aussi de déverser à la tonne l'encens « historique ».

A part quelques intempérances de langage, pédagogiquement nécessaires, j'ai peu de modifications à apporter au portrait assez rude que j'ai dressé du « grand Colbert ». Couvert habituellement d'éloges, le fils prétendu honnête du prétendu drapier de Reims (une pâle fripouille, ce père) devait être quelque peu descendu de l'incroyable piédestal sur lequel, rejoignant pour une fois tant de besogneux en mal d'Académie, l'avait juché un historien aussi sérieux et sûr que le grand Lavisse. Pour provoquer réflexion et travail, il me fallait, en quelque sorte, repousser brutalement le balancier dans la position opposée, afin qu'une probable position d'équilibre puisse apparaître quelque jour. Las ! le travail de titans accompli par plusieurs de mes jeunes amis historiens, dont Jean-Louis Bourgeon et Daniel Dessert, a déjà surabondamment prouvé que le grand Colbert n'aurait rien été sans la famille de banquiers et de trafiquants dont il sortait, et que l'essentiel de sa tâche consista à confier les grandes affaires françaises (levées d'impôts, fournitures d'armes, prêts au Roi) à un véritable « lobby » ; un lobby de frères, de beaux-frères, de neveux, de cousins, d'alliés et de prête-noms qui s'empara brutalement des « places » laissées vacantes par la mort de Mazarin (de loin, la plus grosse fortune de son temps, et la plus scandaleuse) et par l'éviction si bien organisée de l'imprudent et séduisant Fouquet, ainsi que de leurs maffias respectives et en partie confondues. Que tous ces personnages colbértides se soient révélés habiles gestionnaires, négociateurs avisés et administrateurs parfois géniaux ne saurait surprendre : pour se hisser là où ils parvinrent, ils avaient de l'obstination, de la méthode, de l'intelligence et de l'amoralité à revendre. A tout prendre, l'honnêteté ministérielle ne se révèle-t-elle pas comme une émouvante nouveauté du brave XIXᵉ siècle, assez souvent continuée au XXᵉ ? Quoi qu'il en soit, le Colbert présenté ici paraît bien se trouver plus flatté que noirci.

En voilà assez, ou presque, sur les grands hommes, qui ne constituaient pas l'objet véritable de ce livre. Il faut cependant redire que nous manquons de grandes biographies sérieuses, non pas sur les maîtresses royales ou les freluquets de Cour, mais sur des hommes prestigieux comme Condé ou Vauban, ou sur des hommes de poids comme Pontchartrain, Desmarets et même Chamillart, plus ou moins victimes de la géniale malveillance de Saint-Simon, ce descendant de financiers qui jouait au duc et pair. Mais des biographies replacées dans leur milieu familial et social, et qui ne méprisent pas les problèmes d'argent, qui sont toujours les problèmes essentiels, même ou surtout quand le contraire est proclamé.

Il est cependant bien évident que la présentation des « vingt millions de Français » formait l'ossature et sans doute la nouveauté du livre. La chose était devenue possible dans les années 60 parce que de jeunes historiens, parfois d'origine populaire et rurale, avaient commencé enfin à « se pencher » sur les véritables grands ancêtres populaires et ruraux, en utilisant des monceaux d'archives poussiéreuses, que leurs prédécesseurs avaient presque toujours jugées indignes de leur magnificence. Depuis lors, bien d'autres historiens sont venus, ont élargi le terrain de fouilles, posé des questions nouvelles, contesté leurs aînés, lancé en tous sens quelques théories parfois hasardeuses. Qu'en résulte-t-il, et quelles retouches apporter au tableau présenté en 1966 ?

*
* *

Toute une série de critiques, tantôt assez stupides, tantôt feutrées et obliques, tantôt éclatantes et sincères (je pense ici à Pierre Chaunu), ont soutenu que, décidément, ce livre présentait de la France du Grand Roi un tableau noirci, et donnait dans ce qu'on appelle le « misérabilisme »[1]. Une réponse simple consisterait à renvoyer au *Cheval d'Orgueil* ; Pierre Jakez Helias, à travers ses souvenirs familiaux, présente un pays bigouden des années 1900 au moins aussi « noir » (avec ses joies) que « ma » France du Grand Roi. La comparaison pourrait suffire. Il faut pourtant entrer dans quelques détails qui, j'espère, n'ennuieront pas.

J'avais donc soutenu qu'au temps du Grand Roi le quart des enfants mourait avant leur premier anniversaire, et un second quart avant l'âge du mariage. Comme il m'était arrivé aussi de parler de famine, mot excessif, mais mot d'époque, on a très souvent proclamé que je présentais la « légende noire », sans doute pleine d'arrière-pensées politiques (lesquelles ?). Et de lancer des exemples roses et riants, pris il est vrai dans la salubre Provence ou la grasse Normandie, mais malheureusement

―――――――

1. Voir, *infra* « Commentaires et critiques ».

après un travail bien hâtif et en suivant des documents incomplets et mal critiqués (puisque maint curé de campagne jugeait inutile de coucher des sépultures d'enfants sur son registre paroissial). Le débat est désormais clos. Les éminents statisticiens-démographes de l'I.N.E.D. (Institut National d'Etudes Démographiques) ont donné, dans un numéro spécial de leur revue *Population* (novembre 1975), les résultats de plus de quinze années d'enquêtes portant notamment sur le même sujet. Il en résulte que les taux de mortalité infantile et juvénile que j'avais cru observer jadis autour de Beauvais, puis ailleurs, se trouvent inférieurs à la réalité. Ainsi, les « couleurs » démographiques de la France de Louis XIV avaient été, non pas consciemment assombries par moi, mais inconsciemment éclaircies.

Quant aux disettes, famines ou « mortalités », il suffit de lire les textes les plus humbles (notes des curés de campagne) comme les plus illustres (mémoires de Louis XIV pour l'année 1662) pour s'épargner le ridicule de remettre en cause leur existence. Simplement, elles affectaient assez inégalement les diverses provinces du royaume. Le Midi et la Bretagne étaient souvent préservés pour des raisons qui tiennent à la fois au climat (le « grand hyver » de 1709 toucha peu les terres armoricaines), aux salvatrices nourritures de remplacement (blé noir, maïs), aux facilités de communications et donc de ravitaillement, surtout par mer (pas de famine à Marseille). Ces réserves établies, faut-il en ajouter d'autres ?

Par exemple, que les gens mouraient rarement de faim au sens étroit du mot, mais plutôt d'aliments infects des temps de crise, qui provoquaient diverses maladies contagieuses, surtout digestives. Cette fine distinction qui absout en passant l'imprévoyance du gouvernement (c'est le but inavoué) qui pourtant faisait ce qu'il pouvait, aboutit simplement à déplacer la question : pourquoi était-on si souvent malade lors des chertés des blés, et pourquoi mourait-on si vite et si massivement de maladies curables en d'autres temps ? Nier l'évidence, c'est ignorance, petite malhonnêteté ou optimisme béat. Cela dit, durant le règne personnel de Louis XIV se produisirent seulement trois grandes vagues de « mortalité », qui affectèrent plus de la moitié du royaume : en 1662, 1694, 1710, — plus de menues poussées (menues au sens du temps) de mort épidémique ou disetteuse, plus localisées. Après 1710, ces grands cataclysmes disparaissent de notre pays ; mais non pas leur souvenir : vers 1740, vers 1770, sous la Révolution et même après, dès que des signes inquiétants se manifestent, l'opinion s'affole, et une administration plus efficace prend de sérieuses mesures pour pallier les difficultés du ravitaillement, l'emballement des prix, l'extension des épidémies. Ainsi le monde louis-quatorzien, toujours hanté par les trois fléaux bibliques (guerre, peste, famine), paraît comme une sorte de prolongement du Moyen Age, mais une terminaison. En Europe occidentale du moins, on ne reverra plus de massives horreurs de ce type. Ailleurs et aujourd'hui, non pas, puisque les succédanés de la peste et la pure famine règnent encore dans ce qu'on appelle si pudiquement le tiers ou le quart monde, et qu'on a trouvé le moyen d'y installer, en les perfectionnant, toutes les horreurs de la guerre, pour le seul bénéfice des marchands d'armes — seule constante de cette lamentable évolution.

Revenant au temps de Louis XIV, nous reprendrons l'un des thèmes du livre : que ce règne coïncida avec une période de stagnation ou de dépression économique, coupée de courtes et rudes fièvres. Cette interprétation, étayée par une solide information de base, à caractère souvent statistique, était courante chez les historiens « dix-septiémistes » des années 50 et 60 ; dès 1954, Roland Mousnier, fervent admirateur de Louis XIV et du Grand Siècle, centrait un grand manuel d'histoire sur l'idée de « crise » affectant tout le siècle dans tous ses aspects, y compris l'économique. C'était peut-être généraliser un peu vite ; c'était aussi apporter une contribution de poids aux discussions engagées par les historiens de tous pays sur la « crise générale » du XVIIᵉ siècle. Sur cette « general crisis » (à laquelle la jeune garde historienne ne croit plus guère), nous reviendrons un peu plus loin. Contentons-nous de la « dépression Louis XIV ».

A l'une des étapes de son ondoyante pensée, Emmanuel Le Roy Ladurie, à peu près inconnu quand le présent livre fut écrit, et tout marqué encore de sa thèse languedocienne, n'apercevait guère de « dépression » avant les années 1675, ou 1680, voire 1690, et parlait volontiers, avec sa malice coutumière, de la période du « beau Colbert », sous qui les prix restèrent bas, les salaires solides et la production en essor ; les chiffres de production étant fort incertains et le salariat peu répandu, la démonstration perdait un peu de sa force — et de toute manière ne faisait que reculer un peu la date de la « dépression ». Dans des domaines tout différents, celui de la mer (Saint-Malo) et celui des manufactures textiles (Amiens), un certain essor apparaissait après 1670 ; mais ces mondes-là pèsent très peu auprès de l'énorme paysannerie, dont les difficultés sont parfaitement démontrées, et s'accusent encore après 1680-1690 — sauf, répétons-le, dans quelques provinces protégées par leur climat ou leur type d'économie.

. Mais voici que Jean Jacquart, après une minutieuse enquête sur les campagnes d'Ile-de-France entre 1550 et 1670, conclut à une dégradation continue, quoiqu'irrégulière, de toute la paysannerie des environs de la grand-ville. Ailleurs, dans le Nord et l'Ouest, le temps de Louis XIII m'était apparu relativement prospère ; rien de tel en Ile-de-France. S'agit-il d'une évolution propre à des zones rurales de plus en plus écrasées par les riches (nobles ou non) de la capitale ? On ne le saura que lorsque des comparaisons auront été effectuées, ce qui n'est pas pour demain.

D'autres historiens vont plus loin encore, et plus allégrement : il n'y aurait plus ni « conjoncture Louis XIV », ni « crise » du XVIIe siècle, ni « beau » XVIe siècle, ni riche XVIIIe siècle, — mais une même et longue période qui unirait d'un trait le temps des cathédrales au temps des chemins de fer : rien n'aurait bougé de 1200 à 1850, dates rondes. Cette interminable uniformité a le mérite et la commodité d'éjecter de nombreux problèmes. De doux nostalgiques vont jusqu'à installer une sorte d'âge d'or vers le XIIIe siècle, et suggérer que tout stagna ou se dégrada dans le demi-millénaire qui suivit : il ne manque que les preuves... Si l'on veut souligner ainsi que la véritable « révolution économique », et principalement agricole, n'apparut pas en France avant la fin du XIXe, sinon le XXe siècle, c'est enfoncer des portes ouvertes, ou redécouvrir innocemment ce que Daniel Halévy a appelé depuis longtemps « l'accélération de l'histoire », ou ce que contait à ses descendants l'un de mes oncles nonagénaire : les diverses techniques de moisson observées en Anjou de 1880 à 1970, de la faucille à la moissonneuse-batteuse... Les gens des villes montrent parfois d'attendrissantes naïvetés face aux choses de la campagne : même Marc Bloch, le grand précurseur, y glissait parfois.

Pour retourner aux travaux savants, il faut reprendre brièvement les vives et précises discussions qui ont opposé, durant vingt ans, les historiens de vingt pays sur la fameuse « crise générale » du XVIIe siècle. Le moins qu'on puisse dire est que ce thème fameux a été fortement nuancé, sinon révisé.

L'exception la plus éclatante est fournie par la petite Hollande, dont la croissance et la prospérité inouïe vont exactement à contre-courant de l'évolution tenue pour générale ; de même, jusqu'à un certain point, et malgré les troubles de sa « première » révolution, l'Angleterre, ses marchands, sa marine, ses colonies, sa banque ; en gros, les puissances maritimes, et même les provinces maritimes et les grands ports de pays aussi lourdement terriens que la France, au tardif essor. Autre exception, de taille, et qui peut déboucher sur une nouvelle interprétation des sociétés françaises et même européennes : la prospérité, discrète et insolente tout à la fois, d'un mince groupe international (généralement apparenté, assez souvent protestant) de très grands négociants, armateurs, assureurs et marchands-banquiers tout ensemble, qui opèrent dans les très grands ports et les très grandes places de change (Amsterdam en tête, mais aussi Londres, Hambourg, Cadix, Paris, trois ou quatre ports océaniques français, Marseille et des places méditerranéennes oubliées comme Valence, Barcelone,

Livourne, Ancône, Raguse). Pour ces puissants personnages (nobles et bourgeois bien mélangés), les
structures agraires et les malheurs de la conjoncture
agricole comptaient fort peu, sauf à en profiter
parfois : ils vivaient dans un autre monde, parfaitement international, même (et surtout ?) en temps
de guerre, celui des navires, des cargaisons, des
changes monétaires, du papier, du crédit, des longues et lentes traversées, des trafics d'Inde en
Inde, des esclaves, de l'argent, de la soie, du coton,
du sucre et du café. Presque toutes les marines sont
en plein essor dans les dernières années du XVIIe siècle, même la française, qui avait connu des malheurs
sous la houlette rude de Colbert, qui eut d'éminents
successeurs. Cette prospérité éclatante du grand
négoce et des trafics lointains suffit presque à
expliquer le « siècle d'or » que traversèrent les
« Seigneurs Etats Généraux des Provinces-Unies »,
et prépare, dès 1700, les splendeurs maritimes du
« grand siècle » de Marseille, le XVIIIe, si bien étudié
par Charles Carrière, en attendant celles de Nantes
et de Bordeaux, et les triomphes britanniques. La
mer, brillante exception aux stagnations terriennes...
Relativement proche, et pourtant différent de ce
monde du négoce, un autre groupe continue à prospérer vigoureusement dans la France déprimée de
Louis XIV, même dans les ultimes décennies, si
difficiles. Il s'agit des financiers, dont quelques-uns
commençaient à devenir fameux sous le nom de
fermiers généraux. Ceux du XVIIIe siècle ne sont pas
mal connus. Grâce à Daniel Dessert, ceux qui sévirent
sous Louis XIV commencent à l'être, et le seront
bientôt d'une manière sans doute définitive. On sait
habituellement qu'il s'agit de petits groupes d'hommes d'argent qui s'unissent en compagnies pour

signer avec le Roi (et ses ministres) des contrats, des « partis » (d'où le nom de « partisans » qu'on leur donne aussi, voir La Bruyère) par lesquels ils s'obligent à percevoir pour le compte de l'Etat un grand nombre d'impôts, surtout indirects ; on sait plus ou moins qu'ils prêtaient aussi de l'argent au monarque, et concluaient encore des contrats de « munition » pour fournir l'armée et la marine, non seulement d'armes, mais de nourriture pour les hommes et les chevaux, et de matériel comme les voiles, les câbles, le goudron, etc. Les services royaux étant tout à fait incapables, ne serait-ce qu'en effectifs, de percevoir les impôts et d'équiper les armées, les indispensables financiers rendaient donc à l'Etat des services incontestables, et souvent de qualité. On comprend bien qu'ils ne le faisaient pas gratuitement, et l'opinion habituelle était qu'ils se payaient bien au-delà des intérêts légaux auxquels ils pouvaient prétendre, ce qui les rendait fort impopulaires. Comme pour les charger plus encore, on prétendait qu'ils étaient, ou bien étrangers, ou bien issus de la roture, sinon de métiers jugés abjects comme la domesticité ou le colportage. Il faut désormais abandonner ces conceptions.

A 80 p. 100 au moins, les financiers de Louis XIV sont des nobles, mais d'assez récente noblesse, et descendent habituellement de familles d'officiers de finances royales, habitués déjà à manier l'argent public, qu'ils faisaient fructifier pour leur propre compte. A quelques exceptions près, ce sont des Parisiens, ou des hommes du Bassin parisien, Champenois comme les Colbert, Rouennais, Tourangeaux, Blésois, Orléanais. Presque tous sont apparentés, surtout par les femmes, ce qui se voit moins. Ce qui peut surprendre encore plus, c'est que, bien cachés derrière eux, d'autres hommes et d'autres femmes leur avancent discrètement l'or et l'argent nécessaires au démarrage de leurs entreprises. Ces discrets prêteurs sont naturellement ceux qui détiennent les plus grosses fortunes du royaume : prélats, grands seigneurs, dames de la Cour, maréchaux de France, présidents en Parlement, ministres et secrétaires d'Etat. Les plus grands du royaume, comme le chancelier Séguier, la duchesse de Longueville, l'illustre Turenne furent des financiers, des fermiers, des trafiquants ; jusqu'au Grand Roi en personne qui, une fois au moins, prit une participation dans la ferme de ses propres gabelles... il est vrai que c'était pour rémunérer indirectement les services de la Montespan. Le plus grand de tous fut naturellement Mazarin, si bien placé pour se signer à lui-même la permission de lever (avec pots-de-vin) les impôts qu'il avait décidés. Colbert, son digne disciple et ancien intendant, trempait aussi dans la plupart des combinaisons, par cousins ou hommes de paille interposés. En bref, les hommes d'argent et les hommes de gouvernement, c'était à peu près les mêmes, comme en des périodes très proches de nous. A bien y réfléchir, on voit mal pourquoi les choses eussent été fondamentalement différentes... Reste ce trait de mentalité : il fallait cacher soigneusement ces activités financières, et répandre dans l'opinion, qui « marcha » toujours comme un seul homme, qu'elles étaient le fait de gens de rien, de bas roturiers, d'anciens laquais, d'étrangers ou de huguenots. A l'occasion, ceux-ci servaient de boucs émissaires, les juifs ayant à peu près cessé, pour un temps, d'assumer ce rôle.

Sauf incidents inhérents aux aléas des spéculations et des mauvais remboursements par l'Etat, ce groupe de financiers, comme le groupe plus international du grand négoce, ne ressentit en rien les effets de la médiocre conjoncture louis-quatorzienne ; au contraire, il profitait de ses crises, par exemple en spéculant sur les blés, les bois, la monnaie et les dévaluations, si nombreuses après 1689.

Le reste des Français survivait ou souffrait en silence, comme l'attestent, entre autres, deux traits bien assurés : la baisse lente des prix de la terre et des fermages (déjà soulignée dans le présent livre), et le recul progressif de l'âge au mariage.

Piqués par les problèmes du temps présent, historiens et démographes ont beaucoup travaillé et écrit sur ce dernier point. A vrai dire, travaillé un peu vite et écrit plus vite encore : certains n'ont-ils pas prétendu que, dès le xive siècle, l'âge tardif au mariage traduisait une sorte de régulation des naissances par la vertu et l'ascèse — ce qu'à peu près rien ne prouve. Ce qui paraît prouvé, en revanche, c'est que les filles se marient à 20-22 ans au temps de Henri IV et à 25-26 ans au temps de Louis XIV, au moins dans la moitié Nord du royaume, la mieux connue ; or, un tel « retard », à une époque où les naissances illégitimes sont très rares, se ramènent à la perte de deux occasions d'accoucher. Il apparaît désormais que ce retard, à la fois spontané et conscient, corresponde très simplement à une adaptation à des difficultés économiques nouvelles. Si l'on consent à voir dans le mariage autre chose qu'un acte sexuel et un sacrement, mais l'établissement d'un couple indépendant dans des bâtiments ruraux ou urbains qui leur soient propres, c'est-à-dire l'acte initial d'une entreprise, tout s'éclaire. Le retard au mariage contribue simplement à montrer qu'il devenait très difficile

de trouver un « établissement » nouveau, et qu'il
fallait attendre qu'un ou deux des parents soient
morts, afin de prendre la place laissée vacante. La
preuve *a contrario* existe : dans des provinces
comme le Limousin, les nouveaux époux ne s'installent pas souvent dans une résidence et une
exploitation séparées, mais entrent dans celle de
leurs parents au sens large, qui est souvent une
exploitation pluri-familiale (avec ascendants, descendants et collatéraux) à peu près immuable ; on
« entre gendre », on « entre bru » dans des maisons
larges et robustes, dès qu'une paire de bras, moyen
de production de base, vient à manquer ; et l'on
y entre dès vingt ans, et même avant, puisque le
problème de l'installation du nouveau couple dans
un nouveau « nid » ne se pose pas ; ainsi, les difficultés économiques étant absorbées par le groupe
pluri-familial, il n'est nul besoin de retarder les
mariages de plusieurs années. Oppositions qui montrent, une fois de plus, à quel point le royaume de
France était celui de la diversité.

Sans doute n'a-t-on pas suffisamment souligné ce
point dans le présent livre. La France de la famille
conjugale étroite — la moitié Nord — n'est pas la
France de la maison pluri-familiale, qui commence
au Nivernais et à la Marche. La France du Nord où la
noblesse ne paie pas (ou presque pas) d'impôt, la
taille étant signe de roture, n'est pas la France du
Midi et de la taille « réelle », que la noblesse règle
sans se croire déshonorée. La France polyculturale
du maïs, plante quasi révolutionnaire, n'est pas la
Picardie de la monoculture des blés et des maigres
tissages à domicile. La France lourdement seigneuriale de l'Ouest, du Centre et de l'Est, n'est pas la
France plus qu'à demi libérée des droits « féodaux »,

région parisienne ou Midi. La France fortement
dîmée par l'Eglise, dont l'Armagnac fournit le plus
rude exemple, n'est pas la Bretagne de ces « rec-
teurs » à la pesée financière si curieusement douce.
La France littorale n'est jamais la France continentale, même si cette dernière est beaucoup plus
nombreuse. La France des échevinages et des
« consulats » puissants, même au village (Nord,
Bretagne, Midi surtout) n'est pas la France des
assemblées de paroisse insignifiantes et presque sans
pouvoirs. Et l'on n'aura garde d'oublier que seules
quelques villes et le cœur du Bassin parisien (Loire
et Seine) parlent la douce langue tourangelle, ce
toscan du royaume franc ; l'immense majorité des
sujets du Grand Roi ne comprend que sa langue
propre : toutes les formes d'oc, le wallon-picard, le
celtique, le flamand, le bas-allemand et le basque.
Si bien que le juge, le curé et le notaire doivent
constamment retraduire au bon peuple les papiers
législatifs et administratifs venus d'une capitale à
peu près étrangère. Ce provincialisme viscéral, cet
enracinement paysan dans la paroisse et le petit
« pays » que domine une ville-marché et que mesure
un rayon de deux ou trois heures de marche, nous
soutiendrons toujours que le cœur de l'ancienne
France était là, et là la profonde réalité — même si
d'éclatantes exceptions peuvent être énumérées. Il
n'empêche qu'on ne peut éviter de proposer une
réponse à quelques questions générales, sans doute
superficielles, mais qui sont toujours posées. Et
notamment celle de la misère des gens et de la
richesse du royaume, apparemment contradictoires.

Le mal est qu'on juge en ces matières par référence
au second XXe siècle, ou bien qu'on se laisse porter
soit par une idéologie favorable au « Grand Siècle »

(avec les paysans relativement aisés des Le Nain [1]),
soit par un parti pris hostile plus ou moins hérité
de Lavisse et de l'ancienne Ecole primaire répu-
blicaine (avec les « animaux farouches » de
La Bruyère, texte de « récitation » naguère quasi obligatoire). Or le « bonheur » du peuple — ici, peuple
égale paysans — est une affaire bien délicate de
jugement, de tempérament et de civilisation. Le plus
souvent, un travail abrutissant, une nourriture
insuffisante et déséquilibrée, le poids de ce qu'on
appelle « superstitions » ajouté à la tyrannie des
curés forcenés de la Contre-Réforme empêchaient de
penser quoi que ce soit. Les plaisirs de la vie demeuraient simples et immédiats : manger, boire, se
battre, forniquer ; l'idéal restait d'attraper « le bout
de l'an », d'établir les enfants survivants et, suprême
compensation, d'espérer « le paradis à la fin de ses
jours ». N'avoir ni linge de réserve, ni souliers, ni
vaisselle, ni véritable « intérieur », ni beaucoup de
provisions d'hiver, c'était l'habitude, comme de
perdre un enfant sur deux, de n'avoir qu'un parent
sur quatre à son mariage, d'aller à l'église chaque
dimanche. On tâchait de se nourrir, pain, galettes et
bouillie constituant souvent l'essentiel (quitte à
goinfrer lors des rares festivités) ; on tâchait de
payer à la fois l'impôt de l'Eglise, l'impôt du seigneur et celui du Roi. La plupart avait du mal à
y parvenir ; quelques-uns, les « coqs de village »,
s'en tiraient aisément ; de la masse incertaine des
indigents et des errants nous ne savons pas grand-
chose, sinon son existence, son danger, et son gon-
flement aux mauvaises années. Telle qu'elle devait
leur apparaître, c'est-à-dire voulue par Dieu et pro-

---

1. ... qui illustrent la couverture de la présente édition.

tégée par le Roi, la société était sans doute acceptée : on ne pensait pas qu'elle puisse un jour changer, et l'on plaçait toujours l'âge d'or dans le passé, modèle et idéal quasi universel : le seul lendemain à chanter gîtait au paradis. Sans doute des révoltes brutales et brèves, vite retombées et parfois noyées dans le sang, éclataient-elles çà et là, telle ou telle année ; ces « fureurs » jaillissaient à l'annonce, vraie ou fausse, de quelque « nouvelleté » toujours impie, et particulièrement détestée s'il s'agissait d'un impôt nouveau, d'un percepteur nouveau et forcément étranger au pays. Dans les villes, de brutales émeutes, souvent d'origine féminine, éclataient sur les marchés, dans les boulangeries, au bord des rivières, lorsque les prix montaient trop vite ou qu'on soupçonnait des « affameurs » ou « monopoleurs » d'emporter le blé du pays. Il faudra 89 pour que ces colères prennent un sens et une portée nouvelle. Au temps de Louis XIV, rien ne laissait prévoir ces lointaines et sérieuses poussées qui, de révoltes éparses et peu signifiantes, feraient une révolution, une vraie.

Cette situation paysanne — les petites villes ne différaient guère si les grandes étaient tout autre chose — s'améliora-t-elle au XVIIIe siècle, faisant alors apparaître la période précédente plus triste et plus sombre ? Les historiens en discutent avec passion. Je suis pour mon compte persuadé, et espère pouvoir le montrer un jour, qu'une prospérité croissante (bien qu'inégale selon les groupes sociaux) s'est emparée des campagnes du Bassin parisien et de la France du Nord au temps de Louis XV et de Louis XVI : pour la saisir, il suffirait presque de comparer le contenu des coffres et des armoires, et particulièrement la garde-robe des femmes... Petits indices, mais que bien d'autres corroborent, comme le nombre croissant de têtes de bétail dans la Cornouaille bretonne de 1700 à 1780. En revanche, d'autres provinces, comme le Limousin et l'Auvergne, semblent stagner dans une détresse têtue, si même elles ne s'affaissent pas quelque peu. Si bien qu'il est possible, en choisissant astucieusement les exemples, d'opposer les grisailles louis-quatorziennes aux opulences du XVIIIe siècle, ou de soutenir que la même et lamentable médiocrité a régné d'Henri IV à Louis XIV...

Reste une étonnante énigme : comment concilier l'apparence semi-misérable des campagnes et de bien des villes avec le fait que Louis XIV passait, sans doute à juste titre, pour le roi le plus riche d'Europe, et qu'il put, malgré des moments terribles, tenir tête à tant de pays coalisés — ce qui, au-delà du courage et même du génie —, suppose des ressources matérielles considérables ? Richesse du royaume et médiocrité des habitants, est-ce possible ?

La réponse est positive, d'autant que la « pauvreté » est une conception relative, souvent anachronique, et qu'il n'est pas impossible que presque toute la richesse d'un pays soit détenue par le vingtième de ses habitants, ou moins encore. Mais ce qu'on appelait un « pauvre » dans la France du XVIIe siècle, c'était fort exactement celui qui ne pouvait se procurer son pain et celui de sa famille. En ville, où l'on vit le plus souvent de salaires, la conception est claire. A la campagne, il en est autrement : le journalier qui gagne dix sous par jour (quand il travaille) ne peut théoriquement nourrir une famille ; si l'on pense qu'il cultive toujours un jardin, qui peut être assez grand, une parcelle de blé, quelques ceps de vigne, et qu'assez rares étaient ceux qui ne détenaient pas quelques poules, une ou deux brebis, parfois une vache (le cochon est rare, l'élevage du lapin inconnu), que tous braconnaient et « bricolaient », le sens de l'expression « pauvre manouvrier » devient assez subtil : sa pauvreté réelle ne peut être le résultat que de l'absence complète de terre à cultiver, de petit bétail, ou bien d'une famille trop nombreuse, d'une santé mauvaise et, pourquoi ne pas le reconnaître ? de la sottise, de la paresse et de l'ivrognerie. Ou bien le dénuement total dérive d'un de ces cataclysmes qui menacent particulièrement les faibles : mauvaises récoltes, épizooties (la mort de la vache est souvent irréparable), passage des soldats, épidémies. Hors ces mauvaises années, l'effectif des vrais pauvres, totalement démunis, n'atteignait probablement pas le million, 5 p. 100 du total. Sinon, comment ce peuple de paysans serait-il parvenu, même en rechignant et trichant, à payer des impositions qui doublèrent largement sous Richelieu et Mazarin, et qui montaient encore lors des grandes guerres de Louis XIV ? Et comment cet Etat, aussi besogneux dans sa trésorerie qu'éclatant par d'autres aspects, aurait-il pu dépenser chaque année cent, puis deux cents millions en or et en argent, pas loin de mille tonnes pesantes ? En ce temps-là, seuls les deux métaux précieux représentaient une valeur, et les billets qui pouvaient circuler représentaient strictement telle quantité de monnaie « sonnante » (ce qui n'empêchait d'ailleurs pas spéculations et tricheries).

Nous voici contraint de reprendre à peu près quelques-unes des idées qui ouvraient ce livre. La richesse de la France était considérable au temps de Louis XIV, si on la mesure avec les balances du temps. Richesse d'hommes, quelque vingt millions, dix fois la Hollande, trois fois l'Angleterre ou l'Espagne, et les hommes constituent les sources fondamentales d'énergie, avec quelques animaux, l'eau et le vent. Richesse d'un royaume dont aucune province n'est inculte, stérile ou même entièrement misérable, d'autant qu'il est cultivé par une paysannerie inlassable, adroite, ingénieuse, bien que très traditionnaliste. Des provinces d'une telle variété qu'elles forment comme un résumé de l'Europe, des plaines du Nord à la Méditerranée, des forêts alpines à la mer Océane. Des « manufactures » (on ne parlait pas d'industrie) qui soutiennent une bonne consommation intérieure, et surtout de très fortes exportations, principalement d'étoffes, qui font rentrer cet or et cet argent que le pays ne produit pas, mais sait très bien conserver et faire circuler. Une administration dont les prétentions, les incapacités et la corruption nous font sourire, mais qui mène assez bien ses deux tâches fondamentales : faire rentrer les impôts d'abord, assurer l'ordre ensuite. Au total, rien de brillant, rien de neuf, aucune « croissance » sérieusement décelable (mais ce mot a-t-il un sens au XVIIᵉ siècle ?), pas ou peu de progrès technique. Mais la solidité, la sûreté, la variété, surtout le nombre et l'énergie suffisent à hisser le pays au premier rang, sinon à l'y maintenir.

Pour progresser vraiment, ce pays si doué restait beaucoup trop amoureux du passé, et beaucoup trop continental. Trop paysan aussi, même dans sa bourgeoisie et sa noblesse, qui limitaient souvent leurs investissements à la terre et aux domaines fonciers ; et quand ils paraissaient en sortir, c'était pour pratiquer une sorte d'usure médiocre, prêts à intérêts gagés sur la terre, prêts à des organismes collectifs comme le Clergé et l'Etat ; ou alors, franchement, la finance, c'est-à-dire les affaires du Roi, utiles, souvent rentables, mais non génératrices de progrès. A part quelques rêveurs, personne pour monter une grande banque de dimension nationale, comme à Amsterdam (dès 1609 !) ou à Londres (1694) ; personne pour organiser à Paris un grand marché des affaires et des changes (comme à Amsterdam encore) ; personne, avant 1750, pour découvrir et propager les techniques agricoles utilisées depuis deux siècles par les Flamands et les Hollandais, depuis un siècle en Angleterre ; une curieuse incapacité à créer une métallurgie de qualité (qui existait en Allemagne, en Suède et même à Liège) ; pas assez de grands armateurs et de grands négociants pour transformer ce peuple terrien en un peuple de marins, malgré les rages de Colbert, et les réussites exceptionnelles et tardives de Malouins, de Rouennais, de Marseillais. Investir décidément et massivement dans la Banque, la Bourse, l'industrie nouvelle, l'agriculture nouvelle et même la marine paraît généralement contraire à la prudente et traditionnelle mentalité française. Et pourtant, les négociants qui trafiquaient en Orient, en Afrique, aux Antilles surtout, montraient la voie, une voie que suivra le plus dynamique XVIIIe siècle. Mais, sous le Grand Roi, ils demeuraient très minoritaires, et à peu près incompris dans les profondeurs terriennes et petites-bourgeoises du royaume. Avec ses retards et ses tragédies, la plus nombreuse, la plus riche et la plus lourde des grandes nations dominait pourtant encore son temps. Mais l'avenir, c'était la petite Hollande qui le montrait, en attendant l'Angleterre.

*
* *

Pour en revenir aux vingt millions de Français, dont pas un sur cent n'avait en tête des soucis de cet ordre, deux aspects au moins de leur histoire avaient été négligés dans l'édition originale de ce livre : le religieux et le culturel. Double lacune qui tenait à la fois au niveau assez modeste (ou vieilli) de la recherche en ces domaines, et à une certaine incompétence de l'auteur. Depuis, beaucoup de travail a été accompli.

Délaissant quelque peu enfin le vieux thème des querelles théologico-politiques (protestantisme, jansénisme, gallicanisme, etc.), on a essayé de se demander ce qu'était exactement la foi des Français, et comment le catholicisme du XVIIe siècle fut réellement vécu. Deux choses ont paru évidentes : la survivance abondamment prouvée de rites et de croyances plus ou moins « païennes » (cultes agraires, cultes solaires, lunaires, des pierres, des sommets, des grottes, carnavals, fêtes de la jeunesse, charivaris, étranges pratiques de mariage, vogue des sorciers, magiciens, guérisseurs, etc.) ; et d'autre part la fort tardive reprise en main (après 1650) d'un ensemble de prêtres séculiers (dits « curés ») dont le niveau intellectuel et moral demeurait généralement lamentable, Louis XIII régnant. Or ces nouveaux prêtres, issus après 1680 de séminaires fort dévots ou jansénisants, astreints souvent à une sorte de formation continue par des réunions presque annuelles (conférences et synodes), tâchaient de répandre parmi les peuples une foi rigoureuse, sourcilleuse, disciplinée, peu sentimentale, basée sur un grand souci d'ordre et surtout sur la peur de l'Enfer. Visiblement, le peuple chrétien avait aussi besoin d'être repris en main puisque, pour suivre les thèses très neuves de Jean Delumeau, il n'avait été jusque-là que très superficiellement christianisé : sur sa fondamentale culture agraire et païenne, on avait posé des mots et des mécanismes d'allure chrétienne. En bref, la véritable évangélisation des Français — une évangélisation en profondeur — daterait du XVIIe siècle, ce qui paraît assuré au moins pour la Bretagne du père Maunoir ; ainsi, le caractère parfaitement chrétien de notre bon Moyen Age deviendrait assez douteux. Ces thèmes ont paru sacrilèges aux esprits retardataires et timorés, qui ont réagi avec plus d'anathèmes que d'arguments. La thèse de Delumeau me paraît pourtant correspondre à la réalité ; elle explique notamment la résistance bien connue d'une partie des fidèles au dessèchement et à la caporalisation d'une religion d'où l'on voulait bannir l'effusion, la joie bruyante, un certain désordre, la danse, les reliques miraculeuses, les fontaines et les saints guérisseurs, — en somme le charme et la rêverie. Cette tardive réforme catholique n'avait été possible qu'avec un clergé tout neuf, instruit (mais pas trop), solide, bien tenu en main par les évêques et le pouvoir royal : ce qui devait faire à la fois sa force du moment et sa faiblesse future.

S'il se trouve quelque peu d'hypothèse dans ce qui vient d'être dit, il s'en trouve au moins autant dans ce qui suit : l'analyse de ce qu'on appelle les « mentalités profondes » du peuple de France se heurte à bien des difficultés. On sait depuis longtemps que, dans les provinces situées au nord d'une ligne Saint-Malo - Genève, près de la moitié des hommes savaient signer leur acte de mariage entre 1686 et 1690 (les femmes, à peine une sur cinq). De récents travaux paraissent prouver qu'une bonne moitié de ceux-là devaient assez bien maîtriser l'écri-

ture et la lecture, d'autant qu'on sait aussi que les
« petites écoles » de village étaient particulièrement
nombreuses de la Normandie à la Picardie et la
Lorraine. On ignore encore moins, grâce aux livres
de Geneviève Bollême et de Robert Mandrou, qu'il
existait une littérature dite « populaire » (almanachs,
petits romans, recettes d'apothicaire, contes de fées
et de chevalerie, présages météorologiques et astro-
logiques — toujours les mêmes —, conseils pour la
culture, la morale et la tenue correcte à la messe)...
tirée à des centaines de milliers d'exemplaires, donc
vendue très bon marché, par d'astucieux éditeurs
dont les plus connus sont les Oudot et les Garnier,
de Troyes, et leur fameuse « bibliothèque bleue ».
Mais qui lisait tout cela ? des nobles et des bourgeois sûrement, ce que disent les inventaires de
leurs bibliothèques (rappelons que M. Jourdain voulait apprendre l'almanach !). On pense aussi qu'il se
trouvait dans chaque village, même dans le Midi,
non seulement des conteurs, mais un ou plusieurs
« lecteurs » publics, et que les déclamations et les
récits à haute voix étaient courants dans les veillées
villageoises, les séances de cabaret, les rassem-
blements autour de tel artisan, les réunions de
« bacheliers » (célibataires) ou de gens mariés. En
ville, notamment à Rouen et à Paris, il est sûr que
le niveau d'alphabétisation et de lecture était fort
élevé, et s'accrut encore au XVIIIe siècle.

D'autres historiens ont tenté de contribuer à la
connaissance des mentalités populaires en déchiffrant
les sacs de procès criminels (les procès civils ont
été oubliés), si abondants dans nos archives. Ce
travail touche un monde très étroit (une frange de
l'ordre du millième, et assez peu « représentative »
de l'ensemble) ; il en apprend bien plus sur les

juges et sur leurs séides que sur les accusés, généralement muets ; il ne manque pas d'intérêt, si l'on
pense qu'une criminalité reflète parfaitement une
société.

Quant à retrouver la « culture » orale, la « tradition orale » — dans un pays comme la France où
la paperasse ancienne abonde —, surtout d'après tel
conteur du xviie siècle (Perrault ?) ou du xviiie
(l'insupportable Rétif, très à la mode depuis quelques années), du xixe ou même du xxe (même Hélias,
le meilleur et de loin, semble en avoir « rajouté »),
voilà certes des opérations passionnantes et sans
doute indispensables ; aboutissent-elles à autre chose
qu'à un roman d'hypothèses ?

Pour limitée qu'elle paraisse, l'interrogation démographique est beaucoup plus sûre, même dans le
domaine culturel. Louis XIV régnant, il est sûr
que les naissances illégitimes étaient très rares, surtout à la campagne ; que les enfants conçus avant
le mariage étaient à peine plus nombreux — quelques centièmes — ; que toutes les naissances physi-
quement possibles (prostituées et grandes dames
mises à part) se sont toujours produites (soit une
tous les deux ans, à cette époque d'allaitement
maternel prolongé), et donc que la contraception,
quoi qu'on ait raconté ici ou là, n'était pas pratiquée,
ou fort mal pratiquée (les moyens ayant toujours
été connus) ; qu'on était assez indifférent devant
la mort, surtout celle des petits enfants ; qu'il y
avait des saisons pour le mariage (février, mois de
sacrifice du cochon, bien souvent) et d'autres pour
les conceptions d'enfants (le printemps, bien sûr).
Tout cela traduit exactement des traits de mentalités
assez simples, mais qui ont l'avantage d'être tout à
fait certains. Beaucoup d'autres études dites de

« mentalités » ne dépassent guère le niveau du jargon.

Si curieux que cela puisse paraître, l'étude du droit — c'est-à-dire de la coutume provinciale, et non de la loi générale, peu significative — renseigne au moins autant, surtout si elle s'étend à l'analyse des contrats de mariage et des papiers de succession, assez divers d'une province à l'autre. Sait-on vraiment que, dans la France d'alors, le droit d'aînesse était très rare ? que, le plus souvent, surtout dans la moitié Nord, régnait le partage égal des successions ? qu'ailleurs l'institution d'héritier (pas forcément l'aîné) sauvegardait la maison, la maisonnée et le domaine, et que les cadets acceptaient presque toujours la situation mineure qui leur était faite, ce qui explique tant de célibats et de migrations... y compris celle des Auvergnats et des Savoyards, les plus connues ? Et qu'enfin le prêt à intérêt, malgré les interdictions religieuses, était répandu partout (sauf chez les très pauvres, bien entendu) ?

Peu à peu, par des chemins parfois obliques, les historiens arrivent à mieux connaître, non plus seulement la vie matérielle, mais aussi la vie spirituelle et intime de ces millions de Français qui furent nos ancêtres à tous. Ils sont encore présents autour de nous et même en nous, et méritent sans doute l'infinie patience de ceux qui aiment retrouver et déchiffrer les milliers de feuilles gribouillées que nous ont laissées tant de greffiers de justice, de notaires, de comptables, de curés et d'inconnus.

Août 1976.

Première partie

L'héritage :
La France de Mazarin

Le 9 mars 1661, arrivait enfin pour le jeune Louis XIV le moment qu'il avait à la fois « tant attendu et tant redouté ». Le maître absolu de l'Etat, le dispensateur unique des places, grâces et bénéfices, le cardinal Giulio Mazarini, parrain du Roi et amant de la Reine-Régente, condamné par tout le monde (sauf par ses médecins) depuis de longues semaines, achevait de mourir entre les mains de son confesseur italien, le Père Angelo. Il avait reçu une dernière fois son confident Ondedei, son intendant Colbert, retouché quelques phrases de son testament, aperçu son filleul qui pleurait, entendu un prêtre espagnol lui parler « doucement » de la mort, accepté tout de même qu'un curé parisien, Joly, vînt le visiter. De ses derniers moments, diversement rapportés, il faut croire, avec le Père Angelo, qu'ils furent fort pieux... Mais l'essentiel eut lieu le lendemain matin.

Dès l'aube, Louis XIV réunissait son Conseil. En quelques mots, il déclara qu'il gouvernerait lui-même, sans premier ministre, et que ses conseillers auraient à l'aider, quand il le leur demanderait. Le « ministériat » était terminé, il n'y aurait pas d'« Eminence Troisième ». Louis XIV assumait la direction et la responsabilité de son royaume.

Dix ans plus tard, rédigeant ses mémoires à l'intention du Dauphin, le Roi définissait — ou laissait définir — son héritage en deux phrases lapidaires : « Le désordre régnait partout » — il s'agit du

« dedans » ; « Tout était tranquille en tous lieux » —
il s'agit surtout du « dehors ».

Ces deux formules suffisent-elles à caractériser
le royaume que Mazarin avait laissé à son royal
filleul ?

Terminée depuis deux ans aux Pyrénées, arrêtée
pour deux siècles dans la montagne alpine, fixée à
la Saône pour trois lustres encore, la lente construction de l'hexagone français venait de dépasser
franchement la Somme et la Meuse, vieilles frontières
carolingiennes : après vingt-cinq ans de guerre, par
l'annexion de la plus grande partie de l'Artois et de
l'Alsace, et le renforcement des positions lorraines.
Dans ces limites, vivait le royaume le plus peuplé
d'Europe : peut-être dix-huit millions de sujets.
Chacun sait qu'ils étaient, dans leur énorme majorité,
catholiques et paysans. Bornons-nous à présenter les
rubriques les moins connues de leur fiche signa-
létique.

I

Signalement démographique

En 1966, l'espérance de vie à la naissance avoisine ou dépasse 70 ans. En 1661, atteignait-elle 25 ans ? Ces chiffres brutaux signifient qu'en ce temps-là, comme le cimetière était au centre du village, la mort était au centre de la vie. Sur 100 enfants qui naissaient, 25 mouraient avant l'âge d'un an ; 25 autres n'atteignaient pas leur vingtième année ; 25 autres disparaissaient entre 20 et 45 ans. Une dizaine devenaient sexagénaires. L'octogénaire triomphant, auréolé d'une légende qui le transformait en centenaire, était entouré du respect superstitieux qui monte spontanément vers les champions ; depuis longtemps, il avait perdu tous ses enfants, tous ses neveux, ainsi qu'une bonne moitié de ses petits-enfants et petits-neveux. Ce sage était considéré par le village comme un oracle. La mort du héros était un événement cantonal.

Les autres morts appartenaient, aux périodes heureuses, au tissu normal de l'existence quotidienne. Morts d'enfants nouveau-nés, suivis ou précédés par leur jeune mère, victimes ou non d'une matrone ignare, parfois d'un chirurgien massacreur. Vite consolé, le veuf se remariait — quelques mois après, deux ans au plus — et oubliait. De temps en temps, en août et septembre surtout, curé, magister et fossoyeur bénissaient et enterraient à tarif réduit les « petits corps », cadavres d'enfants : la famille se dérangeait à peine, le petit disparu étant remplacé en moins de deux ans. C'étaient là des incidents de calendrier, moins graves qu'un gros orage, qu'une grêle dévastatrice, que la mort d'un cheval. En certains sites, la mort frappait avec une particulière délectation : zones marécageuses, littorales, alluviales ou bien faubourgs manufacturiers de quelques bourgs et villes : les hommes s'y pressaient cependant, parce que le travail à la quenouille, au rouet, au métier manquait rarement, parce que la terre, le bois, l'eau abondaient, presque libres, du moins vacants.

Certaines saisons, certaines années même, la compagne familière se transfigurait. Puissance apocalyptique, la Mort prenait alors trois visages épouvantables, quelquefois distincts, plus souvent confondus. Les trois fléaux redoutés depuis le fond des temps s'abattaient sur les sujets du roi Louis : la guerre, la peste, la famine. De la guerre, qui avait fait tant de victimes allemandes dans le second quart du siècle, les populations picardes et champenoises, victimes habituelles, savaient à peu près se protéger : elles s'enfermaient avec leur bétail et leurs richesses dans les villes murées, fuyaient vers l'intérieur, ou s'enfonçaient dans l'étonnant réseau de grottes et de souterrains qui doublait tant de villages. Les armées, qui pillaient plus qu'elles ne tuaient, laissaient souvent derrière elles la maladie et la disette. Du « mal qui répand la terreur », le royaume de France n'était pas alors délivré. Depuis une trentaine d'années, l'horrible peste bubonique, parfaitement connue des médecins, avait même pris une vigueur nouvelle : dans toute l'Europe, elle osait, un été ou l'autre, en un paroxysme terrifiant, abattre en quelques semaines le quart ou le tiers des habitants d'une ville ou d'une province ; puis elle paraissait somnoler, pour se réveiller soudain, au Nord, au Midi, à l'Ouest. C'était alors la terreur panique, la fuite des riches, l'isolement et la quarantaine. En 1661, le monstre se manifesta légèrement ici ou là — si vraiment c'était bien lui, car toute épidémie un peu grave lui était attribuée. Les Français — les Anglais plus encore — devaient le revoir bientôt.

La disette, ou la famine, ou la « cherté », comme on disait par esprit de pudeur et d'exactitude, apparaissait avec une belle régularité. Elle constituait l'admirable résultante d'une météorologie obsédante, d'un type d'économie trop céréalière, d'une certaine société et d'un ensemble d'habitudes mentales. Dans leur énorme majorité, les Français, sauf des montagnards et des Méridionaux, se nourrissaient principalement, presque uniquement parfois, de bouillie, de soupe et de pain frotté de « frippe ». Le blé — c'est-à-dire du seigle plus ou moins blanchi de froment — constituait nettement la calorie la moins chère et la plus anciennement consommée. Mais il se trouvait aussi que les céréales à pain, venues du Proche-Orient, étaient mal adaptées aux types de temps maritime, aux étés humides et froids, si fréquents en France, comme aux hivers très rudes, plus rares. Alors la moisson, au moins dans une partie du royaume, ne suffisait plus aux besoins immédiats. La lenteur des nouvelles et des transports interdisait un secours rapide. Des rumeurs de famine se déclenchaient, aggravant la menace. Sur les marchés, nombreux et souvent minuscules,

le cours des blés montait soudain, dès mai ou juin.
L'état social était tel que plus de la moitié des
Français, paysans compris, avait l'habitude d'acheter
son blé. Or, les prix doublaient alors, triplaient
parfois. Impossible d'acheter. La moitié des Français
cherchait des nourritures de remplacement, généralement infectes, envoyait les enfants mendier sur
les chemins, en appelait à la charité privée, volait,
se laissait aller à des colères subites, menaçant ou
bâtonnant de plausibles accapareurs. Bientôt, la
« contagion » se déclarait, accrue par la vermine
pullulante, les déplacements des mendiants, des soldats et des colporteurs. Maladies de dénutrition,
carences diverses, inanition souvent. On n'avait pas,
en 1661, perdu le souvenir des famines des années 30 ;
on avait moins oublié encore les horreurs d'entre
1649 et 1652 : quatre étés pourris, quatre mauvaises
récoltes, quatre famines accumulées, aggravées par
la soldatesque vagabonde, frondeuse ou non, et l'insécurité des chemins. On avait revu des scènes
d'anthropophagie, et la correspondance reçue par
Monsieur Vincent relatait d'autres misères. Tout cela
vivait encore dans les mémoires, avec les noms des
victimes : une ou deux par famille, en sus du contingent habituel. Et voici que depuis 1658 « les saisons
se déréglaient » à nouveau, et que le prix des blés
montait lentement. En mars 1661, on ne pouvait
soupçonner encore, mais seulement craindre la réalité
prochaine : l'événement de l'année, ce ne serait décidément pas la mort de l'Italien, mais une des plus
grandes famines du siècle. Nous la retrouverons.

Une singulière force de vie, animale, inorganisée,
tâchait de faire reculer l'obsession de la mort. Le
culte de Notre-Dame, mère divine, prolongeait, sou-

vent aux mêmes sites, tant de cultes à peine oubliés de déesses de la Fécondité. Les hommes se reproduisaient suffisamment pour nourrir la mort et conserver la race. Sauf chez les courtisanes et quelques rares grandes dames — comme les bourgeoises de Genève — la Nature donnait sans frein toutes les naissances biologiquement possibles : une naissance tous les vingt-cinq à trente mois, rythme rigoureux des régions où l'allaitement se prolonge. Chaque année, il naissait 40 enfants pour 1 000 personnes, environ. Encore cette fécondité naturelle était limitée par la coutume et la loi religieuse. Peu d'enfants illégitimes, beaucoup moins qu'au XXᵉ siècle, et très peu d'enfants venus trop vite après les épousailles. L'habitude était qu'on se mariât assez tard : la première fois, semble-t-il, les garçons avaient 26 à 28 ans, les filles, 23 à 25. Pas plus de célibataires qu'aujourd'hui, et pas plus de veufs non remariés. Fort peu de familles nombreuses, contrairement à une tenace légende : les filles se mariaient trop tard, et la mort dénouait, trop tôt, trop de mariages. En moyenne, pas plus de 5 enfants par ménage, dont 2 ou 3 atteignaient l'âge adulte. Dans les populations rurales de ce temps, aucun démographe, aucun historien n'a rencontré de famille de plus de 20 enfants. Les familles de 12 enfants se trouvent même fort rarement. Et cependant, les forces de la vie et de la fécondité tendaient à combattre victorieusement tous les aspects de la mort, en une lutte incessante, rythmée par les avances et les reculs de la peste, les offensives et les retraites de la famine. Quelques indications sûres, mais qui ne couvrent qu'un petit nombre de paroisses, inciteraient à soutenir que les forces de la vie l'avaient emporté presque constamment dans la première moitié du XVIIe siècle, malgré des pestes et des famines épouvantables, mais brèves. Il est possible que la France de 1640 ait atteint une exceptionnelle densité de population. Il est à peu près certain que les catastrophes climatiques, politiques et économiques contemporaines de la Fronde portèrent à la population du royaume un coup très dur, sauf dans le Midi. Mais après quelques années, comme après toutes les grandes crises, le temps de la Mort étant terminé, les hymens s'étaient multipliés, et le nombre des baptêmes croissait victorieusement. Les deuils n'étaient pas encore tous oubliés, et les générations frappées par la Mort restaient naturellement réduites et sacrifiées. Mais d'abondantes cohortes d'enfants préparaient des générations doubles des précédentes. Les forces de vie et d'expansion allaient-elles l'emporter, marquer le véritable avènement de Louis XIV ? En mars 1661, on ne pouvait encore se prononcer.

De ces évidences coutumières, de ce climat et de ces rythmes démographiques, chacun dans le royaume avait une conscience confuse. Tout cela appartenait au tissu mal analysé de la vie quotidienne. Pourquoi s'y attarder ? Les faiseurs d'almanachs, de mémoires, de livres de raison, se contentaient de noter, au hasard, une peste plus maligne, le souvenir volontiers déformé d'une femme étonnamment féconde, d'un patriarche chargé d'années : bref, l'exceptionnel et l'anormal. Les rois et leurs commis pensaient qu'il était bon que les peuples se multiplient, que la « peuplade » contribue à la puissance : plus de sujets, donc plus de travail, et plus d'impôts qui sans doute rentreraient mieux. Les mêmes hommes songeaient aussi à se préserver des pestes, en isolant brutalement les foyers, en « cantonnant » l'épidémie : à cet égard, l'heure de la réussite approchait. Quant au reste, c'était le malheur ou le bonheur des temps, la bénédiction du Ciel ou la punition de nos péchés. Les soucis démographiques des rois étaient pratiquement nuls. La vie physique de leurs millions de sujets ne constituait pas un objet de gouvernement.

La vie économique, un peu plus. Personne, bien entendu, ne parlait de « mercantilisme », mot étranger au siècle, comme ceux de corporation, de capitalisme, et tant d'autres, dont nous abusons depuis le bavard XIXe siècle. Mais les rois et leurs commis savaient bien que la richesse d'un royaume constituait un facteur considérable de puissance.

II

Signalement économique

VUE de très haut, la France pouvait être simplement caractérisée : un terroir agricole riche et varié, un retard technique considérable, une fortune nationale importante, mais dormante.

Routinier ou perfide, le nationalisme de tant de thuriféraires français du « Grand Siècle » ne saurait voiler la donnée fondamentale : à travers tout le XVIIe siècle, et une partie même du XVIIIe, la prépondérance économique mondiale appartient aux Hollandais. La Banque d'Amsterdam, large et géniale imitation des banques de Venise et de Gênes, d'une solidité sans égale, soutient et contrôle, même aux pires moments, toute l'économie des Provinces-Unies. La Bourse d'Amsterdam est le Wall Street du XVIIe siècle. A peu près toutes les marchandises mondiales y sont cotées ; ses prix courants, imprimés et expédiés chaque semaine dans les principales places d'Europe, offrent la valeur de prix courants mondiaux. Les effets de commerce internationaux ont peu à peu abandonné Anvers et les banques méridionales qui s'endorment ; ils se composent et se négocient à Amsterdam. Le temps n'est pas éloigné où les lettres de change parisiennes aboutiront à Amsterdam, notamment à la célèbre banque privée tenue par la famille Pels. La stabilité du florin est, à juste titre, légendaire. Sans attacher trop de prix aux exagérations jalouses de Jean-Baptiste Colbert, on peut dire que la flotte hollandaise, huit à neuf mille navires, représente — Chine exceptée — la moitié au moins de la flotte mondiale. Cette marine vigoureuse, active, fréquemment renouvelée, toujours sur les mers, transportait, sans trêve et au meilleur marché, le hareng nordique, le sel breton et portugais, les vins de Loire et d'Aquitaine, les blés, les lins, les bois, les goudrons moscovites et scandinaves, les trésors des Indes, le bois d'ébène, les sucres, les mélasses et le tabac ; cette flotte et ces marins qui furent à l'origine de la puissance hollandaise sont partout présents dans les havres de France et sur ses rivières naviguées. Ils suppléent une marine française des plus médiocres. Amsterdam est le marché et l'entrepôt du monde. Les marchands et les hommes politiques français y trouvent le blé baltique aux moments de disette, l'artillerie suédoise et la poudre liégeoise au moment des guerres, jusqu'aux harengs de Carême et à la laine espagnole. Et, bien entendu, des prêteurs à gros intérêt. Les deux Compagnies des Indes, surtout l'orientale, sont les plus puissantes du monde : leurs énormes dividendes — plus de 25 % par an, en moyenne, — excitent jalousies haineuses et imitations maladroites. Entre 1660 et 1670, Leyde, premier centre drapier du monde, fabrique sur des milliers de métiers plus de cent variétés d'étoffes, et atteint son apogée. L'agriculture hollandaise, après la flamande et la brabançonne, reste le modèle inégalé. Ce jardinage perfectionné, auquel les Anglais, qui l'étudient, rendent un juste hommage, a découvert depuis au moins un siècle, en le prenant souvent chez les Flamands, tout ce qu'on appellera en France, deux siècles plus tard, la révolution agricole : le rôle des racines, des plantes fourragères, des légumineuses, la disparition complète de la jachère ; des types d'assolement perfectionnés et complexes ; la sélection, la fabrication, l'adaptation aux cultures et aux sols des divers engrais et amendements, la sélection des animaux ; déjà la vache hollandaise est la meilleure laitière d'Europe, et les beurres et fromages sont exportés... jusqu'en France. Les perfections florales et la « tulipomanie » achèvent le tableau.

Œuvre par surcroît d'une république bourgeoise d'apparence calviniste, bien qu'en majorité peuplée de catholiques, une telle réussite et une telle domination pouvaient à juste titre exciter la maladive envie d'un Colbert, comme l'irritation du roi Louis. La politique anti-hollandaise devait constituer naturellement un trait fondamental du règne personnel qui commençait ; elle s'alliait admirablement avec une tentative un peu naïve pour « hollandifier » l'économie française.

Il faut bien dire que la distance était grande, de l'efficace petite république marchande au grand royaume encore moyenâgeux.

Jamais la France n'avait eu de banque d'Etat, ni même de banque privée solide et stable : on donnait le titre de banquiers à quelques marchands importants qui faisaient le change, prêtaient à gros intérêt, participaient à des affaires compliquées ou obscures, dont l'objet principal consistait à profiter de l'infantilisme financier d'un Etat qui n'avait jamais eu de budget ni même de finances réglées.

Rien ne ressemblait, en France, à une Bourse. On ne peut dire que Paris, récente capitale politique, fût vraiment la capitale économique : à divers titres, Rouen, Saint-Malo, Bordeaux, Marseille en progrès et Lyon peut-être en déclin pouvaient revendiquer ce titre. Si l'unité monétaire française ne connaissait pas au même degré que l'espagnole des difficultés de tous ordres, sa stabilité et sa solidité ne pouvaient se comparer à celles du florin et même du sterling. Unité de compte, donc fictive en principe, la livre tournois n'avait aucune réalité monétaire. Suivant tard et médiocrement la réalité marchande, la législation royale modifiait de temps à autre le nom, la valeur, le titre, le poids des diverses monnaies. Interdites en principe, tolérées en fait, diverses monnaies étrangères, surtout espagnoles, un abondant billon et pas mal de fausse monnaie circulaient dans le royaume. Mais les belles pièces d'or et d'argent se cachaient, se transformaient en orfèvrerie, en vaisselle, en objets de culte, devenant richesse dormante. Chacun se plaignait de manquer d'espèces monétaires, — surtout de bonnes —, et le Roi lui-même devait bientôt connaître la honte de ne pouvoir régler l'achat de Dunkerque qu'au prix de bien des difficultés. Les meilleures routes du royaume, les rivières, étaient impraticables six mois sur douze, à cause des crues et des maigres, encombrées en toutes saisons d'une multiplicité d'agents de perception qui recueillaient, notamment sur la Loire, une foule de droits que personne, de nos jours, ne réussit à énumérer correctement. Pire, les grands chemins, à peu près non entretenus, allongeaient les voyages et accroissaient les prix de transport de manière décourageante. Quelques centaines de vaisseaux, quelques grands

armateurs, quelques hardis capitaines ne suffisaient
pas à voiler le grand déclin de la marine française,
au Ponant comme au Levant. Aux XVᵉ et XVIᵉ siècles,
les Dieppois, les Bretons, les Basques, hardis pêcheurs,
hardis corsaires, écumaient volontiers l'Atlantique
et étaient présents partout, du Labrador à la Plata,
du Levant à la Guinée. En 1661, leur réputation
était bien tombée et leurs voyages bien plus rares.
Toutes les belles compagnies de Commerce rêvées
au temps du roi Louis XIII étaient mortes ou mou-
rantes. Plus personne à Madagascar ou aux Indes
orientales ; quelques apparitions épisodiques sur
les côtes africaines des esclaves et de la poudre
d'or, dominées, après les Portugais, par les inévitables Hollandais, parfois contrariées par les Anglais.
Quelques centaines d'hommes au Canada. Un début
plus sérieux d'installation aux « Isles », futur paradis du sucre, future fortune de la France de
Louis XV. Auprès des énormes empires castillans,
portugais, néerlandais et même anglais, tout cela faisait piètre figure. Encore étaient-ce les inévitables
Hollandais qui faisaient l'essentiel du trafic aux Isles
françaises !

La houille française dormait, inexploitée et incon-
nue, sauf de quelques paysans et de quelques Lyonnais ; et cependant, depuis deux siècles, Wallons
et Britanniques utilisaient la leur ; depuis un siècle
même, l'Angleterre avait connu ce qu'un historien
américain, John U. Nef, appelle la « première révolution industrielle » : au moins quintuplée, la production du charbon de terre en constituait l'élément
moteur. Alors brillaient les sidérurgies germaniques,
liégeoises, britanniques, suédoises — la première
par sa qualité, la seconde par son ancienneté, la
troisième par son essor récent, la quatrième par la

réunion de toutes ces qualités fécondées par les capitaux hollandais. Les fours et les fourneaux français, dispersés un peu partout, le long des rivières, dans les bois, près des mines, ne produisaient plus, après un réel essor au XVIe siècle, que des fers de mauvaise qualité, en quantité ridicule, à haut prix, d'une manière intermittente, suivant des techniques ancestrales et d'ailleurs presque toutes empruntées aux pays voisins. Sauf à Rives, les Français ne savaient pas fabriquer l'acier. Il fallait acheter les canons, les boulets et la poudre aux Liégeois, aux Lorrains, aux Danois ou aux éternels marchands d'Amsterdam. Les armes blanches et la coutellerie venaient d'Espagne, plus encore de l'Allemagne centrale et méridionale. Les faux venaient de Styrie. C'était de fer de Hainaut, voituré jusqu'à Amiens, que les maréchaux picards forgeaient les socs, les fers des chevaux et les plaques de bêches. Même l'étain, matière première de la vaisselle des gens modestes, venait d'Angleterre. Le cuivre, métal monétaire de plus en plus utilisé, venait de Suède et du Japon, par Amsterdam dans les deux cas, bien entendu. Un certain snobisme honteux s'ajoutait à cette domination étrangère : on disait déjà que les fils et les draps les meilleurs étaient anglais — après avoir été florentins aux siècles précédents —, et que la meilleure toile de lin était hollandaise, les blanchisseries de Haarlem faisant effectivement merveille.

Du côté de la terre, la nullité de la littérature et la stagnation des techniques surprennent. Si l'on excepte l'art des jardins, de la chasse et des confitures, les Français n'ont pas écrit, de 1601 à 1750, un seul ouvrage ayant pour objet l'agriculture : ils se sont contentés de réimprimer ou de plagier *la Maison rustique* d'Estienne et Liébault, en oubliant trop vite *le Théâtre d'Agriculture.* Pendant ce temps, florissait la littérature agronomique anglaise, nourrie de l'expérience nationale des enclosures et du modèle flamand. Moins bavards, Flamands et Hollandais multipliaient expériences et réussites, qui n'éveillaient en France aucun écho. Hormis deux ou trois régions privilégiées — l'Aquitaine du maïs, le Midi des jardins irrigués, le Poitou du remembrement nobiliaire, l'Ile-de-France des maraîchers, des vignerons et des semeurs de luzerne —, les paysans français continuaient leur dispendieuse jachère, leurs semis trop denses de graines trop sales, leurs labours insuffisants et tardifs avec des instruments de bois traînés par des bêtes étiques, leur gaspillage des bois et des terres, leur petit élevage dérobé dont les meilleurs produits étaient des bœufs de quatre cents kilos, dits gras. Une année sur deux, les raisins ne mûrissaient pas ; une année sur huit ou dix, la moisson était déficitaire : sur les meilleures terres et aux meilleures métives, elle ne dépassait pas dix quintaux à l'hectare. Moins d'un paysan sur deux possédait sa vache ; moins d'un paysan sur quatre possédait charrue ou araire, avec son train d'attelage. Les outils étaient toujours d'osier et de bois, même les bêches, seulement recouvertes d'une plaque de fer ; par manque de faux, peut-être, on continuait à « scier » à la faucille... Sauf dans le Midi des cadastres et de la taille réelle, on ignorait même les dimensions exactes des parcelles et le contour cartographique des terroirs...

Et cependant, une opinion commune faisait écrire aux vagues économistes d'alors, et proclamer aux rhéteurs et harangueurs que le royaume était le plus riche et le plus divers qui se puisse voir, qu'il abondait en « commodités » de toutes sortes, surtout en blés, sels, vins, draps et toiles, qu'il pouvait se suffire et vivre sur lui-même sans recourir aux étrangers. Ce vieux patriotisme économique fortement coloré d'autarcie classique exprimait-il autre chose qu'un béat optimisme ?

Le royaume de Louis venait de supporter vingt-cinq ans de guerre ouverte, précédés par dix années de guerre couverte ; parallèlement, autant d'années de révoltes provinciales, de guerre civile, tantôt larvée, tantôt violente. Les luttes intérieures s'étaient apaisées provisoirement ; les guerres contre l'Empire et l'Espagne s'étaient achevées par des victoires difficiles, mais des victoires tout de même. Le génie de deux ministres et de quelques capitaines ne suffit pas à expliquer ces succès. Les chefs ne remportent aucune victoire sans troupes nombreuses, nourries et armées ; il n'est pas de grands généraux et de grands ministres sans ressources matérielles : l'Intendance commande. On dira sans doute que Richelieu et Mazarin empruntaient dans toute l'Europe, à des taux exorbitants, pour payer leurs armées et leurs alliés. Un tel crédit ne reposait ni sur des idées ni sur des mots, mais demandait une solide garantie. Par le biais d'impôts multipliés et engagés à l'avance aux financiers, cette garantie était la richesse française. Tous les créanciers, régnicoles ou non, finissaient par se payer sur elle usurairement. Si la France n'avait été que médiocrité et misère, elle ne serait sortie ni de la guerre étrangère ni de la guerre civile.

En quoi consistait donc la richesse française ? Non en des réussites fulgurantes comme la Compagnie des Indes ou la Nouvelle-Angleterre, les entre-

prises d'armements de l'évêque de Liège, ou les
canons suédo-néerlandais de Louis de Geer et de
Gustave-Adolphe. Non pas dans une réplique de
l'argent américain débarquant à Séville, ou du cabo-
tage mondial des Néerlandais. Simplement dans
l'harmonieuse union d'un terroir généreux et varié
et d'une population abondante, courageuse et habile.

Dans cette grande exploitation rurale qu'était la
France d'alors, l'immense majorité paysanne avait,
matériellement, trois problèmes à résoudre : assurer
sa subsistance ; payer impôts, dîmes, redevances
seigneuriales et paroissiales ; si possible, étendre
l'exploitation et assurer l'élévation sociale de la
famille. Naturellement ce triple objectif était rarement atteint, même pour sa partie la plus immédiate. Mais la méthode utilisée pour tenter d'y
parvenir pourrait bien expliquer la richesse française. Pour assurer à la fois la nourriture familiale
et l'indispensable supplément fiscal, les paysans
français multipliaient leurs activités. La spécialisation était l'exception, et une exception souvent dangereuse : plus que toute autre région, les grandes
plaines à blé étaient sujettes à la famine. En général,
le paysan français était à la fois jardinier, céréaliste,
arboriculteur, vigneron, éleveur, journalier, fileur
ou tisserand, texier en toiles ou forgeron, cloutier
ou aubergiste, presque toujours braconnier et, si
possible, contrebandier. Pour remplir les tâches qu'il
s'imposait et celles dont on le chargeait, il faisait
flèche de tout bois. Il avait simplement la chance
de trouver presque partout, sauf en quelques provinces maudites, des conditions de sol et de climat
si riantes que même la faiblesse de ses connaissan-
ces agricoles constituait à peine un obstacle.

Il est impossible de donner, pour 1661, les chiffres,

même approximatifs, qu'aime l'esprit moderne. On peut simplement dire que, malgré les disettes locales et les grandes famines régionales, les sujets du roi Louis vivaient, sans doute médiocrement et difficilement ; ils parvenaient même, malgré le gaspillage démographique, à élever suffisamment d'enfants pour assurer, vaille que vaille, le remplacement de la plupart des générations. Malgré les charges énormes des guerres, des révoltes, des ministres et officiers fripons, et l'incroyable désordre administratif, le poids d'impôts fournis, en rechignant, en discutant, en se fâchant, en se mutinant, par le peuple français, avait au moins doublé en un quart de siècle. Le triple fardeau des guerres, de l'anarchie et des créanciers de l'Etat avait tout de même été supporté. Aucun autre pays n'aurait pu, et n'a effectivement pu en supporter autant, et sortir vainqueur de trente ans d'épreuves.

Bien mieux, la « baie » (de Bourgneuf) continuait, malgré la concurrence portugaise, à fournir du sel aux nations étrangères, surtout aux Hollandais. Plus d'une année sur deux, le blé français ravitaillait une partie de l'Europe. Les vins et les eaux-de-vie français, par l'intermédiaire des inévitables Hollandais, abreuvaient les populations septentrionales, si leurs anciens débouchés en Angleterre et aux Pays-Bas paraissaient en déclin. Les consuls anglais aux Echelles du Levant et à Constantinople se plaignaient amèrement de la concurrence des petites draperies apportées par les navires marseillais, qui faisaient reculer le solide drap anglais, et à peu près disparaître les étoffes vénitiennes. Les autorités espagnoles des Pays-Bas du sud avaient également à déplorer le recul des expéditions vers la France des serges d'Hondschoote, de la saietterie lilloise,

et surtout des toiles de lin ; ce recul était imputable
à la guerre, mais aussi aux considérables progrès
de la toilerie française, chanvre et lin, de la vallée
d'Oise au Maine, à la Bretagne et à la Vendée. Dès
la fin du xvie siècle, comme l'a montré Lapeyre,
celle-ci ravitaillait l'Espagne et son Empire. Au
milieu du xviie siècle, comme l'a montré Albert
Girard, les toiles arrivaient en Espagne par quantités considérables, toujours plus fines, plus solides,
mieux blanchies, mieux apprêtées. Il est probable
qu'elles constituaient le premier article français
d'exportation. Or, elles étaient entièrement fabri-
quées à la campagne, par des paysans innombrables
et dispersés.

On peut saisir parfois l'amoncellement des produits français au stade épisodique, mais fondamental, du rassemblement. Ce sont les granges, les greniers et les caves d'abbayes, dans lesquels se con-
centre, en quelques semaines, tout ce qu'ont envoyé
les fermiers des dîmes, les fermiers des droits
seigneuriaux et les fermiers des terres. Ce sont
encore les granges, les greniers et les caves des
receveurs des grandes seigneuries, paysans considérables ou bourgeois intermédiaires. Plus impres-
sionnants encore, les amas de draps des marchands
d'Amiens, les amas de toiles des marchands de
Laval, les magasins de toutes sortes qu'on trouvait
à Paris, à Rouen, à Troyes, à Lyon, à Marseille, dans
toutes les grandes villes commerçantes et les grands
ports. En soupesant, pièces en mains, une production d'origine rurale aussi fortement concentrée,
aussi largement transportée et commercialisée, on
commence à comprendre que la perfection des
techniques commerciales, monétaires et bancaires

ne constitue pas un signe décisif de richesse économique. On ignorait habituellement, dans la France de 1661, l'usage fréquent de la lettre de change, dont l'endossement était mal réglé et peu usité, alors que les Italiens et les Flamands étaient rompus, depuis longtemps, à toutes les finesses comptables et cambistes. La tenue des livres de commerce était encore rudimentaire. On ne rougissait point de troquer une marchandise contre une autre, de faire circuler, sous des noms variables et confus, « cédules », « obligations », mémoires, billets, reconnaissances de dettes datées et signées, petits bouts de papier qui constituaient la principale monnaie réelle, même quand ils n'étaient pas enregistrés chez un notaire ou affirmés devant une cour de justice. Et lorsqu'on n'avait ni troc à proposer ni billets à donner, on transportait, comme aux siècles passés, des sacs d'écus et de monnaie sonnante pour régler un achat.

Toute cette économie restait traditionnelle, mais puissante ; peu tournée vers la mer et l'aventure, prudente et circonspecte, mais solidement implantée dans une terre généreuse, comme un grand chêne plusieurs fois centenaire ; savoureuse, diverse et discrète ; en fin de compte, avec ses retards, ses imperfections, ses misères, capable de supporter en souffrant, mais sans fléchir, non seulement en permanence un redoutable parasitisme social et politique, mais encore les grandes tempêtes venues de tous les horizons, comme elle venait de le prouver depuis un quart de siècle. Elle reposait tout entière sur le labeur rude, intelligent, incessant et multiforme d'une population qui, si l'on joint son abondance à ses qualités, devait être la première d'Europe.

III

Signalement social

La tradition distinguait dans le royaume ceux qui priaient, ceux qui se battaient, et ceux qui travaillaient, ces derniers ignobles, puisque utiles. Il y avait beau temps — au moins depuis Loyseau — qu'on mettait à part, dans le Tiers Etat, les officiers, marchands et bourgeois, et qu'on rejetait vers le bas les plus méprisables, les « gens mechaniques », ceux qui travaillaient de leurs mains : les artisans, quelques dizaines de milliers d'ouvriers urbains, et l'énorme paysannerie.

Comme l'économie et comme l'Etat, la société reposait sur la masse la plus nombreuse, la plus éminemment productrice, la plus dépendante : la paysannerie. Groupe complexe bien plus que classe, les paysans avaient en commun l'habitat, les occupations, l'enserrement dans plusieurs cercles de dépendances, et le fait de permettre aux trois véritables Etats du royaume de vivre et de prospérer.

La paysannerie exploitait entièrement une terre dont elle possédait moins de la moitié — avec de considérables variations régionales. Sauf dans les derniers et rarissimes pays d'alleu, sa propriété n'était pas de type romain, mais seigneurial : c'est-à-dire qu'elle n'était jamais complète. On raconte couramment chez les royalistes historiens que le paysan propriétaire avait alors le droit de vendre, de louer, de donner, d'échanger et de léguer sa terre ; certes, mais avec le consentement du seigneur, après paiement de droits de mutations, de lods et ventes, souvent énormes, et sous réserve d'un retrait seigneurial toujours possible, et fréquemment effectif (le seigneur se substituait de plein droit et au même prix à l'acheteur). On soutient couramment aussi que les droits versés au seigneur par le paysan à cause de sa terre étaient devenus insignifiants, parce que fixés depuis longtemps, et avilis par la hausse des prix ; cela est vrai des vieux cens en argent, recognitifs de seigneurie, et faux de tous les autres droits, perçus souvent en nature, notamment des rentes et des champarts ; ces derniers seuls représentaient couramment un dixième de la récolte, parfois le tiers. Le caractère seigneurial et incomplet de sa propriété était pour le paysan à la fois une vexation et une charge, que compliquait l'extraordinaire variété des conditions locales.

La petite moitié de terre française qui appartenait aux quatre cinquièmes de ses habitants était, on s'en doute, fort inégalement répartie. Les rares études sérieuses effectuées sur quelques provinces conduisent aux conclusions suivantes : peu de paysans étaient absolument sans terre ; environ un dixième possédaient les quelques hectares (variant d'un terroir à l'autre) qui pouvaient assurer l'indépendance économique de leur ménage ; l'énorme majorité ne possédaient que quelques parcelles, souvent les moins fertiles, et devaient trouver d'autres occupations pour vivre ; les paysans véritablement riches et puissants étaient les fermiers des grandes exploitations et des seigneuries, sortes d'intendants et d'alliés des grands propriétaires seigneuriaux. Ces conclusions sont au moins valables pour l'Ile-de-France et la Picardie ; elles sont à vérifier ailleurs. Un village de cent ménages comptait un ou deux grands fermiers puissants par leurs charrues, leurs attelages, leur cheptel et leurs créances ; une dizaine de laboureurs plus ou moins indépendants ; autant ou un peu plus de très pauvres diables, maîtres d'une cabane, d'un jardin, d'une brebis, ou franchement mendiants ; le reste, haricotiers, journaliers, brassiers, vignerons, boisilleurs, tisserands, toutes petites gens qui vivotaient, pourvus de minuscules parcelles, tenant de minuscules fermages, aptes à toutes sortes de petits métiers. La dizaine de « gros » — en certains lieux, un seul « coq » de village — détenaient les instruments, les attelages, le bétail, les possibilités d'emploi qui permettaient à tous les autres de pouvoir subsister, du moins aux bonnes années. Rien n'était moins égalitaire qu'un village français : « Jacques Bonhomme » n'a jamais existé que dans l'imagination des pamphlétaires et des romanciers. Les institutions villageoises, plus vivaces et plus puissantes que nos actuels conseils municipaux, étaient naturellement dans les mains des laboureurs et des fermiers qui constituaient la « meilleure part » de l'« assemblée des habitants ». La communauté villageoise levait des taxes sur chacun de ses membres pour entretenir une partie de l'église, le presbytère, le cimetière, la maison d'école, le magister, les « messiers » ou garde-moissons et les garde-vendanges, le ou les bergers communaux. La communauté villageoise, fondée sur le terroir et l'habitat, s'identifiait souvent à la communauté paroissiale, unité religieuse, et servait de cellule élémentaire aux circonscriptions royales — bailliages, élections, greniers à sel, maîtrises particulières d'eaux-et-forêts, etc. Elle s'identifiait plus rarement à la seigneurie.

Celle-ci, avec le village et la paroisse, constituait le troisième groupe social auquel appartenait le paysan. Le seigneur, noble ou roturier, individuel ou collectif, clerc ou laïque, jouissait, on le sait, de quantités de droits, honorifiques ou non, variables à l'infini d'un lieu à l'autre, qu'on s'obstine à confondre avec les droits nobiliaires (ce qui est commode pour les faux nobles, anciens seigneurs, qui furent peut-être majoritaires dans la noblesse française). Toujours vexatoires, parfois légers, parfois ruineux, le plus souvent substantiels, les droits seigneuriaux étaient supportés diversement, selon les régions, selon les seigneurs, selon leurs fermiers. Dans la longue série de révoltes paysannes qui forme la trame de l'histoire rurale du XVIIe siècle français, on trouve aussi bien les paysans alliés avec le seigneur contre le Roi — en Auvergne par exemple —, que la situation inverse — en Bretagne et en Picardie notamment. Même absent, le seigneur se montrait souvent redoutable, par la rigueur et la puissance sans limites de ses fermiers, de ses intendants, de ses juges, baillis, sénéchaux, greffiers et procureurs fiscaux, dont l'honnêteté n'était pas toujours éclatante. On n'a pas assez étudié les justices seigneuriales, nombreuses, actives, fondamentales pour comprendre la vie rurale ; elles rendaient aux utilisateurs d'évidents services, mais en prélevant parfois d'importants droits de justice, de greffe, et des amendes notables pour des contraventions légères.

Inséparable de la vie rurale dans laquelle il jouait

un rôle important, mais variable, le curé de 1661 prélevait également, pour vivre et pour entretenir les bâtiments et les objets du culte, une part du revenu rural : rarement les grosses dîmes (sur les grains), qui allaient à de plus puissants que lui, mais souvent de petites dîmes, difficiles à percevoir, et le casuel pour les divers services de son ministère.

Quatre catégories de parties prenantes s'abattaient donc sur le travail et le revenu des paysans : la communauté rurale, l'Eglise, le seigneur, le Roi ; ce dernier, sous les formes les plus lourdes et les plus variées : simples et directes comme la taille, la gabelle et divers suppléments ; plus complexes et aussi pesantes sous une foule de formes indirectes, dont les plus détestées étaient les aides sur les boissons ; extraordinaires et en principe non permanentes, comme les droits payés pour nourrir et loger les « gens de guerre », moins rudes cependant que le logement effectif d'une soldatesque pillarde et paillarde presque aussi redoutée que la peste — et qui s'était trop souvent manifestée depuis vingt-cinq années !

Pour pénibles qu'elles fussent, les redevances en nature, quérables ou portables, étaient plus facilement réglées. Pour les autres, il fallait trouver des deniers sonnants, et recourir donc au travail à domicile, aux journées, à de petites ventes à la ville — un veau, des toisons, des agneaux, quelques œufs ou poulets, si on pouvait en élever. Pour y parvenir, les petits paysans s'endettaient — toujours envers les mêmes personnes : le laboureur, le receveur, un tabellion, un petit juge, un marchand qui « avançait » le prix de la façon d'une serge, d'une toile, d'un cent de clous. Restait à rembourser la dette, toujours inscrite, intérêts ajoutés à l'avance, sur un petit bout de papier entraînant hypothèque dès qu'il était enregistré chez un notaire ou devant une cour de justice. Le débiteur tâchait de rembourser en travail, et la réduction ou la destruction de ces petites cédules constituait souvent le véritable salaire... Que surviennent une mauvaise récolte, une nuée de soldats, une épidémie, la mort de la vache ou des brebis, et c'était bien vite l'accroissement des dettes et la saisie. Pour qui a remué les inventaires après décès des manouvriers du royaume, la répétition monotone des mêmes listes de « dettes passives », qui réduisent ou suppriment l'actif, est une véritable obsession. Pour satisfaire les leveurs de taxes et de fermages, les paysans devenaient la proie d'une foule de créanciers, parfois ruraux, plus souvent urbains, parfois ecclésiastiques, généralement bourgeois. Lors des périodes les plus pénibles — et notamment la Fronde —, ce système aboutissait à la dépossession des débiteurs ruraux par les créanciers, au passage en de riches mains d'une nuée de petites parcelles, qui s'arrondissaient en grands domaines, surtout dans le voisinage des villes et des abbayes bien gérées. Ainsi était aspirée, par un système de créances assez simple, une part importante du travail, du revenu des paysans du royaume. Quelle part ? Bien des fois, on a essayé de la calculer ; les résultats varient avec les lieux, les idées des calculateurs, et surtout les années. En réservant la possibilité d'énormes discordances dans le temps et l'espace, on peut avancer que la petite paysannerie française conservait assez rarement la moitié du produit brut de son travail. Ce qui, en somme, n'était pas tellement peu, si l'on songe un instant aux paysans espagnols, aux serfs de Prusse ou de Moscovie, à l'incroyable régime de métayage au cinquième déjà installé dans les pays musulmans, aux paysans chinois et japonais, dont de récentes études ont révélé l'épouvantable condition, ou aux « Indiens » de l'Amérique du Nord, dépossédés à coups de carabine par leurs pieux conquérants.

Beaucoup plus proche des conditions sociales dont nous avons l'habitude apparaît la vie de la maigre minorité d'ouvriers urbains — vingt fois moins nombreux que les paysans. Sans terres, sans maisons (tous sont locataires), presque sans mobilier et sans linge, ils réalisent parfaitement un type archaïque de prolétaires. Leur salaire constituait leur seul moyen de vivre : salaire aux pièces, rarement à la journée, comportant parfois une partie de la nourriture, salaire toujours incertain, comme l'emploi lui-même. En réalité, tout un système d'avances par les employeurs faisait de ces ouvriers du Grand Siècle une classe — car c'en était une — de débiteurs perpétuels, entièrement au pouvoir des patrons. Les institutions dites corporatives (le mot de corporation est un anglicisme très postérieur à Louis XIV) les englobaient, ou non : elles avaient l'allure d'une confrérie religieuse, parfois d'un moyen de défense et de secours ; le plus souvent, les patrons les dominaient ; ou bien, elles étaient sans importance réelle ; on sait qu'elles n'existaient pas à la campagne ; il faut donc dissiper l'illusion — fabriquée au xxe siècle — d'une société du xviie siècle toute corporatiste. Une véritable exploitation, qui prenait souvent l'aspect d'une habile tromperie sur la marchandise, la durée du travail ou la nature du salaire (versé en bouts d'étoffes peu vendables, en mauvaise monnaie difficile à écouler, en farine jaugée avec des mesures fausses, etc.) s'abattait sur ces prolétaires urbains. Le plus souvent, ils travaillaient à domicile ou venaient chaque jour chez un employeur (le rassemblement en grands ateliers est exceptionnel, la vie dite « patriarcale » chez un « bon maître » rarement attestée). Le profil de ces pratiques allait rarement aux distributeurs de travail, eux-mêmes simples chaînons d'une hiérarchie manufacturière qui aboutissait généralement aux grands négociants, bénéficiaires principaux du système. En fait, la fréquente et saisissante misère des ouvriers urbains, plus connue que la détresse paysanne, était peut-être moins grave. D'une part, les ouvriers bénéficiaient en ville de secours anciens et bien organisés, que l'extension récente des hôpitaux (Lyon d'abord, puis Beauvais, 1653, Paris, 1655) venait d'améliorer sérieusement. D'autre part, les ouvriers, groupés volontiers en sociétés secrètes parfois puissantes, avaient des moyens de pression sur les employeurs, surtout lorsque les commandes étaient nombreuses et la main-d'œuvre qualifiée rare, ce qui se produisait au lendemain des crises démographiques et économiques. Enfin, à cette époque, les habitants des villes, toujours privilégiés, payaient nettement moins d'impôts que les paysans, ne connaissaient évidemment pas la dîme, et acquittaient habituellement des charges seigneuriales réduites. Les malheurs du petit peuple urbain, chômage et cherté, survenaient généralement en même temps : lors de ces crises violentes de l'emploi et des prix, les charités privées et publiques devenaient insuffisantes malgré quelques beaux efforts ; aussi les ouvriers, entassés dans leurs taudis, s'alimentent de déchets, abandonnés de tous, sauf de quelques médecins et de quelques prêtres, mouraient comme des animaux, par troupes. Ce qui, d'ailleurs, aidait à résoudre le problème de la cherté et celui du travail. Ceux qui survivaient connaissaient ensuite quelques années heureuses, en attendant la prochaine crise. Ainsi, en 1661, le petit peuple des villes, commençant à oublier les crises contemporaines de la Fronde, pouvait vivre honnêtement en attendant la prochaine catastrophe, qui ne devait pas tarder.

Quinze millions de paysans, dix ou vingt fois moins d'ouvriers (le terme de « compagnon » était peu usité) constituaient ainsi les forces productrices du royaume, et arrivaient à vivre, médiocrement le plus souvent, assez bien parfois, en traversant périodiquement des crises épouvantables. Il est probable qu'étant donné le temps, les lieux et les mentalités, ils devaient compter parmi les populations du monde les plus favorisées. S'ils se plaignaient parfois, se révoltaient violemment ici ou là, lors d'un impôt nouveau, d'une cherté soudaine, d'une fausse nouvelle, d'une peur plus ou moins fondée, ces révoltes, toujours locales ou régionales, inorganisées ou mal organisées, ne prenaient de l'importance que lorsque d'autres secteurs de la société — la noblesse le plus souvent — s'en mêlaient activement.

Ces révoltes populaires, dont personne ne discute plus l'existence, la durée et la gravité, s'achevaient régulièrement par le triomphe de l'ordre symbolisé par la soldatesque royale. Elles ne modifiaient pas gravement les fondements de la société, relativement simples.

Si l'on élimine — pour aller plus vite — la classe moyenne, assez peu nombreuse, mais remuante dans les villes, des petits boutiquiers, des modestes patrons et artisans, on peut dire, en gros, que neuf sujets du roi Louis travaillaient de leurs mains, rudement et obscurément, pour permettre au dixième de se livrer en paix à des activités plus bourgeoises ou plus nobles, voire à la simple paresse. Directement ou non, ce dixième vivait, à un degré plus ou moins fort, de l'immense revenu foncier tiré du sol du royaume par le peuple des campagnes, transformé et accru par celui-ci et par le peuple des villes. A cette classe de rentiers aux multiples formes appartenaient presque toute la Noblesse, presque tout le Clergé et toute la Bourgeoisie : en gros, ceux qui bénéficiaient aussi de régimes juridiques spéciaux, *leges privatae*, les privilégiés.

Les revenus du sol montaient vers eux sous de nombreuses formes. Ancienne, récente, de courtoisie, ou nettement fausse, la Noblesse se nourrissait de rente foncière par de multiples canaux : exploitation directe pour les gentilshommes de province les moins pourvus qui labouraient parfois eux-mêmes dans les limites permises par la coutume du lieu — particulièrement large en Bretagne — ; exploitation indirecte par intendants, fermiers, métayers, quand le domaine est vaste ou dispersé : la récente étude (par M. Merle) du remembrement de la Gâtine poitevine par constitution de belles métairies dans un bocage construit de toutes pièces, apporte une preuve éclatante de la rapacité de la noblesse résidente dans l'Ouest du royaume. Ainsi pouvait être confisqué, par une centaine de milliers de familles, un tiers des revenus fonciers du royaume. Les mêmes nobles étaient encore seigneurs d'un autre tiers, pour le moins ; ils y percevaient, généralement par des fermiers, ces droits que la Révolution appellera féodaux, qui étaient simplement seigneuriaux, dont nous savons l'extrême variété et, quelquefois, l'extrême lourdeur — depuis le cens symbolique d'une obole jusqu'aux énormes champarts du Quercy, en passant par les multiples droits de justice, banalités, rentes, lods et ventes, aveux, etc. Prélèvements plus indirects encore de rente foncière, que ces dons, ces pensions distribués par le Roi à ses favoris et à ses meilleurs serviteurs : ils consistaient, en effet, en bénéfices, en charges, en gouvernements, produits d'impôts, tous subis par le peuple, surtout rural. Que la Noblesse ait ou non rendu en bienfaits, militaires ou civils, ce qu'elle recevait ainsi de la substance du royaume est une question qu'on peut poser, sur le plan politique ou même moral ; elle ne modifie rien à la réalité économique et sociale.

Bourgeoisie d'officiers, en voie d'anoblissement, bourgeoisie rentière de l'Etat (surtout à Paris) ou des particuliers, bourgeoisie manufacturière et commerçante même, prélevaient de manière comparable des parts à peine plus modestes du revenu du royaume. Comme les nobles, les bourgeois étaient propriétaires et seigneurs ; ils possédaient seulement moins de terres — sauf autour des villes — et moins encore de seigneuries ; mais il est bien connu que leur gestion fut souvent plus attentive, plus procédurière, plus rapace en somme que celle de bien des nobles. Plus que les nobles, ils détenaient, parfois par milliers, billets, effets, créances, donc hypothèques sur la terre française, qui étaient autant de promesses de futures annexions foncières, souvent sur la Noblesse elle-même, plus encore sur la paysannerie. Par le système des avances de semences, de grains, d'outils, d'étoffes, de salaires, ils détenaient encore d'autres promesses d'annexions, et tenaient à leur merci le petit peuple urbain. Par surcroît, ils se faisaient fréquemment intendants des domaines de la Noblesse et du Clergé, et ne manquaient pas, installés en ces postes de choix, d'arracher au sol de nouveaux revenus.

Par associations, compagnies et « partis », ils étaient aussi fermiers des impôts et droits de Roi ; ils lui en prêtaient par avance les revenus escomptés ; puis ils se payaient, largement et rudement, sur le dos des habituels contribuables. La rente foncière bourgeoise, captée par des hommes qui fuyaient souvent l'apparat, n'apparaissait pas toujours avec un vif éclat. D'autre part, elle se confondait vite avec la rente noble, l'idéal de tout bourgeois enrichi étant d'acheter la noblesse, ou de l'usurper.

Sa fonction religieuse mise à part, le Clergé rassemblait, en substance, des personnes venues de la Noblesse et de la Bourgeoisie. Les diverses noblesses peuplaient de leurs cadets l'épiscopat et les meilleurs couvents ; ils y vivaient des revenus fonciers et seigneuriaux attachés à leurs fonctions, sans perdre (sauf pour les réguliers) leurs revenus patrimoniaux ; s'y ajoutaient les revenus propres à l'Eglise, comme la dîme, universelle, variable dans son taux, souvent inférieur au dixième. Les plus riches marchands et officiers installaient leurs enfants dans les nombreux canonicats urbains : somptueux chapitres, généralement fort prospères et fort attentifs à leurs revenus temporels. Sauf le menu fretin des vicaires et des prêtres habitués, les curés urbains et ruraux jouissaient d'une assez

belle aisance, que des études récentes révèlent peu
à peu, ébranlant sensiblement la légende d'un bas-
clergé universellement misérable. Issu de la moyenne
bourgeoisie et de la riche paysannerie, ce bas-clergé
exerçait une action considérable dans les campagnes. On ne peut dire, quelques années après la
mise en train des premiers séminaires — mais cent
ans après la clôture du Concile de Trente, qui avait
décidé leur fondation —, que leur conduite privée
et leur apostolat catholique fussent toujours édi-
fiants, comme le prouve l'action des officialités
dans les évêchés sérieux. Les curés vivaient d'une
part de dîmes, du casuel, des revenus de leur jardin,
des terres de l'église paroissiale et de nombreuses
fondations dont les fabriques rurales leur versaient
le revenu. Ces fondations étaient des legs d'argent
ou de terres faits à la fabrique paroissiale par des
moribonds désireux de s'assurer des messes pour
l'éternité ; dans les pays pieux et riches, leur produit
annuel atteignait parfois plusieurs centaines de
livres. Dans les paroisses misérables, les gros décimateurs devaient assurer aux curés une sorte de
minimum vital : depuis 1634, 200 ou 300 livres
selon les circonstances. Une telle somme permettait
une existence modeste, mais à l'abri de tout souci
grave ; elle pouvait paraître fort réduite aux prêtres
qui la comparaient à tels revenus épiscopaux ou
conventuaires ; mais ces jalousies étaient encore
peu fréquentes à l'intérieur du Clergé, où les riva-
lités avaient généralement d'autres causes.

L'on peut soutenir qu'une sorte de capitalisme
foncier était la clé de la structure sociale du
royaume ; certaines de ses formes étaient fort
anciennes, comme la seigneurie et la dîme ; d'autres,
dérivées de l'éternelle usure, prenaient la forme

légale de rente foncière et surtout de rente constituée (prêts entre deux parties, avec intérêt annuel
légal, 5,55 %, en principe, possibilité de rachat,
garantie foncière formelle accompagnée d'hypothèque). Les plus riches familles du royaume — noblesse
d'épée, parlementaires — étaient celles des plus
grands propriétaires fonciers et des plus grands
seigneurs ; mais les titres de rentes — sur le Roi
comme sur les particuliers — figuraient de plus en
plus fréquemment dans les contrats de mariages
et les inventaires après décès. Les fortunes des
familles marchandes elles-mêmes comportaient bien
souvent une forte part d'investissement et de revenus
fonciers.

C'était cependant dans le monde des marchands
qu'on trouvait des formes et des sources différentes
de revenus. Un bon nombre, qui ne figuraient pas
parmi les plus modestes, possédaient même une
fortune principalement mobilière : marchandises en
voie d'achèvement, en magasin, en cours de transport, ou bien stockées chez des facteurs, correspondants, clients, et non encore soldées, mais alors
représentées par des créances de forme variable.
Ces fortunes fluctuantes, à la merci d'une crise,
d'un engorgement du marché, d'un accident de
transport, de la faillite d'un client important, étaient
perpétuellement menacées, et l'on comprend mieux
que leurs possesseurs aient souvent opté, après
une ou deux générations, pour l'achat d'un bon
office et un investissement foncier solide, en attendant la noblesse. Certains s'obstinaient cependant,
et, de simples marchands, devenaient entrepreneurs
de travail manufacturier. Ces marchands-fabricants,
à la tête de multiples entreprises, généralement
rurales, le plus souvent textiles, parfois métallur-

giques, préfiguraient timidement le futur capitalisme industriel. Leurs initiatives n'avaient d'ailleurs rien de révolutionnaire : on en observa de semblables à Douai dès le XIIe siècle... Les compagnies de traitants et de partisans qui prenaient à ferme les affaires du Roi — impôts, munitions, étapes — n'offraient pas non plus un type nouveau d'hommes d'affaires ; simplement, des Français de plus en plus nombreux prenaient les places des nombreux Italiens qui avaient longtemps brillé en ce genre d'opérations. Nécessaires à l'Etat, ils étaient universellement détestés et servaient un peu de boucs émissaires. Presque toujours, leurs descendants venaient grossir les rangs de la Noblesse et du haut-clergé et achetaient des rentes foncières ; en somme, ils s'assimilaient.

Jusqu'en 1661, les rois et leurs ministres avaient essayé de dominer cette société, simple dans son principe, complexe dans ses gradations et ses formes ; ils y étaient à peine parvenus, comme le prouve l'histoire toute récente des révoltes nobiliaires, rurales, urbaines, régionales et les cinq années d'anarchie frondeuse. Louis XIV pourrait-il mieux faire ? Oserait-il même essayer de modifier les rapports sociaux dans son royaume ? Tout montrait la difficulté de telles tentatives, et notamment la révolte de Marseille au moment où Mazarin agonisait, alors que l'agitation solognote des sabotiers était à peine éteinte...

IV

Les cadres institutionnels

Depuis quatre siècles au moins, les rois capétiens avaient voulu envelopper le royaume sans cesse agrandi d'un filet serré d'agents, de commissaires et d'officiers qui puissent porter leurs ordres et leur volonté jusqu'au fond des campagnes. C'est ce qu'on appelle volontiers, trop tôt et assez mal, « absolutisme » royal. Dans la pratique, il s'agit d'un désir d'unification législative et coutumière, d'un effort pour la réduction à l'obéissance de chaque province, de chaque ville, de chaque sujet, d'un effort vers l'unité et la centralisation. Il faut bien dire que ces vues royales ont triomphé seulement avec la Révolution et l'Empire. La définition que donnait de la France du XVIᵉ siècle un excellent historien des institutions, Roger Doucet, n'est pas loin d'être encore exacte pour la France de Mazarin :

Le royaume... était loin de former un ensemble homogène dont toutes les parties fussent soumises aux mêmes lois et administrées de façon identique... (l') assimilation devait rester imparfaite jusqu'à la fin de l'Ancien Régime.

La royauté reposait en réalité sur un ensemble de contrats conclus avec les groupes qui constituaient

la France : provinces, villes, établissements ecclésiastiques, classes de la société et même groupes
économiques comme les métiers. Tous ces contrats
laissaient à chaque groupe ses libertés, ses privilèges,
dont la coexistence avec la soumission au Roi ne
choquait personne. Provinces, villes, établissements,
groupes, ordres et états étaient les fidèles sujets
du Roi, mais avec leurs privilèges.

S'agit-il des provinces ? Dès qu'on quittait le
vieux domaine capétien — Ile-de-France, Picardie,
Champagne, pays de la Loire —, l'on pénétrait dans
des provinces où l'autorité du Roi était limitée.
Bretagne et Provence, réunies depuis moins de deux
cents ans, avaient leur Parlement, leur Chambre
des Comptes, leurs Etats qui consentaient l'impôt,
fort léger, leurs privilèges militaires, et naturellement leurs coutumes, qui fixaient le droit. Jusqu'en
1661, Louis avait surtout été comte de Provence
et duc de Bretagne. Même la riche Normandie,
réunie depuis le XIIIᵉ siècle, restait un duché (sans
duc), avec ses Etats, son Parlement, son droit qui
ne ressemblait à aucun autre (notamment pour les
successions, les hypothèques, les dots, et même le
taux de l'intérêt), ses subdivisions particulières. Plus
lointain, fort anciennement réuni lui aussi, le Languedoc conservait d'originales institutions, ses puissants Etats chargés de la levée de l'impôt, ses
diocèses civils à côté des diocèses ecclésiastiques,
sa taille réelle assise sur des cadastres remarquables,
périodiquement vérifiés et refaits. Dans les Pyrénées
même, certaines vallées, presque indépendantes,
offraient l'aspect de petites républiques pastorales.
Malgré de nombreux efforts, comme la réduction
du Béarn, la difficile extension du système fiscal
royal à une partie de la Guyenne, la suppression

depuis la Fronde de la tenue des Etats de Normandie, le Roi n'était pas également roi dans toute l'étendue de son royaume.

Depuis les serments et les chartes communales, presque toutes les villes murées avaient essayé de garder leurs « franchises et libertés » : à chaque avènement, elles se les faisaient confirmer, moyennant finances, par les services royaux. Les villes avaient leur assemblée, leur conseil, leurs échevins, leur maire, leurs consuls, leurs jurats et leurs capitouls. En Provence même, il existait une sorte de congrès périodique des communautés urbaines — qui donnait encore bien du mal à Mazarin mourant. Tous ces échevinages étaient élus, souvent par les délégués des métiers et des corps ; ils avaient leur domaine, leurs octrois, leurs impositions spéciales, leurs finances et leurs emprunts propres, encore leurs milices et leur armement, parfois leurs coutumes et même leur tribunal. Certes le Roi était souvent intervenu dans les élections, du moins pour les grandes métropoles et les cités d'intérêt militaire. Mais une bonne part de leurs anciens privilèges subsistait. Nombreuses étaient les villes exemptes de tailles — comme Paris et Rouen —, ou bien abonnées, et celles qui étaient dispensées du logement et d'étapes pour les troupes. Et chacune de conserver ses chartes, d'énumérer ses franchises, de se défendre pied à pied...

Du vieux système féodal, chaîne de liens de dépendance d'homme à homme, de suzerains et de vassaux, de fois et hommages, de fiefs et bénéfices, dira-t-on qu'il ne survivait que des formes juridiques ? Sans doute, foi et hommage n'étaient plus guère rendus que par un écrit notarié qu'on allait déposer à la porte du suzerain ; sans doute, le

mot de « fief », le plus souvent, signifiait seulement
bien noble, dont la possession n'anoblissait pas pour
autant celui qui le détenait. Mais les plus grands
des nobles gardaient encore toute une clientèle de
gentilshommes modestes ou faméliques qui leur
juraient fidélité, qui les suivaient, qui les servaient,
qui combattaient avec eux, jusque dans leurs rébel-
lions. Troupes de fidèles, de « nourris », de domestiques au vieux sens du mot, de protégés et de
défenseurs, dont tant de révoltes seigneuriales ou
provinciales — Fronde comprise — avaient prouvé
l'efficacité. Ces liens d'homme à homme, parentèles,
clientèles, domesticités, se prolongeaient jusque dans
le monde roturier. Un paysan censitaire, tenancier,
était un peu considéré comme le vassal roturier
du seigneur. En 1644 encore, les Pompadour du
Limousin pouvaient compter sur l'aide de leurs
paysans, qu'ils défendaient avec énergie, et les
armes à la main, contre la fiscalité royale, concur-
rente de la leur, contre les officiers, les intendants,
et même les soldats du Roi... Dans certaines provinces, les plus isolées ou les plus récemment réunies, noble ou roturier, on appartenait d'abord à un
maître proche, connu, puissant, avant d'être l'humble sujet du lointain Bourbon, de ses commissaires,
de ses « gabeleurs », de ses régiments...

Pas de justice unique. Les juristes avaient beau
proclamer que le Roi était la source du droit, et que
toute justice venait de lui. Même après les énormes
travaux de rédaction des coutumes, au siècle précédent, il restait soixante coutumes générales, presque autant de coutumes locales, le droit romain dans
le Midi, et mille particularités cantonales. En somme,
plusieurs centaines de « codes », dont la cartogra-
phie était discutée, les « lieux » d'application parfois

entremêlés inextricablement. Des juristes éminents, comme Brisson et Loisel, avaient essayé de dégager un droit « français », synthèse des plus grandes coutumes ; les légistes royaux avaient multiplié, dès le XVIe siècle, de grandes ordonnances aux articles nombreux et aux sujets multiples : leur répétition même prouvait leur inefficacité. Et chacun sait que les juges du Roi n'étaient pas seuls. Au fond des campagnes, dans certaines villes même, les tribunaux seigneuriaux, proches, familiers, souvent peu coûteux, gardaient leur clientèle et leur popularité. Les juridictions consulaires, en principe réservées aux marchands, très rapides, presque gratuites et assez équitables, accroissaient sans cesse leur rôle : il suffisait de vendre une toison ou un sac de blé pour se dire marchand... Malgré les efforts royaux, les ecclésiastiques restaient souvent soumis à des juridictions spéciales, dont la plus fréquentée était l'officialité diocésaine, de laquelle dépendaient aussi le droit du mariage, et même certaines affaires de mœurs. C'est dire que les officiers royaux siégeant dans les bailliages et présidiaux (par exemple) étaient loin de posséder le monopole d'une justice où ne régnait même pas un droit unique.

En créant les compagnies d'officiers, les rois avaient ajouté des franchises, des droits, des privilèges nouveaux à tous ceux qui existaient déjà dans le royaume. Bien avant le XVIIe siècle, les rois avaient vendu aux particuliers les fonctions de juges, de répartiteurs, de percepteurs d'impôts ; ces offices vénaux étaient pratiquement devenus héréditaires depuis le début du siècle : il suffisait de payer annuellement au Roi le soixantième de la valeur de l'office. Le Roi perdait en autorité ce qu'il gagnait en argent : les divers groupes d'officiers s'étaient unis en compagnies qui défendaient âprement leurs privilèges ; si bien que le Roi était obligé périodiquement d'envoyer dans les provinces de nouveaux hommes de confiance, des « commissaires » investis de grands pouvoirs, pour surveiller les héritiers des anciens ; la lutte des compagnies d'officiers contre ces commissaires du Roi, ces « intendants », fut une des causes et l'un des aspects de la Fronde ; et cet aspect était nettement réactionnaire, au sens propre du mot. Les plus puissantes compagnies, celles des officiers de finances, Elus et Trésoriers de France, étaient même groupées en syndicats bien organisés, avec caisse et bulletin imprimé, qui menaient ouvertement la lutte contre la tentative royale de les réduire à l'obéissance.

Sans doute les frondes s'étaient-elles apaisées ; les intendants, un moment et partiellement supprimés, avaient été rétablis ; officiers, parlementaires, grands seigneurs, villes rebelles et campagnes agitées avaient fait leur humble soumission ; quelques privilèges avaient été supprimés, mais d'autres confirmés, et les principaux rebelles avaient été calmés par des pensions et des places... Le respect profond que chacun ressentait pour le Roi et les belles promesses de fidélité n'empêchaient que chaque province, chaque groupe social, chaque ville importante, chaque noble de haut rang n'avait renoncé en rien à ses libertés, à ses franchises, à ses privilèges. Dès 1656, un succès espagnol devant Valenciennes inclinait d'anciens frondeurs, parlementaires et militaires, à comploter de nouveau. L'année suivante, les « malintentionnés », c'est-à-dire la coterie dévote, faisaient courir de faux bruits sur les conditions de l'alliance entre la France et l'Angleterre, tandis qu'en Anjou, en Poitou, en Angoumois, même en Champagne, les émeutes populaires reprenaient contre les agents du fisc et les soldats qui les soutenaient. 1658 : Sologne et Vendée sont en pleine révolte armée ; une maladie du jeune Roi devant Calais fait renaître ambitions et complots, à tel point que les garnisons proches de Paris sont renforcées pour parer à tout danger. 1659 est l'année du grand complot de la noblesse normande, soutenue, une fois encore, par l'angevine et la poitevine ; trois nobles sont appréhendés, beaucoup fuient, et le sieur de Bonnesson est décapité. Un voyage du Roi dans le Midi (1659-1660) ressemble à une expédition militaire ; la construction des citadelles royales surveillant Bordeaux et Marseille, villes peu fidèles, est accélérée : fort Saint-Jean, citadelle Saint-Nicolas, Château-Trompette...

Rien ne paraît plus exact que ce mot de Louis XIV dans ses *Mémoires pour l'année 1661* : « Le désordre régnait partout. »

Tel était le royaume qui s'offrait à Louis, dans sa richesse économique aux aspects un peu vieillots, dans son extrême complexité provinciale, administrative et sociale (et encore remettons-nous à plus tard l'examen des disparités religieuses et mentales...).

Mais comment le Roi voyait-il lui-même son royaume ? Comment concevait-il sa tâche ? Avait-il un programme ?

Seconde partie

1661-1679 :
Le temps des hardiesses.

L'année 1661 : le jeune Roi à la recherche de la gloire

A. — LE ROI.

Après tant de courtisans et de détracteurs, il est intimidant d'avoir à présenter Louis, en sa vingt-troisième année. Mieux vaut le laisser parler, puisqu'il a dicté ou retouché, en tout cas accepté ce qu'avaient rédigé sous lui quelques bons secrétaires, comme le président Périgny : ses *Mémoires* pour les années 1661, 1662, 1666, 1667, 1668, destinés à l' « instruction du Dauphin ». Et puisqu'il a déclaré, quelques heures après la mort de Mazarin, sa « volonté de ne jamais prendre de premier ministre » et « de réunir en lui seul toute l'autorité de maître », regardons-le agir, écoutons-le justifier les actes de sa première année de règne.

Quatre mots, surtout le dernier, reviennent fréquemment sous sa plume : « ma dignité, ma gloire, ma grandeur, ma réputation ». Lorsque, vers 1670, le Roi considère ses débuts, il voit dans la recherche de la « réputation » le but suprême de son action passée, présente, et, sans aucun doute, future. Réputation à l'intérieur, par la réduction à l'obéissance, par la disparition de ce « désordre qui régnait partout ».

Réputation parmi les princes chrétiens de l'Europe (des autres, il ne dit mot), voisins alors pacifiques, dont aucun ne l'impressionne, mais qui « ne le connaissent point encore » et face auxquels il brûle de se montrer « à la tête de ses armées ». A vingt-deux ans, « préférant sans doute dans le cœur, à toutes choses et à la vie même, une haute réputation », le Roi sait qu'il aura « à rendre un compte public de toutes ses actions à tout l'univers et à tous les siècles ». Il s'y prépare ; il commence déjà. Mais, pour assurer le triomphe de cette « passion maîtresse et dominante des rois... leur intérêt, leur grandeur et leur gloire », quelles ressources apporte-t-il lui-même ?

D'abord, son éclatante santé. De petite taille, ce qui explique les hauts talons, la perruque et le maintien, il a visiblement hérité de la puissante vitalité de son aïeul le roi Henri. Infatigable comme lui à la chasse, à la guerre, à la danse, à la table, à l'amour, ce cavalier sportif, qui ne souffre pas les débiles et les timorés, consent à s'enfermer plusieurs heures par jour dans le silence du cabinet, seul ou avec quelques commis. A moins de vingt ans, face aux Espagnols, il avait étonné par son courage dans la guerre et la maladie. En attendant de ménager à plusieurs générations de médecins la plus opiniâtre résistance, il consacre des journées de seize à dix-huit heures à étudier des dossiers, à s'informer, à recevoir, à paraître, à galoper et à aimer.

D'une éducation peu livresque, il semble avoir surtout retenu les leçons d'une Espagnole et d'un Italien ; bien plus encore, celles des événements tumultueux de sa minorité. De sa mère, qui lui a légué les nombreux traits espagnols de son carac-

tère — il y a de Philippe II en Louis XIV : le goût
du secret, de l'application besogneuse, de la magnificence et de l'étiquette —, il paraît avoir retenu
une dévotion exacte et régulière dans les « exercices
de la piété », et cette courtoisie raffinée et froide
qui ne lui manqua jamais. De son parrain le cardinal,
qui avait fini par l'introduire au Conseil, mais comme
un témoin muet, il a appris l'Europe, dans toutes ses
intrigues, dans le détail des mariages princiers et
des consciences à acheter. Arraché de Paris à l'âge
de dix ans, promené de ville en ville au milieu de la
guerre, de la rébellion, de l'insécurité, des épidémies,
il avait durement appris que personne — ou presque — n'est constamment fidèle, fût-il archevêque
ou premier prince du sang. Il eut beau, plus tard,
inciter son fils au pardon des offenses, il n'oublia
jamais que « le ressentiment et la colère des rois
sages et habiles contre leurs sujets ne sont que
justice et que prudence » et qu' « un peu de sévérité
était la plus grande douceur que je pouvais avoir
pour mes peuples ». Clergé, Noblesse avec ses
« mille et mille petits tyrans », Parlements, Cours
prétendues souveraines, officiers, gouverneurs, villes,
sa méfiance n'exceptait personne, puisque aussi bien
« à peine y a-t-il aucun ordre du royaume, Eglise,
Noblesse, Tiers Etat qui ne soit tombé quelquefois
en des égarements terribles ». La meilleure oraison
funèbre qu'il fit de sa mère, ce fut de remarquer
« l'abandonnement qu'elle avait si pleinement fait
de l'autorité souveraine » et le fait qu'il n'eut « rien
à craindre de son ambition ». S'il aima beaucoup
son frère, il lui refusa toute charge, tout commandement, tout gouvernement qui eût pu le distinguer ;
le souvenir de son oncle et la crainte du nom même
d'Orléans lui faisaient professer que « les fils de

France ne doivent jamais avoir d'autre retraite que la Cour, ni d'autre place de sûreté que dans le cœur de leur frère ».

Cette méfiance universelle, venue de l'expérience détermina en lui cette retenue, cette maîtrise de soi dans les affaires de l'Etat, cette obligation du secret qu'il voulait enseigner au Dauphin. Louis triompha en effet des effusions sentimentales et des accès de larmes qui avaient marqué son adolescence récente ; ou du moins les réservait-il pour les épanchements et les chagrins privés. Dans les larmes répandues à la mort de Mazarin, de la Reine mère, plus tard de la Reine régnante et de Monsieur, on peut se demander jusqu'où allait la comédie, puisque enfin ses sentiments réels sont bien connus à l'égard de tous — et même de Mazarin, qu'il affirme avoir aimé de la même plume qu'il déclare vouloir abolir en France « jusqu'au nom même » de premier ministre et souligne à quel point « ses pensées et ses manières (de Mazarin)... étaient différentes des miennes ». Larmes contrôlées, courtoisie étudiée, silences calculés, art d'éluder (« Je verrai », répondait-il à toute question imprévue), toute cette science consommée de la mise en scène royale — dont les premières manifestations surprirent chacun dès l'arrestation de Retz, fin 1652, — devint pour lui comme une seconde nature, et certainement une de ses plus grandes forces. Reposant sur l'éducation, sur l'expérience, sur la méfiance, sur le profond désir d'être en tous points le « maître », la majesté royale dans le secret est essentiellement une victoire de la grande vertu du siècle, la volonté.

Elle s'accompagne d'une confiance en soi qui paraît dès l'avènement, qui s'étale avec une sorte de fraîcheur dans les *Mémoires* : ce que Lavisse

appelait son « orgueil pharaonique ». Dans l'atmosphère politique, juridique, sociale et religieuse où
il a vécu, Louis ne pouvait que s'identifier à la
France, penser ce que Bossuet écrira : « Tout
l'Etat est en lui ; la volonté de tout le peuple est
renfermée dans la sienne », et se préparer à instruire
son petit-fils de cet axiome : « La nation ne fait pas
corps en France. Elle réside tout entière dans la
personne du Roi. » Que la meilleure partie de la
Cour, de la Chaire et de la Ville, proclame qu'il est
le lieutenant de Dieu sur la terre, en attendant de
s'écrier, avec Bossuet : « O rois, vous êtes comme
des dieux ! », rien de tout cela ne peut le surprendre :
il se persuade tôt que « dans certaines rencontres...
je ne sais quels mouvements ou instincts aveugles
au-dessus de la raison, et qui semblent venir du
Ciel » l'inspirent directement. L'orgueil du Roi est
normal, même obligatoire ; il peut constituer le meilleur des instruments de règne. Du moins, en 1661,
est-il équilibré par la réflexion et par le travail.

B. — Le dedans.

En 1670, « et c'est ici la dixième année qu'(il)
marche... assez constamment dans la même route »,
Louis XIV, âgé de trente-deux ans, retrace et
contemple donc le déroulement de sa première
année de règne personnel. Ce qu'il en retient et ce
qu'il en supprime, sa manière même de souligner
et de résumer : est-il meilleur portrait du hardi
cavalier, du maître impérieux, du Roi Très Chrétien
et pourtant libertin, du monarque magnifique qui
veut s'imposer à l'Europe étonnée ?

La première tâche a été la refonte totale du
système de gouvernement. Il supprima complète-

ment et définitivement la fonction de premier
ministre, « rien n'étant plus indigne que de voir
d'un côté toutes les fonctions, et de l'autre le seul
titre de Roi » — singulier hommage à son père, à
sa mère, et à deux cardinaux. Là réside sans doute
l'acte essentiel du jeune monarque qu'on a pu
appeler, avec quelque emphase, « le grand révolutionnaire du xviie siècle ». Du Conseil du Roi, cohue
comprenant trop de commis et trop de personnages
bien nés, il chassa presque tout le monde, même sa
mère. Il y admit seulement trois hommes : Le Tellier,
Lionne, et Fouquet, surveillé et bientôt remplacé
par Colbert. Eux seuls furent ministres : aucun
prélat, aucun grand, aucun prince du sang, pas
même l'illustre et sage Turenne, n'entrèrent à ce
qu'on appela bientôt le « Conseil d'En-Haut », où se
décidaient toutes les grandes affaires de l'Etat. Les
trois hommes avaient en commun une naissance
obscure, de l'expérience, une fidélité éprouvée ; tous
trois avaient été les hommes de Mazarin ; tous
trois allaient devoir au Roi leur fortune et leur
avancement ; aucun ne dominait, aucun ne signait
quoi que ce fût sans l'aveu du Roi. Celui-ci précise :
« Il n'était pas de mon intérêt de prendre des
sujets d'une qualité plus éminente... mon intention
n'était pas de partager mon autorité avec eux. Il
importait qu'ils ne conçussent pas eux-mêmes de
plus hautes espérances que celles qu'il me plairait
de leur donner. » Quant aux autres, trop grands
par leurs fonctions comme le Chancelier, trop illustres comme Turenne ou Condé, trop vieux, trop
jeunes ou trop limités par leurs lumières, comme
Brienne, La Vrillière ou Guénégaud, ils furent can-
tonnés dans des fonctions administratives, sans part
au gouvernement du royaume. Ainsi s'installait, après

l'arrestation de Fouquet, trop riche, trop magnifique, trop présomptueux, mais pas plus « fripon » que bien d'autres, la célèbre « Triade » ; ce que Saint-Simon devait appeler « le règne de vile bourgeoisie », le règne du Roi, commençait.

Avec conscience et application, le Roi présidait tous les deux jours le Conseil d'En-Haut ; il allait régulièrement au Conseil des Dépêches, tenu avec le Chancelier et les quatre secrétaires d'Etat, ministres ou non, deux fois par semaine, afin d'écouter les nouvelles des provinces, et de voir « rapporter » les jeunes maîtres des requêtes, pépinière d'administrateurs ; il créait en septembre le Conseil des Finances ; là, devant le Chancelier, deux intendants de Finances et Colbert, le Roi agissait comme son propre surintendant, signait les pièces comptables, tâchait de dresser un budget et de voir clair dans les finances du royaume ; il ne dédaignait même pas d'assister, parfois, dans son fauteuil toujours présent, et présidant, à ce qu'il appelle le « Conseil des Parties », qui lui apparaissait pourtant secondaire : « Il ne s'agit que de procès entre les particuliers sur les juridictions. » Il trouvait encore le temps de recevoir des placets et d'en lire beaucoup, de s'informer de tout, et notamment de l'état de ses troupes, de la recette et de la dépense, des nouvelles de l'étranger ; de distribuer places, grâces, pensions et bénéfices ; en somme, de poursuivre inlassablement un travail d'enquête patiente qui descendait souvent au détail. Les ministres qui avaient sa confiance commençaient à préparer, sous lui et en même temps, la vaste entreprise de réorganisation et de codification à laquelle trop d'historiens ont cru bon d'attacher le seul nom de Colbert.

En dehors de ce travail quotidien, des « coups de

maître » éclataient soudain. Ils visaient à réduire
les « restes » de la Fronde, les corps, les compagnies,
ordres et personnes privilégiées, tous ceux par qui
le « dedans » n'était que désordre. Cette réduction
générale à l'obéissance visa d'abord à « diminuer
l'autorité des principales compagnies qui, sous prétexte que leurs jugements sont sans appel... ayant
pris peu à peu le nom de cours souveraines, se
regardaient comme autant de souverainetés séparées
et indépendantes ». Paroles rudes, offensives brutales,
soumission apeurée : le Roi exile quelques officiers
de la Cour des Aides, réduit au silence le Parlement
de Paris dans l'affaire des greffes, retranche un
quartier des gages des officiers, contraint les Cours
— qui s'y refusaient jusque-là — à respecter toutes
décisions royales prises en Conseil, et non plus les
seules ordonnances et édits vérifiés. En un mot,
comme il le dit, le Roi « mortifie » volontairement
ses officiers de justice. Mais il réserve ses meilleurs
traits aux parlementaires, dont « l'élévation trop
grande... avait été dangereuse à tout le royaume
durant (sa) minorité. Il fallait les abaisser, moins
pour le mal qu'ils avaient fait que pour celui qu'ils
pouvaient faire à l'avenir ». Pour le moment, Louis
n'en vient pas aux mesures les plus cruelles ; il se
contente de les faire taire, et de ruiner en quelques
mots leur « fausse imagination d'un prétendu intérêt
du peuple opposé à celui du prince et dont ils se
faisaient les défenseurs » :

La tranquillité des sujets ne se trouve qu'en obéissance ; il y a toujours moins de mal pour le public à
supporter qu'à contrôler même le mauvais gouvernement des rois dont Dieu seul est le juge... ; la raison
d'Etat qui est la première des lois (est)... la plus incon-
nue et la plus obscure à tous ceux qui ne gouvernent pas.

Mais les Parlements du royaume ne connaissaient encore que le début de leur écrasement.

Le premier ordre du royaume avait déjà senti, quant à lui, le poids de la volonté royale. Laissons parler Louis XIV :

L'assemblée du Clergé (elle se réunissait tous les cinq ans), qui avait duré longtemps dans Paris, différait à l'ordinaire de se séparer, comme je l'avais témoigné souhaiter...

Elle prétendait en effet attendre, pour cela, que certains édits qu'elle avait hautement réclamés, fussent signés, scellés et expédiés. Rien ne pouvait irriter le jeune Roi comme cette sorte de chantage. Aussi, déclare-t-il : « Je lui fis entendre qu'on n'obtenait plus rien par ces sortes de voies. » Elle se sépara ; et ce fut alors seulement que les édits furent expédiés.

En attendant certains « Grands Jours », le second ordre du royaume était attaqué de biais. Le duc d'Epernon, colonel-général de l'infanterie, vint à mourir. Sa charge comportait un pouvoir « infini » : il nommait de nombreux officiers « inférieurs » qui constituaient pour lui une clientèle assurée, des « créatures... qui le rendaient plus maître que le Roi même des principales forces de l'Etat ». La charge fut supprimée, et le Roi l'exerça lui-même. Plus subtilement, mais plus largement, les pouvoirs des gouverneurs des places militaires, « qui abusaient si souvent », furent peu à peu réduits. Il leur ôta le pouvoir de lever des contributions « qui les rendaient trop puissants et trop absolus ». Puis, par une rotation insensible des garnisons, il leur enleva les « troupes qui étaient dans leur dépendance » et leur substitua « d'autres au contraire qui ne connaissaient que moi ». Bientôt le Roi allait, en certaines provinces au moins, mettre fin à la « tyrannie » que trop de nobles exerçaient, par des exemples de sévérité et de rigueur. Mais le plus urgent était bien de prévoir et de rendre impossibles dans le royaume les « mouvements » dont tout le siècle avait été plein.

Dans ce but, le troisième Etat — la bourgeoisie — avait besoin d'être également menacé. Les fortifications de Bordeaux — la plus obstinée et la plus hardie des villes frondeuses — et de Marseille — qui avait réservé, deux ans auparavant, mauvais accueil au Roi — furent continuées « pour la sûreté de l'avenir, et pour servir d'exemples à toutes les autres ». Quelques mouvements se produisirent pourtant, « approchant tant soit peu de la désobéissance », en Normandie, dans le Sud-Ouest, en Provence, régions classiquement agitées sur lesquelles le Roi est trop discret. Ils furent « réprimés et châtiés », grâce aux troupes que Louis avait résolu « d'entretenir en bon nombre », malgré la paix. Cette sévérité, affirme-t-il, « était la plus grande douceur que je pouvais avoir pour mes peuples » ; la répression par les armes de toute ombre de sédition était érigée, dès la première année du règne, en règle absolue ; cette règle devait avoir beaucoup d'occasions d'être appliquée, avec une énergie que seules de rares âmes sensibles pouvaient juger barbare. L'ordre, l'obéissance, la réputation, la gloire et la grandeur étaient à ce prix. Les coups de maître auraient à continuer.

Du peuple des villes et surtout des campagnes, il est à peine question dans les *Mémoires du Roi pour l'année 1661*. Le Roi signale seulement qu'il était, en mars, « chargé d'impositions, pressé de la misère en plusieurs endroits, incommodé en d'autres de sa propre oisiveté (que nous appelons, au XXe siècle, chômage), et ayant surtout besoin d'être occupé et soulagé » ; par ailleurs, il ne se serait alors manifesté « ni mouvement ni crainte ou apparence de mouvement dans le royaume ». Pour le soulagement « des peuples », le Roi diminua de trois millions les tailles de 1662, ce que la paix, dit-il, permettait de faire ; il nous assure qu'il « occupa » les « oisifs » ; il répète qu'il n'y eut en 1661 « aucun mouvement dans le royaume », mais il précise que « tout ce qui approchait tant soit peu de la désobéissance, comme en quelques occasions à Montauban, à Dieppe, en Provence, à La Rochelle, était d'abord réprimé et châtié » militairement. En termes clairs, cela signifie que les troubles ne cessèrent pas, mais que l'armée les réduisit aussitôt. C'était tout ce que demandait un Roi qui avait connu la Fronde et le soulèvement de la moitié du royaume. Du prix de cette tranquillité, il n'est point question ; de l'été « pourri », de l'épouvantable récolte de 1661, de l'exceptionnelle famine qui commença presque aussitôt, seulement quelques phrases tardives (en 1662) pour rappeler sa propre générosité. Gloire et réputation vont leur train en dehors de ces incidents. D'ailleurs, le Roi a hâte de révéler au Dauphin les grandes affaires, les coups de maître et de magnificence « au dehors » : la majeure partie des mémoires leur est consacrée.

C. — LE DEHORS.

Louis XIV regarde l'Europe comme une société de princes plus ou moins puissants, appartenant à des familles plus ou moins anciennes, servis par des

ministres plus ou moins vénaux. En cette période
de paix, les relations entre Etats se réduisent à
des affaires de famille — mariages et héritages —,
à des affaires d'argent — achat d'un allié ou d'un
ministre étranger —, surtout à des affaires de pré-
séances, comme dans toute société aristocratique
et princière.

« Les rois de France, rois héréditaires..., peuvent
se vanter qu'il n'y a aujourd'hui dans le monde,
sans exception, ni meilleure maison que la leur,
ni monarchie aussi ancienne, ni puissance plus
grande, ni autorité plus absolue. » De cette déclaration péremptoire, il résulte que, dans tous les
cas, la préséance et la prépondérance doivent appar-
tenir à la monarchie des Lys. Dès 1661, toute occasion est bonne à saisir pour en informer l'Europe.
Par exemple, cette prétention des ambassadeurs
de la république de Gênes d'obtenir à la Cour de
France le traitement royal, et de ne « prendre
jamais leurs audiences qu'au même jour qu'on la
donnait à quelque ambassadeur de roi, afin qu'en-
trant au Louvre immédiatement après lui et au
même son du tambour, on ne pût distinguer si ces
honneurs les regardaient ou non ». Ce tambour abusif
rappelle au roi Louis que Gênes fut longtemps pos-
sédée par ses ancêtres, qu'elle s'est rebellée, qu'elle
appartient à la maison française « légitimement à
plusieurs bons titres ». Et Louis XIV de faire connaître aux Génois qu'il ne souffrirait plus « leur folle
prétention », ce qui les fit « trembler de peur ».
Coup de magnificence, sans grand risque, il est vrai.
Il était plus hardi de faire sentir à l'Empereur la
supériorité de la couronne française.
Aussi Louis XIV prend-il soin d'expliquer longuement « combien les empereurs d'aujourd'hui sont

éloignés de cette grandeur dont ils affectent les
titres », ceux d'empereurs romains et de Césars, et
comment ils se sont emparés illégitimement de la
succession de Charlemagne, aïeul des seuls rois de
France. D'ailleurs, ils ne sont qu'éligibles, et « on
leur impose, en les élisant, les conditions qu'on
veut » ; aussi ont-ils peu d'autorité, peu de revenus,
et comme habitation, s'ils n'en possédaient person-
nellement, « l'unique ville de Bamberg ». Tout ce
discours, d'assez mauvaise foi, il faut le souligner,
parce que l'Empereur n'avait pas cru « de sa
dignité » d'écrire le premier à Louis pour lui faire
part de son élection, et attendait d'avoir reçu d'abord
quelque lettre de compliment. Non seulement Louis
refusa d'écrire le moindre billet, mais il obligea
l'Empereur « à rayer dans les pouvoirs de ses
ministres les qualités de comte de Ferrette et de
landgrave d'Alsace », terres cédées par le traité de
Munster ; bien plus, à supprimer, dans un projet de
ligue contre les Turcs, le « titre qu'il se donnait de
chef du peuple chrétien ».

De telles victoires de prestige sur des points déli-
cats de préséance européenne étaient particulièrement chères au jeune Roi. Elles en laissaient
prévoir d'autres, plus étonnantes encore. Elles
auraient pu faire concevoir à un esprit plus prudent
la crainte de futures représailles. En 1661, le jeune
Léopold et les timides Génois ne pouvaient que
s'incliner, et attendre.

D'une manière plus positive, Louis XIV se pré-
occupait, en poussant jusqu'à leurs dernières conséquences l'application des traités, de couvrir ses
frontières du Nord et de l'Est, qu'il savait fragiles,
et trop proches de Paris. Sur la frontière de Flandre,
dans les marches lorraines et en Alsace, il obtient

des satisfactions morales, territoriales et financières,
répare ses places, les met en défense, les munit des
« choses nécessaires, comme si on eût été au milieu
de la guerre ». Enfin, il se préoccupe de ceux qu'il
désigne déjà comme ses futurs ennemis, et qui
furent ceux de son père, l'Empereur et la couronne
d'Espagne. Il y parvient par les moyens classiques.
Il fait entrer l'Electeur de Trêves dans la Ligue du
Rhin, c'est-à-dire, précise-t-il, avec quelque outre-
cuidance (l'initiative revenait à Mazarin) « dans un
parti puissant et considérable que j'avais formé au
milieu de l'Empire, sous prétexte de maintenir le
traité de Munster et la paix de l'Allemagne ». Par le
mariage florentin d'une princesse d'Orléans, il renforce ses liens avec les Médicis, au centre d'une
Italie en partie espagnole. Par le mariage de Monsieur, il resserre l'alliance anglaise, qui avait permis
en 1659 la victoire sur l'Espagne. Mais ces unions
princières, donc diplomatiques, avaient été conclues
par Mazarin, ce que Louis omet de préciser. Il se
réjouit enfin d'avoir fait conclure le mariage de
Charles II d'Angleterre et de Catherine de Bra-
gance, infante du Portugal, bien que cette union ait
apporté aux Anglais beaucoup d'or, la ville de Bom-
bay, point de départ de l'Empire des Indes, et les
prémices d'un protectorat économique et politique
dont la France pourrait mesurer, plus tard, les
dangers. Mais Louis XIV tenait alors l'Angleterre
pour un pays faible et francophile, qui « respirait
à peine de ses maux passés, et ne tâchait qu'à affer-
mir le gouvernement sous un roi nouvellement
rétabli, porté d'ailleurs d'inclination pour la France ».
Ce jugement pouvait être commis en 1661 ; il n'est
pas heureux que Louis l'ait laissé prononcer en
1670. Pour lui, le mariage portugais offrait ce consi-

dérable avantage d'abaisser l'Espagne, en donnant au Portugal, qui avait tant de peine à lutter pour son indépendance, un protecteur efficace. L' « inimitié permanente » entre les deux couronnes, la française et l'espagnole, était pour le roi une donnée fondamentale, qu'autorisaient cent ans d'histoire : « On ne peut élever l'une sans abaisser l'autre », leur « jalousie » est « essentielle », « permanente », écrivait-il. Elle autorise même à agir « nonobstant le traité des Pyrénées », donc en le violant ; ce qui gêne un peu le Roi, mais qu'il se pardonne en montrant que bien des « paroles » du traité ne sont point à prendre « à la lettre » et que d'ailleurs les Espagnols ont « violé les premiers, et en mille sortes, le traité des Pyrénées ». Voulant élever sa « réputation » et sa gloire, Louis sera conduit à abaisser l'Espagne, donc à lui faire la guerre, avec ou sans prétexte.

Cette obsession de l'Espagne, — comme sa jalousie méprisante envers l'Empereur —, produits comparables d'un passé à la fois immédiat et séculaire, conduisaient Louis XIV à sous-estimer non seulement les Anglais, mais les Hollandais. Toute leur politique, affirme-t-il, « n'avait alors pour but que deux choses : entretenir leur commerce, abaisser la maison d'Orange ; la moindre guerre leur nuisait... et leur principal support était en mon amitié ». Des marchands, des républicains, des sortes de protégés : trois raisons pour leur manifester sa royale condescendance. Certes, Louis ne pouvait deviner ce que serait l'enfant Guillaume d'Orange. Il aurait pu remarquer que les Provinces-Unies s'étaient renforcées pendant les guerres et grâce aux guerres, et porter un peu plus d'attention (en 1670, avec Colbert à ses côtés) à la puissance matérielle que

pouvait représenter une république marchande. Il
dédaignait de porter aux Hollandais des « coups de
magnificence ». Les seuls interlocuteurs dignes de lui
étaient les rois véritables ; à ceux-là seulement, il
valait de faire sentir sa jeune puissance.

D. — Dieu.

Il restait à Louis XIV à se mettre en face du seul
interlocuteur qu'il ait jamais désiré servir, ou remercier « par une véritable reconnaissance des grâces
qu'il recevait de lui tous les jours ». Aussi termine-
t-il l'examen de sa première année de règne par
l'inventaire de tous les services qu'il a rendus à
Dieu.

Tout prince d'éducation catholique, jeune et avide
de gloire, sent toujours passer en lui, à quelque
moment, le souffle d'épopée de la Croisade. Louis,
par surcroît, ne pouvait souffrir que le roi d'Espagne
se pare sans cesse de son titre traditionnel de « Roi
Catholique », se donne « la qualité de catholique
par excellence ». Il supportait moins encore que
l'Empereur, simple « chef et capitaine-général d'une
République d'Allemagne », se prétendît le « chef du
peuple chrétien, comme s'il eût véritablement pos-
sédé le même Empire et les mêmes droits qu'avait
autrefois Charlemagne » (qui est l'aïeul direct du
seul Louis)... « après avoir défendu la religion contre
les Saxons, les Huns et les Sarrazins ». Aussi offre-t-il,
dès son avènement, « 100 000 écus aux Vénitiens pour
leur guerre de Candie » et beaucoup de promesses
pour les aider à « chasser les infidèles » de Crète.
Il propose vingt mille hommes à l'Empereur ; il lui
en donnera six mille en 1664. Il « donne pouvoir » à
ses chargés d'affaires à Rome de « faire une ligue

contre le Turc », à laquelle il contribuerait « beaucoup plus que pas un des autres princes chrétiens ». Rêveries, comme on verra.

A défaut de se croiser, Louis défend les catholiques minoritaires des pays protestants. Il intervient « auprès des Hollandais pour les catholiques de Gueldre ». A Dunkerque, ville anglaise, il distribue « des aumônes considérables aux pauvres... de peur que leur misère ne les tentât de suivre la religion des Anglais... ». Défendre la foi romaine chez les étrangers augmente la réputation de Louis ; il s'en glorifie devant Dieu ; rien ne l'empêchera dans l'avenir de multiplier de semblables interventions ; il ne conçoit pas qu'elles puissent lui attirer des inimitiés, sinon d'hérétiques et d'infidèles, lesquels ne sont rien.

Louis avait aussi ses hérétiques. Aux jansénistes, il consacre quelques lignes fort riches de sens. Ce Roi Très Chrétien méprise franchement les querelles théologiques, « longues disputes sur des matières de l'école, dont on avouait que la connaissance n'était nécessaire à personne pour le salut ». Il s'inquiète beaucoup plus des menaces de schisme, que font redouter à la fois la « chaleur des esprits », la qualité des opposants « d'un grand mérite, s'ils en eussent été eux-mêmes moins persuadés », et l'intervention d'évêques « de beaucoup de réputation, d'une piété digne en effet d'être révérée ». Esprit de « nouveauté », esprit de division qui ne pouvait qu'être suspect au Roi, le jansénisme, « secte naissante », était plus grave encore par les « intérêts humains » qu'il suscitait, et par sa liaison partielle avec le cardinal de Retz, ancien frondeur, prisonnier évadé. La « raison d'Etat » s'en mêlait. C'est en politique que Louis continue en 1661 à poursuivre les disciples de saint Augustin. Il a déjà fait brûler *les Provinciales* ; il disperse alors les « Messieurs » et leurs élèves, en attendant de pouvoir lancer un archevêque de Paris selon son cœur contre les filles de Port-Royal, et d'atteindre les évêques et communautés récalcitrantes.

C'est en politique aussi que Louis considère, en un long et singulier discours, « ce grand nombre de mes sujets de la religion prétendue réformée ». A plusieurs reprises, en des phrases qu'on ne cite presque jamais, il explique ce qu'il y eut de bien fondé dans la réforme protestante :

L'ignorance des ecclésiastiques au siècle précédent, leur luxe, leur débauche, les mauvais exemples qu'ils donnaient, ceux qu'ils étaient obligés de souffrir... les abus enfin qu'ils laissaient autoriser dans la conduite des particuliers contre les règles et les sentiments publics de l'Eglise... Les nouveaux réformateurs disaient vrai visiblement en plusieurs choses de cette nature... (s'ils) imposaient, au contraire, en toutes celles qui ne regardaient pas le fait, mais la croyance.

Aussi le peuple distinguait mal, « parmi plusieurs vérités évidentes », la « fausseté bien déguisée » des huguenots... Puis le peuple vit mourir pour leur « parti » tous ces religionnaires ; il « douta encore moins que (leur) religion ne fût bonne, pour laquelle on s'exposait à tant de périls ». Aussi le Roi recommande-t-il d'abord aux évêques de ne montrer que de bons exemples, et « qu'ils ôtassent les scandales » qui éloignaient les protestants, afin de « ramener ceux que la naissance, l'éducation et souvent un grand zèle sans connaissance tiennent de bonne foi dans ces pernicieuses erreurs ». Ce n'est point là le langage du « nouveau Constantin, du nouveau Théodose » que Bossuet devait célébrer en 1685... Il ne déclame point, avec l'Assemblée du Clergé, contre « la funeste liberté de conscience ». Il accepte l'édit de Nantes, confirmé à plusieurs reprises depuis 1643. Mais il désire voir peu à peu les huguenots revenir à la vraie foi. Pour cela, il expose toute une méthode : aucune persécution, aucune « rigueur » ; simplement, la stricte observance de l'édit, la suppression de tout ce qu'il ne permet pas, le refus de toute « grâce » aux religionnaires, la « récompense » offerte à « ceux qui se rendraient dociles ». Contre l'hérétique, Louis croit à la puissance des textes juridiques et à l'achat des consciences.

Ayant ainsi fait le compte des services rendus à Dieu « par une véritable reconnaissance des grâces » qu'il recevait « tous les jours » sans oublier tel édit contre les « jurements » ou les duels, Louis explique à son fils quelques règles importantes de la conduite d'un Roi envers Dieu. Il convient d'abord de pratiquer avec « régularité » et publiquement les « exercices de la piété » ; en particulier d'édifier les peuples en faisant « à pied avec toute (sa) maison les stations d'un jubilé ». « Les respects publics que nous rendons à cette puissance invisible pourraient enfin être nommés justement la première et la plus importante partie de notre politique... », puisqu'en somme « notre soumission pour (Dieu) est la règle et l'exemple de celle qui nous est due » par les peuples. Louis va même plus loin :

Les armées, les conseils, toute l'industrie humaine seraient de faibles moyens pour nous maintenir sur le trône, si chacun... ne révérait pas une puissance supérieure, dont la nôtre est une partie.

La piété publique du roi, modèle et garante de la fidélité de ses propres sujets, voilà peut-être une

conception politique de la religion qui ne manque
pas de réalisme. Louis ajoute, il est vrai, qu'une
certaine « disposition intérieure » de religion est
« plus noble et plus désintéressée », que « cette vue
d'intérêt » est « très mauvaise quand elle est seule »,
que « l'extérieur sans l'intérieur n'est rien du tout ».
Il n'empêche qu'on n'a pas, en suivant sa pensée et
son style, l'impression d'une foi très profonde et très
vivante. La religion de Louis, pendant les premiers
lustres, est à la fois conformisme appris et politique
étudiée. L'heure de la conversion intérieure est lointaine. Dès 1661, Louis est prêt à dissoudre la
Compagnie du Saint-Sacrement, à soutenir Molière
contre les tartufes, à oser être parrain de son premier enfant ; il va vivre et se complaire dans les
mythologies et les galanteries ; déjà, il est le joyeux
libertin qui impose à la Cour et à la Ville la glori-
fication de l'adultère et les exhortations de Bossuet
au prochain Carême entraîneront une première dis-
grâce pour le jeune prêtre téméraire. Face à son
clergé, face au parti dévot, face à Dieu même,
Louis XIV prend ses distances. Le Roi Très Chrétien
ne songe qu'à sa gloire, pas encore à son salut.

Le Roi de trente ans qui décrivait ainsi, à l'intention de son fils, sa première année de règne, ne
doutait pas d'avoir bien fait son « métier de roi...,
grand, noble et délicieux ». Pendant douze années,
sans obstacle trop irritant, sans échec grave, il poursuivit sa marche, « assez constamment dans la même
route, ne relâchant rien de son application » afin de
montrer « à tout l'univers et à tous les siècles »
comment un grand roi savait faire triompher sa
passion dominante, la gloire.

II

Douze années de grandeur monarchique :
1661-1672

DE sa vingt-troisième à sa trente-cinquième année,
Louis ne rencontre, dans sa poursuite de la gloire,
aucun obstacle qu'il ne puisse vaincre, tourner, ou
ignorer. Le début d'un grand règne se déroule majes-
tueusement devant le royaume et l'Europe saisis.
Cette phase ascendante et juvénile veut être, et
arrive souvent à être, celle de la Splendeur, de
l'Obéissance, de la Victoire et peut-être de la
Richesse.

A. — SPLENDEUR (1661-1672).

Le Roi et sa Cour n'offrent alors rien du spectacle
solennel et versaillais qu'ont propagé la légende et
l'école. La Cour, essentiellement nomade, se déplace
d'un château à l'autre, escortée par une armée de
carrosses et de chariots qui portent les meubles,
les chandeliers, les garde-robes, les porte-plume et le
Grand Sceau, les archives et les bottes, les ministres
et les palefreniers. Les distances ne sont pas encore
nettement prises, la promiscuité et la licence donnent aux défilés un air de fantaisie. Le Roi séjourne
quelquefois au vieux Louvre, inachevé d'un côté,

croulant de l'autre, baignant dans une atmosphère
d'humidité puante qui défie l'analyse. Il s'aère à
Vincennes, à Fontainebleau, parfois au petit rendez-
vous de chasse de Louis XIII près du hameau de
Versailles, plus rarement à Chambord, plus souvent
à Saint-Germain, où il est né, entre le fleuve et la
forêt. La chasse, la nécessité d'un élémentaire net-
toiement, le caprice d'une favorite, ordonnent les
départs. La cavalcade campe ici ou là, le temps d'un
carrousel, d'un feu d'artifice, d'une entrée de ballets,
d'un souper sur l'eau. La Cour comme la Ville ignore
souvent les longues et austères séances de travail,
et retient les fêtes les plus merveilleuses de la « vie
délicieuse » : l'été de 1661 à Fontainebleau, avec ses
jeux aquatiques et forestiers ; le carrousel de 1662,
entre le Louvre et les Tuileries, conduit par le Roi
étincelant de pierreries, devant trois reines et quinze
mille personnes de qualité, accourues de toute
l'Europe ; en 1664, à Versailles déjà paré de jardins
et d'eaux, « les plaisirs de l'île enchantée », pour
Louise de La Vallière, avec des ballets, des « machi-
neries », des galanteries, des mythologies, les musiciens de Lulli et trois comédies de Molière, dont le
premier *Tartuffe* ; la nuit du 18 juillet 1668, pour
Montespan, le « grand divertissement », toujours
avec Molière, Lulli, les machines et les artifices,
mais dans un Versailles qui s'agrandit et auquel
Louis s'attache de plus en plus. Parfois, la Cour va
à Achères ou à Moret voir manœuvrer les meilleurs
régiments, ou le Roi prendre des villes flamandes...
   Pourtant, le jeune Roi n'a pas décidément choisi
son site d'élection. Il bâtit, agrandit, arrange un
peu partout, même à Paris, qu'il n'a jamais aimé
depuis la Fronde. Il est persuadé que la réputation
et la gloire s'acquièrent aussi par la magnificence

des bâtiments. En janvier 1664, il fit de Jean-Baptiste Colbert, intendant des Finances, un surintendant des Bâtiments. Mais, dès 1661, il avait capturé l'inégalable équipe qui avait construit Vaux pour Fouquet : Le Nôtre, Le Vau, Lebrun, les « ingénieux » des eaux et jusqu'aux orangers. Très tôt, il répare, il agrandit, il construit un peu partout : à Fontainebleau, à Vincennes, à Chambord, à Saint-Germain, doté de son admirable terrasse ; il appelle de Rome, avec l'autorisation du Pape, le cavalier Bernini, qui propose d'achever le Louvre à l'italienne, mais lui préfère Claude Perrault, dont la colonnade est plantée à partir de 1667 ; à Paris encore s'élèvent peu à peu les portes Saint-Denis et Saint-Martin, le collège Mazarin, l'Observatoire et les Invalides. Versailles, au début, c'était un parc, un lieu de réjouissances et de fêtes, après avoir été un rendez-vous de chasse. Le Nôtre est l'ordonnateur : bosquets, labyrinthe, grottes, bassins et canaux, premières sculptures allégoriques et ornementales, premières flottes et premières ménageries. Le bâtiment est peu touché, malgré Le Vau, qui voudrait le mettre bas, et doit se contenter de l'étoffer légèrement, alors que se construit, un peu à l'écart, l'une des premières « folies », un pavillon à la chinoise, le Trianon de porcelaine. En 1670, malgré Colbert, Louis est décidé à s'installer ; en 1671, la transformation du hameau voisin en ville royale est décidée ; mais Le Vau est mort, laissant mille plans ; d'autres devront construire le Versailles de la maturité royale, et Le Nôtre reconstruire aussi son parc.

Avec Colbert et le « bon homme » Chapelain, qui a des lettres, Louis pense que les bâtiments ne suffisent pas à sa gloire ; comme au temps d'Auguste, il faut que tous les arts, et les lettres, et les sciences concourent à exalter sa personne et son règne. Tous, naturellement, dans l'ordre et l'obéissance.

Les premiers mis au pas furent les sculpteurs et les peintres, parmi lesquels avait souvent régné la querelle. Face à l'ancienne « maîtrise ès arts », les peintres et sculpteurs du Roi, logés ou non au Louvre, avaient désiré, pour la plupart, former une Académie comme au temps d'Alexandre, et se distinguer ainsi de la « mécanique société » des barbouilleurs et polisseurs de marbre. Ils obtinrent ce privilège au temps de Mazarin, et même la promesse du monopole de l'enseignement. Protégée par Mazarin, puis par Séguier et Colbert, l'Académie devint, en deux années, de 1662 à 1664, une institution au service du Roi, avec un chancelier, un recteur, un directeur (Le Brun, à vie) et quarante fauteuils. Logée, gratifiée, fortement défendue contre tout franc-tireur qui voudrait tenir école et même « poser modèle », l'Académie régit le royaume du Beau au service de la Majesté. Deux ans plus tard, elle se prolonge à Rome, où douze pensionnaires seront accueillis chaque année par un directeur : encore Le Brun, mais un peu plus tard. Leur horaire, leurs lectures, leurs repas, tout est prévu, et même le prix décerné chaque année au plus méritant, le jour de la Saint-Louis. Comme deux élèves-architectes étaient destinés à Rome, il fallait aussi une Académie d'architecture : ce fut fait en 1671, mais on avait prévu dix fauteuils seulement, avec une école annexée. Dès 1667, la vieille maison des Gobelins achetée en 1662 pour être seulement manufacture de Tapisseries, devint la « Manufacture royale des meubles de la Couronne », avec, naturellement, Le Brun pour directeur. Plusieurs centaines d'artisans et d'artistes, plusieurs douzaines d'apprentis, beaucoup de Flamands et d'Italiens, importés pour leur talent, œuvraient la laine, la soie, le fil d'or, le marbre, le bois précieux, le bronze et l'argent. Leurs admirables produits ornaient les palais ou bien étaient offerts aux ambassadeurs, afin qu'ils aillent propager jusqu'en Moscovie et au Siam les merveilles de l'art français et la magnificence du Roi. Les violons eux-mêmes eurent leur Académie. Passionné de musique et de danse, Louis XIV avait distingué de bonne heure le jeune Lulli, dont les « petits violons » le suivaient en voyage et même à la guerre. Dès 1658, Lulli composait un premier ballet, en 1661, avec Molière, une première comédie-ballet. En 1665, il est surintendant de toute la Musique du Roi, et réduit l'autorité envahissante du « roi des violons ». Un peu plus tard, il achète à un abbé Perrin, emprisonné pour dettes, le privilège d'établissement des « académies d'opéras ». En 1672, le Roi élargit le privilège : Baptiste seul pourra faire représenter l'opéra italien — à la mode depuis Mazarin —, fonder à Paris une Académie de Musique, et « établir des écoles de musique partout où il le jugerait nécessaire pour le bien et l'avantage de l'Académie ». Tous les arts, on le voit, étaient régentés, et les indépendants rudement priés, sous peine d'amende, de ne point faire d'élèves.

Parallèlement, l'Académie des Sciences — vingt et un membres —, réunion privée de savants, se vit offrir pour lieu de réunion la bibliothèque de Colbert, puis celle du Roi, rue Vivienne, en 1666 ; elle ne fut « réglée » et logée au Louvre qu'à la fin du siècle. Société privée « protégée » par les deux cardinaux, puis par Séguier, l'Académie française passe sous la protection du Roi, en 1671 ; la voici logée au Louvre, quelque peu subventionnée, en attendant d'être gra-

tifiée de jetons de présence, qui accrurent fortement
son activité, et la décidèrent à s'occuper plus vivement du *Dictionnaire*. Dès 1663, l'Académie des
Inscriptions et des Médailles commençait l'Histoire
métallique du règne, avec beaucoup d'art et de
latin : *Felicitas temporum* et *Nec pluribus impar*
illustraient l'an 1663...

Ceux qui ne furent point académifiés, on les
subventionna, même s'ils étaient peu « réguliers »,
même s'ils n'étaient point régnicoles. D'illustres
étrangers, surtout hollandais et florentins, reçurent
les lettres de change et les compliments de Colbert,
au nom du Roi, du moins jusqu'en 1673. Aux meilleurs, un véritable « pont d'or » était offert pour
qu'ils viennent travailler en France : des dentellières
flamandes aux verriers de Murano, de Huyghens et
de Van Robais à Cassini et à Caffieri. Le Roi et son
surintendant laissèrent longtemps Chapelain régner
sur la « feuille des pensions » : il s'inscrivit en tête,
pour la plus haute somme, et subventionna ses
amis, comme l'abbé Cotin et Desmarets de Saint-
Sorlin — qui ne vivent plus pour nous que par
les railleries de Boileau, oublié sur les premières
listes, alors que Molière devait se contenter de
1 000 livres, et Racine de 800. Chapelain obéissait
à la mode du temps qui distinguait mal ceux que
nous appelons les grands classiques. Louis XIV, dont
la sûreté de goût étonne même ses détracteurs
— Lavisse commit la petitesse d'écrire que Molière
fut « gêné par le Roi », alors qu'il lui doit presque
tout —, eut le mérite d'imposer son choix, fort libre,
même au Parlement, même à l'Eglise, même aux
salons précieux ou romanesques. Sans doute, la
personne du Roi n'est-elle pour rien dans l'accumulation de chefs-d'œuvre qui illustre la jeunesse de

son règne : tout Molière, presque tout Racine, La Rochefoucauld, les premiers Carêmes et les premières oraisons funèbres de Bossuet, les premières satires et les premières fables ; mais il distingua, tôt et fortement, presque tous ceux-là, — jusqu'à Jean de La Fontaine, qu'il finit par accepter à l'Académie française, comme il avait accepté ses fables pour décorer Versailles.

Escorté de ses courtisans et de ses maîtresses, de ses académiciens et de ses hautelisseurs, de ses musiciens et de ses bronziers, de ses savants et de ses graveurs, protégeant les uns et pensionnant les autres pourvu qu'ils le chantent ou qu'ils aient du goût, le jeune Roi qu'on ne peut comparer aux autres, même additionnés — *nec pluribus impar* — brille à l'image du soleil, qu'il adopte comme emblème dès 1662. Il eut la chance de trouver, en ses premières années, comme le meilleur legs de Mazarin, une pléiade d'hommes de talent ou de génie, et le mérite de les conserver. A y bien regarder, l'essentiel du « siècle de Louis XIV » tient en cette douzaine d'années — un lustre de plus, peut-être, si l'on pense à *Phèdre*. Ensuite, les créations ne s'accumulent plus, les « bâtiments » se dispersent moins, pensions, subventions et commandes s'amenuisent et disparaissent, et les écrivains changent insensiblement de registre... Mais la splendeur royale, si éclatante fut-elle, ne suffit point à caractériser cet apogée cavalier et juvénile du Roi et du règne.

B. — Ordre et obéissance (1661-1672).

Louis XIV a principalement confié à deux hommes la charge d'expédier les mesures de détail qui devaient sortir la France du désordre et de la dés-

obéissance chronique. Tous les deux furent de très
sûrs collaborateurs de Mazarin, l'un comme ministre,
l'autre comme intendant et comme domestique. Ils
étaient parents, la sœur de l'un ayant épousé le
cousin de l'autre : Colbert de Saint-Pouange.

Le Tellier fut le seul auquel le Roi donna le titre
de « Monsieur » : il était contemporain de
Louis XIII ; nul n'avait mieux mérité le surnom
de « Fidèle », que Mazarin et la reine Anne lui attribuaient dans leur correspondance chiffrée ; il savait
presque tout du droit, des affaires militaires, sur
lesquelles il régna trente-quatre ans, et même des
affaires étrangères et des grands secrets d'Etat ; sa
modestie, sa science et son calme le faisaient estimer
et parfois redouter ; si Louis XIV avait pris un
premier ministre, la place lui aurait sans doute été
destinée : on s'y attendait, en 1661... Dans son ombre,
sous son autorité fort rude, grandissait dans ses
bureaux son fils Chaville, qu'on commençait à appeler Louvois, deux noms de terres paternelles ;
conseiller d'Etat à quatorze ans, la survivance du
secrétariat d'Etat à la Guerre lui avait été promise.
Il expédiait le courrier, sous l'œil de son père, et
commença à le signer en 1662 ; il plut vite au Roi,
qui l'appela au Conseil à la mort de Lionne, en
1672.

Colbert avait été formé dans les bureaux de son
cousin Saint-Pouange, le beau-frère de Le Tellier ;
il n'avait de marchand que l'origine familiale. Vite
distingué par Mazarin, il s'était accroché à lui comme
Mazarin l'avait fait à Richelieu, rendant avec obstination mille services, jusqu'aux plus humbles,
comme de surveiller son potager. Admirablement
placé pour être au courant des affaires de l'Etat,
des affaires de Mazarin, et s'occuper des siennes,

il avait une grande obstination, une énorme puissance de travail, le goût de l'ordre, la pratique des dossiers, quelques idées claires, parfois fausses, et une avidité immodérée : seul, ce dernier trait était alors banal. Le cardinal l'avait légué au Roi. Tous deux se lièrent, en quelque sorte, en complotant l'arrestation de Fouquet, puis sa condamnation ; plus tard, Colbert et sa femme s'occupèrent aussi des maîtresses et des bâtards. Ce domestique à qui on pouvait tout demander dut attendre 1665 pour être contrôleur général (il était alors surintendant des Bâtiments et intendant des Finances), et 1669 pour être secrétaire d'Etat à la Marine et à la Maison du Roi. Son dévouement était absolu, et le Roi le savait. Entre 1664 et 1672, s'inscrivent ses plus surprenantes années : à lui seul, il fit le travail de six ministres : on le vit même suppléer, en partie, le vieux chancelier Séguier ; seuls, les domaines de Le Tellier et de Lionne, le militaire et l'étranger, ne dépendent pas de lui ; encore en a-t-il connaissance au Conseil d'En-Haut.

Pendant douze années donc, on vit ces hommes, aidés par une poignée de conseillers d'Etat et de maîtres des requêtes, quelques douzaines de gratte-papier et moins de trente intendants à peu près sans bureaux, essayer de ramener la France à l'ordre et à l'obéissance. De leur œuvre, nous connaissons surtout l'aspect officiel : textes législatifs, rapports, correspondance administrative. Nous en contemplons l'abondance, nous en discernons les directions, nous en étudions le style ; mais nous en saisissons mal les effets réels. Toute cette histoire administrative ne se ramène-t-elle pas à une collection d'intentions ? Du moins, ces intentions furent celles du Roi, et quelques-unes furent suivies d'effets.

Parmi celles-ci, tout ce qui visait à détruire dans le royaume les « restes de la Fronde », notamment les compagnies d'officiers. Aux « cours souveraines » le Roi ordonne, dès 1665, de se dire seulement « supérieures ». D'avanie en avanie, les Parlements reçurent les lettres patentes de février 1673 : ils auraient désormais à enregistrer immédiatement et tels quels les édits qu'on voudrait bien leur communiquer ; à se demander ensuite s'ils jugeaient nécessaire de soumettre au Roi de respectueuses remontrances, mais à les présenter dans les huit jours pour les Parisiens, dans six semaines pour les provinciaux ; le Roi les accepterait, ou non, et tout serait dit. Cette mesure rigoureuse, que d'autres avaient précédée, réussit très bien. Messieurs du Parlement de Paris enregistrèrent désormais tout ce que le Roi voulut, y compris la légitimation des bâtards doublement adultérins, dans un silence complet, sans même prendre la peine d' « opiner », c'est-à-dire d'exprimer leur acceptation. Quelques provinciaux furent moins empressés. Les Bordelais, qui n'avaient pas su empêcher une rébellion en 1675, furent envoyés en exil à Condom, un désert. Les Rennais, qui avaient osé laisser se révolter la Bretagne, subirent quinze ans de réclusion à Vannes. L'abaissement des Parlements fut tel que Colbert pouvait écrire en 1679 : « Les bruits de Parlements ne sont plus de saison. Ils sont si vieux qu'on ne s'en souvient plus... » Un tel avilissement, accru par les aumônes distribuées aux magistrats les plus serviles, offrait un danger que le Roi et ses commis ne discernaient pas : celui d'une résurrection et d'une revanche sous un régime moins fort.

Hors de la noblesse de robe, mais héréditaires et puissantes, d'autres compagnies d'officiers avaient joué un rôle considérable dans la Fronde, spécialement les officiers de finance, et surtout les trésoriers de France. On les visa particulièrement. Leurs syndicats furent dissous dès 1662, avec défense de jamais reconstituer rien qui puisse en rappeler même l'apparence. Colbert écrivait dès 1661 dans un *Mémoire sur les Finances* : « Travailler fortement à la suppression des trésoriers de France. » Il aurait voulu obtenir au moins le rachat de leurs offices, à défaut de leur suppression brutale. Le Roi ne se résignait pas à la seconde solution ; la Chambre de Justice put dégager une centaine de millions, récupérés sur les financiers les plus maladroits, qui furent employés à racheter un assez grand nombre d'offices. Il en aurait fallu dix fois plus. Aussi Colbert et Le Tellier durent-ils se contenter de réduire élus et trésoriers de France à un rôle représentatif ou secondaire, en utilisant contre eux les intendants. Ceux-ci les évincèrent presque entièrement des opérations d'assiette et de répartition de la taille. En Normandie, E. Esmonin a montré que leur exclusion était accomplie dès 1666. Bientôt, les élus furent réduits à juger les petits procès de tailles, et les trésoriers de France ne se donnèrent même plus la peine de résider. Officiers fort riches, ils s'occupèrent de leurs terres, de leurs rentes, de leur hôtel parisien et se mirent à spéculer. La conspiration des officiers contre les commissaires que fut, en partie, la Fronde, était vengée, en même temps que les conditions de son renouvellement étaient rendues impossibles.

Chacun sait comment Louis commençait à réduire au silence ce grand Ordre de la Noblesse qui, lui aussi, avait fait la Fronde. Le Roi contribua à avilir son frère en lui rendant, après l'avoir un peu exilé, son mignon le chevalier de Lorraine, créé par sur-

croît maréchal de camp. Aux princes du sang, il
distribue les grands offices de la Couronne : charges
magnifiques, mais qui ne donnent aucun pouvoir.
Pour la table, le logement, les écuries, la vénerie,
pour la maison militaire comme pour la maison
civile, les charges sont multipliées et données aux
plus grands noms du royaume. Ceux qui ont un
gouvernement en province le voient limité à trois
années, et ont l'ordre de ne pas résider. La manne
des bénéfices ecclésiastiques et des pensions était
réservée aux nobles. Mais il faut être à la Cour
pour obtenir des « grâces », et la Cour, avec son
train brillant et son jeu d'enfer, endette les courtisans, qui ne peuvent ou ne daignent surveiller les
intendants de leurs domaines lointains, en un temps
où la terre — nous le verrons — rapporte de moins
en moins. Quant aux nobles restés dans leur province, on leur impose ces « recherches de noblesse »
qui sont à la fois des opérations fiscales et des
entreprises calculées de vexation. En Bretagne, où
2 500 familles comparurent à partir de 1668, d'authentiques nobles furent déboutés de leurs prétentions, parce qu'ils n'avaient point d'archives per-
mettant de prouver que leur famille avait fait
trois fois le partage noble (seul signe de noblesse
en cette province) ; en revanche, d'astucieux roturiers furent reconnus ou « maintenus » parce qu'ils
avaient versé, outre la finance légale, de solides
pots-de-vin aux « commissaires examinateurs ». De
temps à autre, le Roi faisait réexaminer les titres,
sous prétexte de rechercher les faux nobles : nouveaux prélèvements financiers, nouvelles vexations.
Sauf les Bretons, qui servaient peu, même dans la
marine, les jeunes nobles étaient impatients d'aller
à la guerre, pour laquelle ils avaient à s'équiper

à leurs frais. Le Roi devait leur donner tant d'occasions de verser leur sang, et ils le firent avec tant de cœur, que des familles entières furent décimées. Mais personne, dans la noblesse — ou presque personne, car la convocation des arrière-bans révéla, à partir de 1674, bien des gentilshommes peu guerriers — ne se plaignait de l'impôt du sang. La vieille noblesse devait comprendre moins bien que son Roi, plus qu'aucun de ses prédécesseurs, en vienne à multiplier les nouveaux nobles, à accepter tant de faux nobles, sous prétexte de courtoisie ou de nécessité de l'Etat. Mais, à cette époque, le Roi ne créait pas trop de paieries, pas trop de « ducs à brevet », s'il acceptait des « petits marquis » (le titre de marquis finit par faire sourire) ; le temps viendrait où pourtant Louis vendrait titres et armoiries pour remplir sa caisse. Et ce dernier trait devait exprimer, au-delà des contingences financières, la volonté royale, non seulement d'asservissement, mais d'avilissement du Second Etat, auquel il distribuait pourtant tant d'éloges...

Au sein du Premier Ordre et autour de lui, avait existé et existait encore un « parti dévot » qui avait lutté contre Mazarin comme il avait combattu Richelieu. Groupés depuis 1630 dans une société secrète, la Compagnie du Saint-Sacrement, les dévots avaient accompli une œuvre charitable et morale. Ils avaient aussi essayé d'imposer un ministre de leur choix à Louis XIII et à Anne d'Autriche, ce qui avait coûté à M. Vincent, l'un des confrères, la feuille des bénéfices, retirée par Mazarin triomphant. Gaston d'Orléans, le prince de Conti, de grands parlementaires comme les Lamoignon et les Fouquet, pas mal de jansénistes et de célèbres hommes d'Eglise, comme Olier, Vincent de Paul et Bossuet, avaient été d'ardents confrères. Durant la Fronde, presque tous, surtout Olier et Vincent de Paul, avaient appuyé le parti de Condé ou celui de Monsieur, et expédié en province maintes mazarinades au milieu de pieuses brochures. Les plus adroits s'étaient réconciliés à temps. On ne peut douter que la dévotion extérieure du Roi, sa dureté envers l'Assemblée du Clergé dès 1661, son appui à Molière au moment même où la Compagnie est poursuivie, et officiellement dissoute (1665), peut-être le procès de Fouquet, sûrement son obstination contre les Jansénistes, ne constituent les aspects comparables d'une même hostilité envers de trop puissants dévots qui osaient former une secte secrète, garnie de trop de docteurs, de trop de parlementaires, de trop d'anciens frondeurs. Louis n'hésita pas, lui si pointilleux en d'autres domaines, à accepter le concours du Pape et du Nonce pour amener à récipiscence les plus gravement entêtés des derniers évêques jansénistes — le pieux Pavillon d'Alet, et trois autres qui refusaient en conscience, malgré l'édit d'avril 1664, de signer le formulaire pontifical condamnant les cinq propositions extraites de Jansénius. — Ce fut la paix de l'Eglise de 1668, œuvre délicate, subtile, un peu fragile, que le roi célébra comme une victoire sur le schisme menaçant, que l'Académie mit en médaille. A ce prix, on laissa les religieuses se réinstaller aux Champs, et les Messieurs non loin d'elles. Là comme ailleurs, l'esprit de soumission l'emportait, provisoirement du moins.

On peut se demander si cette réconciliation des catholiques de diverses dévotions ne s'est pas faite sur le dos des protestants. Tout de suite après la « paix de l'Eglise », en 1669, parurent cette Déclaration et ces Lettres patentes, qui constituent une manière de charte des restrictions, voire de Contre-Edit : en quarante-neuf articles, le catalogue de tout ce que l'Edit de Nantes n'avait pas prévu, et qu'on pouvait donc imposer aux huguenots. Jusque-là, certes, on avait surveillé les hérétiques, travaillé à leur conversion, distribué brochures et argent, mais la législation n'avait visé, avec dureté, que les catholiques convertis au protestantisme et les relaps, passibles de bannissement à vie. Cette fois, les travaux préparatoires à la Révocation accomplis par des juges retors comme le Biterrois Bernard, ou par des religieux subtils comme le Père Meynier, étaient mis en application. L'Edit de Nantes ne pouvait s'appliquer qu'au royaume tel qu'il existait en 1598 ; les temples construits depuis 1598 devraient être démolis ; les inhumations dont l'Edit ne réglait pas les circonstances ne pourraient plus se faire que de nuit, sans condoléances dans la rue, et hors des cimetières ; aux mariages huguenots, ne pourraient assister plus de douze personnes ; les « religionnaires » devraient respecter jours de fêtes et processions catholiques... Toutes mesures qui ne contredisaient en rien la lettre de l'Edit de Nantes, qui offraient aux catholiques « réconciliés » une belle œuvre commune, mais qui pourtant n'annonçaient que de loin la Révocation. Le Roi, choqué et peiné de voir tant d'hérétiques en son royaume, continuait toujours d'espérer leur conversion. Mais les presser un peu entrait dans ses desseins, dans sa volonté d'être obéi.

Il avait aussi à réagir contre les sursauts populaires, qui s'obstinaient à éclater. En 1662, un peu partout, des « chasse-coquins » armés refoulaient les mendiants des campagnes qui assiégeaient les portes des villes, où des institutions charitables distribuaient le pain qui manquait ; en plusieurs cités, la milice bourgeoise dut intervenir contre la populace. Dans le Boulonnais, excité par un impôt nouveau, il fallut trente-huit compagnies royales pour venir à bout de quelques milliers d'émeutiers, et un maître des requêtes pour les juger : on se contenta d'en pendre quelques-uns et d'en envoyer quatre cents aux galères, à perpétuité. L'année suivante, on expédia des gens d'armes en Auvergne, pour faire payer les tailles ; il y eut des morts. En 1664, émeutes dans le Poitou, dans le Berry, avec quelques pendaisons ; mais les dragons durent occuper le Béarn pour y introduire la gabelle ; pourtant le chef de l'insurrection, un gentilhomme brigand nommé Audijos, tint dix ans la campagne. En 1669, à la Croix-Rousse, il fallut pendre une femme et quelques hommes qui protestaient contre le fermier des aides. En 1670, un hiver désastreux, l'annonce de nouveaux impôts, la panique et de fausses nouvelles enflammant les paysans du Vivarais, le Roi dépêcha d'Artagnan, ses mousquetaires, les Suisses, quelques escadrons de cavalerie et plusieurs régiments d'infanterie : de nouveau, des pendus, des galériens, des bannis, des fugitifs, des centaines de massacrés anonymes ; l'on finit par couper en morceaux le chef, encore un gentilhomme, Antoine du Roure. Plus au sud, le Roussillon prenait les armes chaque année. Pendant la guerre de Hollande, il fallut prélever une véritable armée pour massacrer Bordelais et Bretons. Les « émotions » populaires étaient donc jugulées avec la plus grande énergie : l'ordre et l'obéissance dépendaient de l'armée.

Pour que les provinces fussent, si possible, plus calmes, il convenait d'abaisser tout ce qui pouvait rappeler des privilèges anciens. Là où ils existaient encore, les Etats provinciaux furent réduits à l'impuissance, même en Bretagne, même en Languedoc : députés, présidents, lieux de réunion indiqués par le Roi, discussions sur le chiffre des impôts simulées ou supprimées, distribution alternée de pensions et de menaces. Les villes importantes continuèrent à voir leurs « franchises » peu à peu retranchées : telle perdait le droit de garder elle-même ses murailles ou d'être exempte de « logements » (de soldats) et de quartiers d'hiver ; telle autre se voyait indiquer les échevins, consuls et maires qu'elle devrait élire ; toutes durent soumettre, très tôt, leur comptabilité aux intendants, afin de voir « réduire leurs dettes ». Du moins quelques privilèges leur restaient çà et là — honorifiques, financiers, électoraux — et les mairies n'étaient pas encore vendues aux enchères. Les dernières traces des antiques libertés communales n'avaient pas disparu partout. Les cités les plus habituellement agitées furent surveillées militairement. Les précautions étaient prises contre de possibles Frondes urbaines.

Dans cette intention, Paris devait être particulièrement surveillé : quatre cent mille personnes, quarante mille mendiants organisés en bandes, autant de domestiques et de laquais fripons, des milliers de rentiers d'Etat exposés à des paiements irréguliers, une foule de gens de métier assez remuants, des soldats pillards, d'énormes fortunes parlementaires et bourgeoises, une vingtaine de seigneuries, autant de lieux d'asiles pour les malandrins poursuivis, les archers du guet peu nombreux et peu sûrs, le souvenir des barricades de 1648, et des prises d'armes suivantes. En 1667, après plusieurs mois d'études en un Conseil de Police provisoirement constitué, le Roi créa la charge très importante de « lieutenant général du prévôt de Paris pour la police », que le fidèle Nicolas de La Reynie remplit pendant vingt ans. La Reynie accrut et poliça archers et sergents à cheval, tâcha d'enfermer les mendiants à l'Hôpital Général, de calmer laquais et soldats, de nettoyer et d'éclairer la ville, de la nourrir, de l'abreuver, de la paver, de la sauver des inondations, de surveiller les cabarets, les lieux de réunion et de débauche, les attroupements, les corps de métiers et la librairie.

En cette grande ville qui devenait la capitale intellectuelle du royaume, livres, libelles, brochures, gazettes et nouvelles à la main avaient fleuri pendant les années mazarines. Le Conseil du Roi avait déjà réduit le nombre des imprimeurs et s'était attribué la réception des nouveaux maîtres : quinze nouveaux étaient reçus chaque année avant 1667 ; on en admit neuf au cours des douze années suivantes. Presses clandestines, nouvellistes, gazetiers, colporteurs furent interdits ou poursuivis. Nul livre, même une simple réédition, ne pouvait paraître sans privilège royal, lettres patentes signées et scellées du grand sceau. Lieutenant de police, Parlement, Conseil du Roi, tout s'unissait pour tâcher de contrôler la pensée. Les gazettes hollandaises et les libelles allemands n'en eurent que plus de succès et de virulence. Quel esprit un peu libre pouvait se contenter de la *Gazette de France*, du *Mercure galant* ou du nouveau *Journal des Savants*, trop officielle, trop insignifiant ou trop spécialisé ? Censures, interdictions et saisies finirent par faire la réputation et la fortune des imprimeurs hollandais et des clandestins. Cependant, le temps des mazarinades était bien terminé.

Le règne de Mazarin aussi. Il est à peine exagéré de soutenir que les douze années d'avant l'attaque de la Hollande furent, à l'intérieur, une réaction contre la Régence mazarine, ses faiblesses et ses désordres. Remise en ordre et réduction à l'obéissance essayèrent même d'atteindre des domaines où l'individualisme était fortement retranché. Ainsi, un édit de 1673 ordonne que « tous marchands, négociants, gens de métier et artisans seront établis en corps, maîtrises et jurandes », ce qui semble vouloir faire de la France un faisceau de « corporations ». Henri III et Henri IV avaient déjà ordonné la même chose, avec les mêmes arrière-pensées fiscales et le même échec : après Colbert, comme avant lui, la « corporation » demeure, en France, un strict phénomène urbain et, même en ville, une institution qui ne réunit pas la majorité des travailleurs. Le Roi pensa même, comme ses aïeux et jadis Caton, régler les vêtements de ses sujets et « retrancher mille superfluités étrangères », dès 1661. Même en ce début de règne, la mode française n'eut pas la courtoisie d'obéir à Louis.

Avec ses naïvetés et ses inévitables échecs, cette grande reprise en main du royaume offre deux traits qu'on ne soulignera jamais assez. D'une part, tout fut pensé, décidé, et, si possible, exécuté en une dizaine d'années, qui correspondent assez bien aux années où Colbert eut beaucoup de pouvoir sous un Roi qui le soutenait souvent ; qui correspondent encore à la période où la paix l'emporte sur la guerre, où les finances se rétablissent, où l'on a le temps de penser et d'organiser. Après 1672, il s'agit surtout de continuer à faire marcher la machine, ce qui revient en substance à nourrir la guerre.

Le second trait est l'incroyable faiblesse numérique du personnel monarchique qui reprit la France en main. Un roi et trois ministres pour décider ; une trentaine de conseillers d'Etat et moins de cent maîtres des requêtes pour préparer les dossiers ; avec le dernier des scribes et des huissiers, probablement moins de mille personnes pour administrer ; mille personnes qui suivaient comme elles pouvaient, avec leurs écritoires et leurs registres, le monarque et sa Cour dans leur nomadisme. Dans les provinces, trente maîtres des requêtes « départis », d'abord pour enquêter et accomplir, ici ou là, quelque mission précise comme de juger, mettre une ville en tutelle, rechercher les faux nobles, le domaine et les forêts royales ; puis, vers 1670, fixés à demeure dans la plupart des généralités (sauf en Bretagne et Béarn) comme des espèces de superpréfets qui eussent été à la fois présidents-nés de tous les tribunaux, directeurs de tous les services financiers, tuteurs de toutes villes et bourgades, organisateurs des déplacements de l'armée, des navires, des blés, des étoffes et des monnaies ; représentant le Roi et ses pouvoirs démesurés, mais presque sans bureaux dans leur ville de résidence, sans agents d'exécution dans les bourgades de leur « département », sinon des aides bénévoles, des correspondants privés, des secrétaires qu'ils devaient appointer eux-mêmes. Si l'on rappelle en même temps qu'on comptait 27 brigades de maréchaussée dans tout le royaume, c'est-à-dire pas plus de 2 000 gendarmes, on ne se donnera plus le malin plaisir de noter tout ce qui fut échec dans cette immense entreprise, de relever les innombrables cas de désobéissance et d'anarchie persistante. L'étonnant, au contraire, ce fut qu'avec si peu d'hommes, si peu de force de coercition, si peu d'agents d'exécution, une œuvre aussi ambitieuse ait été envisagée, rédigée, et, de temps à autre, effectivement réalisée.

Mais certains hommes, dont Colbert, rêvaient de bien autre chose que d'une simple mise au pas. Ils entrevoyaient une France monarchique parfaitement unifiée, puissante sur terre et sur mer, riche de guerriers, de marchands, d'artistes, de provinces lointaines : une sorte de Rome d'Auguste transposée au XVIIᵉ siècle, avec toutes les Indes comme Empire, et tous les rois devenus catholiques serrés respectueusement autour du trône de Louis. Certaines images de cette France nouvelle prenaient de la consistance ; d'autres demeuraient des visions.

Ainsi, Colbert aurait voulu que la plaie des compagnies d'officiers disparût dans le royaume, que les grands administrateurs fussent de rigoureux et efficaces serviteurs du Roi ; il ne réussit qu'à établir lentement des intendants mal armés au-dessus des compagnies traditionnelles. Il aurait voulu dégager du magma des coutumes un droit français unique ; il se contenta de faire préparer par des commissions assidues divers codes particuliers ; encore les grandes Ordonnances — sauf celles des Eaux et Forêts et du Commerce, grands efforts créateurs — se contentèrent-elles souvent de codifier les habitudes. Une foule de règlements « généraux et particuliers » s'efforçaient d'organiser les « manufactures » — ce que nous appelons industrie —, qui n'y tenaient guère. Les « espaces liquides » et les terres lointaines étaient découpés et attribués à de grandes « compagnies » à monopole, presque aussi admirables sur le papier que celles qu'avait rêvées Richelieu : de 1664 à 1670, les deux Indes, le Nord et le Levant...

Ces constructions brillantes amusaient un moment la pensée du Roi. Son rêve de gloire était naturellement militaire ; pour lui, la victoire dans la magnificence constituait le but suprême ; l'ordre, et surtout la richesse n'en étaient que la condition seulement matérielle, ou les agréables suppléments.

C. — Victoires (1661-1672).

Bien des historiens ont pensé qu'il existait une unité profonde dans la politique extérieure de Louis XIV. La Succession d'Espagne fut le « pivot » du règne, affirmait Mignet, avec quelque apparence de raison. Degrelle voyait un « long procès poursuivi les armes à la main », à partir des textes embrouillés de Westphalie ou des Pyrénées — ce qui est confondre les moyens et les desseins. Albert Sorel percevait une politique des « frontières naturelles », opinion attaquée par d'autres avec trop de vigueur. Tel affirme que le Roi fut obsédé par l'idée de ceindre la couronne impériale, à laquelle il lui arriva de songer ; tel autre le montre essentiellement champion du catholicisme et pourfendeur des hérétiques. Plus raisonnable, Georges Pagès inclinait à faire du grand Roi une sorte de pragmatiste et d'opportuniste. Gaston Zeller voyait dans la psychologie royale la clé de sa politique, la passion de la gloire en fournissant le trait essentiel. Il convient de saluer toutes ces opinions, et quelques autres : aucune n'est absurde, aucune n'explique tout.

On acceptera sans peine cette simple remarque : ce fut bien le Roi, et le Roi seul qui, après avoir pris conseil, décida vraiment de sa politique extérieure, à chaque fois que la décision lui appartint. On soutiendra aussi que l'amour de la gloire l'inspira presque toujours, que les affaires espagnoles l'occupèrent très souvent. Mais, tout au long du règne, le Roi changea, et l'Europe plus encore ; et le Roi ne vit pas toujours très bien à quel point changeait l'Europe. L'Angleterre convalescente et l'Empire meurtri de 1661 ne ressemblaient en rien à l'Empire régénéré du vainqueur de Kahlenberg, ni à l'Angleterre pourvue d'une banque d'Etat, épaulée par l'économie hollandaise et animée par Guillaume d'Orange. Chez Louis XIV, la gloire cavalière et juvénile des années 60 n'annonce pas encore l'insolence brutale des annexions en pleine paix des années 80 ; moins encore, la raison, la dignité courageuse des années de défensive de la fin. Cinquante-cinq ans de règne ne sauraient, en aucun cas, se ramener à une formule : le seul facteur d'unité, c'est la direction royale, orientée vers la grandeur ; tout le reste est changement, ténu ou profond, lent ou rapide.

1662-1667 : magnificence et manœuvres.

L'affaiblissement des nations d'Europe, la paix provisoire de 1661, les magnifiques desseins du jeune homme devenu vraiment roi, l'obsession espagnole, tels sont les points de départ. Ils dominent sept années, avant que surgisse l'obsession hollandaise.

Coups d'éclat, actes de magnificence jalonnent ces sept années. On les a cent fois racontés. Querelle de préséance entre l'ambassadeur français et l'Espagnol à Londres : lequel marcherait devant l'autre ? Leurs gens s'expliquèrent là-dessus en une sombre bagarre. Querelle de préséance entre navires français et anglais : qui saluerait le premier ?

Problèmes éternels dans le monde des ambassades ; problèmes graves pour les esprits du temps, âpres à distinguer ; point d'honneur pour le jeune monarque. L'Espagnol céda, après quelques mois de tergiversations, et l'Europe des Cours apprit, lors de « l'audience des excuses d'Espagne », que Louis prétendait au titre de premier des rois. Six ans de disputes ne vinrent point à bout de l'orgueil maritime anglais. Les diplomates imaginèrent en 1667 que désormais les pavillons se salueraient en même temps, ou ne se salueraient point du tout ; et l'on vit, sur les « mers étroites », navires anglais et français décrire de savantes évolutions pour éviter d'avoir à se saluer...

Le plus éclatant, et peut-être le plus imprudent de ces préludes de magnificence, ce fut l'humiliation du Saint-Père. Des bagarres de ruffians ivres autour du palais Farnèse avaient abouti au meurtre d'un page français par les soldats corses d'Alexandre VII. L'incident était mineur, mais les deux cours s'entendaient fort mal depuis Mazarin ; Louis XIV, en ce temps-là, n'aimait point les « prêtres », supportait mal la prééminence, même spirituelle, de la Papauté, et rêvait de « mortifier » Rome en « toutes manières ». La famille Chigi et son pape tinrent deux ans. Impossible de résister à la confiscation d'Avignon et du Comtat ; moins encore au passage de 3 000 soldats en Italie. Louis obtint tout ce qu'il voulut : congédiement de la garnison corse, envoi à Fontainebleau d'un légat, neveu du Pape, pour une nouvelle audience d'excuses, érection d'une pyramide expiatoire, bien visible et bien gardée, qui rappelât aux Romains la faute du Pontife et la supériorité du Roi Très Chrétien.

Ce Roi Très Chrétien n'en aspirait pas moins au

titre de défenseur par excellence de la chrétienté, et ne souffrait pas que l'Empereur ou le roi d'Espagne y prétendent, par un trait, disait-il, de « vanité ridicule ».

Les expéditions, canonnades, occupations temporaires et traités provisoires infligés aux Barbaresques du Maghreb apparaissent-ils vraiment comme une manière de croisade ? Louis pensait aussi à l' « Empire de la Méditerranée », ce qui n'était pas peu ; d'autres, à la sécurité du commerce maritime. Opérations sans lendemain cependant : les pirates continuèrent à capturer des navires, à insulter les côtes provençales, et à fournir involontairement des dénouements à Molière.

La lutte contre le Turc offrait d'autres sujets de gloire, mais aussi d'autres risques. L'Empire ottoman gardait encore de beaux restes de puissance sous les vizirs Köprülü ; il avait été un allié efficace, pouvait le redevenir, et fournissait au commerce français d'assez belles possibilités. Mais l'infidèle battait de nouveau les frontières de l'Empire, donc de la chrétienté ; pouvait-on laisser à l'Empereur Léopold tous les soucis d'une résistance qui s'annonçait difficile, ou, pire encore, la gloire d'arrêter seul l'infidèle ? Louis XIV fut attentif à la forme, à la date et à la puissance de ses secours ; il les incorpora dans l'armée de la Ligue du Rhin — assemblée de ses vassaux germaniques, qu'il fit reconnaître de l'Empire par ce détour —, mais envoya 6 000 hommes au lieu de 2 400 qu'on lui demandait. Sur les rives du Raab, à la frontière hongroise, cette petite armée joua un rôle de premier plan dans la victoire sur les Turcs, qui porta le nom d'un monastère voisin voué à saint Gothard (août 1664). Louis renvoya à Vienne les étendards ottomans conquis par les Français ; mais il y avait du mépris dans ce geste ostentatoire. On lui avait rapporté que les troupes impériales s'étaient débandées à l'approche des Turcs, que les princes allemands se montraient grossiers et vénaux, que l'empereur Léopold était insouciant et incapable. Louis célébra ce nouvel exploit par de nouvelles médailles ; il eut le front de laisser inscrire sur l'une d'elles : *Germania servata.* En même temps, il négociait avec le Sultan, lui faisant remarquer que ce n'était pas la France, mais la Ligue du Rhin qui l'avait arrêté sur le Raab.

Pendant que Louis mêlait ostentation et machiavélisme, afin d'étonner une Europe qui n'aimait point l'être, ses diplomates travaillaient avec obstination. La Succession d'Espagne était au centre de tout.

Le personnel diplomatique d'alors ressemblait assez peu à ce que nous appelons maintenant le Quai d'Orsay. Louis XIV avait surtout confiance dans le neveu d'Abel Servien, Hugues de Lionne. L'oncle avait négocié la paix de Westphalie ; le neveu, la paix des Pyrénées. La famille était de robe dauphinoise, fidèle et appliquée. Lionne, le plus intelligent sans doute, et le plus libertin des domestiques du Roi, resta toujours très soumis à son maître ; on le lui reprocha, après sa mort, en 1671 ; mais le moyen de faire autrement ? Des bureaux mal connus et peu fournis, formés surtout de simples commis et d'expéditionnaires ; des ambassadeurs, nobles ou non, clercs ou laïcs, choisis en vertu de leur mérite, ou de leur position en Cour, des résidents, des envoyés à temps, des agents secrets français et étrangers, des émissaires personnels et temporaires du Roi, sans gages fixes ; rien d'une administration organisée, rien de ce qui sera plus tard la « Carrière » ; mais souvent des hommes de talent comme Grémonville et Courtin, comme les deux prélats Bonzi et Forbin-Janson, comme Estrades et Feuquières, deux grands seigneurs.

Avec talent et dévouement, cette belle inorganisation diplomatique obtenait des résultats méritoires. Elle achetait des alliés, combinait des mariages princiers, intimidait les faibles et stipendiait les espions. Le but était d'isoler l'Espagne, d'obtenir en Europe les complicités et les neutralités nécessaires à l'exploitation du traité des Pyrénées, au moment précis où mourrait enfin le roi Philippe IV, beau-père et débiteur infidèle du roi de France, moribond en sursis.

Au Portugal, qui depuis plus de vingt années luttait pour briser le joug espagnol, Louis avait déjà procuré l'appui anglais. Il lui envoya de l'argent et des hommes. Un des grands capitaines du temps, le huguenot Schomberg, finit par obtenir la victoire décisive, à Villaviciosa (1665). Le Portugal devint un allié provisoire, et une cause de faiblesse sur le flanc de l'Espagne.

Louis XIV se croyait sûr de l'amitié des « puissances maritimes ». Il pensait tenir l'Angleterre parce qu'il payait son Roi. Outre les subsides réguliers, Charles II obtint de revendre Dunkerque, donné comme salaire à Cromwell en 1659. Ce succès français horrifia les Anglais, même papistes. Mais Charles II ne pouvait qu'être l'obligé du riche beau-frère de Madame. Les Etats généraux des Provinces-Unies — en d'autres termes, la Hollande — étaient alliés de la France depuis 1662. Les Hollandais se méfiaient de la royauté anglaise restaurée, protectrice de la maison d'Orange que craignait Jean de Witt ; à la marine anglaise aussi, dont l'essor les inquiétait. Louis XIV pensait surtout aux Pays-Bas espagnols, que nous appelons Belgique, ou à peu près. L'alliance était offensive et défensive, et conclue, en principe, pour 25 ans. Des deux pays du Nord, en voie d'affaiblissement, la Suède demeurait l'alliée traditionnelle, pour 100 000 écus par an, plus quelques suppléments ; mais elle souffrait mal que le voisin danois fût aussi l'allié du roi de France. Peu puissants, peu sûrs bien que stipendiés, les Scandinaves pouvaient au moins causer quelques soucis à l'Empereur, amuser l'Electeur de Brandebourg — également à vendre —, et intriguer en Pologne.

Car il fallait gêner l'Empereur. Les Turcs s'en chargeaient passablement. Du côté polonais, le duc d'Enghien fut candidat au trône ; en vain, mais l'action française ne cessa pas. Vers le sud, les cantons helvétiques devinrent de solides alliés, donnant des soldats contre des écus (1663). Une bonne partie des princes italiens était alliée ou parente ; l'autre ne comptait guère. L'entreprise fondamentale était de « protéger les libertés germaniques », — contre l'Empereur. La Ligue du Rhin, imaginée par Mazarin, fut renouvelée en 1663 ; de nouveaux princes y participaient ; même le Brandebourg y adhéra un moment, en 1665. Après des complications, l'essentiel des places lorraines était occupé, à défaut du duché tout entier. Pourtant, Louis XIV éprouvait de grandes difficultés à gouverner la mosaïque alsacienne, et commettait de graves imprudences : ainsi, l'aide armée apportée à l'Electeur de Mayence contre Erfürt révoltée (1664). Les princes allemands s'inquiétèrent, la Ligue du Rhin se relâcha, et ne fut

point renouvelée en 1667 ; d'autant plus qu'à cette
date, un claironnant libelle de l'avocat Aubery, publié
avec privilège du Roi, proclamait les « justes prétentions du Roi sur l'Empire », et soutenait la
supériorité du titre de roi de France sur la dignité
d'Empereur, avec rappel de Charlemagne, « roi de
France » et possesseur de l'Allemagne. Les excès
(mais le Roi fut-il responsable de celui-là ?) tempé-
raient singulièrement le patient travail des diplomates pour isoler l'Espagne et neutraliser l'Empire...

Le roi d'Espagne acheva de mourir en septembre
1665, ne laissant qu'un fils de quatre ans, si malingre
que personne ne le crut condamné à vivre. Le défunt
avait formellement exclu de sa succession sa fille
la reine de France, conformément, prétendait-il, au
traité de 1659 ; mais la dot de Marie-Thérèse n'avait
jamais été payée, ce qui rendait caduque cette
partie du traité ; et toute la diplomatie française
s'apprêtait à exploiter à fond le fameux « moyennant », introduit justement par Hugues de Lionne,
au temps où il était simple conseiller de Mazarin.
Vingt méthodes avaient été discutées, essayées,
imaginées pour obtenir un morceau des terres de
Philippe IV. On avait été jusqu'à demander un
« avancement d'hoirie » ; on avait songé à s'entendre avec les Hollandais au sujet des terres
belges, sans engager vraiment la négociation ; on
avait sondé Vienne pour un éventuel accord d'héritiers présomptifs. Dès 1662, des juristes avaient
découvert en Brabant certain droit de « dévolution »
qui réservait aux enfants du premier lit (la seule
Marie-Thérèse) les biens fonciers venus du père ;
mais il s'agissait d'une coutume de droit privé
régissant une bien faible partie de l'héritage espagnol. Des écrivains à gages rédigèrent cependant

un pesant *Traité des droits de la Reine Très Chrétienne* et habillèrent d'oripeaux juridiques les prétentions royales sur une partie des Pays-Bas et de la Franche-Comté. Des contradicteurs surgirent : le plus fameux, Lisola, Comtois au service de l'Empire, dénonça « le brigandage et la piraterie » du roi de France et en appela, sinon à la conscience universelle, du moins à l'union des princes allemands et européens. Mais Louis XIV, en 1665, n'était pas prêt à faire répondre ses armées aux prétentions de ses juristes. Il était empêtré dans la seconde guerre anglo-hollandaise.

En Afrique et aux Antilles pour la traite des noirs, sur la terre américaine autour de la Nouvelle-Amsterdam, sur l'Atlantique et les mers étroites, la rivalité anglo-hollandaise était partout aiguë. En outre, Charles II soutenait activement son neveu le jeune Guillaume d'Orange, que les républicains de Hollande, menés par Jean de Witt, avaient dépossédé de toute puissance, ajoutant ainsi un vif conflit politique. Instaurant une coutume qui leur restera longtemps chère, les Anglais attaquèrent les colonies et comptoirs hollandais en pleine paix, dès 1664. Puis, la guerre déclarée, la flotte anglaise patrouilla en mer du Nord ; Charles II trouva une infanterie continentale en achetant un reître, l'évêque de Munster, riche de 18 000 hommes, prêts à piller l'Est des Provinces-Unies. Pour Louis XIV, l'évêque de Munster était un client, le roi anglais un débiteur, les Hollandais, des alliés ; d'autre, part, le roi d'Espagne s'affaiblissait alors de syncope en syncope, et l'héritage allait fatalement opposer les alliés dans les Pays-Bas. Enfin, colons anglais et français s'étaient battus aux Antilles... Dans cette situation fort malaisée, Louis XIV et Lionne songèrent à un

« accommodement » entre les belligérants qui, d'abord, ne voulurent rien entendre. Il fallut bien se résoudre à secourir les alliés, sans hâte excessive. On para d'abord au plus facile. Pour préserver les Hollandais des ravages munsterois, 6 000 soldats français furent expédiés vers Maëstricht, par les terres neutres et amies de l'évêque de Liège ; les pillards n'osèrent les affronter, d'autant que les troupes brandebourgeoises, dévouées à cet instant à la France et aux Hollandais, les menaçaient d'autre part. Au risque de mécontenter les Suédois, Louis XIV procura aux Hollandais l'alliance danoise pour fermer la Baltique aux Anglais ; elle coûta 120 000 écus, que la France paya. Il fallut bien finir par déclarer la guerre aux Anglais qui s'étaient mis à battre leurs adversaires sur mer. Mais c'était en janvier 1666 : le roi d'Espagne était mort depuis quatre mois, Anne d'Autriche venait de s'éteindre, et déjà l'armée française se préparait à la guerre dans le Nord du royaume. Le jeu français devenait plus difficile que jamais.

Louis avait promis aux Hollandais le secours de sa flotte renaissante, une trentaine de navires. Il fallut d'abord la réparer, car les Barbaresques l'avaient fort abîmée : l'année 1665 passa ainsi. En fin avril 1666, Beaufort quitta Toulon, pour rejoindre Ruyter ; en juin, il attendait près du Tage la duchesse de Nemours, que Louis XIV avait promise au roi du Portugal. La fiancée n'arrivant pas et les Portugais ne pouvant ravitailler l'escadre, on revint en Méditerranée : retard imprévu sans doute, mais heureux. Enfin, après s'être grossie de quelques vaisseaux à La Rochelle, la flotte jeta l'ancre à Brest en fin août. Dans l'intervalle, Anglais et Hollandais s'étaient infligés chacun une défaite navale ; Charles II, désargenté, menacé en Ecosse, en Irlande et au Parlement, songeait à la paix, que désiraient les Londoniens frappés à la fois par la peste, par l'incendie et par la diminution du commerce ; Jean de Witt, en proie aussi à une opposition orangiste et zélandaise, accusait Louis XIV d'avoir mal rempli ses obligations, ce qui était apparemment vrai, et de se préparer à envahir les Pays-Bas, ce qui était certain. Après six mois de discussions, le médiateur suédois fit accepter le principe d'un congrès à Breda. C'était au printemps de 1667 et Louis XIV entrait déjà en Flandre. La guerre attendue par tous commençait, modifiant toutes les perspectives.

La première guerre (1667-1668).

La guerre avait fort bien été préparée, à l'intérieur comme à l'extérieur, et l'excellence des préparatifs constituait, pour la monarchie française, une extraordinaire nouveauté.

Six ans de lutte, obstinée et inachevée, contre la désobéissance, le désordre et la friponnerie avaient abouti à doubler les revenus du Roi. Celui-ci savait bien qu'il n'est point de gloire sans finances ; mais il s'en remettait principalement à Colbert pour les détails de l'exécution. Aucun autre souverain d'Europe — la Hollande mise à part — ne pouvait même espérer des revenus dépassant le quart de ceux du Roi, 60 millions par an. Le même Colbert et quelques autres avaient commencé à acheter une marine en Suède et au Danemark ; des ouvriers bataves, scandinaves et français s'efforçaient, dans quelques ports du Ponant, de construire des navires français avec des matériaux baltes, revendus par les Hollandais. Mais ce n'était pas encore de marine qu'il s'agissait vraiment.

Dûment stylé par son père — qui fit peut-être l'essentiel, mais resta dans l'ombre pour pousser son héritier —, le jeune Louvois empoignait l'armée assez rudement. Discipline, inspections, manœuvres, tout fut repris par la base, ou multiplié ; les étapes, réorganisées ; les magasins d'armes, de munitions, de grains et de fourrages, soigneusement choisis et copieusement alimentés ; les places du Nord, réparées et garnies de troupes ; l'esprit militaire, entretenu par une dizaine de revues publiques en présence du Roi et même de la Cour. L'excellent Turenne était en pleine lumière, et inspirait confiance ; le grand Condé attendait impatiemment de servir à nouveau ; déjà Vauban se distinguait d'une petite et remarquable troupe d'« ingénieux du Roy » ; beaucoup de capitaines expérimentés, trop obscurs, souvent huguenots ; une jeune noblesse impatiente de bravoure pour la gloire du Roi et l'amour des dames ; quelque 25 000 mercenaires — lorrains, allemands, italiens, suisses surtout, les plus nombreux et les plus consciencieux. Environ, 70 000 hommes, dont une bonne moitié pouvaient être français, et quelque 1 800 canons, dont 800 venus du Danemark. Telle était l'armée du roi de France ; aucune autre ne pouvait l'égaler, surtout pas l'armée espagnole des Pays-Bas, à peine 20 000 hommes, mal armés, mal équipés, mal payés. La campagne « de Flandres », comme écrivait le Roi, commençait sous les meilleurs auspices.

Les diplomates avaient achevé de la faciliter. Le roi du Portugal s'était engagé à continuer la guerre, moyennant quelques millions, afin d'occuper les Espagnols chez eux. Un quarteron de princes allemands du Rhin, conquis par les mêmes arguments, avaient juré de ne point laisser passer les troupes impériales, au cas où elles eussent tenté de secourir les Pays-Bas ; le Nord, l'Est et le Sud de l'Empire étaient favorables, neutres ou impuissants. Léopold acceptait de discuter avec la France un éventuel partage de l'héritage espagnol, et semblait paralysé, déconcertant, ou déconcerté. Empêtrés par leur guerre, et leurs négociations, Anglais et Hollandais ne pouvaient bouger ; mieux, dans une entente secrète (avril 1667) Charles II, pour une contrepartie antillaise et financière, laissait les mains libres à Louis XIV, tout au moins pour une année. Hugues de Lionne et ses agents avaient bien travaillé.

Après l'habituelle comédie juridico-diplomatique qu'écarta la régente d'Espagne, trois armées françaises, sous Turenne, Aumont et Créqui, entrèrent donc « en Flandres » à la belle saison, en mai, pour réclamer « les droits de la Reine ». Loin de foncer sur un pays mal défendu, elles employèrent l'été à mener à bien une douzaine de sièges, qui ne furent pas tous faciles. Le Roi en contemplait le déroulement, d'assez loin ; au contraire de son père et de son aïeul, il n'aimait pas la poudre, et pensait que la Majesté royale ne devait pas s'exposer. Il prit quelque congé pour aller chercher la Reine et la Cour, et leur montrer les villes prises. En septembre, Turenne, qui avait atteint le voisinage de Gand et de Bruxelles, déclara la campagne close ; le 1er novembre, les troupes prirent paisiblement leurs quartiers d'hiver. La parole était aux diplomates.

Le même été 1667, de Witt, fatigué des tergiversations anglaises, expédia la flotte hollandaise dans la Tamise ; elle força l'arsenal de Chatham, coula de nombreux navires, épouvanta Londres. Il fallut bien traiter, en fin juillet, à Breda, sur la base de concessions réciproques. Mais les deux anciens ennemis avaient les mains libres. De Witt pensait que les Français approchaient beaucoup trop de la République, et les Anglais se trouvèrent soudain dans la situation d'arbitres sollicités de toutes parts. Une subtile partie s'engageait.

Cependant, les Français obtenaient coup sur coup l'alliance du Brandebourg, la neutralité bienveillante de la Bavière, puis brusquement, en janvier 1668, un accord avec l'empereur Léopold : un premier partage, sur le papier, du futur héritage espagnol ; moyennant quoi, Léopold promettait de s'employer à quelques « accommodements » avec l'Espagne et l'Europe. Mais, quatre jours plus tard, le 23 janvier, les « puissances maritimes » se mettaient d'accord pour procurer la paix entre Louis XIV et l'Espagne, selon une tactique suggérée auparavant par Louis en personne : proposer à l'Espagne l'« alternative », c'est-à-dire un choix entre les places conquises par la France. Presque en même temps, Condé enfin rappelé envahissait la Franche-Comté ; sans troupes, sans armes et sans âme, elle capitulait en vingt jours. Le champ d'application de l'alternative était ainsi élargi ; de Witt y comptait bien. Le traité de La Haye, vite devenu « Triple-Alliance » par l'adhésion de la Suède, déçue par la France et payée par l'Espagne, était bien un travail hollandais ; sa préparation échappa complètement à la diplomatie française, dont l'échec fut rude. Lionne fit contre mauvaise fortune bon visage, et des historiens ont pu soutenir que la « Triple-Alliance » n'avait en rien arrêté Louis XIV, et l'avait même aidé à réaliser ses buts de guerre. Ce surprenant sophisme fait bon marché d'un article secret qui décidait l'entrée en guerre des trois alliés, si Louis refusait leur médiation ; il néglige enfin la furieuse réaction anti-hollandaise qui s'empara de la Cour et de la Ville.

Les généraux, Louvois, même Louis XIV, songèrent à passer outre. Mais le Portugal abandonnait la lutte anti-espagnole dès février, les Suisses s'inquiétaient du voisinage de Condé, le duc de Lorraine se décidait à intervenir, les Hollandais soudoyaient des Allemands et équipaient des vaisseaux ; le Parlement anglais votait même des subsides de guerre. Louis XIV fut assez sage pour comprendre qu'en s'obstinant, il renforcerait et élargirait la coalition, et qu'en traitant il pourrait aisément la dissoudre.

Dès le 15 avril, la paix était décidée, sur le principe de l'alternative. De Witt espérait bien (le but réel de sa politique étant d'éloigner les Français) que l'Espagne choisirait d'abandonner la Comté ; le contraire eut lieu, et le royaume de France s'enrichit d'une douzaine d'enclaves (dont Lille) en plein pays espagnol, assez loin des frontières d'Artois. Ces points d'appui avancés appelaient une prochaine rectification de frontière, et l'abandon de la Comté préalablement démantelée paraissait tout provisoire. Personne n'en doutait, même après la signature de la paix à Aix-la-Chapelle (mai 1668) ; et Louis XIV, moins que tout autre, puisqu'il s'en glorifie dans ses *Mémoires*, à peu près contemporains des événements.

La guerre avait été magnifique : armées ordonnées et bien déployées, sièges qui se déroulaient comme des spectacles classiques, bien qu'un peu rapides, victoires continuelles, sans grand risque, il est vrai ; le tout sous les yeux de Louis qui entendait les trompettes de la renommée porter au loin l'écho de sa gloire. Les « droits de la Reine » avaient été en fin de compte reconnus par tous ; douze belles places couvraient une frontière encore trop proche de Paris, mais destinée à s'en éloigner bientôt ; la Franche-Comté à portée de la main ; les deux rivaux traditionnels, Espagne et Empire, l'une abaissée, l'autre paralysé ; les pertes d'hommes insignifiantes ; les finances du royaume à peine touchées, à tel point que Colbert, peu favorable à la guerre, put éviter tout déficit et toute « affaire extraordinaire ».

Mais la Triple-Alliance, germe de coalition, c'était essentiellement la Hollande. Or la Hollande des républicains, des calvinistes, des « marchands de fromage », des « crocheteurs de l'Océan », se vantait, avec quelque raison, d'être en 1668 l'arbitre de l'Europe, d'avoir soumis au moins cinq rois : elle aurait pu frapper la médaille supposée de Josué arrêtant le soleil... Cela, ni Louis XIV ni son entourage ne pouvaient le supporter. Les invectives les plus blessantes vinrent sous la plume de chacun ; la haine des « maquignons de l'Europe » mit d'accord, pour une fois, Louvois et Colbert. Louis XIV ne pensait qu'au « châtiment » : « piqué au vif », fait-il écrire dès le traité de La Haye, il remet simplement « la punition de cette perfidie à un autre temps ».

L'obsession hollandaise marque les quatre années qui séparent la paix d'Aix-la-Chapelle du passage du Rhin.

L'obsession hollandaise (1668-1672).

Nous n'allons pas détailler à nouveau les combinaisons des diplomates et les préparatifs des
guerriers. En trois formules, disons qu'on tâcha de
dissoudre la Triple-Alliance, de neutraliser les
adversaires éventuels, de forger une armée plus
puissante encore.

Un bon diplomate, Pomponne, qui succéda en
1672 à Lionne comme secrétaire « aux Etrangers »,
fut chargé, en somme, d'endormir les craintes des
Hollandais, qui redoutaient justement la vengeance
royale ; il y réussit fort bien. La Suède fut achetée
à nouveau, sénateur par sénateur ; en avril 1672,
elle promit d'attaquer les princes de l'Allemagne
du Nord qui pourraient se déclarer contre la France,
surtout le Brandebourg. Charles II fut racheté aussi,
fort cher, dès le 1er juin 1670 : le traité secret de
Douvres fut le dernier succès de son aimable sœur.
Il scellait l'alliance offensive contre la Hollande,
Charles II offrant sa marine et 6 000 hommes,
contre 3 millions et quelques îles ; par surcroît, il
aurait 2 millions et 6 000 soldats français s'il acceptait, malgré les Anglais, de se réconcilier avec Rome.
L'argent, les bonnes paroles et le catholicisme
avaient contribué effectivement à rompre, pour un
temps, la « triple alliance » des puissances maritimes.

Restait à gêner l'éventuel ennemi, l'Empire. Des
manœuvres complexes sur ses arrières (Pologne,
Hongrie, Turquie) ne donnèrent pas les résultats
escomptés. Le Grand Electeur était peu sûr ; les
autres furent flattés ou nourris : les trois électeurs
ecclésiastiques étaient acquis ou neutres ; le saxon
et le palatin (dont la fille était devenue, en pleurant,
la seconde Madame) au moins neutres ; un traité

en bonne forme fut signé en 1670 avec le bavarois :
il interdisait à son propre Empereur tout passage
de troupe, contre la promesse de gros morceaux
d'Espagne. L'Empereur lui-même, désargenté et
préoccupé du danger turc, promettait sa neutralité,
le 1er novembre 1671, pourvu que les combats aient
lieu hors de l'Empire. Enfin la Lorraine fut occupée
en pleine paix par les armées françaises (1670), ce
qui coupait la route espagnole de Franche-Comté
aux Pays-Bas ; quelques Allemands s'émurent, sans
insister. Personne ne protesta lorsque Louvois et
Vauban, la même année, partirent comme dans
une simple province inspecter les fortifications piémontaises ; ainsi était coupée la route entre l'Italie
espagnole et la même Comté.

Les préparatifs militaires ressemblent à ceux
d'avant 1667, mais avec une autre ampleur. Vauban
et les frontières, Louvois et l'armée, Colbert et la
marine, symbolisent scolairement ce considérable
effort. En 1672, une armée française de 120 000 hommes (dont un bon tiers d'Italiens, de Suisses, d'Allemands, d'Ecossais, d'Irlandais) pouvait à bon droit
impressionner l'Europe. On n'avait jamais vu rien
de pareil par le nombre, par l'équipement, par l'organisation des magasins et des places-fortes, par le
renom mérité des chefs, dont les deux plus illustres
allaient jeter leurs derniers feux.

Devant une telle situation, les Provinces-Unies, à
demi inconscientes, travaillées de conflits internes,
paraissaient perdues, dans la complicité ou l'indifférence générale. Une nouvelle épopée se présentait,
facile, au Grand Roi ; et Boileau pouvait tailler ses
plumes pour chanter le passage du Rhin...

Mais l'attaque de la Hollande n'était pas seulement la revanche du monarque offensé par des marchands républicains et calvinistes. C'était, pour Colbert et quelques autres, l'achèvement espéré de l'œuvre d'enrichissement de la France, entreprise depuis plus de dix années ; pour une fois, les intérêts et les rêveries économiques allaient coïncider avec les rancœurs et les ambitions politiques et militaires. De la défaite rapide de la Hollande dépendait étroitement le triomphe de ce qu'on a — si mal — appelé le colbertisme. La jonction de tous les intérêts, appétits et illusions mérite un retour en arrière, et peut-être une mise au point, même si celle-ci risque l'hérésie.

D. — RICHESSE (1661-1672).

L'énorme labeur de Jean-Baptiste Colbert a été caricaturé par les échafaudages des gens à système, et écrasé sous l'Himalaya des dithyrambes. Les juristes ont fabriqué des mots en « isme » et des démonstrations en trois points. Les grands bourgeois du siècle dernier ont fait de Jean-Baptiste un « grand ancêtre », le prototype magnifique de l'excellence de la bourgeoisie quand elle gouverne. Avec un talent jamais égalé, le grand Lavisse, sorte d'historien officiel de la République des radicaux, a inventé de toutes pièces « l'offre de Colbert » ; le passage est fameux :

A ce moment unique et fugitif (1661), Colbert conseilla une grande nouveauté, qui était que la France et le Roi se proposassent comme la chose essentielle de gagner de l'argent... Ce fut donc la volonté de Colbert que la France devint une manufacture et une maison de commerce productrice de richesse...

et la péroraison n'a pas fini d'impressionner :

Comment la France et comment le Roi accueillirent l'offre de Colbert, c'est la question capitale du règne de Louis XIV.

Cette affabulation préparait naturellement la réponse : l'orgueilleux et belliqueux monarque a refusé l'offre du bourgeois génial et progressiste. Les adversaires, même subtils, de la conception du vieil historien, l'ont toujours inconsciemment suivi, même en le contredisant. Le « marchand de drap de Reims », le « génial bourgeois » a toujours obnubilé les esprits, et mis un voile épais sur la France du XVIIᵉ siècle, qu'on reconstitua à travers ses écrits, alors que la démarche inverse est la seule acceptable : étudier d'abord la nation, et voir jusqu'à quel point Jean-Baptiste l'a connue, comprise, et modifiée.

Cette inconsciente malfaisance historique a été portée au plus haut point par l'excellent Boissonnade, qui avait voué une sorte de culte à Colbert : avant son héros, il n'y avait rien ; après lui, la France est « la première des premières puissances industrielles du monde ». Boissonnade a beau tout mélanger, se contredire d'une page à l'autre, accumuler contre-vérités, fautes de lecture, de jugement, d'écriture et d'impression, on en est souvent resté, du moins dans ce pays, à ses pénibles enfantillages. Sans doute un professeur de Columbia, Charles Wolsey Cole, avait publié dès 1939 un *Colbert* mesuré et consciencieux ; on l'ignore magnifiquement. Et comme Hauser n'est plus là pour réfléchir, prouver et pourfendre, on sourit volontiers de certaines de ses idées, surtout de son dernier ouvrage, cette *Pensée et Action économique du cardinal de Riche-*

lieu, la meilleure introduction à la connaissance de Colbert.

Cette querelle de spécialistes, aussi pénible soit-elle, doit être exposée largement pour « démythifier » — comme on dit aujourd'hui — ce bon serviteur. Il faut reprendre sérieusement les réflexions et les intuitions de Hauser, et, en gros, les accepter. Colbert est né dans la branche mineure d'une famille de très grands marchands. Il fut presque sûrement « poussé » par le brillant cousin germain de son médiocre père : on l'appelait M. de Saint-Pouange, il avait eu l'esprit d'épouser la sœur de Le Tellier et occupait un important emploi dans l'administration ministérielle. Après une jeunesse mal connue et des études sans éclat, Colbert s'instruit dans les bureaux de Saint-Pouange. Cette formation le marqua pour toujours ; il adore les dossiers, et les détails des dossiers. En 1643, il est au service de Le Tellier, dans les bureaux de la Guerre, et s'occupe d'intendance militaire ; il y découvre la fille d'un riche commissaire des guerres, Marie Charron, cent mille livres de dot, et l'épouse en 1648. Il passe au service de Mazarin au début de 1651 ; devenu l'intendant du cardinal, il met de l'ordre dans les affaires et la fortune les plus compliquées, les plus scandaleuses, et les plus considérables du temps. On sait comment Mazarin l'a légué à son filleul. Dans tout cela, les draps de Reims ne jouent aucun rôle : l'homme est un bureaucrate, un majordome, un intendant et un confident, le véritable « domestique », au beau sens de l'époque. Au passage, il s'enrichit ; il s'anoblit aussi, sans doute par charge de Conseiller d'Etat donnée à son père en 1652.

Presque toutes les idées dont on lui fait honneur étaient banales depuis un siècle. Il y a plus de trente ans que Hauser a étudié « le colbertisme avant Colbert », s'est amusé à en relever les grands traits supposés dans telle délibération d'Etats généraux, d'Assemblée des Notables, en 1614, en 1596, en 1588, en 1576, en 1538, voire en 1485 et 1471. Le même Hauser, qui lisait les historiens britanniques, a montré sans peine que l'essentiel du colbertisme tenait dans la politique de W. Cecil, le ministre d'Elisabeth. Encore Hauser ignorait-il l'œuvre pionnière des économistes espagnols du XVIᵉ siècle, et ne pouvait connaître cet éclatant article où l'historien anglais Fisher montre que tout nationalisme économique, tout protectionnisme d'Etat révèle d'abord le marasme des affaires ; que l'Etat n'intervient pas quand les affaires vont toutes seules, et, par corollaire, que le « colbertisme » est le signe même de la contraction économique, de la récession et du déclin... Les dernières pages qu'écrivit Henri Hauser ont prouvé à quel point Colbert, dans ses formules les plus souvent citées, copie simplement les formules mêmes de Richelieu, dont il a manié les papiers, et qu'il cite inlassablement au Roi agacé : « Sire, ce grand cardinal... » Et Hauser de poursuivre : ce que Colbert ajoute à Richelieu est pure sottise, comme ce dogme personnel de la fixité et de la quantité d'argent roulant en Europe, de la constance de la « quantité du commerce » et du nombre des navires qui l'assurent. Richelieu, au contraire, croyait à l'expansion, voire à la croissance économique : « la distance d'un parfait commis à un homme d'Etat ».

En fin de compte — Cole l'écrivait dès 1939 —, l'originalité de Colbert, c'est son obstination et son énergie. Il est, corps et âme et toute sa famille avec lui, au service du Roi. Au-delà de quelques

idées sur la politique économique, il a la plus large
conception de la gloire du Roi — donc du royaume,
puisque le royaume, c'est le Roi. Le Roi aura les plus
beaux palais, les meilleurs généraux, les meilleurs
artistes, la domination de la terre et des mers,
l'hégémonie dans les arts de la guerre et les arts
de la paix. Les prêtres et leur chef s'inclineront
devant lui ; son Dieu sera défendu partout, et les
fausses croyances extirpées. La France, se passant
superbement des autres nations, daignera leur donner
le sel de sa terre, de ses fabriques, de sa pensée.
Richesse et magnificence, splendeur et opulence sont
les mots de Colbert. Dans ce renouveau gaulois
de la Rome d'Auguste gouvernant le monde, la
famille Colbert aura sa place ; richesse et honneurs
fondront sur elle, autant et plus que sur les autres
familles ministérielles ; qui concevrait alors des
ministres humbles et pauvres ?

Dans ces perspectives magnifiques, Jean-Baptiste
a perdu le manger et le boire, le sommeil et le
sourire. Bourreau de travail, ennemi juré de toutes
les fainéantises, il poursuit de sa haine rentiers,
officiers, mendiants, moines et taverniers, ces inutiles ; écrivailleur infatigable, avaleur de dossiers,
gourmand d'enquêtes et de détails, rien ne le réjouit
tant qu'un règlement bien fait ; pestant si l'agriculture ne peut se mettre en ordonnances, titres et
articles ; prenant partout son bien, empruntant,
achetant, dérobant à l'étranger tout ce qui lui
paraît devoir servir la gloire du Roi : hommes,
machines, recettes, marchandises ; attentif à la
justice, au droit, aux finances, aux bâtiments, aux
douanes, aux ports, aux navires, aux ateliers et aux
récoltes, à la bonne conduite des artistes plus qu'à
l'art, à l'obéissance des artisans et aux mœurs des

compagnons ; la moitié de ce que nous appelons « ministères » est sous sa férule, et il donne son avis sur le reste ; sur tous ces sujets et sur d'autres, il gribouille de longs mémoires dont le début est clair, qui se perdent vite dans les sables, desquels surnagent quelques belles formules, emprunts de Colbert à de vrais penseurs, que les historiens se repassent d'une génération à l'autre, sans souci de connaître leur pénible contexte ; obstiné et lourd à se pousser, accablant le Roi de papier, lui présentant, consciemment ou non, ses projets comme des réalisations, ses ordonnances comme choses exécutées. Tel est le visage plausible de ce consciencieux commis, à travers les abondantes publications de textes — jamais reprises ni complétées — qu'ont procurées les érudits du siècle dernier, Pierre Clément en tête...

Pour fournir au Roi les moyens matériels de ses glorieux desseins, Jean-Baptiste a disposé de circonstances très favorables, inconnues en France depuis 1630 : douze années de paix — car l'on peut compter pour rien quelques petites expéditions, et les insignifiantes campagnes de la guerre dite de Dévolution.

La tâche était rude. Trente années de guerre avaient provoqué trente années de surcharges d'impôts, de déficit financier, de révoltes fiscales. Tailles, gabelles, déficit, dette publique, tout cela avait doublé dès l'époque de Richelieu, qui déjà avait dû faire face, sans grand succès, à la révolte passive ou active de la moitié du royaume. Sans aggraver notablement les choses — l'économie et la monnaie françaises étant bien plus solides sous lui qu'on l'imagine communément —, le second cardinal avait dû s'appuyer sur les financiers, les traitants, les

prêteurs, les hommes d'affaires les plus téméraires
et les moins scrupuleux ; comme eux d'ailleurs, il
faisait travailler sa fortune insolente dans les
affaires de l'Etat, et se remboursait largement sur
les contribuables. Par surcroît, il avait porté les
« comptants » (les dépenses incontrôlables) à cent
millions, plus que les revenus bruts de l'Etat. Bref, à
sa mort, les revenus de 1661, de 1662, une partie
de ceux de 1663, étaient engagés, c'est-à-dire mangés
d'avance.

Tout le monde connaît le travail exemplaire, obstiné et plein de bon sens de Jean-Baptiste Colbert
et de son équipe. Substituer la « maxime de l'ordre »
à la « maxime de la confusion ». Mettre le Roi
devant ses responsabilités, en faire « son propre
surintendant », lui présenter toutes les pièces financières pour qu'il les lise et les signe, le contraindre
à viser souvent ces trois registres nouveaux, ABC
d'une comptabilité jusque-là inexistante : le Journal,
les Recettes, les Dépenses, complétés et recoupés par
l'Abrégé mensuel, l'Agenda personnel du Roi, les
registres du Garde du Trésor, le budget provisoire
de l'année à venir, établi dès octobre, l' « état au
vrai » de l'année précédente, dressé dès février. En
somme, gérer la maison France avec le sérieux
d'un bon comptable privé.

Le nouveau régime devait à l'opinion publique,
qui fronda en grande partie contre les financiers,
d'organiser une bonne chasse aux abus. Avec Lamoignon, puis Séguier, comme président, et Omer Talon
comme procureur général, une « Chambre de Justice » fut établie dès 1661 « pour rechercher toutes
malversations commises depuis 1635 ». Elle utilisa
la délation, effraya les rentiers et les petits prêteurs,
laissa fuir les plus redoutables coquins, négocia avec

d'autres, mit en prison quelques maladroits, condamna à mort ceux qui étaient bien loin, mais trouva tout de même, en huit ans, la coquette somme de 110 millions, l'équivalent d'un an et demi de revenus de l'Etat. Avec cela, Colbert put réaliser partiellement l'un de ses objectifs : diminuer la charge permanente de l'Etat — plus de la moitié des recettes brutes de 1661 ! — en remboursant certains créanciers solides, en l'espèce des officiers, naturellement au plus petit prix possible.

Car c'est bien plus la diminution des charges que l'accroissement des recettes ou le resserrement des dépenses qui caractérise l'œuvre financière de Colbert. En ce domaine, son efficacité fut redoutable. Des diverses rentes dont l'Etat (souvent par l'intermédiaire de l'Hôtel de Ville de Paris) devait effectuer le service, une partie fut purement supprimée, et l'autre réduite du quart ou de la moitié ; les rentiers, presque tous Parisiens, murmurèrent, firent mine de cabaler, puis se soumirent : économie annuelle, plus de 4 millions. Des milliers d'offices nouveaux, presque tous inutiles ou ridicules, avaient été créés et vendus depuis 1630, et le paiement de tous les gages chargeaient le budget de plus de 8 millions par an ; Colbert aurait voulu rembourser tous les offices inutiles, et même beaucoup d'autres ; il remboursa le quart du capital, soit 100 millions, ce qui soulageait le budget de plus de 2 millions par an. Les officiers visés protestèrent, pleurèrent, offrirent 61 millions pour garder leurs charges : rien n'y fit. Bref, le montant des charges budgétaires permanentes — malgré les difficultés, les retards, les protestations et les combinaisons subalternes — passa en dix ans de 52 millions à 24. C'était pour l'époque, une éclatante réussite.

Colbert songea à réformer le système fiscal, vétuste, compliqué, impopulaire, peu efficace ; mais il savait bien qu'il ne le pourrait pas ; pourtant il fit travailler çà et là à son projet de « cadastre général » de la France : en vain, le vieux royaume n'était point disposé à ce qu'il prenait pour une dangereuse « nouvelleté », et persista dans son retard. Le principal impôt direct des provinces les plus anciennement françaises, la « taille personnelle » des pays d'élections (sauf la généralité de Montauban), avait été porté par Richelieu, dès 1636, à un niveau qu'on n'avait jamais pu dépasser, 40 millions. Huissiers, sergents, garnisaires, intendants et expéditions armées ne purent contraindre les paysans à payer un impôt qui ne répondait ni à leurs traditions ni à leurs possibilités ; bien plus, traitants, hommes de justice et exécuteurs augmentaient les frais de recouvrement, et diminuaient les revenus nets. Colbert comprit que la surcharge, les retards de paiement et les frais de perception étaient aussi absurdes qu'onéreux. Ménageant la matière imposable, épuisée par les saisies et les exécutions, il diminua progressivement la taille personnelle : en dix ans, elle passa de 42 millions à 34. Ce « soulagement des peuples », largement compensé d'autre part, amena en fin de compte plus d'argent dans les caisses de l'Etat. Les « remises » aux receveurs (pour leurs « frais » de perception) passèrent brutalement de 25 % — un scandale ! — à 4 % ; la chasse aux exempts fut rudement organisée : faux nobles, nouveaux officiers, bourgeois des villes franches, privilégiés et bourgeois de Paris dont les terres exemptes furent limitées à quelques arpents ; l'assiette fut améliorée, afin de faciliter les paiements : on vit moins d'élections, de paroisses et de personnes « ménagées » par le crédit de quelque personnage influent. Surtout, la perception fut accélérée, réglée selon un strict calendrier. Colbert eût voulu éviter les saisies et les emprisonnements de taillables et de collecteurs, qui augmentaient les frais plus que les revenus ; en fait, on saisit les meubles, les récoltes, et le bétail comme par le passé, malgré de belles ordonnances ; sans doute épargna-t-on chevaux et charrues, mais les trois quarts des paysans n'en possédaient point...

Tous les autres postes de recettes augmentèrent notablement. La taille des pays d'Etat, qui reposait sur les biens réels, et souvent sur de bons cadastres, fut relevée en moyenne de 50 % : très favorisés, ces pays pouvaient payer. Les Etats eux-mêmes durent admettre que leur « don gratuit » fût doublé — sauf ceux de Bourgogne, qui jugèrent plus adroit de verser une rente personnelle à Colbert, qui les diminua. Le Clergé dut souffrir aussi l'augmentation du « don gratuit ». Depuis trente ans, le Roi avait affermé, aliéné, laissé voler une partie de son domaine : des forêts, des terres, des moulins, des péages, des droits d'octrois municipaux, des aides, des douanes ; Colbert racheta à bas prix ou reprit brutalement toutes ces aliénations... Et le Domaine, qui ne rapportait presque rien en 1661, rapportait 5 millions en 1671. Quant aux revenus versés par les fermiers, ils passèrent de 37 millions à 60.

Les fermiers du Roi se chargeaient, moyennant d'honnêtes commissions, de percevoir pour lui les gabelles, les entrées des villes, la multitude des aides, les inextricables douanes locales, provinciales et portuaires, certains droits domaniaux, la poste, et vingt impositions de moindre poids. Les peuples soumis à la gabelle payèrent, un moment, le sel un peu moins cher, mais le contrôle fut beaucoup plus strict ; le tarif des aides resta stable, mais leur produit augmenta notablement. C'est que fermiers et contribuables furent plus étroitement surveillés, les règlements simplifiés, les comptes rendus plus clairement. L'on peut penser, en outre, qu'un accroissement de 60 % (23 millions) du revenu des fermes ne se fit pas sans que les Français y aient solidement contribué...

Le Roi lui-même fut, durant quelques années, plein de bonne volonté : il surveilla ses dépenses, et ne signa guère, en moyenne, que 5 à 6 millions d'« ordonnances au comptant » — ses dépenses personnelles, assez souvent d'intérêt politique.

Le résultat de cet effort obstiné, clarificateur, mais non réformateur, se lit dans les estimations des revenus et dépenses royales que nous ont laissées les administrateurs du XVIIᵉ siècle, et qu'ont longuement commentées les solides érudits du siècle dernier. De 1661 à 1671, les revenus *nets* du Roi doublèrent largement ; dès 1662, les recettes excédaient les dépenses ; sauf au moment de la guerre de Dévolution où l'on constata une légère « impasse », de solides excédents s'accumulèrent d'année en année. Seul probablement dans toute l'Europe, Louis XIV disposait de ressources financières qui lui permettaient de soutenir sans inquiétude un effort militaire important. Or, l'expédition de Hollande paraissait, au printemps de 1672, devoir être glorieuse et rapide. Colbert avait bien travaillé ; mais les Français avaient fort bien payé, probablement parce qu'ils le pouvaient.

Car Colbert savait parfaitement que le plus beau

système fiscal du monde demeure parfaitement vain
quand la « matière imposable » se dérobe. Mettre
« les peuples » en état de financer la gloire fut, de
plus en plus, l'objectif essentiel de ce qu'on appelle,
par anachronisme, la « politique économique » de
Colbert. Pour cela, il fallait que ces peuples se
procurent la monnaie nécessaire, car le Roi ne
pouvait, comme le Clergé, accepter une dîme en
nature. Deux conditions étaient alors indispensables.
La première, que la monnaie entre dans le royaume,
qui ne produisait pas de métaux précieux : c'était
depuis longtemps l'affaire des grands marchands,
des hommes d'affaires de classe internationale, aussi
nombreux — sinon plus — en France qu'en d'autres
pays. La seconde, qu'une partie importante de cet
argent importé « descende » au niveau des contribuables ; ces derniers ne pouvaient se le procurer
que par le travail de leurs mains, et c'était la
« manufacture », ou par la vente des petits excédents
de leur production agricole, et c'était le « commerce ». Au XVIIe siècle, les notions de « commerce »
et de « manufacture » sont étroitement liées, et désignent tout ce qui produit de l'argent frais, apte
à être pompé par la machine fiscale ; tout le reste,
en gros les « subsistances » et les « nécessités », ne
faisait pas (ou presque) intervenir la monnaie, se
réglait par les bonnes vieilles techniques du troc des
produits et de la compensation des créances, n'aboutissait à aucune caisse royale, et n'était affaire de
gouvernement qu'en tant que leur satisfaction préalable permettait le « commerce ». C'est dans cette
perspective qu'il convient d'interpréter l'action de
Colbert, qui ne visait pas à enrichir le royaume
pour l'amour de ses sujets, mais pour les nécessités
du gouvernement.

Un second objectif, puissant surtout dans la première décennie du règne, se ramenait, nous le savons, à un aspect de la magnificence : que la France étonne le monde en produisant d'aussi belles glaces que Venise, d'aussi belles toiles que Haarlem, d'aussi belles serges que Florence, d'aussi belles tapisseries que le Brabant, d'aussi beaux fers que l'Allemagne ou la Suède, autant de navires aussi lourdement chargés que ceux des Provinces-Unies, voire même de plus beaux et de meilleurs encore. Ainsi, gloire et finance se seraient complétées, épaulées l'une l'autre.

Les moyens d'action sont archiconnus : travail et obligation du travail ; organisation et surveillance ; réglementation forcenée, précise, bavarde ; imitation, ou enlèvement, de ce qui se fait de mieux à l'étranger ; création de manufactures royales, de compagnies royales, subventionnées et surveillées. L'on sait déjà qu'aucun de ces moyens n'était original, que Louis XIII, Henri IV, l'Angleterre et surtout la Hollande les avaient tous utilisés, avec des réussites variables. Mais jamais on n'avait assisté, en une dizaine d'années, à un effort aussi continu, à des initiatives aussi nombreuses ; jamais surtout le budget du royaume ne vint les soutenir de cette manière : près d'un million, souvent, pour le commerce et les manufactures, rarement moins de trois pour la marine. De mauvais esprits pourraient souligner que ces quelques millions ne faisaient que quelques centièmes du budget français et que les dépenses de l'argenterie royale, ou des écuries, représentaient bien plus ; l'important, c'est pourtant la nouveauté et la continuité de ces dépenses « d'investissement ». En réalité, les huit années 1664-1671, véritable apogée de Colbert, permettraient de dégager un véritable « florilège » économique. En voici le début :

1664 : édits de création de la Manufacture de Tapisseries de Beauvais, de la Compagnie des Indes occidentales et de la Compagnie des Indes orientales, qui promettaient au commerce français les richesses lointaines ; tarif douanier dit « protectionniste », bien que le véritable protectionnisme date de Mazarin ;

1665 : réorganisation du Conseil du Commerce ; chasse aux corsaires barbaresques ; essais d'inscription maritime en Aunis et Saintonge ; lettres patentes délivrées à Riquet pour les expériences préalables du canal des Deux-Mers ; rétablissement des haras du royaume ; édit sur le « denier 20 » dans le ressort du Parlement de Paris ;

1666 : les premiers règlements sur les manufactures ;

1667 : le nouveau tarif douanier, ultra-protecteur et anti-hollandais, en même temps que la transformation des Gobelins en « manufacture des meubles de la Couronne ».

Puis les deux dernières compagnies, les grandes ordonnances, les règlements multipliés, les subventions à vingt entreprises industrielles, aux arsenaux, aux chantiers maritimes.

Devant un effort de cette envergure, que nul monarque français n'avait jamais entrepris, un obstacle se dressait à tout moment, que Colbert ne cessait de dénoncer avec une rage maladive. Les 16 000 (en réalité, 8 000) navires hollandais (les 4/5 de la flotte mondiale, croyait-il naïvement) assuraient toujours l'essentiel du commerce français et international ; draps et toiles françaises, même « façon de Hollande », n'arrivaient point à concurrencer les toiles et les draps hollandais ; les armes, les munitions, les canons, les navires, les fournitures pour arsenaux, tout cela continuait d'arriver de Hollande, ou par l'intermédiaire hollandais ; c'étaient toujours les navires hollandais qui assuraient le débit des vins et des eaux-de-vie de l'Ouest français ; créait-il à grands frais une « Compagnie du Nord » pour leur enlever le commerce balte ? ses quelques vaisseaux s'égaraient, ne rapportaient rien, ne vendaient rien, les Hollandais pratiquant un *dumping* facile sur les produits français eux-mêmes ; les navires français partis pour les Indes — quelques-uns — se perdaient en route, ou ne pouvaient tenir les comptoirs dont ils s'emparaient, ou ne pouvaient acheter à bon prix les produits asiatiques. Au tarif ultra-protecteur de 1667, les Hollandais répondaient par des représailles terribles. Les dividendes de la Compagnie hollandaise dépassaient régulièrement 25 % ; la française ne distribuait rien. Dès juillet 1670, Colbert écrivait que Sa Majesté ne pourrait souffrir longtemps « l'insolence et l'arrogance de cette nation ». Impuissant devant la supériorité économique des Bataves, Colbert ne voyait plus qu'un moyen d'en venir à bout : la guerre ; et, très tôt, il se prenait à imaginer ce que serait le royaume lorsqu'il aurait annexé les riches Provinces-Unies. Le 8 juillet 1672, dans un mémoire célèbre, il vendait déjà la peau de l'ours :

Si le Roy assujettissait toutes les provinces unies des Pays-Bas, leur commerce devenant le commerce des sujets de Sa Majesté, il n'y aurait rien à désirer davantage...

Désirée par tout ce qui comptait — militaires, nobles, catholiques, ministres du dedans et du dehors — l'attaque de la Hollande par un Roi qui voulait se venger est la première action décisive du règne, peut-être son moment crucial.

Le premier tournant (1672-1679)

A. — L'ATTAQUE DE LA HOLLANDE (1672).

Charles II d'Angleterre, qui voulait toucher sa prime et se débarrasser d'un Parlement qui l'ennuyait, ouvrit les hostilités le 28 mars ; pour une fois, l'Angleterre avait déclaré la guerre selon les formes. Louis XIV ne se donna pas cette peine ; il fit afficher un placard pour expliquer à ses sujets qu'il était parti châtier les Hollandais, à cause de la « mauvaise satisfaction » qu'ils lui avaient procurée. En fait, Louis avait quitté Paris le 27 mars et entrait en guerre le 6 avril, avec 120 000 hommes, la flotte anglaise, Condé, Turenne, Luxembourg et Vauban. Les Hollandais avaient multiplié les chances d'être vaincus. A la fin de 1671, ils croyaient encore au maintien de la paix, que l'Europe s'étonnait de voir encore durer. L'armée, une trentaine de mille hommes, mal nourris et mal vêtus, végétait dans des places fortes croulantes ; les états généraux ne s'étaient décidés qu'en janvier à ordonner une levée de 20 000 hommes, à rétablir les milices urbaines, à nommer capitaine-général le jeune prince d'Orange, dûment encadré et surveillé par des bourgeois. Les deux armées françaises avancèrent tranquillement, comme à la manœuvre, de Charleroi (annexé en

1668) et de Sedan vers Maestricht, puis vers l'Electorat de Cologne ; le Roi fit quelques beaux sièges,
et même quatre à la fois ; escorté de ses alliés
rhénans, il pénétra sans peine sur les terres de la
République. Avec 20 000 hommes, Guillaume d'Orange,
couvrant Amsterdam, l'attendait derrière l'Ijsel. Le
12 juin, Louis le surprit en traversant le Rhin, à un
gué proche d'une maison de douane, en néerlandais
Tolhuis. Quelques Hollandais résistèrent, blessant
Condé et tuant son neveu, Longueville. Le « passage
du Rhin » allait entrer dans la légende littéraire,
artistique et historique. Tournée, l'armée hollandaise
se débandait. Condé conseilla d'enlever Amsterdam
avec quelques régiments de cavalerie. Il ne fut pas
écouté ; sans nul doute, le Roi commit alors une
terrible erreur. Il préféra d'autres beaux sièges.
Utrecht capitula dès qu'elle aperçut quelques cava-
liers : les catholiques néerlandais accueillaient avec
ferveur le conquérant, qui leur faisait mille grâces.
Mais le jour de la prise d'Utrecht, les digues de
Muiden furent ouvertes ; en trois jours, Amsterdam
devint la capitale d'un petit archipel : ce qui restait
de la province de Hollande. La Hollande devenait
impossible à conquérir, sauf par mer ; mais Ruyter
avait battu la flotte adverse, à Sole Bay.
  Déjà les Hollandais se ressaisissaient. Ils levaient
des troupes, débarquaient les marins de Ruyter pour
qu'ils aident à la défense, élevaient des fortifications,
ouvraient de nouvelles écluses, protégeant notamment Bois-le-Duc, contraignaient De Witt et Guillaume à s'associer, élisaient le jeune prince stathouder de cinq provinces, puis stathouder de toute la
République (8 juillet). Diplomatie et florins agis-
saient ; l'Espagne les aidait ; le 23 juin, l'Electeur de
Brandebourg et l'empereur Léopold s'entendaient à

Berlin pour intervenir contre la France ; un mois plus tard, tous deux traitaient franchement avec les Hollandais : secours faibles à espérer, amorce tout de même de coalition. Les derniers jours de juin, une ambassade des états généraux était venue proposer à Louis XIV tout le pays au sud de la Meuse, toutes les places conquises et dix millions. Louis, ivre de louanges, réclama beaucoup plus de terre, beaucoup plus d'argent, le rétablissement du catholicisme dans toutes les provinces, des privilèges inouïs pour le commerce français, et ce dernier outrage : qu'une ambassade annuelle vienne à Paris lui remettre une médaille d'or en témoignage de soumission. Les plénipotentiaires partirent et ne revinrent jamais. Le 20 août enfin, les Hollandais déchaînés massacrèrent De Witt, qui avait été l'homme de la paix ; il fallait que quelqu'un paie l'invasion, la dévastation des eaux et la peur ; Guillaume d'Orange fut immédiatement le maître de tout le pays. Le jeune prince chétif et taciturne allait incarner la défense nationale et la revanche.

Cependant, Louis XIV rentrait en France humer de nouveaux encens, estimant que les quelques places qui restaient à conquérir en Hollande ne « méritaient pas sa présence ». La campagne était terminée. Chacun était persuadé que le Rhin franchi, tant de villes prises, tant de temples redevenus églises, on n'avait jamais vu pareilles merveilles. Sans doute le roi de France n'était-il pas encore tout à fait roi de Hollande, ni les flottes hollandaises au service de Colbert. Petit retard, auquel on ne s'arrêtait pas. La France baignait dans la gloire. On élevait des monuments aux conquêtes de Louis, « tandis que les puissances d'Europe travaillaient à les lui ravir » (Voltaire).

Cette énorme inconscience pouvait, dans l'immédiat, se justifier peut-être. Et pourtant, sur le Rhin, Turenne était obligé de guerroyer contre les troupes du Habsbourg et du Hohenzollern ; Luxembourg échouait, le dégel survenant, dans une expédition d'hiver contre Amsterdam ; dès le 15 décembre, Guillaume assiégeait Charleroi, place française : l'envahi devenait envahisseur ; épouvanté, Louis XIV lui-même courut à Compiègne, d'où il espérait pouvoir protéger au moins Saint-Quentin... Le Grand Roi avait-il « cessé de vaincre » ?

L'agression contre la Hollande fut son premier grand échec — nous disons bien échec — aux conséquences redoutables. Aucun but de guerre n'avait été atteint, ni celui du Roi ni celui de Colbert : les marchands de fromage n'étaient point châtiés, malgré leur misérable armée ; et la marine et les Indes néerlandaises n'étaient point soumises. Au contraire, la France avait provoqué la venue au pouvoir du plus impitoyable, du plus intelligent de ses ennemis, un stathouder de vingt-deux ans. La frontière du Nord était entamée. Une coalition se dessinait. Une guerre longue était en vue, qui nécessiterait d'autres armées, d'autres dépenses. L'œuvre financière de Colbert était déjà menacée ; son œuvre économique, compromise ; le grand commis allait être condamné au rôle de fournisseur d'argent frais ; de gros efforts ne manqueraient pas d'être demandés au pays, qui pouvait répondre encore par la révolte armée.

Les écluses de Muiden et l'avènement de Guillaume marquent la fin de l'ère des hardiesses faciles. Louis, qui vient de dépasser trente-quatre ans, le sent parfois, trop fugitivement ; Colbert comprendra plus vite ; la masse des courtisans, ivre de gloire officielle, ne se doute encore de rien. Trois siècles après, nous observons trop aisément que l'année 1672, année cruciale, grande inflexion du règne, annonce des temps difficiles, l'ère des coalitions, l'ère de certains renoncements, en attendant le moment des grandes décisions, des grandes options de la maturité royale.

B. — LA PREMIÈRE COALITION (1672-1679).

Il fallut moins de deux ans à l'Europe, ameutée presque entière par Guillaume d'Orange, pour se coaliser contre l'agresseur des Provinces-Unies. Le 30 août 1673, trois traités amenaient trois alliés à la Hollande : le duc de Lorraine donnerait 16 000 soldats contre restitution de son duché, occupé en pleine paix par les Français ; l'Espagne promettait d'entrer en guerre si les frontières de 1659 lui étaient garanties ; l'Empereur vendait 30 000 hommes pour 45 000 écus mensuels, et 100 000 d'avance. Pendant ce temps, Condé, puis Luxembourg, qui avaient attendu en vain la flotte anglo-française, défaite encore par Ruyter, vivaient sur le pays, brûlaient quelques villages hollandais, aux applaudissements de Louvois, mais abandonnaient la Hollande, sauf quelques places, dès la fin de l'année : impuissante, l'armée d'invasion se repliait sans gloire ; mais Louis, en grande pompe, allait s'offrir le spectacle du siège de Maestricht, tandis que Turenne, sur le Rhin, jusqu'au Palatinat, guerroyait et saccageait. Convoqués par le médiateur suédois, les diplomates parlaient à Cologne ; Louis XIV offrait sensiblement les conditions de paix qu'il avait refusées aux Hollandais en juin 1672 ; Guillaume d'Orange se donna le plaisir d'offrir simplement trois villes, à confier aux Espagnols ; au même Congrès, l'Empereur, prenant de l'audace, faisait enlever l'un des plus actifs agents français, Fürstenberg. A ces deux insultes, qui marquent que les temps étaient changés, s'ajouta le lâchage anglais.

Le 19 février 1674, à Westminster, Charles II signait une paix séparée avec Guillaume d'Orange, — en attendant de lui donner sa nièce Mary — : toute l'Angleterre avait poussé à la paix. Elle était excédée par la politique procatholique de son Roi, et surtout par le mariage du duc d'York, unique héritier et papiste, avec une nièce de Mazarin, Marie de Modène, cliente de Louis XIV. Enfin, cette guerre n'avançait pas, et les flottes réconciliées d'Espagne et de Hollande gênaient gravement le commerce. Les subsides accrus de Louis XIV furent impuissants contre une nation qui ne voulait plus de la guerre.

En même temps, presque tout l'Empire, sauf la Bavière, basculait du côté de Guillaume. Celui-ci offrait inlassablement ses florins, juste au moment où les écus de France se faisaient rares. Il faisait publier de violents libelles pour dénoncer les cruautés, d'ailleurs réelles, des troupes françaises en Hollande ; les Allemands, Lisola en tête, en appelaient au réveil de la nation allemande devant l'envahisseur et le dévastateur ; l'Empereur lui-même, bien que toujours désargenté et occupé à l'Est, penchait le plus souvent pour la guerre aux Français. Les anciens membres de la défunte Ligue du Rhin se décidaient l'un après l'autre ; en janvier 1674, le Danemark se liait à l'Empereur ; le 1er mai, le Reichstag déclarait la guerre au nom de tout l'Empire ; le 1er juillet, le Brandebourg, un moment réconcilié avec la France, s'alliait à l'Empereur.

Dans le royaume lui-même, la révolte grondait. Depuis la Fronde, les révoltes de petites gens, presque toujours contre le fisc, n'avaient pas cessé. Or, de nouveaux impôts s'apprêtaient à fondre sur le royaume, afin de nourrir la guerre : papier timbré, droit sur l'étain, augmentation du sel et du tabac. Dès 1674, Bordeaux s'agitait, et à sa suite la Guyenne ; en 1675, la révolte grondait partout, particulièrement grave dans le Sud-Ouest et en Bretagne ; Anglais et surtout Hollandais songeaient à utiliser cet intéressant appoint à la coalition ; malheureusement pour eux, le front intérieur s'ouvrait un an trop tard : ce fut l'année 1674 qui fut grave pour Louis XIV.

Elle avait pourtant magnifiquement commencé. Au printemps, la Cour avait été voir le Roi conquérir la Franche-Comté, aux places démantelées et désertées. « Le sieur Vauban, écrivait Louis, me propose les plans que j'ai déjà décidés. » Au milieu des soupers et des soirées de jeu, la Franche-Comté se laissa prendre. Pendant ce temps, Turenne et Condé paraient, difficilement, aux véritables dangers. Le vieux maréchal avait essayé d'empêcher la jonction près de Philippsburg des armées impériales ; dépourvu de renforts et de vivres, il avait dû se replier après avoir saccagé le Palatinat ; malgré un essai de résistance, il devait abandonner l'Alsace aux Impériaux ; ceux-ci envoyaient des avant-gardes en Lorraine : à la fin de l'année, une invasion du royaume par l'Est était à redouter. L'invasion par le Nord avait été évitée de justesse : le 11 août, à Seneffe, le grand Condé avait arrêté, dans un bain de sang, trois armées alliées, une hollandaise, une espagnole, une impériale. Les coalisés, éprouvés mais non vaincus, étaient allés assiéger Audenarde, puis, la mauvaise saison venant, étaient rentrés séparément prendre leurs quartiers d'hiver. Turenne, lui, n'en avait pas pris : une extraordinaire marche d'hiver autour des Vosges lui avait permis de saisir les Impériaux au repos, et de les chasser d'Alsace. La France avait été sauvée par ses deux plus grands chefs militaires, et les diplomates commençaient à prendre quelques avantages intéressants : à l'est, ils secouraient efficacement Hongrois et Transylvains révoltés contre Léopold Ier ; au nord-est, l'habile évêque de Marseille, Forbin-Janson, réussissait à écarter le duc de Lorraine du trône de Pologne, à faire élire Jean Sobieski, époux d'une Française, qui s'engageait à secourir la Hongrie et à attaquer le Brandebourg ; au nord, la Suède se décidait (décembre 1674) à envoyer 15 000 hommes contre le Grand Electeur ; en Méditerranée enfin, l'opportune révolte de Messine contre les Espagnols était immédiatement exploitée, la France expédiant des secours aux mutins dès septembre 1674.

L'année 1675 fut encore difficile. Turenne mort au combat, le grand Condé dut, pour sa dernière campagne, sauver une seconde fois l'Alsace menacée d'invasion. Dès le mois d'août, il fallut détacher des troupes royales pour piller et tuer les Bas-Bretons et les Rennais, violemment insurgés contre le fisc et les nobles ; les Bretons avaient, inconsciemment, ouvert comme un nouveau front, qu'il était indispensable d'anéantir. Le mauvais temps venu, des milliers de soldats furent envoyés prendre leurs quartiers d'hiver dans l'ouest du royaume, révolté de la Manche au Roussillon ; Bretagne et Guyenne furent particulièrement visées, Rennes et Bordeaux spécialement châtiées. Mais le front intérieur disparut avec l'hiver. Ayant pendu des milliers de sujets, le Roi put retourner ses troupes contre les coalisés. Quant aux provinces, terrorisées, elles ne bougèrent plus de longtemps.

La guerre traîna trois ans encore. Sur le front rhénan, les généraux de la génération nouvelle combattaient sans éclat. Autour de la Sicile, la jeune marine française réussit, en trois combats, à battre, à incendier la flotte néerlandaise, à tuer enfin son illustre chef, Ruyter. Mais les troupes débarquées dans l'île piétinaient sous de mauvais chefs ; elles finirent par regagner la France. Les offensives lancées sur les arrières de l'Empire n'avaient abouti à rien de décisif ; dès 1675, l'allié suédois était écrasé à Fehrbellin par les Brandebourgeois, sur mer par les Danois ; les combinaisons polonaises, hongroises et turques avaient gêné l'Empereur, puis avaient fait long feu. Cependant, dans les Flandres, Vauban et Louvois poursuivaient méthodiquement les sièges de toutes les places fortes : si Valenciennes et Cambrai étaient tombées seulement en 1677, c'était le tour de Gand l'année suivante ; des troupes françaises d'élite s'approchaient donc d'Anvers et des Provinces-Unies, ce que Guillaume d'Orange pouvait difficilement accepter.

Les négociations, qui jamais n'avaient cessé, arrivaient au moment décisif. Chacun ne pensant qu'à soi, les alliés étaient profondément divisés : l'Empereur, toujours obsédé par la menace turque ; l'Espagne, fatiguée ; la bourgeoisie hollandaise, désireuse de retrouver les profits de la paix et des mers libres, poussait son stathouder inquiet ; Charles II, assiégé par Londres, le Parlement et la marchandise, avides d'attaquer la France, offrait ses bons offices tout en menaçant d'intervenir ; les princes allemands étaient toujours à vendre ; Louis XIV, ayant écarté toute menace d'invasion et tenant de solides gages, se trouvait en bonne position pour traiter. Après les maquignonnages

habituels, cinq traités principaux, dont trois à
Nimègue, liquidèrent la coalition.

Les Provinces-Unies, sans perdre un pouce de
territoire, obtinrent l'abandon des places françaises
avancées dans les Pays-Bas, et la suppression du
tarif douanier français de 1667 : si l'on pense
aux rêveries de Louis et de Colbert en 1672, c'était
un triomphe pour les Hollandais. L'Espagne paya
pour tout le monde, abandonnant la Franche-Comté,
le reste de l'Artois, une partie de la Flandre et du
Hainaut, le pays de Cambrai : Louis XIV éloignait
de Paris les frontières trop proches, et Vauban
entreprit immédiatement de ceinturer de forteresses
quasi imprenables les nouvelles provinces (août-
septembre 1678). L'Empereur donna Fribourg contre
Philippsburg, et promit de se désintéresser du règlement de la guerre du Nord (février 1679). La même
année, Louis XIV la fit terminer au profit de son
allié suédois, pourtant vaincu : Brandebourg et
Danemark furent contraints de rendre à la Suède
toutes leurs conquêtes. Son royaume agrandi, pacifié
et inviolé, Louis XIV pouvait, au-delà de ses avantages personnels, se dire l'arbitre de l'Europe. Il n'y
manqua pas, et toute la Cour avec lui. De fait, les
historiens datent souvent des années 1679 et suivantes l' « apogée » du grand règne, au moins politique et militaire. Pour le reste, la question demande
réflexion, et nous y reviendrons.

C. — LA PREMIÈRE OPTION :
LE DEHORS CONTRE LE DEDANS (1672-1679).

La guerre voulue, puis la coalition acceptée,
avaient entraîné, pour le « dedans » du royaume,
des conséquences inévitables. En forçant un peu,

on pourrait dire que Louvois avait vaincu Colbert ; ou plutôt que les nécessités de la guerre contraignaient Colbert à renoncer, en partie, aux meilleurs résultats de douze années d'efforts.

D'équilibre financier, il ne pouvait plus être question. Dès 1672, le déficit dépasse 8 millions ; il double l'année suivante, et atteint 24 millions en 1676. Plus jamais Colbert ne put s'enorgueillir des beaux excédents des dix premières années. Le bon comptable, l'ennemi juré de la « maxime de la confusion », devait revenir à des pratiques détestées, pudiquement appelées « affaires extraordinaires ». Il vendit à de petits officiers des exemptions de tailles ; pour mieux réussir, il faisait taxer très haut par les intendants les éventuels clients ; dès 1673, il en vendit pour 8 millions ; mais comme c'était engager l'avenir, il suspendit le trafic dès 1676, et cependant il recommença en 1680. De la même manière, il brada pour 7 millions 1/2 l'affranchissement du droit de franc fief. On vit reparaître les ventes d'offices : mesureurs de grains, vendeurs de marée, de cochons ou de volailles, jaugeurs de liquides, d'autres encore ; en réalité, il s'agissait de taxes indirectes sur les denrées et marchandises. On revendit en détail une partie du Domaine royal, si péniblement racheté depuis dix ans. On ressuscita de vieilles taxes, comme à Paris l'Edit du Toisé, l'un des prétextes de la Fronde. Les impôts habituels augmentèrent : les tailles, de 6 millions, les aides, de 5, la gabelle, de 4 ; le Clergé même dut élever son « don gratuit ». On inventa de nouveaux impôts, dès que la coalition menaça : la taxe sur les maîtrises d'arts et métiers, la marque de l'étain, le monopole du tabac, le papier timbré étendu aux actes des fabriques (donc aux registres paroissiaux) : tout cela date de 1673 et de

1674 et provoqua les résistances et les révoltes que
l'on sait, non seulement contre le poids de ces
levées, mais contre la « nouvelleté » qu'elles constituaient et l'atteinte qu'elles portaient à mille privilèges, personnels, locaux ou provinciaux. Du moins
les révoltes furent-elles vaincues, et Colbert s'em-
ployait-il à régler au mieux les affaires extraordinaires.

Il dut tout de même aller jusqu'à l'emprunt. Dès
1672, après quelques résistances, il consentit à vendre au public 200 000 livres de rentes au denier
16 ; en 1675, il en vendit pour 8 millions ; en 1676,
autant ; puis il fut obligé d'offrir le denier 14 (plus
de 7 %, alors qu'il avait fixé en 1665 l'intérêt légal
à 5 %) : c'était engager l'avenir pour nourrir la
guerre présente. En même temps, il empruntait
aux traitants et aux banquiers génois, jusqu'au taux
de 10 %, par le mécanisme des anticipations : il se
faisait avancer le produit des années à venir, plus
de 15 millions en 1676 sur les recettes de 1677.
C'était se remettre dans les mains des financiers,
à un moment où les fermiers des nouveaux impôts
exigeaient une « remise », soit une ristourne du
sixième... Le temps des cardinaux allait-il recom-
mencer ?

Tout de même pas. L'année de la sombre affaire
des pièces de quatre sols, tripotage monétaire où fut
compromis le neveu même du ministre, celui-ci
créait la Caisse des Emprunts, qui lui permettait
de trouver de l'argent dans le public, à 5 % seulement : cette sorte de caisse d'épargne, bien gérée,
rendit service aux particuliers comme à l'Etat. La
guerre à peine finie, il tâcha de supprimer quelques
impôts nouveaux, diminua la taille, remboursa la
plus grande partie des rentes qu'il avait créées.

mais au taux le plus bas et dans des conditions souvent cruelles pour les rentiers. « Vous faites des merveilles sur l'argent », lui écrivait le Roi. Colbert, au fond, limitait le déficit et payait cette guerre, qu'au début du moins il avait voulue. Dès 1670, il avait pourtant des moments de lucidité et savait bien que « le plus grand de tous les rois qui aient jamais monté sur le trône » avait en l'esprit et par nature « la guerre par préférence à toute autre chose, et que l'administration de ses finances... qui consiste en un lourd détail n'est point la fonction naturelle et ordinaire des rois ». « Votre Majesté, remarquait-il plus tard, n'a jamais consulté ses finances pour résoudre ses dépenses. » Rien de plus exact : Louis XIV ne se souciait pas des détails d'intendance, et considérait son commis comme un pur fournisseur d'argent. Mais Colbert n'était pas innocent dans l'attaque de la Hollande, donc dans son propre échec.

Cet échec, d'ailleurs, allait beaucoup plus loin. Dix années durant, un persévérant et courageux effort avait soutenu les multiples manufactures royales, manufactures privilégiées, compagnies de commerce, arsenaux, forges, établissements privés de toutes sortes, commissaires, inspecteurs, entrepreneurs. Pour la première fois depuis longtemps, le Trésor royal épaulait, portait parfois seul des entreprises qui devaient enrichir et magnifier le royaume. Or, dès 1673, les finances royales vinrent à manquer, et l'échafaudage colbertiste craqua de maint côté.

Quelques exemples suffiront. A la Manufacture royale de Beauvais, 175 000 livres furent distribuées de 1665 à 1673, sous les formes les plus diverses :

prêts, subventions, dons, primes, commandes ; de
1674 à 1678, néant. Au Canada naissant furent
envoyés, dix années durant, des soldats, des filles,
des bestiaux, des intendants, des prêtres, quelquefois
de l'argent ; mais, dès le mois de juin 1673, Colbert
avouait que « Sa Majesté ne peut donner aucune
assistance au Canada cette année, par les grandes
et prodigieuses dépenses qu'elle a été obligée de
faire pour l'entretènement de plus de 200 000 hommes et de 100 vaisseaux » ; en mai 1674, il montre
son impuissance maritime : Sa Majesté « s'est
contentée de mettre 40 vaisseaux dans l'Océan, et
30 avec 24 galères dans la Méditerranée, les Hollandais seront maîtres de toutes les mers ». Aux
Canadiens de s'aider eux-mêmes. Brillamment lancées, pourvues de magnifiques monopoles, d'avances,
de prêts, de dons du Roi, les grandes Compagnies de
commerce connaissent des difficultés, et parfois la
débâcle. En 1672, la Compagnie des Indes occidentales est restreinte au commerce du bétail et des
nègres en Guinée ; en 1673, elle vend ses droits
sur les côtes d'Afrique ; en 1674, endettée de plus
de 3 millions, non secourue, elle renonce à tous
ses privilèges, et se dissout. La plus illustre, la
Compagnie des Indes orientales, doit laisser mourir
sa colonie de Madagascar, prendre par les Hollandais
plusieurs comptoirs de Ceylan et des Indes, distribuer à des actionnaires impatients un premier divi-
dende de 10 %, prélevé sur le capital ; elle survivra
pourtant, par le courage de quelques pionniers et
l'habileté de quelques négociants, mais en renonçant
bientôt à son monopole (1682). La Compagnie du Nord,
qui devait construire sa propre flotte, et supplanter
les Hollandais dans la mer du Nord et la Baltique,
ne peut plus sortir ses vaisseaux, faute d'escorte

militaire, dès le début de la guerre ; en 1673, son agence bordelaise est liquidée ; en 1677, c'est l'agence rochelaise, la plus importante ; elle vend son dernier navire en 1684, pendant que ses principaux animateurs font faillite, fuient ou meurent en prison.

Du moins, Colbert a-t-il réussi à soutenir ses créations les plus chères : les Gobelins, la manufacture Van Robais, le canal du Midi (que financent d'ailleurs les paysans languedociens et catalans), les routes, les forges et la marine, heureusement nécessaires à la guerre. Du reste, il ne réussira à sauver que des bribes, en quémandant ; au lendemain des traités de Nimègue, il réclame cent mille livres par an pour le commerce — le millième du budget royal — qu'il n'obtiendra pas...

On peut se demander, d'ailleurs, si cet échec d'ensemble de Colbert ne fut pas accéléré, plutôt que causé, par la première grande guerre du règne.

C'est que, d'une part, tout ce qui comptait en France, ou presque, lui était défavorable. Négociants, hommes de mer, entrepreneurs, fabricants, maîtres des métiers, chacun avait l'habitude de la liberté, le souci de ses intérêts propres, qui n'entraient pas forcément dans les vues du ministre. Contrôle, réglementation, fabriques imposées, tout cela était mal supporté. Les enquêteurs, les inspecteurs de Colbert rencontraient, au mieux, une politesse feinte. Une récente étude sur le textile beauvaisien a montré que de magnifiques règlements ne changèrent rien aux habitudes ; ainsi, dans le domaine de l'apprentissage, l'étude d'un millier de contrats a révélé près d'un millier de désobéissances ; ainsi encore, l'installation forcée d'une « manufacture de serges de Londres », coupable « nouvelleté », sombra très vite dans l'indifférence générale. Chacun sait avec quel mal les intendants décidèrent les hommes riches de leur province à devenir actionnaires des Compagnies des Indes, ces grandes créations étant considérées comme des impôts déguisés. La richesse française, croit-on aussi, préférait s'investir sûrement en placements fonciers, en achats de rentes privées, ou dormir dans des vaisselles et des orfèvreries ; quand elle recherchait des profits rapides et considérables, il y avait l'usure, le trafic des grains, les affaires avec le Roi, ces vieilles choses ; ou bien, plus hardiment, ces entreprises maritimes moins rares qu'on ne croit, mais strictement privées, qui portaient sur le sucre, sur les nègres ou sur les toiles, et qui se pratiquaient à Cadix, aux Iles, en Guinée, pour le plus grand profit de négociants habiles, de Dunkerque à Bayonne, surtout à Nantes et Saint-Malo. Trop compliquées, trop lourdes, trop enserrées de règlements et de réglementeurs, financièrement suspectes, les affaires que proposait Colbert n'inspiraient pas confiance. Ou bien elles étaient la chose d'un petit groupe de parents, d'amis, de créatures, comme ce Bellinzani et ce Frémont d'Auneuil, dont l'un finit en prison et le méritait bien, et l'autre conseiller d'Etat, parce qu'il fut plus adroit.

Sans doute aussi les concurrents étaient-ils hors de portée. Contre Amsterdam, sa Banque et sa Bourse, Colbert mal soutenu ne pouvait pas grand-chose. Même en pleine guerre, les grandes compagnies hollandaises envoyaient aux Indes des flottes bien fournies, qui ramenaient des cargaisons toujours plus riches ; et elles distribuaient insolemment des dividendes éclatants. Impossible de concurrencer les transporteurs hollandais, les plus sûrs et les moins chers du monde, comme de concurrencer le drap anglais ou les douzaines de spécialités de la grande fabrique de Leyde, dont l'imperturbable apogée ne laissait apparaître aucun signe de déclin.

Peut-être aussi Colbert a-t-il commis une erreur à la fois monumentale et excusable. Comparant les années qu'il vivait et les années antérieures à la Fronde, le ministre a bien ressenti ce que les études économiques en cours révèlent presque toutes, un certain déclin, une certaine infériorité, qui portait surtout sur les productions de qualité. Cette régression, et peut-être cette contraction d'assez longue durée, il a voulu la soigner et la guérir par un arsenal de médications respectables et vieillottes : le règlement, la subvention, la protection, l'interdiction, le monopole, l'encouragement à la qualité. Beau système sans doute, et énergiquement instauré ; système inefficace peut-être, parce qu'inadapté aux traditions françaises, aux redoutables concurrences et surtout à cette atmosphère, à cette probable « conjoncture de phase B » — pour reprendre la terminologie de Simiand — de déclin économique, accompagnés d'une raréfaction des monnaies en circulation. Nous commençons à savoir que baissaient alors la plupart des prix, la plupart des revenus et sans doute aussi l'emploi et les salaires réels. Dans un contexte de cet ordre, la clientèle courante, clientèle majoritaire, pouvait-elle s'orienter par exemple vers les produits de luxe ? Si les marchands ont du mal à vendre, s'ils recherchent péniblement des articles bon marché et des débouchés nouveaux — ce qui paraît être le cas —, ils se moquent bien des règlements de fabriques et s'intéressent peu à des entreprises onéreuses et artificielles, persuadés qu'ils sont de leur faillite à court ou long terme. Il aurait fallu pouvoir donner des subventions aux clients, et non pas seulement à quelques fabricants, négociants ou affairistes. Le ministre a essayé d'agir sur un déclin qu'il avait bien senti. On peut se demander si le choix des remèdes fut heureux. Un ministre, si grand soit-il, peut-il quelque chose contre un climat de difficultés et de marasme ? Français indifférents, étrangers trop puissants, conjoncture souveraine, et, par surcroît, primat de la guerre... L'admirable est bien qu'une partie de l'œuvre de Colbert n'ait pas été tout à fait ruinée !

Troisième partie

Le temps du mépris :
grandes options et grands changements
(1679-1689)

A quarante ans, plein de santé et de victoires, Louis XIV peut contempler le résultat de dix-huit années de règne. Les frontières éloignées et fortifiées, la coalition européenne maîtrisée, sa loi imposée au Nord comme au Sud, son influence grandissante à l'Est de l'Empire, ses armées invaincues, une jeune flotte aux débuts éclatants, le Canada et les « Isles » en lent ou rapide essor, des postes en Asie et en Afrique ; à l'intérieur, toutes oppositions écrasées, un pays encore abondant et prospère qui, tant bien que mal, a soutenu le poids de la guerre, des bâtiments et de la Cour. Entouré d'encens, confiant en ses forces et en son Dieu, rien ne peut plus l'arrêter.

Sans doute a-t-il perdu Lionne et Turenne, et condamné Colbert et Condé à une inégale impuissance. Sans doute un petit évêque pyrénéen intrigue-t-il à Rome, et quelques mauvais huguenots s'obstinent-ils dans l'hérésie ; détails, péripéties, qu'il saura maîtriser. Les luttes intérieures anglaises lui cachent la puissance intacte de l'Angleterre, comme la difficile reconstruction de la terre hollandaise lui permet mal d'apprécier la richesse croissante et la nouvelle jeunesse de la patrie de Guillaume ; quelques subsides à Charles II et aux négociants hollandais suffiront, pense-t-il, à tout arranger. Quant à l'Empire, où naît lentement la nationalité allemande, ses princes ne sont-ils pas à vendre, et son chef occupé par les révoltes hongroises et la menace turque ?

Louis peut beaucoup oser, et va beaucoup entre- prendre : élargir encore ses frontières, faire partout respecter son nom, imposer sa loi au pontife romain, et même aux hérétiques. A l'option guerrière, plus affirmée que jamais, s'ajoutent progressivement l'option gallicane et l'option persécutrice.

Mais ces nouveaux aspects du règne vont s'insérer dans un contexte en pleine évolution.

A la monarchie cavalière et nomade s'est subs- tituée une monarchie versaillaise et majestueuse ; à la galanterie libertine du monarque, un mariage dévot. Dans le concert des louanges courtisanes se glissent des notes discordantes. Après des pon- tifes faibles, paraît un grand pape de combat. Léo- pold lui-même, jusque-là hésitant, va se muer, au lendemain d'une grande victoire sur les infidèles, en un Empereur respecté. Très brutalement, le sta- thouder hollandais devient roi d'Angleterre... Et le royaume de France lui-même, ce grand inconnu du règne, change lentement de visage.

L'apparente apogée voile dix années de grands changements, que Louis pense dominer, quand il les comprend, par la puissance de ses armes, de sa volonté et de son mépris. Mépris de l'Empereur, des rois, des princes, des marchands, des huguenots, des prélats et du Pape lui-même ; en fin de compte et sous quelques réserves, mépris aussi de l'humble foule de ses sujets.

I

Le despotisme religieux

IL est difficile, sans doute présomptueux et peut-être inutile de tenter de pénétrer les sentiments religieux de Louis. Ses actes, naturellement, importent plus que ses pensées. A peu près tous les historiens, du moins, pensent que la pratique assez formelle du Roi se transforma en une dévotion plus profonde entre 1679 et 1688 : très tôt selon les uns ; fort tard selon Orcibal et quelques autres. Le rôle que jouèrent l'âge et la veuve Scarron dans cette évolution mal datée demeure discuté ; celui des confesseurs est souvent rejeté. Le Roi pouvait simplement penser que la seule vraie religion était la sienne ; que l'unité religieuse du royaume était indispensable ; que toutes les discussions théologiques, qu'il ne voulait et ne pouvait comprendre, étaient inutiles et dangereuses, puisqu'elles aboutissaient à former des sectes et des cabales ; qu'enfin le clergé était simplement fait pour obéir, comme les autres ordres, et n'avait pas à se soumettre aux décisions d'un Italien, fût-il pape. A partir de 1679, dans ce domaine comme dans bien d'autres, le Roi ne souffre pas le moindre obstacle, la moindre contrariété.

A. — LE JANSÉNISME ÉPARGNÉ.

Les traités de Nimègue à peine signés, une nouvelle attaque contre le jansénisme parut se dessiner. Le 17 mai 1679, l'archevêque de Paris fit sortir de Port-Royal une quarantaine de postulantes, afin de tarir le recrutement de la maison. Dans le mois suivant, d'illustres Messieurs furent contraints de partir, comme Le Nain de Tillemont et M. de Sacy ; le grand Arnauld, dont l'influence à Paris fut jugée trop forte, se retira aux Pays-Bas ; la même année, par une sorte de malchance, qu'on put interpréter comme un arrêt du Ciel, Mme de Sablé, Mme de Longueville, le cardinal de Retz, l'évêque de Beauvais Buzenval vinrent à disparaître ; enfin, en novembre, Louis XIV chassait de ses Conseils Arnauld de Pomponne...

Depuis 1669 pourtant, la fragile et peu sincère « paix de l'Eglise » avait au moins maintenu une trêve entre Port-Royal et ses adversaires ; ces derniers avaient bien cru, avec le Nonce, que le jansénisme était « éteint ». Or, il était plus vivace que jamais, du fait même qu'il n'était plus engagé dans une bataille seulement théologique. Autour de l'illustre monastère, agrandi, surpeuplé, les pieux laïques étaient revenus, de grandes dames faisaient bâtir, d'illustres visiteurs se succédaient. Abandonnant la polémique, les Messieurs se consacraient à l'apologétique et à la pédagogie : Arnauld, Nicole, la première édition des *Pensées* (1670), les *Vies de saints* de Godefroy Hermant, les *Instructions chrétiennes* de Robert d'Andilly, les *Lettres* de Saint-Cyran, un *Ordinaire de la messe* en français, le premier volume de la *Bible de Port-Royal* (1672), *l'Education chrétienne* (dès 1668), *la Grammaire et* la *Logique de Port-Royal*, en attendant les *Règles de l'éducation des enfants* (1687). Œuvres sévères, aux accents graves, pleines de rigueur morale, teintées de ce « richérisme » qui exalte la dignité du simple prêtre, réclamant une liturgie simple qui associe les fidèles à l'officiant, défiantes à l'égard de la nature déchue de l'homme, rigoristes et riches à la fois, — on penserait qu'elles ne touchèrent qu'un petit nombre d'hommes. Le contraire se produisit. Lorsqu'il découvre et déchiffre les inventaires des bibliothèques du temps, l'historien est toujours surpris de la place qu'y tiennent les livres de doctrine et de piété des jansénistes ; même Saint-Cyran et la *Bible de Port-Royal* figurent chez des marchands, à côté de l'*Ordonnance du Commerce* et de petits manuels de pratique comptable ; pas seulement à Paris et à Rouen, mais d'Orléans à Nantes, dans tout le Languedoc, à Grenoble, dans tout le Nord du royaume. Déjà, les premiers prêtres sortis des séminaires marqués par l'esprit de Port-Royal portent jusqu'au fond des campagnes une gravité, une application persévérante, une orgueilleuse modestie qui fit souvent de la « réforme » catholique une véritable réforme janséniste, notamment dans le diocèse de Beauvais.

Querelle de docteurs, le jansénisme était devenu l'un des grands courants de la pensée française ; il avait quitté les cercles parisiens pour s'enfoncer dans les plus lointaines provinces, et arriver même au contact de la foule des fidèles. Ce succès, ni le clan des Jésuites ni le gouvernement royal ne pouvaient l'admettre. Ce qui explique, semble-t-il, l'attaque de 1679, d'autant plus aisément acceptée par le Roi que les deux évêques qui lui avaient résisté, avec quelle opiniâtreté, dans l'affaire de la Régale, étaient justement deux jansénistes, Pavillon et Caulet.

L'affaire de la Régale, en pleine croissance, et les soucis plus graves du monarque sauvèrent sans doute les jansénistes : un nouveau sursis, de quatorze ans, leur était réservé : Louis XIV avait à combattre d'autres ennemis, et notamment le Pape.

B. — LE GALLICANISME AFFIRMÉ.

La querelle gallicane était séculaire et comportait de multiples aspects, souvent subtils, qui venaient au premier plan l'un après l'autre. En gros, l'Eglise de France revendiquait, à l'égard du Saint-Siège, le bénéfice d'un certain nombre de « libertés », de coutumes particulières : les unes favorisaient les évêques, d'autres, les simples prêtres, d'autres enfin l'autorité du Roi ou celle des Parlements. Il y avait, au fond, plusieurs gallicanismes, mais qui s'unissaient pour refuser au Pape un certain nombre de droits. Au-delà des discussions d'école, les conflits apparaissaient de temps à autre, depuis 1661, avec vivacité ; notamment, lors des soutenances de thèses de théologie, lorsque les Jésuites et leurs élèves avançaient des propositions en faveur de l'infériorité des conciles, voire de l'infaillibilité du Pape, qui provoquaient immédiatement une vive réprobation.

Louis XIV pensait simplement que le clergé du royaume était à son service, et les biens d'Eglise à sa disposition. Dans les querelles théologiques, seule l'intéressait l'affirmation de sa supériorité. Vingt conflits mineurs le préoccupèrent assez peu, jusqu'au jour où l'affaire de la Régale prit une importance inattendue.

Une déclaration de février 1673 avait établi la régale spirituelle, et étendu à tout le royaume la régale temporelle. Coup d'autorité, sans aucun doute, mais qui ne provoqua pas d'abord de protestation grave, le clergé français étant presque entièrement servile. La régale spirituelle, c'était le droit que prenait le Roi de nommer à certaines abbayes de femmes, pour lesquelles le Concordat de 1516 n'avait rien prévu ; de nommer aussi à certains bénéfices sans charge d'âmes, lorsqu'un évêché était provisoirement sans titulaire. Le point le plus délicat fut l'extension de la régale temporelle — l'attribution au Roi des revenus des évêchés vacants — aux provinces limitrophes du royaume, jusque-là exemptes. Par surcroît, un édit de 1675 donnait à cette initiative un effet rétroactif : tous les évêques en exercice devaient demander mainlevée de la régale pour leur propre diocèse. Les évêques, dit Préclin dans la très catholique *Histoire de l'Eglise*, imprimée chez Bloud et Gay, « étaient trop timides ou trop courtisans pour oser protester ». Protestèrent cependant deux récidivistes, pieux et fermes jansénistes du Languedoc, Pavillon d'Alet, Caulet de Pamiers ; mais le premier mourut dès 1677. L'affaire allait-elle devenir un épisode nouveau de la querelle janséniste ? L'appel de Caulet au Pape, et surtout la personnalité du Pape, lui donnèrent d'autres dimensions.

Pieux, sensible, frémissant, vertueux, économe, rien d'un mécène ni même d'un docteur de la foi, Innocent XI (1676-1689) fut un pape de combat comme on en vit rarement au XVIIe siècle. La croisade contre le Turc était sa grande affaire, et il sacrifia beaucoup à cette préoccupation essentielle. Autoritaire dans le fond, tout plein de l'éminente

dignité de sa fonction sacrée, il ne pouvait admettre
les prétentions de Louis XIV. Dès 1678, deux brefs
très secs donnèrent tort au Roi dans l'affaire de la
régale. Un troisième bref, fin 1679, menaça Louis XIV
de sanctions. Caulet avait nettement posé le problème :

Si les souverains pontifes et les prélats ne réagissent
pas dès le début, il n'y a rien qui soit en sécurité contre
les invasions des princes (juin 1679).

En 1680, le Pape attaque. Il refuse la nomination
faite par Louis XIV d'une supérieure au couvent
de femmes de Charonne, ce qui étendait le conflit
à la régale spirituelle ; il refuse également le vicaire
capitulaire que le Roi veut imposer à l'évêché de
Pamiers après la mort de Caulet. Tous les ponts
paraissent coupés, aucun des deux adversaires n'ac-
ceptant de reculer, malgré des contacts diplomatiques secrets. L'affaire occupa beaucoup la Cour et
la Ville. L'Assemblée du Clergé de 1680 exprima,
malgré quelques circonlocutions, son « étroit attachement » au Roi. L'intendant Foucault, avec de
la soldatesque, descendit à Pamiers, fit saisir des
biens d'Eglise et nommer un vicaire capitulaire
docile, tandis que l'indocile était exécuté en effigie.
Chacun sait comment Louis XIV brusqua les
choses. D'autorité et soudainement, il réunit en une
sorte de petit concile, au printemps de 1681, tous
les évêques présents à la Cour : ils étaient cin-
quante-deux, qui auraient dû se trouver dans leurs
diocèses. Ainsi fut préparée et bientôt tenue une
« Assemblée extraordinaire » du clergé de France,
qui tâcha d'épauler son Roi sans rompre avec son
pape. Il en sortit la déclaration dite des « Quatre
Articles » (mars 1682). Elle affirma avec quelque

prudence l'indépendance des rois au temporel, la supériorité des conciles et le maintien des « règles, mœurs et constitutions reçues dans le royaume », qu'elle se garda bien de définir. Ce texte souvent vague, probablement non fondé en droit, issu d'une Assemblée dépourvue de tout pouvoir spirituel, fut diversement interprété. Les évêques faisaient des réserves mentales ; le Parlement allait au-delà. Louis XIV, satisfait, imposa le commentaire annuel de la déclaration dans toutes les facultés et séminaires, et son acceptation écrite par tous les étudiants en théologie. Quant à Innocent XI, que Bossuet et l'Assemblée avaient pensé ménager, il explosa : le bref *Patronae caritati*, dès le 11 avril, « improuva, déchira, cassa » tout ce que l'Assemblée avait fait pour l'affaire de la régale. L'Assemblée, qui n'était pas encore séparée, protesta vigoureusement : « L'Eglise gallicane se gouverne par ses propres lois ; elle en garde inviolablement l'usage » ; mais elle témoigna tout de même de son « entière obéissance à la chaire de saint Pierre », et de son admiration pour les mœurs du Pontife, qui ont « tant de rapport avec la vie des premiers siècles de l'Eglise ». Malgré ces formes, personne ne recula, et Innocent XI inaugura vite une tactique ferme : il refusa l'investiture canonique à tous les nouveaux prélats nommés par Louis, si bien que trente-cinq sièges épiscopaux se trouvaient sans titulaire en 1688.

Un risque permanent de schisme pesa donc sur la France à partir de 1682. En apparence, aucun des deux adversaires ne cédait ; en fait, ils négociaient, et se rendaient parfois de petits services : l'inflexible Saint-Père connaissait les devoirs de la courtoisie, et n'hésitait pas à accorder au jeune comte du

Vexin — dix ans, né d'un double adultère — toutes
les dispenses nécessaires pour qu'il soit enrichi
de quelques abbayes ; et le Grand Roi l'en remercia
avec effusion, au moment même où éclatait le bref
d'avril 1682. Au-delà de ces péripéties, le conflit
officiel ne se détendait pas. Même lorsque Louis XIV
crut avoir extirpé l'hérésie, Innocent l'en remercia
en termes vagues, attendit six mois pour faire
chanter un *Te Deum*, désapprouva « le motif et les
moyens de ces conversions par milliers dont aucune
n'était volontaire ». En 1687, au moment même
où Louis XIV connaissait l'hostilité des nations
protestantes et la coalition générale, Rome et Paris
faillirent en venir aux mains, à propos d'affaires tem-
porelles sans grandeur, que nous retrouverons. Le
Très Chrétien allait-il consommer le schisme ? Ayant
une nouvelle fois occupé Avignon, allait-il envoyer
des troupes à travers l'Italie pour saisir les Etats
pontificaux ? D'autres soucis l'assiégeaient alors, et
Innocent XI mourut à propos, laissant la place à
un Pape plus conciliant (avril 1689).

C. — LE PROTESTANTISME EXTIRPÉ.

Au beau milieu du conflit avec le chef du catholicisme, Louis avait décidé d'extirper l'hérésie de
son royaume, multipliant ainsi le nombre de ses
adversaires.

On a vingt fois raconté la progression de la
politique de Louis à l'égard de « ceux de la religion
prétendue réformée » : de la tolérance étroite à la
persécution légale, puis violente, et à la révocation.
Avec leurs préjugés politiques, religieux, philoso-
phiques, vingt historiens, ou essayistes, ou romanciers, ont souligné la culpabilité du Roi, ou lui ont

cherché des excuses ; presque tous ont montré les effets déplorables de l' « édit donné à Fontainebleau au mois d'octobre 1685 ». Il semble bien que les choses furent plus compliquées qu'on ne l'a long-temps cru, ou fait croire.

Il faut d'abord insister sur la situation religieuse tout à fait extraordinaire où se trouvait la France. Depuis 1598, deux religions coexistaient, étaient juridiquement acceptées. Dans aucun pays d'Europe on ne trouvait rien de semblable ; toute la pensée politique, juridique et religieuse du temps allait contre cette division d'un Etat entre deux Eglises. Presque aucun catholique n'avait accepté l'édit de Nantes, cet expédient provisoire, imposé par trente années de guerres indécises, et l'autorité du roi Henri. Les Assemblées du Clergé tonnaient réguliè-rement contre « la malheureuse liberté de cons-cience » (1650), contre les temples, « synagogues de Satan », contre les religionnaires, « esclaves révoltés » (1660). Toute l'action du parti dévot et de la Compagnie du Saint-Sacrement était dirigée vers la révocation. Au début, du moins jusqu'à la grâce d'Alès (1629), les protestants eux-mêmes trouvaient l'édit insuffisant et, pour le plus grand nombre, désiraient une sorte de « cantonnement », une organisation autonome dans le royaume, à la manière des Provinces-Unies. Richelieu avait mis fin à ces rêveries, et contraint un million de hugue-nots à la défensive, position de faiblesse. Dès le début de son règne, Louis XIV a souffert de l'ano-malie religieuse de son royaume, songé aux moyens de la faire cesser — juridiques, religieux, financiers — mais repoussé les « remèdes extrêmes et violents » (Mémoires pour l'année 1661, revus en 1670-1672). Des raisons sérieuses l'ont donc retenu jusqu'à cette

date, et sans doute jusque vers 1680, sinon 1684.
Lesquelles ?

Comme Richelieu et comme Mazarin, il considérait
alors que l'ennemi « héréditaire » était la maison de
Habsbourg, ultra-catholique ; comme ses prédécesseurs, il avait besoin contre elle de l'alliance
de nombreux Etats et princes protestants ; ce n'était
pas le moment de tracasser les huguenots. C'est
pourquoi on le vit longtemps, même après 1680,
revenir sur des déclarations anti-protestantes, ralen-
tir la persécution, parfois la suspendre. La conjoncture diplomatique, qui l'occupait tant, le forçait
souvent à temporiser.

On a soutenu aussi que Louis ne trouvait pas
avant 1679 assez d'énergie dans sa foi tout extérieure
pour lutter fermement contre l'hérésie. On a parlé
de « conversion » après 1679, sous l'influence de
Bossuet, de Mme de Maintenon et du confesseur
jésuite. Louis se serait repenti de ses adultères,
aurait songé à la mort, serait par deux fois revenu
à la Reine. Il paraît exact qu'il communia plus
fréquemment après 1680 — lui qui jusqu'alors se
contentait de faire ses pâques — ; peu à peu, on le
vit dire des chapelets, participer à des adorations
du Saint-Sacrement. Le secret remariage — quelques semaines après son veuvage, en 1683 ? —
marquerait une étape décisive ; en 1684, il interdit
l'opéra et la comédie pendant le Carême, et gour-
mande les courtisans qui ne font pas leurs pâques :
c'est alors que la Cour, à peine installée à Versailles,
adopte la dévotion, un dévot étant « un homme qui,
sous un roi athée, serait athée », dira bientôt
La Bruyère. Et pourtant, en 1685, Mme de Maintenon
elle-même se plaignait que Louis pensât encore si
peu à Dieu. Les raisons purement religieuses du

Roi n'apparaissent donc pas avec clarté : ont-elles même contribué à le retenir d'abord, à le décider ensuite ?

On peut songer encore, plus simplement, que d'autres tâches retenaient son attention ; qu'il pensait que les rigueurs du droit, l'action des bons évêques, le spectacle d'illustres conversions (comme celle de Turenne), les promesses d'argent et de « grâces » aux convertis, feraient lentement leur œuvre ; que d'ailleurs, avant et surtout après 1680, des projets iréniques, où l'on retrouve Spinoza, Leibniz, l'empereur Léopold et le Pape lui-même amèneraient une émouvante réconciliation entre les réformés et l'Eglise, si souhaitable face au danger turc. On peut souligner encore l'influence lénifiante de Colbert, qui n'était pas un foudre de religion, et qui surtout connaissait fort bien la puissance économique des huguenots, sans commune mesure avec leur nombre : tant de tapissiers, de drapiers — Van Robais en tête —, d'entrepreneurs et d'artisans de toutes sortes, et tant de négociants, de Dunkerque à Bayonne, notamment les célèbres Le Gendre, les fameux banquiers rouennais, et les lyonnais, n'appartenaient-ils pas à la « religion » ? La seule Compagnie du Nord n'était-elle pas animée et financée essentiellement par quatre hommes et leur parenté : à Paris le banquier Formont, à La Rochelle les armateurs Pagès, Raulé et Tersmitten, tous fidèles huguenots ? Comment se priver de pareils appuis ? Mais, dès 1680, l'influence de Colbert se faisait de plus en plus faible, et sa voix s'éteignit en 1683 : le vieux Le Tellier, vénérable chef du clan adverse, pouvait consacrer ses dernières forces à préparer la révocation...

Pour son dernier grand historien, Jean Orcibal,

la révocation fut tardivement décidée, pour des motifs politiques, dans un contexte diplomatique précis. Depuis 1679, Louis communiquait solennellement au Pape chacune de ses mesures anti-protestantes, pensant mériter ainsi quelque récompense, comme une satisfaction dans le conflit de la régale ; Innocent XI ne se laissa jamais prendre à la manœuvre, mais Louis se vit contraint de persévérer. En 1683, l'Empereur avait sauvé la Chrétienté du danger turc, sans aucune aide française ; Louis devait, à son tour, s'illustrer comme défenseur de la foi — quelle autre grande mesure était à sa portée ? quelle autre était capable de séduire, en Allemagne même, les princes catholiques regroupés autour de leur empereur vainqueur ? En Angleterre, le catholicisme montait sur le trône avec Jacques II en février 1685 ; la Hollande était de toute façon hostile ; la Suède et le Danemark, payés. Une suite ininterrompue d'annexions en pleine paix, une victoire facile et rapide contre l'Espagne, la conclusion, à Ratisbonne, d'une trêve de vingt ans (15 août 1684) semblaient un consentement donné par l'Europe à ses conquêtes. Quel acte nouveau pourrait élever Louis au-dessus de tous les autres monarques, dans cette atmosphère de paix victorieuse ? L'unité religieuse du royaume couronnerait son règne, et la décision fut prise, semble-t-il, à la fin de 1684.

Les ministres — essentiellement Le Tellier et Louvois — avaient d'autres arguments. D'abord, les arguties juridiques. Les logements de dragons (qui n'étaient point nouveauté : les soldats « logeaient » depuis longtemps chez les contribuables récalcitrants et dans les provinces agitées ; et l'Autriche même avait connu, au début du siècle, des

dragonnades catholiques), un moment interdits, puis
repris, avaient fait merveille : les listes de conversions affluaient par milliers ; Louis y croyait
peut-être, affectait plus probablement d'y croire ;
en tout cas, la fiction pouvait être soutenue que,
n'existant plus en France que des catholiques, l'édit
de Nantes devenait sans objet. D'autres soucis
étaient plus matériels : les convertis étant exemptés
d'impôts, le poids de ceux-ci allait retomber sur les
catholiques : il faut ramener chacun à la même
condition, écrivait Louvois au contrôleur général.
Par surcroît, les missionnaires, les prêtres attachés
aux « nouveaux convertis » — on les appelait ainsi —,
devenaient insuffisants, à la fois en nombre et en
qualité. Et Mme de Maintenon pensait qu'il fallait
assurer l'avenir en éduquant très catholiquement
les enfants des convertis et même des hérétiques
entêtés ; à ce projet, un obstacle : les pasteurs,
toujours présents, qu'on accusait même d'avoir
poussé aux conversions simulées, d'organiser une
« cabale des convertis » (Louvois). Il n'est pas impossible, comme l'a soutenu Lavisse, que la révocation
fût essentiellement dirigée contre eux : le protestantisme devenu illégal, les pasteurs doivent disparaître.

Or, l'édit de Fontainebleau ordonne essentiellement leur expulsion, s'il interdit l'émigration à
tous les ex-réformés. Le protestantisme n'ayant
plus d'existence en droit, tous les temples seront
détruits, toutes les assemblées interdites, même
chez les seigneurs, tous les enfants devront assister
à la messe ; les derniers obstinés pourront jouir
de leurs biens, à condition de ne jamais s'assembler,
même « sous prétexte de prières ». Des mesures
complémentaires accentuèrent la révocation : expul-

sions des protestants parisiens, massacres des Vaudois en pleine Savoie, refus de sépulture, dragonnades nouvelles, enlèvements d'enfants, chasse aux pasteurs qui rentrent, mort promise à ceux qui « seront surpris faisant des assemblées » — et effectivement infligée à six cents d'entre eux, découverts par les spadassins de l'intendant Baville...

Cent fois peut-être, on a raconté l'exode massif, par caravanes de mulets franchissant les cols alpins, par flotilles descendant les rivières charentaises, et recueillies au large par les navires hollandais ; puis l'exode individuel, au milieu de cent obstacles, grâce à de véritables « chaînes » d'évasion. Deux cent mille départs peut-être sur un million de huguenots : ouvriers, artisans, marchands, intellectuels, marins et soldats — peu de paysans — allant vers les refuges hollandais, suisses, anglais, brandebourgeois, allemands, scandinaves, russes même — sans compter les refuges coloniaux, le Cap, par exemple. A cette perte de population, de richesse, de talents, de puissance et d'esprit, l'opinion française resta, dans l'ensemble, insensible. Derrière Bossuet, toute la France catholique a loué « le nouveau Constantin, le nouveau Théodose », qui rendait enfin au royaume son unité profonde. La révocation était strictement conforme à l'esprit du temps. Rares et tardifs furent les protestataires : quelques humbles curés comme celui de Saint-Pierre d'Oléron, quelques prélats généreux comme Le Camus, qui soulignait surtout le caractère factice des conversions ; quatre ans plus tard, l'admirable Vauban, qui osa écrire :

Les rois sont bien maîtres des vies et des biens de leurs sujets, mais jamais de leurs opinions, parce que les sentiments intérieurs sont hors de leur puissance, et Dieu seul les peut diriger comme il lui plaît.

Les considérations morales ne sont pas du ressort de l'historien. Il doit pourtant soutenir que la révocation fut une énorme faute. Les derniers alliés protestants furent gênés ; le Grand Electeur eut même le courage de rompre avec Versailles, qui pourtant le pensionnait abondamment ; les adversaires protestants furent renforcés dans leur décision d'attaquer la France — surtout Guillaume d'Orange qui refit l'unité néerlandaise un moment chancelante ; les princes catholiques envoyèrent des félicitations polies, qui ne changèrent rien à leur attitude à l'égard de Louis XIV ; le Pape applaudit mollement, réprouva les violences et, de Le Camus disgracié, fit un cardinal ; les émigrés enrichirent l'Europe de leur science et de leurs économies, peuplèrent Berlin et animèrent l'Etat brandebourgeois, apportèrent le secret du papier angoumois et de la toile saint-quentinoise à la Grande-Bretagne, installèrent en Hollande un véritable centre de résistance, une équipe de redoutables pamphlétaires, et probablement un actif réseau d'espionnage qui essaima vite dans leur ancienne patrie. Inutile, inefficace, la révocation troubla, divisa, appauvrit le royaume, et renforça tous ses adversaires. Bien mieux, elle prépara assez directement la révolution d'Angleterre.

Le Parlement d'Angleterre redoutait en effet que son roi trop catholique, prudent pourtant à ses débuts, n'en vînt à des mesures du même ordre. Fort adroitement, Guillaume d'Orange fit répandre la rumeur qu'un corps expéditionnaire français allait, sur la demande de son beau-père Jacques II, venir réduire les anglicans à la condition des réformés français. Orcibal a soutenu, avec beaucoup de vraisemblance, que la crainte des dragonnades françaises, jointe aux maladresses de Jacques II, a assuré l'extraordinaire facilité de la révolution anglaise. Guillaume, sauveur de la religion, devenait le héros du protestantisme en prenant la couronne britannique. Il n'est pas interdit d'ajouter que les frayeurs anglicanes n'étaient peut-être pas dénuées de tout fondement.

Brouillé avec le Pape, avec tous les princes protestants qu'il venait de renforcer, Louis XIV contemplait, satisfait, « la France toute catholique », qui le comparait à Hercule, à Apollon vainqueur du serpent Python, qui célébrait sa gloire par le marbre, par les médailles, par les odes, et même par la musique.

Il nous reste à expliquer comment il s'était brouillé avec le reste de l'Europe.

II

De la paix armée à la coalition générale
(1679-1688)

Dix ans de paix, dix ans d'apogée et d'hégémonie ?
Apparences. Toute l'armée est conservée sur le pied
de guerre au lendemain des traités de Nimègue,
et les importantes modifications apportées dans
l'administration du royaume témoignent que le Roi
n'est pas satisfait.

Malgré de précieuses annexions, malgré sa victorieuse résistance à tant de princes coalisés, malgré
l'encens qui l'entoure, Louis n'oublie pas qu'il n'a
rien obtenu de la République hollandaise — qu'il
pensait à sa merci en juin 1672 —, qu'il a cédé des
places avancées aux Pays-Bas, que la frontière du
Nord-Est reste béante entre la Meuse et l'Alsace,
que l'Alsace elle-même est mal assujettie et incom-
plète sans Strasbourg. Aussi, de son plein gré,
chasse-t-il Pomponne, diplomate trop prudent et
neveu du grand Arnauld, et appelle-t-il Colbert de
Croissy, un juriste retors et ambitieux qui s'était
illustré dans l'intendance de Haute-Alsace, et avait
déjà jeté les bases de la politique des « réunions ».
Renforcement du clan Colbert ? On pourrait aussi
bien soutenir, avec quelque emphase, que commence
alors le « règne » de Louvois. Et en effet, nos meil-

leurs et plus récents historiens de la monarchie
conquérante et administrative, surtout Georges Livet
pour l'Alsace, découvrent l'autorité inflexible et
brutale du fils Le Tellier, grandissante, envahissante
à partir de 1673 déjà. Louvois est l'homme de la
guerre, de l'agression, du coup de force — et personne avant lui n'a su mieux les préparer. Mais
Louvois, une fois encore, ne serait rien sans son Roi,
qui accepte ses vues, et qui exprime en quelque sorte
à travers lui sa nature profonde, l'énergie inflexible
et superbe de sa maturité éclatante. Louvois n'est
pas le mauvais conseiller qui circonvient Louis ;
il est Louis à un âge de sa vie, et il mourra en même
temps que l'épisode royal qu'il symbolise.

A. — LES RÉUNIONS.

Pour obtenir des satisfactions stratégiques et de
prestige, le personnel monarchique usa d'une tactique fort ancienne, qu'envisageait dès 1650 un
intendant d'Alsace, Baussan : l'exploitation systé-
matique des clauses peu claires des traités de
Munster et de Nimègue. Depuis longtemps, les
juristes avaient préparé les dossiers, en recherchant
les territoires, seigneuries, fiefs et arrière-fiefs qui
avaient dépendu ou pu dépendre des régions cédées
au Roi par les traités. L'extraordinaire mosaïque
alsacienne et la confusion, en partie voulue, du
texte des traités, facilitaient souvent de telles reven-
dications. Dès 1679, elles furent poursuivies systématiquement. Quatre juridictions spéciales rassem-
blèrent les pièces des procès, et prononcèrent des
condamnations, aboutissant vite à des réunions.
Réunions, c'est-à-dire annexions. Annexions toutes
pacifiques, d'origine juridique, mais épaulées par

l'armée toujours présente, suffisamment menaçante pour qu'aucune résistance sérieuse ne se soit manifestée.

Dès 1679, le Parlement de Besançon « réunissait » quatre-vingts villages du comté de Montbéliard, qui dépendait des châtellenies comtoises. L'année suivante, le reste du comté. Une Chambre spéciale, créée auprès du Parlement de Metz, rechercha tous les lieux qui avaient pu dépendre du temporel des Trois-Evêchés, et réunissait à tour de bras villages et fiefs jusqu'en Sarre et Luxembourg. En Alsace, l'intendant Jacques de La Grange travaillait méthodiquement, avec le Conseil supérieur de Brisach, à rassembler sous son autorité les terres les plus disparates, et à couper tous leurs liens avec l'Empire, dans la préfecture de Haguenau comme dans les deux landgraviats de Haute et Basse-Alsace ; tous les seigneurs, même d'Empire, durent prêter hommage au seul roi de France pour leurs terres alsaciennes, même le duc de Deux-Ponts et le margrave de Bade. Du côté des Pays-Bas enfin, l'Espagne dut accepter, aux conférences de Courtrai, la perte de plusieurs villes et villages, comme Givet, Revin, Virton, et une partie du Luxembourg.

En septembre 1681, l'annexion de Strasbourg ne s'habille d'aucun oripeau juridique. Trente mille hommes sont rassemblés secrètement sous les murs de la ville, qui ne peut que capituler. Un mois plus tard, Louis XIV vint en personne prendre possession de la cité protestante, et y rendre la cathédrale au culte catholique. L'importance stratégique de la ville-pont, son incertaine neutralité (trois fois, durant la dernière guerre, elle avait accueilli les Impériaux) justifiaient politiquement l'annexion, dont la brutalité surprit cependant l'Europe. Le même jour, après un marché pénible, le duc de Mantoue, perdu de vices et de dettes, vendait à Louis la forteresse de Casal, pendant de Pignerol à l'est du Piémont, clé du Milanais espagnol. Ces deux annexions simultanées achevèrent d'alerter l'Europe.

Dès le début, de nombreux princes d'Empire, l'Espagne, le roi de Suède même, lésé en tant que nouveau duc de Deux-Ponts, avaient protesté. La progression en Luxembourg inquiétait Guillaume d'Orange. L'annexion de Strasbourg, qui provoqua une nouvelle floraison de pamphlets anti-français dans toute l'Allemagne, y renforça le parti « national ». Cependant, les diplomates de Louis XIV jouaient supérieurement une partie subtile, aux données pourtant fluctuantes. L'Espagne était sans force ; la Hollande, divisée ; l'Angleterre, en proie aux factions ; l'Empereur, occupé à la fois en Bohême et en Hongrie, et gêné par l'alliance du Hohenzollern avec Louis XIV. Un moment pourtant, Guillaume d'Orange, le roi de Suède, l'Espagne, l'Empereur et même une partie de l'Empire jetèrent les bases d'une coalition contre Louis XIV qui assiégeait Luxembourg (1682). Mais les Turcs approchaient.

B. — LE KAHLENBERG.

Dégagés de leur conflit avec les Polonais et les Moscovites, les Ottomans, sous les énergiques vizirs Köprülü, étaient tout disposés à secourir la révolte nationale et religieuse des Hongrois contre l'Empereur. Dès la fin de 1682, leur intervention était certaine : une seconde fois, Léopold effrayé appela l'Empire et la Chrétienté à son secours. Innocent XI, plein de l'esprit de croisade, mit à sa disposition ses prières, sa diplomatie, et un million de florins ; Venise, la plupart des princes catholiques d'Allemagne, surtout le Saxon et le Bavarois, envoyèrent des secours ; la Diète d'Empire promit 40 000 hommes ; des volontaires vinrent de partout : parmi ceux-ci, un petit abbé de Savoie, rebuté par Louis XIV, le futur prince Eugène. Malgré les diplomates français, le roi de Pologne céda à son esprit chevaleresque et chrétien, et à son désir de gloire. Mais, dès le début de juillet, une énorme armée turque — plus de 200 000 hommes — assiégeait Vienne, d'où l'Empereur avait fui très tôt.

L'ambition d'être le premier roi de la Chrétienté ne hantait pas alors le roi de France. Il avait toujours aidé les Hongrois protestants, commercé avec les Turcs, essayé de retenir l'Empereur en Orient ; il venait de conseiller la neutralité aux Polonais ; à l'envoyé du Pape, il répondait simplement qu'il ne pouvait s'engager à rien, mais qu'il montrait sa « générosité » en observant une sorte de trêve devant Luxembourg. Au mois d'août cependant, il avançait des troupes en Brabant et en Flandre, où ses juristes avaient découvert son droit de « réunir » Alost et le Vieux-Bourg de Gand.

Quelques jours plus tard, sur les pentes du Kahlenberg, l'armée que commandait Jean Sobieski culbutait les Turcs, qui refluaient en désordre ; Léopold rentrait à Vienne, et ses généraux entreprenaient méthodiquement la reconquête de toute la Hongrie, perdue depuis deux siècles. Ce 12 septembre 1683, le Kahlenberg symbolise un grand « tournant » de l'histoire d'Europe : le déclin turc commence, l'Autriche-Hongrie naît sous une première forme, l'Empereur ceint de lauriers devient le chef de plus en plus respecté de la chrétienté de langue germanique. En cette grande et décisive journée, l'absence de la France était éclatante.

Dans l'immédiat, Louis continuait à accumuler de petits bénéfices, et payait l'Europe chrétienne de sophismes.

C. — LA TRÊVE.

Les petits profits avaient pour cadre les Pays-Bas : au moment même de Kahlenberg, les troupes de Louvois saccageaient Flandre et Brabant espagnols — provinces catholiques s'il en fut. Apprenant la défaite turque et espérant de l'aide, soit de Hollande, soit de Vienne, l'Espagne déclarait brusquement la guerre, en octobre. Louis, inquiet d'un secours de dix mille hommes envoyé par Guillaume à l'Espagne, rassura les Provinces-Unies par quelques bonnes paroles. Dans le Nord, Brandebourg et Danemark étaient alliés ; vers l'Est, Léopold reconquérait son royaume de Hongrie. Louis put tranquillement prendre Courtrai et Dixmude, ravager le pays de Bruges et de Bruxelles, bombarder Audenarde et Luxembourg, prendre en juin cette place forte, s'avancer en Catalogne et bombarder Gênes ; en même temps, pour parer à une éventuelle intervention impériale, il fortifiait la frontière du Rhin et rassemblait une armée à Sarrelouis. Tout le monde, même l'Empereur, que ses généraux avaient sagement orienté vers l'Est, pressait l'Espagne de traiter : les traités de Ratisbonne (août 1684) allaient être signés. Conclus par Vienne et Madrid avec Paris, ils établissaient une trêve de vingt années ; Louis gardait ses réunions antérieures au 1er août 1681, plus Strasbourg et Kehl, plus Luxembourg et quelques places et villages des Pays-Bas, mais renonçait à aller plus loin.

La même année, il avait laissé à ses ministres le soin d'expliquer à l'Europe pourquoi le Très Chrétien n'adhérait pas à la Sainte Ligue conclue à Linz, en mars, sous l'égide du Pape, entre l'Autriche, la Pologne et Venise — et, deux ans plus tard, la Russie. Colbert de Croissy et Louvois soutinrent qu'en traquant de temps en temps les corsaires barbaresques, en bombardant parfois une de leurs villes, dans l'intervalle de deux traités, il rendait à la Chrétienté un service inappréciable. La trêve signée, qui pourtant limitait ses conquêtes, il laissa Racine expliquer à l'Académie que ses ennemis avaient été « contraints d'accepter » ses conditions, « sans avoir pu, avec tous leurs efforts, s'écarter d'un seul pas du cercle étroit qu'il lui avait plu de leur tracer ».

De telles paroles n'annonçaient pas la sage conduite que la promesse d'une trêve de vingt ans permettait d'espérer.

D. — Nouvelles agressions.

En effet, pendant quatre années, Louis, plus sûr de lui que jamais, ne cessa de braver l'Europe.

En 1684, en pleine paix, il somma la République de Gênes de cesser de construire des galères pour l'Espagne, et d'envoyer des sénateurs s'excuser à Versailles. La flotte de Duquesne porta la sommation et, sans attendre la réponse, brûla la ville par un bombardement de six jours. En janvier 1685, le doge, à qui pourtant il était interdit de quitter Gênes, vint à Versailles présenter la soumission de la République. Louis avait toujours aimé, depuis

vingt-cinq ans, ces belles audiences d'excuses ; il
ne se doutait pas qu'il savourait la dernière.

Après avoir, sans trop de risques, bombardé trois
fois Alger, sa flotte parut devant Cadix en juin
1686. Sous la menace, le roi d'Espagne rapporta
les mesures qu'il avait prises contre le commerce
français à Cadix, qui participait à l'exploitation des
Indes espagnoles, et captait une large part de l'argent américain. On voyait beaucoup la flotte française en ces temps de trêve.

Sur terre, le Grand Roi savait aussi humilier
les petits. Il prétendit interdire au duc de Savoie
de faire un voyage à Venise, de marier sa fille et
d'accueillir à Turin le prince Eugène qui, chassé
de France, avait combattu les Turcs dans l'armée
impériale. Victor-Amédée résistait un peu ; mais
il ne put empêcher Catinat, au printemps de 1686, de
massacrer ses propres sujets protestants, les Vaudois, qui pouvaient aider les réfugiés huguenots du
Dauphiné. En cette croisade étrangère, tout fut
« parfaitement désolé, écrivit Catinat ; il n'y a plus
ni peuple ni bestiaux ».

Pourtant, elle inquiéta moins que l'affaire du
Palatinat, dans laquelle cependant Louis XIV montra
d'abord quelque modération, qu'on ne prit pas au
sérieux, vu les antécédents. Le Roi se contenta
de réclamer l'arbitrage du Saint-Père dans la succession du Palatinat, dont une partie, selon lui,
devait revenir à la seconde Madame, sœur de l'Electeur défunt. Il est vrai qu'il avait précisé ses reven-
dications, et menacé d'occuper le pays (1685). La
même année, un dangereux allié accédait au trône
d'Angleterre, et l'édit de Nantes était révoqué.

Ces bravades et ces brutalités, dans une Europe
où de grands changements commençaient ou s'an-

nonçaient, amenèrent les princes à se rapprocher
pour se prémunir contre les nouvelles initiatives du
Très Chrétien. L'ensemble de conversations, d'en-
tentes et d'alliances défensives de 1686 a pris le
nom, assez impropre, de « ligue d'Augsbourg ». Cette
ligue était seulement conclue à l'intérieur de l'Empire ; mais elle groupait, outre la Bavière, le cercle
de Franconie, le Palatinat, le duché de Holstein
et quelques autres, la Suède et l'Espagne pour leurs
terres d'Empire. C'était un rassemblement de l'Empire autour de son chef, qui n'avait plus à redouter
les visées un instant menaçantes de Louis XIV sur
le siège impérial. La ligue était défensive, mais
comportait une organisation militaire et financière ;
elle précisait tout de même qu'elle ne souffrirait
plus « les recherches injustes et les demandes illégitimes ». L'alliance secrète de l'Electeur de Brandebourg avec l'Empereur, au lendemain de la révocation, puis le front lentement formé des Etats
protestants, étaient peut-être plus dangereux pour
Louis XIV, qui pouvait craindre l'isolement, même
s'il ne le redoutait pas.

Cependant Louis XIV et Louvois préférèrent s'en-
têter à jouer l'intimidation plutôt que s'abaisser à
négocier. L'affaire des franchises aboutit à la rupture de fait avec la Papauté. L'affaire de Cologne
mit le feu aux poudres (1687-1688).

A Rome, tous les ambassadeurs avaient renoncé
au droit d'exterritorialité, qui faisait de quartiers
entiers, ceux des ambassades, le refuge des filous
et des prostituées, les uns et les autres si nombreux
à Rome. Louis XIV, pour des raisons de prestige,
s'y refusait. Innocent XI décida, en 1687, qu'il ne
recevrait plus d'ambassadeur français, si Louis ne
se pliait pas à la règle générale. La réponse fut

magnifique : Dieu, assura le Roi, m'a « établi pour
donner l'exemple aux autres, et non pour le recevoir ». Un ambassadeur fut envoyé, et excommunié
immédiatement. En janvier 1688, Louvois s'apprêtait
à envoyer une expédition à Rome, et à s'emparer
d'Avignon (ce qui fut fait en octobre). On n'avait
jamais été si près du schisme.

En même temps, le siège archiépiscopal et électoral de Cologne se trouva vacant. Louis XIV avait
son candidat, Fürstenberg, un de ses agents, déjà
évêque de Strasbourg ; l'Empereur avait le sien,
un jeune prince bavarois ; aucun des deux n'était
éligible. Innocent arbitra contre Louis XIV en expédiant les dispenses nécessaires au Bavarois (septembre 1688).

A ce moment précis, où il pouvait encore négocier,
Louis opte à nouveau pour le coup de force : il
occupe Cologne, il occupe le Palatinat, il occupe
Avignon, il entre à Mayence et dans l'évêché de
Liège. Cette précipitation guerrière présentait-elle
quelque fondement ?

Certainement : des calculs, qui tous furent
déjoués. Espoir d'abord d'une reprise de la guerre
turque, malgré la chute de Bude et de Belgrade,
la soumission de la Hongrie et de la Transylvanie
au Habsbourg chargé de victoires ; espoir que
Guillaume d'Orange, entièrement tourné vers les
affaires anglaises, s'y empêtrerait de longues années.
Un coup rapidement porté par une armée toute
prête pouvait emporter la décision. Il se trouva qu'il
ne l'emporta pas, que cette course contre le temps
fut perdue. La seconde coalition commençait. Au
bout de quelques mois, Louis n'avait plus aucun
allié. Au Nord, à l'Est, au Sud, sur mer, aux colonies, la France devait faire face partout. La grande

épreuve commençait. Sauf une courte trêve, elle devait occuper toute la fin du règne, plus de vingt-six années.

Mais elle commençait dans une Europe renouvelée ; les anciens alliés, les anciens clients étaient tous perdus ; la révocation avait presque soudé les Etats protestants, autrefois stipendiés ; le Pape était hostile ; l'Empereur, plus puissant que jamais, devenait le chef reconnu de l'Allemagne et de la Chrétienté ; en quelques semaines les deux puissances maritimes unissaient leurs forces, sous l'autorité prestigieuse de Guillaume d'Orange.

Face à ce grave et long danger, où en était le Roi ? Où en était le royaume ?

Le Roi et le royaume
avant la grande épreuve (1688)

A. — VERSAILLES.

Le Roi s'était installé à Versailles, dans les gravats, en mai 1682 seulement. Mansart avait tout juste terminé les deux ailes, et construisait l'Orangerie ; il commença à détruire le Trianon de porcelaine en 1687, pour le remplacer par la construction actuelle. La Galerie des Glaces existait, mais la chapelle, pas encore. Incessamment, aménagement intérieur, jardins et bassins étaient modifiés. En mai 1685, Dangeau comptait trente-six mille ouvriers et soldats sur les chantiers versaillais ; et Vauban, pour capter les eaux de l'Eure, faisait travailler la troupe à l'aqueduc de Maintenon, que les épidémies, puis la guerre, laissèrent inachevé.

Le Roi, sa seconde femme, sa complexe famille et une multitude domestique, gentilshommes ou laquais, vivaient dans ce décor toujours transformé, dans une atmosphère difficile à reconstituer, souvent bien mal décrite. Les rigueurs de l'étiquette à l'espagnole n'empêchaient pas une cohue extrême, dans laquelle la famille royale manquait parfois d'étouffer ; il était à la fois facile et difficile d'approcher le monarque ; au bout de quelques jours, couloirs et galeries étant souillés d'ordures, le Roi et la Cour devaient partir s' « aérer », à Marly ou ailleurs. Bontemps, le valet de chambre de Louis, n'arrivait pas à débarrasser le château des escrocs et des louches matrones. Sous les combles, la meilleure noblesse logeait dans une indicible promiscuité. L'heure était tantôt au jeu et aux fêtes, tantôt à la dévotion. Cependant, les écuries s'agrandissaient, et l'aile des ministres se peuplait. L'Europe savait que tout se décidait dans cette capitale artificielle et magnifique, qu'elle rêvait déjà d'imiter.

Louis avait passé cinquante ans, et sa maturité alourdie s'assagissait, sauf à table. La veuve Scarron, qu'il avait faite marquise de Maintenon pour la remercier de l'éducation de ses bâtards, lui servait de dame de compagnie, de directrice de conscience, de ministre silencieux et omniprésent, et naturellement de maîtresse. Ses actes de dévotion se multipliaient, et commençaient à satisfaire parfois le confesseur et l'épouse. Bien qu'ignorant de la théologie, et sans doute incapable d'y rien comprendre, il jouait le rôle de césar-pape, et vivait pratiquement en état de schisme.

Autour de lui, la vieille et talentueuse équipe léguée par Mazarin était à peu près disparue : Lionne, Turenne, Colbert, Le Tellier, Condé étaient morts tour à tour. La faveur de Louvois déclinait ; Maintenon, qui tenait pour les Colbert, plus pieux, le supportait mal ; 1689 fut justement sa mauvaise année : il fut rendu responsable de la capitulation de Mayence, et Seignelay entra au Conseil, lui prenant une partie de ses attributions. Il traîna deux ans sa demi-disgrâce et mourut en 1691, gonflé d'argent mal acquis, de mangeaille et de vices.

Comme à celle de Colbert, le peuple de Paris témoigna à sa dépouille un mépris haineux.

Réduit à son génie, le Roi gouvernait avec les familles et les clients de ses anciens commis : des Colbert, comme Croissy, un frère, Seignelay, un fils, Beauvillier, un gendre ; peu de Le Tellier, sinon le fils de Louvois, Barbezieux, peu utilisé ; mais des Phélypeaux de La Vrillière et des Phélypeaux de Pontchartrain, parents des Le Tellier, et par eux des Colbert ; des revenants comme Pomponne, un Arnauld, mais allié aux Colbert, donc aux Le Tellier. Même pas des dynasties, mais une seule famille, agitée, comme toute famille, par des querelles internes ; tous authentiquement nobles, pas forcément de noblesse récente (sauf les Colbert), et mis par le Roi au-dessus des ducs, qui devaient leur donner du « Monseigneur », et n'en recevoir que du « Monsieur ». Une clientèle, prise sans imagination dans l'entourage installé par Mazarin, et dans la descendance de l'entourage.

Cinq entraient au Conseil d'En-Haut, où le Dauphin venait bâiller de temps en temps. Les autres Conseils devenaient une sorte de routine : on y voyait le Chancelier, un certain Boucherat qui n'était point ministre, des manières de chefs de bureaux et le menu fretin. L'essentiel se passait dans la chambre du Roi ou dans celle de sa femme : surtout des entretiens privés avec le contrôleur général, un secrétaire d'Etat, un homme de confiance comme le militaire Chamlay, ou le Jésuite confesseur. Pratiquement, les décisions importantes étaient inscrites dans des « arrêts pris en commandement », simples manifestations de la volonté royale, contresignées par un secrétaire d'Etat ; les arrêts du Conseil, des arrêts « simples » (pris hors de la présence du Roi), réglaient le détail des affaires, ou pouvaient se comparer à nos circulaires d'application.

Dans un corps du bâtiment versaillais, pompeusement appelé « aile des ministres », les bureaux et les scribes se multipliaient. On y observait une progressive spécialisation, plus encore d'enchevêtrement et de foisonnement. La monarchie commençait à devenir bureaucratique et paperassière ; ce que Pagès appelait, on comprend mal pourquoi, une « déformation » de l'Ancien Régime, sinon une déviation. On commençait à voir couramment, surprenante nouveauté, des administrations anciennes se constituer des fonds d'archives en ordre, — en attendant de voir naître bientôt des administrations nouvelles, que nous supportons encore, comme les Hypothèques et l'Enregistrement...

Etrange atmosphère que celle de Versailles : travail et jeu, magnificence et ordure, dévotion et dévergondage. Rien, surtout, du Versailles scolaire et littéraire qu'on imaginait hier, qu'on imagine parfois encore. Un Versailles où n'a vécu presque aucun des « grands » ministres, des « grands » généraux, des « grands » écrivains ! Morts avant la grande installation, Lionne, Turenne, Pascal, Molière ; morts presque aussitôt, Colbert, Corneille, Le Tellier, Condé, Lulli, Lebrun (1690), Louvois (1691) ; simples courtisans et pompeux académiciens, Boileau et Racine, — un Racine assagi et silencieux, rédacteur sur commande d'une distraction pour patronage (*Esther*, 1689) avant de lancer ses derniers feux dans *Athalie* (1691). Versailles, décidément, c'est Maintenon et ses bonnes œuvres, Le Pelletier et Boucherat, pâles épigones, Luxembourg l'instable, et le médiocre quarteron des

généraux sans génie, en attendant Villeroy. Et ce
tumulte de chevaux, de laquais, de scribes, de
prêtres, de courtisans, de terrassiers et de voyous...
    Et pourtant, c'est là qu'un seul homme, assidu au
travail, conseillé à sa guise par une poignée de
commis, venait d'opter, une fois encore, pour
l'agression. A la veille de tant d'années de guerre,
où en était la France, cette lointaine mouvance de
Versailles ?

B. — Les profondeurs du royaume.

    Sur l'état réel de la société française à cette date
si importante, nous avons quelques témoignages
indirects qui sont connus depuis longtemps, et des
masses impressionnantes de témoignages directs,
qui dorment presque tous dans la paix des archives.
Les premiers se rangent aisément dans quelques
catégories : lamentations, pamphlets, exercices de
style, poncifs. Lamentations, ces lettres d'administrateurs locaux qui allèguent les grêles, les pluies,
la chaleur ou le froid pour exposer la « misère des
peuples » et obtenir pour leurs clients ou sujets
des réductions d'impôts ; pamphlets, ces redoutables
et talentueux libelles qui arrivent de Hollande,
et font entendre *les Soupirs de la France esclave*
qui « aspire à sa liberté » (1689) ; exercices de style,
les Caractères ou les Mœurs de ce siècle, à la quatrième édition desquels La Bruyère ajoute la san-
guine trop célèbre des « animaux farouches » (1689) ;
collection de poncifs sans doute, ce mémoire de
janvier 1686 que Clément retrouva dans les papiers
de Louvois, et qui déplorait la rareté de l'argent,
la multiplication des faillites, l'abandon des fermes,
la fuite des artisans à l'étranger, la dépopulation,

et autres calamités. On reste perplexe devant des textes de ce genre, toujours imprécis, manifestement exagérés. Colbert avait souvent grogné contre ces marchands qui se lamentaient en emplissant leurs cassettes, contre ces intendants et ces officiers qui exagéraient les misères de leurs provinces pour les faire dégrever et se rendre populaires ; des Réformés du Refuge hollandais, il n'y avait à attendre que des imprécations ; d'un La Bruyère, du style...

N'exagérons rien. Fénelon n'a pas encore prêché, ni Boisguillebert tonné, ni Vauban dressé ses bilans. La France de 1688 n'est pas la France de 1695 ou de 1710. Sinon, elle n'eût pas résisté à vingt-deux ans de guerre...

Il y avait vingt-sept à vingt-huit ans que Louis gouvernait en régnant, et la population de la France s'était presque entièrement renouvelée, génération par génération, classe d'âge par classe d'âge, et chacune avait grandi et mûri dans une atmosphère différente.

Dans les premières années pesait encore sur les adultes le souvenir des longues et terribles années de Fronde : armées, épidémies et disettes s'étaient alors ajoutées ou succédé pour décimer les familles, éliminer les vieillards, rompre les ménages, réduire de moitié certaines classes d'enfants, reprenant et exagérant encore les fléaux épouvantables qui avaient frappé la population dans les années trente. L'avènement du monarque fut marqué par une reprise des horreurs : après plusieurs récoltes médiocres, la moisson de 1661 fut catastrophique, et, en quelques lieux, mauvaises aussi celles de 1662 et 1664. Pendant que folâtraient la Cour et le Roi, les pauvres gens mouraient, deux ou trois fois plus nombreux que de coutume, et les enfants ne naissaient plus, ou succombaient aussitôt nés. Ainsi, même dans la paix, les misères reprenaient, avec leurs visages habituels : troubles sur les marchés, pillages, vols et braconnages, troupes de mendiants, contagions nouvelles, manque de travail, cadavres dans les rues, échec patent des faibles mesures charitables... Sortirait-on jamais des « mortalités » ?

On en sortit, un moment. A partir de 1663 s'installent une dizaine d'années presque heureuses, sauf quelques accès de peste, venue du Nord entre 1665 et 1668. La météorologie, que nous connaissons passablement, était redevenue favorable aux récoltes. Les prix du blé et du pain tombent donc très bas, aussi bas qu'à la belle époque du roi Henri ; le reste des prix suit ; 1668 et 1673 sont des années d'extraordinaire bon marché. Les armées sont sur le pied de paix ; si elles combattent quelque peu, elles le font hors du royaume, sans trop piller sur leur chemin. Les premières initiatives de Colbert donnent du travail aux artisans des villes et des campagnes. Jusqu'au tarif ultra-protectionniste de 1667, l'exportation marche bien : en Espagne, surtout à Cadix, le commerce français l'emporte sur tous les autres ; dans le Levant même, il inquiète ses concurrents. Dans le seul centre « industriel » dont la production soit connue (ou sur le point de l'être), Amiens, le nombre des métiers croît sensiblement, sans atteindre cependant le chiffre d'avant 1635. Une certaine remise en ordre du royaume s'est manifestée. Si les seigneurs et l'Eglise paraissent exercer une pression fiscale plus forte, et d'ailleurs mal accueillie, les impôts royaux n'augmentent pas, et sont moins mal perçus. Les quelques travaux sérieux dont nous disposons montrent que les salaires ne baissent pas. Pendant une dizaine d'années, les fléaux traditionnels s'éloignant, le pain devenant très bon marché et le travail assez facile, une certaine aisance dut régner dans le petit peuple, et d'ailleurs les finances de la royauté reflétèrent cette facilité. Cela n'empêchait ni les épidémies locales, ni les refus d'impôts, ni les révoltes, on le sait ; mais tout cela faisait partie de l'atmosphère habituelle du royaume... Pourtant, il ne semble pas que la production du royaume ait retrouvé le niveau de prospérité d'avant la Fronde. D'autre part, les abondantes générations nées avant 1645 étaient arrivées à l'âge de la fécondité, et procréaient régulièrement d'abondantes progénitures, que ne décimaient encore ni famines ni maladies graves. N'y eut-il pas, vers 1670-1675, surcharge de jeunes adultes et de jeunes enfants ? L'emploi ne diminua-t-il pas ? et, avec l'un et l'autre, le revenu familial ?

Toujours est-il qu'à partir de 1674 l'atmosphère changea. On revit les soldats, la disette, l'épidémie et les impôts extraordinaires. Les « saisons se déréglant », comme on disait, les étés humides revinrent nombreux : la récolte de 1674 fut souvent mauvaise ; celles de 1677, 1678, 1679, plus encore, et surtout cumulèrent leurs effets ; 1681 fut parfois insuffisant ; 1684, souvent catastrophique. Alors, les prix alimentaires de base montèrent fortement : entre 1677 et 1684, blé et pain ont presque doublé, par rapport aux années 1667-1672. Or, il est certain que les salaires n'ont pas bougé d'un sol, et il est probable que la quantité de travail a diminué, face à une population adulte et adolescente plus nombreuse. La conséquence est, à cette époque, aisée à prévoir. Un peu partout, à des dates variables (mais surtout vers 1679 et 1684), la mort recommence à frapper ; un peu partout, le chiffre des baptêmes s'abaisse au-dessous du chiffre des morts ; parfois, la crise est brutale : en Haute-Bretagne, une forte épidémie de « dysenterie » apparaît en 1676 ; en Beauvaisis, en Anjou, 1679 et 1684 sont marquées par de fortes crises démographiques classiques. Dès 1674, l'armée s'est abattue sur le pays : quartiers d'hiver et étapes, en liaison avec la première coalition ; répression féroce des révoltes de l'Ouest et du Sud-Ouest (1675) ; garnisons chez les contribuables rebelles et chez les hérétiques entêtés. Directe ou indirecte, la pression fiscale s'est fortement aggravée à partir de 1673 ; le léger relâchement qui a suivi la paix de Nimègue ne s'est pas maintenu, l'armée restant sur le pied de guerre, et les dépenses de la Cour et des constructions ne diminuant pas ; en revanche, les subventions aux arts, aux manufactures et au commerce ont à peu près disparu. Par surcroît, il apparaît que le nombre des contribuables s'affaisse. D'une part, les protestants plus ou moins convertis sont exempts de taille, et les plus obstinés, souvent les plus riches, partent par dizaines de milliers. D'autre part, les abondantes générations nées avant 1648 ont vieilli, ont diminué en nombre, et les générations squelettiques nées pendant la Fronde (et éprouvées souvent encore de 1661 à 1663) arrivent à l'âge d'homme entre 1675 et 1685. C'est sur un effectif moins nombreux et plus atteint par la disette et la maladie que vont s'abattre les nouvelles exigences royales.

Et pourtant, de 1685 à 1689, la météorologie redevient favorable : récoltes magnifiques, prix extrê-

mement bas, 1688 détenant souvent le « record »
du bon marché des grains au XVIIᵉ siècle. Incontes-
tablement, les petites gens durent sentir alors un
profond soulagement, qui s'inscrivit jusque dans
les registres paroissiaux... Mais ce furent alors les
rentiers qui se mirent à hurler.

Avant d'en venir à leurs doléances, rassemblons,
en quelques mots, ce que l'on sait et ce que l'on
devine de ce petit peuple divers et nombreux qui
constituait la substance même de la France. A la
veille de la seconde coalition, il connaissait une
sorte de trêve, symbolisée par le bas prix des blés,
que presque toujours il était obligé d'acheter. Sans
doute le travail n'abondait pas, et son salaire
n'avait pas varié depuis trente ans ; mais la nourriture abondait. Dans les provinces, sauf en pays
huguenot, régnait une sorte de paix provisoire,
un ordre relatif, sans révolte notable, sans agitation
prononcée, sans misère accusée — sauf cette sorte
de détresse structurale qui est liée en permanence
à la situation de manouvrier, urbain ou rural. Et
pourtant, depuis 1674, le petit peuple avait réappris
à souffrir : soldats, impôts nouveaux, disettes,
épidémies étaient réapparus à peu près partout.
Le plus grave — si l'hypothèse qu'on va avancer
est confirmée par les recherches en cours — c'est
peut-être que les classes d'adultes vigoureux qui
constituaient en 1689 la population la plus active
(âgée de 25 à 40 ans) étaient nées entre 1648 et
1663 ; ce groupe d'âge se trouvait donc extrêmement
limité en nombre ; inférieur, et de beaucoup, aux
15 classes d'âge nées avant 1648, et aux 15 classes
nées entre 1663 et 1678. Or, c'est à ce groupe à la
fois essentiel et réduit qu'allait échoir de payer
la guerre commençante ; il la paierait forcément

très cher ; et encore ne se doutait-il pas de ce qui
l'attendait, en plus de la guerre, en cette terrible
décennie qui allait fermer le xviie siècle du calendrier...

C. — Rentiers et négociants :
la richesse française vers 1688.

Ce n'est guère qu'à partir de 1695 — mais par
Boisguillebert, et avec quelle vigueur ! — que des
discours éloquents dénoncent l'affaissement de la
rente foncière, la rente française fondamentale. Aux
approches de 1680, parfois avant, des plaintes s'élèvent cependant, et se retrouvent, amplifiées, dans
les mémoires qui sont présentés aux ministres ou
aux ministrables, Louvois, Desmarets. Avec l'effondrement du revenu des terres, on dénonce pêle-mêle
la dépopulation, la rareté de l'argent, la multiplication des faillites commerciales, l'avilissement des
offices. Systématisant cet ensemble, peut-être un
peu hâtivement, on a pu écrire et enseigner que
le règne personnel de Louis s'inscrit, en ses trente
premières années, sous le signe de la dépression,
de la récession, de la déflation, de la « phase B »
selon Simiand ; dépression qu'on affirme, très vite,
à peu près mondiale.

Avant d'accepter ces thèmes à effet, il convient
de vérifier s'ils sont fondés.

Du côté de la terre, qui reste et restera longtemps
l'essentiel, deux séries de faits peuvent être tenus
pour certains ; en trente années, prix et fermages
ont baissé sensiblement. Les prix agricoles sont
bien connus, et on pourrait aisément les connaître
mieux encore : aux bonnes moissons, le prix des
blés tombe à un niveau qu'on n'avait jamais revu

depuis trois quarts de siècle ; qui a des excédents à vendre trouve difficilement à s'en débarrasser ; même les bois et les bestiaux, dont les prix, de 1500 à 1650, avaient été affectés d'une gigantesque progression — en Picardie ils avaient encore quadruplé de 1600 à 1650 — se refusent désormais à toute hausse ; on saisit même cet incroyable phénomène : les bouchers baissent leurs prix ! Petits vendeurs occasionnels, qui n'ont de débit qu'aux bonnes années, moyens vendeurs, gros vendeurs surtout, ont donc quelque raison de crier. Bien qu'ils puissent se rattraper en temps de cherté (mais les chertés, justement, se font rares), les gros capitalistes et les gros fermiers crient naturellement le plus fort.

Il semble bien que, toute lamentation rituelle mise à part, ils aient eu de solides raisons de se plaindre. Un économiste du siècle dernier, Daniel Zolla, avait cherché, dans une étude mémorable, à connaître l'évolution du revenu des terres au XVIIe siècle. Une documentation sérieuse, mais dispersée, une méthode exigeante, quoique naïve, l'amenaient à quelques conclusions particulièrement nettes : à partir de 1660, et plus encore de 1670, les revenus (et les prix) de la terre française s'effondrent littéralement. Depuis Zolla, quelques analyses régionales, plus précises et plus probantes, ont été entreprises. Sans modestie, donnons les conclusions propres au Beauvaisis.

Dans ce vieux « pays » fait d'un morceau de Picardie céréalière et d'un morceau de Bray pastoral, presque tous les fermages en nature baissent après 1660, à la fois en quantité et en valeur négociable, et souvent dans des proportions considérables. Bien plus nombreux, les fermages en argent

ne montent jamais, et baissent au moins neuf fois
sur dix. Mieux, si l'on étudie les paiements effectifs
des fermiers, on constate que l'endettement croît
en s'accélérant de 1660 à 1690 : souvent, le retard
habituel passe de quelques mois à deux, trois et
cinq années. Il en est d'ailleurs de même dans les
villes, où les locataires ont toutes les peines du
monde à s'acquitter, et où la construction de maisons semble bloquée. Manque d'argent, crise de
numéraire, malaise rural et urbain transparaissent
à tout moment des documents étudiés de près.
Pour les mêmes marchés, les propriétaires perçoi-
vent moins de blé qui vaut habituellement moins
cher, ou moins d'argent, toujours en retard, et de
plus en plus tard. De récents travaux sur le Languedoc aboutissent à des conclusions comparables.

Bien entendu, les rentiers du sol ont lutté âprement pour conserver au moins leurs revenus antérieurs. On les voit réduire la durée des baux,
transformer les fermages en grains en fermages en
argent, agrandir les exploitations pour tenter les
meilleurs fermiers, commander à des « agrimen-
seurs jurés » des arpentages précis, saisir les biens
propres des fermiers endettés. Quand les propriétaires sont en même temps seigneurs, ils recherchent avec ardeur les vieux droits tombés en désué-
tude, obligent leurs censitaires à rendre aveux
et dénombrements, exigent âprement surcens, champarts ou corvées (qui, parfois, pendant les troubles,
n'avaient plus été payés) et vont même jusqu'à
imposer des redevances contraires à la coutume
(notamment dans la Basse-Bretagne, avant les
révoltes de 1675). Exigences renforcées et réaction
seigneuriale accroissent seulement le mécontente-
ment, et ne compensent pas la lourde, longue, inéluc-

table dépression de la rente foncière. Par bien des recoupements, on arrive à établir que la terre rapportait alors moins de 3 %, à condition que ceux qui la cultivent consentent à acquitter leurs charges. Cette grande anémie, qui entraîne la baisse marquée du prix des terres (de 30 à 50 %, affirme-t-on çà et là, sans qu'on puisse aisément vérifier ces opinions), explique, en revanche, le succès des rentes constituées, et peut-être aussi le regain de faveur du commerce, qui pouvait rapporter — mais avec de gros risques — des profits autrement substantiels.

On n'a pas encore étudié de manière sérieuse les rentes constituées, ces prêts à intérêt entre particuliers. On sait seulement qu'elles furent conclues par dizaines et centaines de milliers, et qu'on ne comprendra vraiment l'Ancien Régime économique que lorsqu'on aura débrouillé leur gigantesque écheveau. D'ores et déjà, quelques données sont certaines. Les rentes constituées, aux alentours de 1689, formaient l'essentiel de beaucoup de fortunes ; leur nombre et leur importance croissaient sans arrêt. On le comprend : en droit, elles rapportaient 5 % dans le ressort du Parlement de Paris depuis 1665, et vraisemblablement 5,5 % ailleurs ; c'est-à-dire le double de la terre affermée. Leur perception paraissait aisée et sûre, puisque les biens du débiteur étaient toujours hypothéqués pour le paiement de la rente au profit du créancier. Malheureusement, tout n'est pas clair dans l'histoire de ces rentes, et l'on se demande même si le capital qui « achetait » la rente était toujours effectivement versé... Il n'empêche que la vogue même des « constituts » est à la fois un signe de détresse rurale et foncière, et la preuve que la France n'était point encore ruinée.

Les études solides et détaillées sur le monde des

marchands demeurent encore trop rares. Celles qu'on possède ne militent point en faveur de la décadence française. Dès qu'une heureuse fortune livre à l'historien les archives d'une maison de commerce, ou simplement l'inventaire complet de la succession d'un marchand, il est confondu par ce qu'il y trouve : ¹ énormes stocks de marchandises, fabricants salariés par le grand négociant, liaisons fréquentes et serrées avec les plus grandes places du royaume et de l'étranger, abondance des espèces en caisse, amas prodigieux de créances et de lettres de change, et ce leitmotiv, déjà, de la France marchande d'alors : Antilles et Espagne, Saint-Domingue et Cadix — Cadix, c'est-à-dire toute l'Amérique espagnole, cliente gorgée de sacs d'argent. Cette obsession espagnole et américaine, Albert Girard l'avait élégamment exprimée naguère dans une thèse un peu rapide ; Huguette Chaunu nous la distillera demain dans un travail d'une autre ampleur. Les « trésors d'Amérique », la France va les chercher avec ses toiles, ses draps et ses blés, et bien souvent avec ses navires.

Pendant que les Marseillais restituent lentement, à gros volumes successifs, l'histoire de leur port, Jean Delumeau et ses étudiants rennais exhument d'archives magnifiques et jusqu'alors inconnues l'histoire de Saint-Malo. La lumière éclate à partir de 1680. La cité abusivement dénommée « corsaire » est alors, sans doute, le premier port français, et l'un des plus riches du monde. 2 000 entrées de navires par an ; un trafic proche de 100 000 tonneaux de jauge (plus que les grands ports de l'Amérique espagnole) ; 120 grands navires de haute mer ; 10 fois plus, sans doute, de barques de quelques tonneaux que la traversée de la Manche n'effrayait point ;

des relations mondiales : toute l'Europe, toute l'Amérique, même Pondichéry (1686) et le Groenland (1688), mais surtout Terre-Neuve (100 vaisseaux par an), Cadix et la Méditerranée ; déjà ces grandes maisons d'armateurs, dont le granit insolent surgit par-dessus les remparts, et ces fortunes prodigieuses, dépassant couramment le million de livres, dont la postérité a surtout retenu celles des Magon et des Danycan, ces symboles. Autres symboles : ces flottes malouines qui transportaient, dès 1661, près de 100 tonnes d'argent fin, en un seul convoi...

« La guerre contre le commerce français », tel est le nom que l'historien anglais G. N. Clark donne aux combats qui vont commencer, et que nous appelons, si petitement, « guerre de la ligue d'Augsbourg ». Si Guillaume d'Orange, roi d'Angleterre et stathouder des Provinces-Unies, n'attachait pas grande importance aux considérations économiques, les marchands de ses deux royaumes avaient parfaitement compris l'enjeu profond de la lutte : en Asie, en Méditerranée, sur la côte africaine des esclaves, à Cadix et en Amérique surtout, les navires et les négociants français étaient trop bien placés, et trop bien soutenus par une marine de guerre neuve et hardie. Il fallait que cela cesse...

Cette agressivité marchande prouve au moins que, par-delà la demi-misère paysanne, les lamentations des rentiers, la dépression rurale et les méfaits de l'intolérance casquée, le royaume de France était loin d'être épuisé. Une fois de plus, comment aurait-il supporté le quart de siècle qui l'attendait, sans les ressources brillantes de ses négociants, de ses armateurs, de ses financiers, sans la résistance de ses rentiers, sans le labeur obstiné, coléreux et difficile de ses millions de paysans ?

Et cependant, dans ce royaume où les aspects les plus brillants côtoyaient les situations les plus difficiles, dans ce royaume où, depuis six ans seulement, régnait Versailles, des voix commençaient à s'élever, qui n'étaient plus celles du « siècle classique » de nos vieux manuels de littérature, si ignorants d'histoire.

D. — LES VOIX NOUVELLES : L'AUBE DU GRAND SIÈCLE.

On l'a sans doute remarqué, avec humeur peut-être : nous n'attachons pas, dans cet essai, une importance bien grande aux hommes de plume, de pinceau ou de burin, cette minuscule élite qui, en son temps, a pu occuper quelques milliers d' « honnêtes gens ». En un sens, d'ailleurs, le succès de Pradon devrait intéresser infiniment plus l'historien que le génie de Racine, puisqu'il exprime un public, un milieu et une date. Un florilège de « génies », souvent fort subjectif, offre des joies esthétiques ou des possibilités culturelles qui touchent bien plus à l'histoire du goût récent qu'à celle de la société passée.

Quoi qu'il en soit, c'est dans l'avant-dernière décennie du siècle que Paul Hazard décèle les débuts de sa « crise de conscience européenne ». Leibniz, qui l'a connue et épaulée, la définissait plus simplement :

Finis saeculi novam rerum faciem aperuit.

En France comme ailleurs, la critique des idées reçues et des doctrines officielles n'était point alors chose nouvelle. Après tous les humanistes, Montaigne, au fond, avait presque tout dit. Puis la

critique s'était feutrée — sauf quelques éclats —,
ou concentrée dans de petits groupes, mécanistes ou
libertins, tandis que les mathématiciens et les
savants continuaient leur route. Mais Descartes était
venu, apportant une méthode « pour bien conduire
sa pensée », et ce doute méthodique, instrument
essentiel de libération.

A l'époque où nous sommes, celles où le huguenot
Guillaume d'Orange conquiert l'Angleterre et ameute
l'Europe contre les agressions françaises, trois choses
sont certaines, dans le domaine de l'esprit : Descartes a triomphé, la génération dite « classique »
s'est tue et une explosion d'ouvrages critiques, irré-
vérencieux, dynamiques, vient de s'abattre sur le
royaume et sur l'Europe. Donnons seulement quelques exemples.

Dans le domaine de l'érudition, Richard Simon,
un oratorien, a créé l'exégèse biblique en s'attaquant
rudement à l'*Histoire critique de l'Ancien Testament*
(1678) ; exclu de l'Oratoire, son ouvrage pilonné par
ordre royal, puis mis à l'Index, il persiste, et prépare
son attaque contre le texte habituel du Nouveau
Testament. Ce grand savant et ce grand chrétien
avait fourni des armes aux libertins et aux athées.
Moins révolutionnaire, mais aussi obstiné et plus
écouté encore, un de ses confrères, le Père Malebranche, avait passé sa vie à concilier cartésianisme
et christianisme. Avec la même honnêteté, certains
de leurs adversaires jésuites, par des lettres et relations de voyages, bientôt par la fameuse querelle
des rites, continuaient l'œuvre du libertin La Mothe
Le Vayer qui, cinquante ans plus tôt, traitait « de la
vertu des païens » d'après des exemples chinois.
On s'apercevait à nouveau que l'enseignement de
l'Eglise, soutenu par la Sorbonne et le Roi, ne cor-

respondait ni à la réalité géographique, ni à la réalité historique, ni à la réalité morale.

Exploitant des thèmes d'actualité, d'autres allaient plus loin encore. En attaquant sorciers, oracles et présages célestes (comme les comètes), ils dénonçaient la superstition, montraient que l'enseignement de l'Eglise en était pénétré, que l'Eglise était tombée dans l'idolâtrie, pire que l'athéisme, et que l'athéisme, à tout prendre, était plus moral que cette religion salie, et comptait d'ailleurs plus de martyrs. On a reconnu l'ironie de Fontenelle, et la dynamite intellectuelle de Pierre Bayle, qui s'apprêtait à lancer son fameux Dictionnaire, où tout Voltaire gît en puissance... Il n'est pas indifférent que les œuvres marquantes de ces deux pionniers s'inscrivent entre 1682 et 1689...

Presque en même temps, signe redoutable, paraissent en Angleterre *les Principes* de Newton et les premiers ouvrages de Locke, annonce d'une révolution politique et d'une révolution scientifique vite propagées par les gazettes des réfugiés, haut-parleurs efficaces que Louis XIV avait contribué à installer à Londres et à Amsterdam. Au moment même du triomphe des *Caractères*, ce brûlot social, un grand et subtil opposant entre dans l'intimité royale : Fénelon, précepteur du duc de Bourgogne, auprès du duc de Beauvillier, son ami. La même année encore, éclate la querelle des Anciens et des Modernes ; dispute de gens de lettres, donc mineure, mais qui, tout en paraissant chanter la gloire du « siècle de Louis », n'en ébranle pas moins la sacro-sainte tradition.

Ces premiers, concordants et sinistres craquements, Bossuet presque seul les a entendus et, presque seul, entreprend l'impossible lutte. Dès 1678, il avait dénoncé Richard Simon ; mais il se plaisait encore, vers 1682, à concilier Descartes et saint Thomas *(Traité de la connaissance de Dieu et de soi-même)* ; puis les hardies constructions de Malebranche lui ouvrent les yeux, et il annonce, en 1687, le « grand combat qui se prépare contre la religion ». L'année suivante, il publie cette *Histoire des variations des Eglises protestantes* qui est un plaidoyer ardent, et déjà tardif, pour l'idée d'autorité. Tout en soutenant la controverse avec les grandes voix du refuge, il s'en prend aux exégètes de la Bible, aux érudits trop critiques, et prépare une « Défense de la Tradition et des Saints Pères ». Ceux-ci et celle-là en ont bien besoin...

Dans l'immédiat, philosophes, érudits, théologiens, juristes et satiriques ne menaçaient pas le royaume de Louis. En outre, on ne sait pas toujours très bien quelle fut leur influence réelle, jusqu'où s'étendit leur audience. Le scandale dont étaient friandes et la Cour et la Ville aida sans aucun doute au triomphe des *Caractères,* comme des gazettes et les livres venus de Hollande. Il est à peu près certain que l'influence immédiate de Spinoza et de Leibniz fut pratiquement nulle, et qu'il faudra Voltaire pour expliquer au beau monde les penseurs anglais. Les historiens demeurent cependant fort surpris, lorsqu'ils disposent d'inventaires échelonnés des grandes bibliothèques de province, même modestes, de l'espèce de rupture qui marque la décennie 1680-1690. Auparavant, romans de chevalerie, ouvrages latins, lourds traités de droit et de théologie garnissent, en des proportions variables, les sérieuses « librairies » des magistrats, des chanoines, des bourgeois instruits. Après, un souffle nouveau balaie la tradition : les récits de voyage, les œuvres de controverse et les libelles explosifs avoisinent les histoires galantes et les livres d'opéra ; presque partout cependant, le solide escadron des reliures jansénistes s'est maintenu. Si l'on en croit certains travaux, encore inédits, faits à Amiens et ailleurs, la date charnière est voisine de 1690. Ce n'est qu'après cette date, tandis que se traîne, grincheux et triste, le « grand règne », que commence vraiment « le grand siècle, je veux dire le xviiie » (Michelet), qui voulut être celui de la liberté.

Quatrième partie

Le temps des épreuves (1689-1714)

I

La seconde coalition (1689-1697)

A. — LA GUERRE.

Ayant mécontenté Rome par son césaro-papisme et sa superbe, profondément blessé l'Europe protestante par la Révocation et ses brutalités, fatigué l'Empire et l'Espagne par ses « réunions » et ses agressions, Louis XIV pensa éviter une guerre générale par des coups de force rapides. Aussi poussa-t-il ses troupes en Avignon, en Palatinat, dans l'Electorat de Cologne, vers l'Irlande et même vers New York à partir du Canada (fin 1688, début 1689).

Le résultat fut admirable. En quelques mois, toute l'Europe, sauf des neutres insignifiants (Danemark, Suisse, Portugal), était conjurée contre lui, sous la direction du stathouder des Provinces-Unies, qu'il avait laissé devenir roi d'Angleterre. Il devait soutenir la guerre au Nord, à l'Est, au Sud-Est, au Sud, en Irlande, en Amérique du Nord, aux Antilles, aux Indes, un peu partout sur mer. Fort involontaire, le seul allié du Très Chrétien était l'infidèle ottoman, qui ne cessa d'occuper l'Empereur et ses meilleures troupes sur les confins hongrois.

Rapidement formée, la coalition mit plus longtemps à s'organiser. Il avait suffi du sac du Palatinat, de l'incendie d'Heidelberg, de la destruction pierre

par pierre de Mannheim, Spire, Worms et Bingen
pour faire l'unité des princes allemands. L'aide de la
marine et des officiers français au débarquement
de Jacques II en Irlande (début 1689) décida le
Parlement anglais. L'invasion de la Savoie par l'armée
de Catinat, qui triompha sans déclaration de guerre
et sans danger à Staffarde (1690), décida Victor-
Amédée : il adhéra au traité de Vienne, qui, depuis
plus d'un an, devenait progressivement la charte
des alliés. Naturellement la Hollande et l'Espagne
(où la Reine française était décédée début 1689 et
avait été vite remplacée par une Autrichienne) s'y
étaient jointes depuis des mois, Louis XIV ayant
d'ailleurs pris le soin de leur déclarer lui-même la
guerre, sous divers prétextes.

A cet assemblage d'intérêts divergents, dont quelques-uns coïncidaient provisoirement, Guillaume
d'Orange devenu William III essayait de donner une
organisation et une âme, en des conférences qu'il
réunissait en Hollande ; il avait bien du mal, chacun
poursuivant son petit objectif particulier. Pourtant
la coalition possédait de bonnes troupes, une forte
marine, et surtout des ressources financières. Les
armées alliées comptaient plus de deux cent mille
hommes, et Louis XIV disposait au moins d'un
nombre égal, ce qui témoignait d'efforts considérables, qu'on n'avait encore jamais observés en
Europe. Les chefs n'étaient pas mauvais, mais Condé,
Gustave-Adolphe ou Montecucculi n'avaient pas laissé
de disciples dignes d'eux. La France eut heureusement Luxembourg, qui avait des éclairs de génie,
mais qui mourut en 1695. Les coalisés perdirent
plus tôt encore le duc de Lorraine, et laissèrent
le prince Eugène briller contre les Ottomans. Ils en
furent réduits à Guillaume, plein de bonne volonté

militaire, et à quelques princes allemands, consciencieux. Mais les Français eurent pire encore, vers
la fin. La troupe des coalisés était impériale, germanique, hollandaise ; l'Espagne n'avait plus de tercios,
faute de pistoles, et les Anglais étaient pleins de
circonspection hors de leur île. En France, la troupe
restait fort bigarrée, avec un quart ou un tiers
d'étrangers ; on essaya pourtant une sorte de cons-
cription, la milice, sur laquelle nous reviendrons.

Les marines devaient s'équilibrer sensiblement,
étant donné que les historiens ne s'accordent pas
sur leur exacte comparaison. L'espagnole n'était rien ;
la néerlandaise surpassait au début l'anglaise, par
le nombre et l'efficacité, surtout par le courage ; par
la suite, les choses changèrent, les britanniques
s'enhardissant jusqu'à attaquer méthodiquement les
ports français les plus mal défendus. La flotte française du Ponant et les galères de Méditerranée,
neuves, rapides, bien armées, bénéficiaient de chefs
prestigieux — Tourville, Châteaurenard —, auxquels
vinrent tôt s'adjoindre de hardis corsaires comme
Duguay-Trouin et Barth.

La richesse française, l'efficacité fiscale de l'administration et le concours de quelques financiers
soutenaient la défense du royaume de Louis. Cette
fois, les ennemis pouvaient compter aussi sur de
solides finances, grâce aux marchands de Londres
et aux banquiers d'Amsterdam. Les payeurs, d'ailleurs, se fatiguèrent plus vite que les militaires ;
ces derniers pouvaient toujours être renouvelés par
racolage, et vivre sur le pays ; ils n'y manquèrent
point ; notamment les Français, qui se firent alors
une réputation durable.

L'absence de front continu, le caractère toujours
saisonnier des combats, la dispersion des champs

de bataille, les effectifs importants pour l'époque,
la médiocrité habituelle des chefs, la sensible égalité
des forces, tout explique la figure que prit la guerre.
Pendant neuf ans, on batailla un peu partout, chacun
ayant l'avantage tour à tour, avantage souvent
contesté et jamais décisif. On répandit beaucoup
de sang — parfois 10 000 à 20 000 tués en un seul
jour, car les armes à feu devenaient plus redoutables,
et leurs cibles plus fournies. La quatrième ou la
cinquième année de guerre, chaque parti étant fatigué, et surtout désargenté, on prit langue. On
bavarda environ cinq années, avec des marches, des
contremarches, des ruses, des maquignonnages et
des surenchères. On en finit l'été 1697, dans un château de Guillaume, près de Rijswijk.

Au début pourtant, Louis XIV avait essayé de
frapper un grand coup : attaquer l'Angleterre au
cœur, en se défendant simplement aux frontières.
Il aida donc Jacques II, roi catholique et, disait-il,
héréditaire et légitime, à débarquer en Irlande, où
l'attendaient des bandes enthousiastes, mais sans
fusils. Jacques occupa sans mal l'Irlande papiste,
gagna l'Ulster déjà orangiste dans l'espoir de rejoindre ses fidèles Ecossais aussi révoltés, et mit le siège
devant Londonderry. Louis XIV lui expédia des renforts, que débarqua la flotte de Châteaurenard, qui
avait mystifié les navires anglais. Ceux-ci se présen-
tèrent alors devant Bantry, essuyèrent une canon-
nade terrible, et se retirèrent désemparés. Mais
Jacques, incapable, mal équipé, pauvre, traînait
en Ulster. Il donna le temps à Guillaume III d'arriver
avec des troupes solides, et de lui infliger un désastre
à Drogheda, sur la Boyne. Le pauvre Jacques eut
besoin de toute la protection française pour fuir
avec vélocité, jusqu'au château de Saint-Germain-

en-Laye, que lui abandonna superbement Louis XIV.
Mais le même jour, près du cap Beachy Head, Tourville infligeait une rude défaite à la flotte hollandaise
(qui couvrait la flotte anglaise . bien timide), allait
ravager la côte britannique, faisant trembler Londres, mais sans détruire beaucoup de navires adverses. Date typique que ce 10 juillet 1690 : une défaite,
une victoire... Deux ans plus tard, Louis, qui s'était
promu, un peu légèrement, chef d'état-major, médi-
tait un grand débarquement en Angleterre. Il avait
rassemblé en Cotentin des troupes nombreuses, et
attendait la flotte de Brest et celle de Toulon pour
les transporter. Avec 44 vaisseaux contre 89, Tourville rencontra la flotte anglo-hollandaise près de
Barfleur. Les Français affirment qu'il fut victorieux ;
mais, dans les jours suivants, l'ennemi leur brûla
15 vaisseaux à Saint-Vaast et à Cherbourg, et les
Anglais crièrent au triomphe... La suite sembla leur
donner raison, car il n'y eut point de débarquement,
et moins encore de grandes batailles navales.

Sur les autres fronts, on partageait les lauriers,
ou on les laissait faner.

Aux Pays-Bas (espagnols, mais défendus surtout
par Allemands et Hollandais), les choses avaient
mal commencé : en 1689, le maréchal d'Humières
avait laissé piller les bourgades frontières ; l'année
suivante, une intelligente offensive des coalisés,
méditée par William III qui visait la Champagne,
fut habilement arrêtée par Luxembourg, à Fleurus,
champ de bataille prédestiné. En 1691, Louis en
personne dirigea l'offensive ; il prit Mons avec l'aide
de Vauban, et les courtisans lui décernèrent une
manière de triomphe ; il est vrai qu'il se contenta
ensuite de faire incendier Anvers. Puis Luxembourg
prit Namur au début de 1692. Cette même année,

Guillaume III se heurta une nouvelle fois à lui à Steenkerque, difficile victoire française. L'année suivante, ce fut le tour des Français d'opérer une petite offensive : Luxembourg voulait prendre Bruxelles et Louis XIV, Liège ; après quelques tergiversations, Guillaume intervint, les mettant d'accord : Louis fit une retraite pleine de majesté — ce fut sa dernière action personnelle, désormais, il combattit de son cabinet —, et Luxembourg eut le devoir, de plus en plus ardu, d'arrêter une nouvelle fois Guillaume ; ce qu'il fit à Neerwinden (juillet 1693), d'où il ramena force prisonniers, canons et drapeaux (le « tapissier de Notre-Dame ») ; mais il avait laissé sur le champ de bataille beaucoup de ses meilleurs soldats, et « Nervinde », comme on disait à Versailles, fut en réalité une boucherie peu décisive. Chaque année, le même scénario reprenait : l'un des adversaires dessinait une offensive, prenait une ville ou deux, puis l'autre l'arrêtait, sans être capable de le poursuivre ou de le détruire ; alors, le mauvais temps venait, et l'on cessait poliment de combattre. Cela pouvait durer, et cela dura effectivement longtemps. La seule nouveauté fut la mort de Luxembourg (1695). Villeroy le remplaça, perdit immédiatement Namur, se vengea en bombardant Bruxelles, puis ne fit plus rien, attendant la paix.

Sur les autres fronts, les événements militaires offrirent le même caractère : des allers et retours jamais décisifs : ainsi, dans l'Empire, où de solides positions avaient été prises par Louvois, dès 1688, dans les circonstances qu'on sait. En 1689, le maréchal de Duras en perdit une bonne partie, mais se vengea en incendiant de nouveau le malheureux Palatinat. Puis le Dauphin, très médiocre, et le maréchal de Lorge, bien meilleur, guerroyèrent sans succès l'année suivante ; du moins occupaient-ils toujours la région rhénane, protégeant l'Alsace. En 1692, les armées françaises s'enfoncèrent en Bavière, puis en sortirent. En 1693, elles se signalèrent par leurs pillages, et le second incendie d'Heidelberg ; une offensive vers l'Allemagne centrale échoua. Puis elles attendirent la paix, toujours avançant, reculant et pillant, hors des frontières du royaume.

Au Sud-Est, on alternait les succès : en 1690, Catinat campait en Piémont ; l'année suivante, en Savoie et dans le comté de Nice ; en 1692, les armées savoisiennes, descendant la Durance, occupaient Embrun et Gap ; mais en 1693, Catinat prenait sa revanche, envahissait le Piémont, remportait la victoire de La Marsaille, sans détruire l'armée adverse. Il s'en revint de ce côté des Alpes... Ces allées et venues eussent peut-être continué longtemps, lorsque les diplomates, que nous retrouverons, entrèrent en jeu.

Dès le début de la guerre, une armée française avait pénétré en Catalogne. Elle attendit 1693 pour atteindre Rosas et 1697 pour prendre Barcelone, grâce à la flotte de Toulon. Face à la faiblesse espagnole, on ne peut dire que cette campagne ait brillé par sa rapidité ; cependant la chute de Barcelone pesa sur la dernière phase des négociations. Aux colonies, où les Français furent quelque peu abandonnés à leurs forces, assez limitées, et à leur courage, très grand, on partagea aussi les points. Colons anglais et français menacèrent tour à tour Québec et New York ; mais Le Moyne d'Iberville finit tout de même par s'emparer des comptoirs de la Compagnie de la baie d'Hudson (notamment Port-Nelson) et de Terre-Neuve presque

entière ; en 1697, Boston et New York tremblaient
de terreur à l'annonce d'un nouveau raid franco-
indien, ce qui poussa les Anglais à la paix. En
revanche, les planteurs de Saint-Christophe s'em-
parèrent de la partie française de cette petite et
riche Antille ; en Afrique, les Français perdaient
Gorée et Saint-Louis du Sénégal ; en Asie, les Hollandais prenaient Pondichéry (1693). Pour la première fois, les luttes aux colonies doublèrent systématiquement les luttes continentales ; ce phénomène
s'amplifia rapidement, et donna un caractère nouveau, d'une importance considérable, aux conflits
du XVIIIe siècle.

Après l'affaire de Barfleur, la guerre sur mer,
économique plus que militaire, ne comporte plus de
grandes batailles navales avec escadres déployées.
Les amiraux eux-mêmes donnent le signal de la
course : au large du Portugal, à Lagos, Tourville
et d'Estrées attaquent un convoi fortement protégé
de navires de commerce anglo-hollandais, qui se
dirigeait vers le Proche-Orient : 80 navires sur
200 furent perdus, et les coalisés avouèrent une
perte de 40 millions de livres. Armateurs et capitaines, malouins et surtout dunkerquois, se pour-
vurent de « lettres de course », naviguèrent désormais fortement armés, et ravagèrent la flotte commerciale adverse ; on dit qu'ils coulèrent 4 000 vaisseaux de commerce anglais ; même s'il inclut les
simples barques, le chiffre paraît excessif, et appelle
la contrepartie : vaisseaux français perdus, commerce français également gêné par la marine ennemie, essai de débarquement anglais à Camaret (1694),
ports français bombardés, Dieppe incendiée...

Dès 1693, les adversaires comprirent qu'ils ne
pourraient se vaincre, et engagèrent des pourpar-

lers. Louis XIV se montra fort raisonnable (que ne l'eût-il été plus tôt !) et fit de très sérieuses offres ; mais les surenchères survinrent immédiatement, et Louis refusa nettement de reconnaître le nouveau roi d'Angleterre. On reprit langue en 1694, puis en 1695, puisque enfin il était impossible d'envahir la France ou l'Angleterre, impossible de détruire les flottes ou les empires, difficile aux Français de pénétrer au cœur de l'Empire, du Piémont ou de la Catalogne, et surtout de s'y maintenir. Quatre à cinq cent mille hommes sur le pied de guerre ruinaient les trésoreries, même hollandaises, et la naissante Banque d'Angleterre rencontrait bien des difficultés ; quant aux finances françaises, nous les retrouverons...

Dernier à rejoindre la coalition, le duc de Savoie fut le premier à la quitter, et sa décision détermina enfin la paix.

B. — LE PRIX DE LA PAIX.

Victor-Amédée ne songeait qu'à libérer ses Etats de la présence et de la pression françaises ; en même temps, si possible, du gênant voisinage espagnol en Milanais. Après mille détours, il obtint du roi de France un premier arrangement en 1695 : la place de Mantoue, devenue française, assiégée par une armée austro-hispano-piémontaise, ferait semblant de résister, se rendrait, serait démantelée et remise à son maître. Le scénario s'accomplit fort heureusement. L'année suivante, il fallut en régler un second, autrement subtil : le duc fit semblant d'être pressé par Catinat et abandonné par ses amis ; il rendit alors public le traité secret de Turin, joignit ses troupes aux 50 000 hommes de Catinat, et brûla le Milanais. Occupés par bien d'autres soucis, l'Empereur et le roi d'Espagne s'engagèrent à ne plus combattre en Italie (traité de Vigevano, octobre 1696). Le tour était joué. Pour salarier cette défection, Louis XIV avait dû abandonner Casal et Pignerol, ses anciennes positions italiennes, toutes ses conquêtes récentes, y compris Nice, Suse et Montmélian, et promettre le mariage de la petite Marie-Adélaïde de Savoie et du duc de Bourgogne. La rupture de la coalition était bien payée.

Mais elle accéléra le mécanisme de la paix. L'Angleterre au bord de la banqueroute, New York et Boston menacées, les territoires de la baie d'Hudson et Terre-Neuve perdus, Guillaume III songeait enfin à la paix ; avec beaucoup d'à-propos, la diplomatie française lui tendit la perche, promettant enfin que Louis abandonnerait les Stuart et reconnaîtrait Guillaume. Dès lors, la prise de Barcelone et le pillage de Carthagène (d'Amérique) ayant décidé l'Espagne, il ne restait plus que l'Empereur à convaincre ; celui-ci, en pleine gloire, poursuivait les Turcs au-delà de la Hongrie, reprenait enfin la Transylvanie, se sentait sûr de son armée, s'il l'était moins de tous les princes allemands, qui pourtant avaient reconnu son fils comme « roi des Romains », c'est-à-dire comme héritier. Pendant un bon mois, Léopold le Victorieux resta seul en guerre contre la France, tous ses alliés l'ayant lâché en septembre 1697. Puis il céda, et joignit sa signature à toutes celles qui avaient été apposées aux divers traités de Rijswijk (que nous francisons en Ryswick).

Après neuf années de massacres indécis, aucun des belligérants, sauf le duc de Savoie, ne réalisait tous ses buts de guerre. Les coalisés avaient prétendu ramener la France à ses limites de 1648 et de 1659 ; ils durent lui reconnaître, en gros, celles de 1679, plus Strasbourg, lâché par l'Empereur de très mauvais gré. Mais chacun obtint, pour son propre compte, d'appréciables avantages ; même le roi d'Espagne, pour la première fois depuis un demi-siècle, ne perdit rien ; il est vrai que l'Europe attendait sa mort pour le dépouiller.

Quant à Louis XIV, qui nous intéresse au premier chef, il pouvait certes se targuer d'une défense militaire efficace, de quelques belles actions, et d'avoir gardé Strasbourg. En fin de compte, pour avoir la paix à Ryswick, il avait dû payer un prix considérable.

Louis avait pris l'offensive pour rétablir le Stuart catholique sur le trône anglais, pour installer son candidat à l'Electorat de Cologne, pour réclamer une part de la succession du Palatinat, pour affirmer la possession des localités « réunies » ; en même temps, il prétendait s'opposer au Pape, à Rome, à Avignon et en France. Neuf ans plus tard, qu'étaient devenues ces prétentions accumulées ?

Très tôt, Louis avait rendu Avignon au Pape (1689) et cédé complètement dans l'affaire des franchises (1690). En 1693, il obtenait d'Innocent XII une transaction assez heureuse sur l'affaire de la régale, mais était contraint de reculer sur la déclaration de 1682 : les évêques gallicans durent aller signer chez le Nonce une très plate formule de désaveu. Gallicanisme royal et césaro-papisme étaient abandonnés. Les ultramontains, les protestants, les « politiques » purent railler à leur aise cette « palinodie extraordinaire », cette « abjuration » du clergé de France, cette « soumission » du Grand Roi. Pour gagner au moins un neutre bienveillant, pour tenter de desserrer la coalition, pour ne pas cumuler les ennemis, Louis renonçait au despotisme religieux et allait devenir, jusqu'à la fin de ses jours, l'allié obéissant de Rome et de la Compagnie de Jésus. Les jansénistes s'en apercevront très rapidement.

Dans les deux querelles allemandes d'où était sortie la guerre, Louis XIV n'obtint pas satisfaction : l'Electorat de Cologne échappa à son protégé, et l'héritage palatin à la seconde Madame ; du moins l'un et l'autre obtinrent quelques compensations ; mais ce fut le Pape, arbitre accepté, qui fixa l'indemnité de la princesse palatine.

De toutes les « réunions » effectuées avant 1689, de toutes les conquêtes effectuées pendant la guerre, aucune, sauf Strasbourg, ne fut maintenue. L'Espagne récupéra toute la Catalogne, et, aux Pays-Bas, toutes les places annexées depuis 1679, Courtrai, Mons, Ath, Charleroi, même Luxembourg et son plat pays. Toute la Lorraine, si longtemps occupée, et que Louis proclamait indispensable à son royaume, fut rendue à son jeune duc, sauf Longwy et Sarrelouis ; au lieu des quatre grands chemins qu'elle y avait dominés en toute souveraineté, la France se vit reconnaître un simple droit de passage : plus béante que jamais, la « blessure » de la frontière orientale demeurait. A l'Empereur ou aux princes allemands, il fallut rendre la région de Trèves, les villes et villages palatins, le duché de Deux-Ponts, et les places avancées de la rive droite du Rhin : Kehl, Fribourg, Vieux-Brisach et Philippsburg. On a vu que les deux dernières places françaises en Italie furent cédées au duc de Savoie, dès 1696. Les Provinces-Unies rendirent Pondichéry, mais reçurent deux avantages qui les comblaient : le droit de mettre des troupes dans certaines places fortes des Pays-Bas espagnols proches de la frontière française, ce qu'on appela « la Barrière », terme fort significatif, et de considérables avantages commerciaux (dispense de droits d'entrée en France comme les 50 sols par tonneau, avantages pour la fourniture du sel et du poisson, abolition du tarif de 1667 rétabli pendant la guerre, etc.).

A l'autre puissance maritime, gouvernée en fait par le même homme, l'ennemi par excellence, des conditions plus favorables encore furent accordées. France et Angleterre se rendant réciproquement leurs conquêtes coloniales, la première récupéra un morceau d'Antille et deux comptoirs à nègres, mais rendit Terre-Neuve et ses pêcheries, les territoires de la baie d'Hudson et ses pelleteries, et leva la menace qui pesait sur Boston et New York. Enfin et surtout, suprême concession, Louis reconnut Guillaume, et promit de ne plus soutenir, même secrètement, le roi Stuart exilé chez lui et son parti « jacobite ».

Un tel ensemble de concessions, d'aussi sensibles à l'orgueil royal, personne n'aurait pu imaginer qu'on les fît un jour, lorsque les troupes de Louvois, neuf années plus tôt, envahissaient tout. Pour un royaume qui n'avait pas été vaincu, qui avait tenu la guerre hors de ses frontières, la punition paraît même assez exagérée. La soixantième année approchant, Louis avait-il appris la modération ?

Cette question, qui se posera aussi dans la guerre suivante, ne peut être éludée. Et pourtant, en 1697, le Roi fut poussé à la sagesse par une nécessité et par une espérance. La nécessité, c'était l'affolant épuisement de ses finances, et la détresse profonde de son royaume. L'espérance, qui hantait aussi toutes les cours d'Europe, c'était le prochain décès d'un roi d'Espagne sans enfant. Louis se préparait depuis toujours à faire valoir ses droits à cette succession imminente. Sagement, il sentait bien qu'il ne pourrait les faire valoir seul ; ses énormes concessions pouvaient lui valoir l'amitié d'une partie des Espagnols, l'appui du duc de Savoie, l'alliance peut-être de son éternel ennemi, Guillaume.

Si, en 1697, tous les princes se préoccupaient de la santé du roi d'Espagne, les peuples songeaient surtout à panser leurs plaies ; le peuple de France, comme les autres.

C. — LE POIDS DE LA GUERRE.

Nourrir, équiper, armer pendant neuf ans deux cent mille hommes et deux escadres sur quatre fronts principaux et autant de théâtres lointains, contre l'Europe presque entière, la Banque d'Amsterdam et bientôt (1694) la Banque d'Angleterre : tâche gigantesque, dont le coût, en langage de comptable, ne pouvait qu'être démesuré ; et encore le langage du comptable ne suffit pas pour exprimer, au-delà du prix même de la guerre, le poids dont elle chargea l'économie et, très inégalement, les divers groupes qui peuplaient le royaume.

Renonçant le plus souvent à ses rêves anciens, Colbert déclinant avait essayé de panser les finances du royaume, ébranlées plutôt qu'exténuées par la première coalition. Son successeur, Le Peletier, débuta par une probable erreur : la suppression de la Caisse des Emprunts, qui aurait pu rendre encore bien des services. Pendant cinq années, cet homme prudent, peu novateur, profondément honnête et modeste (ce que n'était point Colbert) géra convenablement le legs qu'il avait reçu : il diminua légèrement les tailles, maintint le chiffre des fermes, remboursa une partie de la dette de l'Etat, supprima presque entièrement la mauvaise habitude des « anticipations » (dépense par avance de recettes futures) que Colbert cultivait ; en 1686 et en 1687, le déficit budgétaire (devenu courant) se réduisit même à quelques millions. En fin 1688, la guerre reprenait ; en 1689, elle obligeait déjà le contrôleur général à chercher de l'argent par tous les moyens, les recettes ordinaires — une centaine de millions — étant tout à fait incapables de la financer. Le Peletier, qui répugnait aux « affaires extraordinaires » et ne se sentait pas le talent de les manier, donna très dignement sa démission. Phélypeaux de Pontchartrain lui succéda.

Il appartient à ce groupe de ministres sur lesquels s'abattent habituellement les historiens entichés de Colbert. Ce « repoussoir » avait suffisamment de charme pour séduire, un peu plus tard, le jeune et grinçant duc de Saint-Simon, qui vante sa « simplicité éclairée et sa sage gaieté », mais souligne aussi son intelligence exceptionnelle, sa facilité et sa « solidité » dans le travail, sa parfaite connaissance des hommes. Il suffit de lire quatre lignes de Pontchartrain pour comprendre et apprécier sa finesse, surtout après Louvois et Colbert, ces poids lourds. Comme l'intelligence poussée à un haut degré tient parfois lieu de tout, il s'appliqua à accomplir avec perfection et cynisme la stricte tâche que lui avait imposée son Roi : soutenir la guerre, par tous les moyens.

Des ressources « ordinaires », directes ou non, affermées ou non, il n'y avait pas à attendre grand-chose de plus : visiblement, elles avaient été portées à leur maximum. Les tailles montèrent d'environ un dixième de 1688 à 1694, puis redescendirent à leur chiffre primitif, puis au-dessous : il s'était passé en 1694 quelque chose que nous retrouverons. Les « fermes unies » (gabelles, aides et entrées, cinq grosses fermes et domaine) furent poussées de 66 millions à 70 (en 1690), puis retombèrent à 61, baissèrent encore au lendemain de la guerre. On excita quelques groupes privilégiés à accroître leurs « dons gratuits », forme plus ou moins bâtarde d'imposition : les pays d'Etat accomplirent un réel effort, les villes payèrent une fois, regimbèrent à une seconde demande, se dérobèrent à la troisième ; le clergé de France donna quelques millions, que la monarchie paya en livrant le bas-clergé aux évêques, événement fondamental, que nous retrouverons. Tout cela n'allait pas très loin, et fléchit brusquement au lendemain des catastrophes de 1693-1694. Or, la guerre réclamait des ressources doubles des revenus ordinaires, ou peu s'en faut. Deux moyens d'en sortir pour Pontchartrain : les « affaires extraordinaires » ou l'institution d'un nouvel impôt, efficace et vraiment général.

La première méthode, traditionnelle, avait ses préférences, et déjà Le Peletier y avait recouru, sans enthousiasme. Pontchartrain en joua avec une virtuosité qui rappelait celle des commis de Richelieu, ou de Mazarin (car, dans le fond, il réappliqua les vieilles recettes des guerres d'antan). Il créa et vendit de nouveaux offices, aussi variés qu'inattendus : taxateurs et calculateurs de dépens (adjoints aux tribunaux), receveurs des octrois communaux (adjoints aux échevinages), jurés crieurs d'enterrements, jurés priseurs de droits utiles de petite voirie, examinateurs des comptes d'arts et métiers (joints aux institutions dites « corporatives »), vendeurs d'huîtres, supplément de perruquiers et de médecins jurés, greffiers des baptêmes, mariages et sépultures, officiers de ban et d'arrière-ban (qui vendaient aux nobles l'exemption de service militaire), et cent autres, aussi ingénieux. Les gages des uns étaient à la charge de l'Etat, ce qui n'engageait que l'avenir ; les gages des autres, à la charge du public, ou des divers « corps », ce qui, dans l'immédiat, ne chargeait que les contribuables. En 1692, Pontchartrain imagina de vendre aux enchères la dignité de maire (sauf à Paris et à Lyon), et la moitié des charges d'échevins, ce qui consomma la disparition des « libertés » communales. Aux officiers d'ancienne création, il imposait des dédoublements de charge, l'achat d'offices nouveaux, et multipliait les « augmentations de gages », admirables emprunts forcés : pour toucher, dans un avenir incertain, mille livres de plus par an, les officiers étaient contraints de verser sur-le-champ le capital correspondant, de 16 000 à 20 000 livres. En six ans, 170 millions furent trouvés en spéculant sur l'amour des offices et sur la vanité bourgeoise ; le brave Le Peletier, pendant une période comparable, n'en avait vendu que pour 20 millions.

Comme ses prédécesseurs, le contrôleur créa aussi des rentes ; jusqu'en 1694, moins de 100 millions, à un taux d'abord raisonnable (5 ou 5,5 %) ; puis les émissions, parfois à peine légales, se multiplièrent tandis que leur « denier » baissait : à la fin de la guerre, l'Etat dut consentir le denier 14 (7 %), un moment même le denier 12 (8,3 %), ce qui prouvait que son crédit était bien bas ; mais il se releva après la paix. Colbert, durant la première coalition, avait agi de même. Comme celui-ci, Pontchartrain vendit, au denier 12, des exemptions d'impôts payables

comptant ; il vendit même — scandale dont les
échos ne sont point éteints, aucun historien n'ayant
osé publier les noms des bénéficiaires ! — la noblesse
à des roturiers riches, allant jusqu'à expédier aux
intendants des lettres d'anoblissement en blanc, à
charge pour eux de placer la marchandise aux meilleures conditions. On vit même, dans de nombreuses
villes, de gros marchands acheter un office de lieutenant, de capitaine, de major, de colonel des compagnies bourgeoises : il leur donnait, avec quelques
privilèges fiscaux, le droit de parader en baudrier
à la tête de folkloriques compagnies d'arquebusiers,
de tireurs à l'arc et de chasseurs de papegais.

L'exploitation de l'intérêt et de la vanité ne suf-
fisant pas, il fallut revenir au bon vieux procédé
des manipulations monétaires. Colbert s'y était risqué
deux fois, en 1666 (essai de réévaluation) et en 1674
(sombre affaire des pièces de 4 sols) et avait essuyé
deux échecs. A cet égard, la virtuosité de Pontchartrain et de ses services peut conduire à une certaine
forme d'admiration : il tira de la monnaie plus de
80 millions en moins de dix ans. La technique était
relativement simple : les principales monnaies, louis
d'or et louis d'argent, ne portaient aucune valeur
faciale, et circulaient, en principe, selon la valeur
que leur attribuaient les ordonnances royales. Il
suffisait donc que ces ordonnances fussent prises
au bon moment et dans le bon sens pour que l'Etat
fût bénéficiaire d'une élévation (donc d'une dévaluation, en notre langage) ou d'un abaissement (l'inverse) de la valeur des louis. En 1689 et 1693, des
opérations de plus grande envergure furent entreprises : en substance, on obligea les Français à
remettre leurs vieilles pièces, à bas prix, aux Hôtels
des Monnaies, à en recevoir, en échange, d'autres

qui étaient censées valoir bien plus cher, mais ressemblaient aux précédentes comme des sœurs jumelles. La différence aidait à payer la guerre. On joua subtilement aussi du rapport bi-métallique (sur lequel le bon Le Peletier s'était déjà exercé) en faisant varier légèrement la valeur du marc d'or sans toucher à celle du marc d'argent, ou réciproquement.

En 1694 pourtant, les retards des taillables dépassaient 20 millions, les fermiers ne pouvaient faire rentrer les impôts ; les offices, les rentes, toutes les inventions financières, ne trouvaient plus preneur ; la dernière opération monétaire même commençait assez mal. Un épuisement général, aggravant la famine et aggravé par elle, s'était emparé du royaume ; dans l'ensemble, celui-ci ne pouvait plus payer ; quant aux riches, ils ne le voulaient plus, la « confiance » s'effondrant. Bon gré mal gré, Pontchartrain dut écouter les réformateurs, et surtout Vauban [1].

Celui-ci avait présenté un projet d'impôt nouveau, payable par tous les Français, même privilégiés, d'après leurs revenus dûment déclarés et vérifiés ; l'équité dans l'assiette et l'égalité dans la perception constituaient deux redoutables nouveautés, qui n'enchantaient point Pontchartrain ; cependant, faire payer, pour une fois, les riches, risquait de garnir un peu les caisses de l'Etat. Après diverses intrigues, le projet fut présenté par les états du Languedoc, poussés par l'intendant du lieu. Edulcoré au Contrôle général, il devint cette « première capitation » (1695), applicable à tous les Français, même

---

1. Sur Vauban, ce grand esprit et ce grand cœur, le petit livre posthume de *Rebelliau* est paru en 1962, chez Fayard.

aux princes du sang, mais pas au Clergé, qui était d'une autre essence. On distingua 22 « classes » de sujets d'après leurs fonctions et leurs titres ; il y avait là beaucoup d'absurdité, les revenus ne suivant point les « estats » et les « mestiers » ; mais enfin cette nouveauté bâtarde rapporta quelque 22 millions par an, dont les privilégiés payèrent un bon tiers. Au bout de trois ans et trois mois, avec quelque retard sur la date promise, la capitation disparut.

Du moins avait-elle un peu aidé à finir cette guerre, dont le coût, assez curieusement, décrut dans les dernières années, tant les finances et les armées des belligérants étaient épuisées. Puis, ayant fait son devoir, Pontchartrain reçut la récompense suprême : il devint chancelier en 1699, charge éminente qu'il remplit avec la plus grande dignité, jusqu'en 1714...

L'évident épuisement du royaume est déjà apparu, au rendement décroissant de la machine fiscale, à la fuite devant les nouvelles offres d'offices et de rentes. L'explication est simple : jamais, depuis Richelieu, on n'avait demandé semblable effort à un effectif contribuable si peu nombreux, si constamment réduit par de nouvelles exemptions et de nouvelles famines. Aux impôts anciens et nouveaux s'ajoutaient l'entretien des armées passant ou campant (étapes, ustensiles), la levée des droits afférents aux nouveaux offices, les tripotages monétaires, l'alanguissement de l'économie et le poids d'une sorte de despotisme brutal, si souvent secrété par la guerre. Pour montrer les effets cumulés de toutes ces charges accrues, il faudrait étaler longuement des dossiers en voie de constitution. Quelques exemples peuvent suffire.

L'exploitation des archives malouines montre bien le déclin du grand port. Avant la guerre, une centaine

de terre-neuvas partaient chaque année ; il en sortit
47 en 1689, et 6 en 1690. Vers les « Isles » le trafic
malouin dépassait 3 000 tonneaux en 1687 ; il n'attei-
gnit pas 2 000 en 1690 et 1691, puis s'effondra, devint
insignifiant durant quatre ans, absolument nul en
1694. Vu de Nantes, le même commerce tombe de
plus de moitié (73 navires en 1687, 23 en 1694, 14 en
1696). Evalué en tonneaux de jauge, le trafic global
de Saint-Malo fléchit d'un tiers, de 90 000 à 60 000
tonneaux. Sans doute la course pouvait compenser
ce déficit, mais la course comportait de gros risques,
et était plutôt l'affaire des Dunkerquois.

Dans les grandes cités textiles du Nord — Amiens,
Beauvais —, on se plaint, avec des accents nouveaux,
de la baisse du commerce, due à la ruine de la
clientèle ; et de fait, dans les deux villes, une partie
des métiers cesse de battre, les chômeurs se multiplient, les institutions charitables sont assiégées.

Nécessaires à la guerre, les manipulations monétaires étaient interprétées comme des escroqueries,
notamment par les créanciers de l'Etat, rentiers et
officiers. Les hommes d'affaires les plus adroits, et
les mieux avertis, s'arrangeaient pour y gagner, en
opérant au besoin de savants amas de louis, ou en
les expédiant hors de France afin de jouer sur les
variations de leur valeur. Il en résultait, dans l'ensemble, que le cours de la monnaie française baissait à l'étranger, qu'il y avait au change une perte
croissante, alors qu'en France la thésaurisation risquait de croître, et croissait effectivement, en un
temps où la circulation des espèces était notoirement
insuffisante. Louis XIV avait beau envoyer dès 1689
sa vaisselle d'argent à la Monnaie — opération ostentatoire qui en préparait de moins admirables — les
Français aisés avaient plutôt tendance, soit à jouer

contre le tournois, soit à fondre les louis en vaisselles ou en candélabres, dont la valeur, au moins,
paraissait à l'abri des manipulations royales. Dans
cet ordre de choses, cependant, la dernière période
du règne devait provoquer des réactions plus étonnantes encore.

Pendant ce temps agonisaient les grandes entreprises qui avaient survécu à Colbert : les ouvriers
tapissiers affamés et sans travail quittèrent les
Gobelins pour regagner leur Flandre natale, quelques-
uns trouvant cependant un asile chez leur charitable
compatriote Behagle, le généreux directeur de la
Manufacture de Beauvais. Quant aux « ponts et
chaussées », qui recevaient plus de 1 million 1/2 en
1687, on ne leur consacra pas 100 000 livres de 1690
à 1692, à un moment où le Stuart et sa suite dévo-
raient à Saint-Germain 600 000 livres par an... Aux
impossibilités, s'ajoutaient les absurdités.

L'exaspération des charges anciennes et la mise
en place des charges nouvelles avaient curieusement
accru, dans le royaume, l'autorité, l'efficacité et
l'implantation de l'administration royale. Mesures
militaires, ravitaillement, marche des armées, défense
des côtes, impôts nouveaux, lettres de noblesse ou
offices à brader, tout ce travail revenait aux intendants, dirigés par Pontchartrain. En 1689, la dernière
province à peu près libre, la Bretagne, avait reçu
le sien, que, prudemment, on ne décora que du titre
provisoire de « commissaire départi » ; l'une des
raisons de sa venue, ce fut la mise en défense des
côtes. Chaque intendant avait désormais ses bureaux,
qui commençaient à s'organiser, et bon nombre de
subdélégués, dont personne ne songeait plus, comme
naguère Colbert, à contester l'utilité. Une administration aux pouvoirs et aux effectifs croissants

enserrait donc le royaume. Le temps approchait où l'on pourrait dire, avec quelque raison, que le Roi était « présent dans chaque province » sous les traits d'une trentaine d'intendants enfin réellement puissants et efficaces.

Une autre autorité, plus impérieuse peut-être, s'abattait en même temps sur les mêmes provinces. Réconcilié avec Rome en 1693, Louis XIV accordait bientôt carte blanche aux évêques dans leurs diocèses. Contre 4 millions consentis en 1695 par l'Assemblée du Clergé, l'édit du 21 avril 1695, puis la déclaration du 15 décembre 1698 livraient les prêtres diocésains au bon vouloir de leurs évêques. Ceux-ci obtenaient enfin le pouvoir absolu d'autoriser (ou non) tels prédicateurs d'Avent ou de Carême, d'autoriser (ou non) les prêtres non curés (l'immense majorité) à confesser en tel lieu, en tel temps, en tel cas ; bien mieux, chaque prélat put désormais, de son propre mouvement, reléguer au séminaire, pour trois mois, les membres du second ordre qui lui déplaisaient, sans préjudice des poursuites postérieures. Ces décisions péremptoires liquidaient, en principe, une sorte de gallicanisme parochial, le « richérisme », né au début du siècle, qui mettait sur le même plan, spirituellement, curés et évêques, également pasteurs d'âmes. Le mouvement, entretenu par les écrits d'un frère de Boileau (*De antiquo jure presbyterorum in regimine ecclesiastico*, 1676), puis d'Eustache Le Noble, puis du fougueux curé de Beauvais Guy Drappier, venait de se joindre au jansénisme seconde manière, en trouvant place dans les *Réflexions morales* du Père Quesnel, contre qui allait se déchaîner la monarchie devenue épiscopaliste, jésuite et ultramontaine. L'asservissement des curés de campagne, pour de l'argent, devait marquer

d'une singulière couleur le jansénisme du XVIIIe siècle, et préparer, de loin mais très nettement, l'attitude anti-épiscopale du petit clergé français lors
des événements de 1789. Les options politiques,
religieuses et financières du Grand Roi durant la
seconde coalition portaient en elles de redoutables
conséquences.

D'autres encore se dessinaient. En 1688, Louvois
décida de renforcer l'armée par des milices provinciales. Nouveauté qui n'était que la résurrection
d'une vieille institution, jamais vraiment morte,
comme toutes les institutions d'Ancien Régime. Il
avait existé, il existait encore, bien que décadentes,
des milices bourgeoises, qui autrefois gardaient les
villes murées ; certaines provinces frontières continuaient d'entretenir des troupes spéciales, levées
parmi les habitants, qui participaient à la défense
du territoire : troupes « boulonoises », « petites
milices » du Dauphiné, troupes béarnaises et surtout « miquelets » de Roussillon s'étaient particulièrement distingués pendant la dernière guerre, le
maréchal de Noailles lui-même leur ayant rendu
hommage en 1691. En cas de danger pressant, on
« levait » de force ou de bon gré — comme l'année
de Corbie — des miliciens, surtout destinés au
service des places, et qui rentraient chez eux une
fois le danger passé, ou bien dès qu'ils s'ennuyaient
à l'armée... Louvois décida que toutes les paroisses
de France fourniraient désormais, pour la durée de
la guerre, 30 régiments comprenant 25 000 miliciens.
D'abord élus, les miliciens furent rapidement tirés
au sort ; d'abord choisis parmi les célibataires seuls,
on les prit bientôt parmi les jeunes mariés, les célibataires disparaissant. Le milicien était à la charge
de la paroisse pour son équipement et son arme-

ment, et même pour son entretien pendant le repos hivernal. Sans doute les miliciens combattirent-ils honorablement en Catalogne et surtout dans les Alpes, car on ne les confina pas aux services des places comme on le leur avait d'abord promis. Il n'empêche que la milice commença sa carrière en France dans une énorme impopularité. Bien entendu, les villes et les privilégiés étaient exempts, et à peu près aucune des promesses faites aux miliciens ne fut tenue. L'entretien de ces hommes, et même de leurs sergents et officiers, retombait sur les seules paroisses rurales, déjà surchargées. Les jeunes gens fuyaient, les parents et même les paroisses payaient des remplaçants, hommes sans foi ni loi. La profonde hostilité du paysan français à tout service militaire, qui devait marquer plus de cent cinquante années d'histoire de France (et expliquer, au passage, toutes les chouanneries), commença donc sous la guerre dite de la ligue d'Augsbourg, en attendant de prendre une ampleur nouvelle pendant la guerre qui suivit. La milice, qui déracine et dégrade le rural, en fait un brigand et un déserteur, laissa un souvenir d'épouvante, dès sa création. Et pourtant, elle n'était qu'un malheur au milieu de bien d'autres, plus graves et, ceux-là, universels.

D. — 1693-1694 : LA GRANDE FAMINE.

Au mois de mai 1693, écrit en ses mémoires un petit officier de l'évêché de Beauvais, « le blé et les autres grains, qui étaient déjà chers, sont renchéris notablement... Les autres denrées se sont montées à proportion à un fort haut prix. Cela joint à la désolation que causent la guerre et la ruine du commerce fait que le peuple est accablé de pauvreté et de maux ». Au printemps suivant (avril 1694), le même homme note ce qu'il voit autour de lui :

Un nombre infini de pauvres, que la faim et la misère font languir, et qui meurent dans les places et dans les rues, dans les villes et à la campagne, par manquement de pain et par disette, et n'ayant point d'occupation et de travail, ils n'ont point d'argent pour acheter du pain... La plupart de ces pauvres, pour prolonger un peu leur vie et apaiser un peu leur faim, par défaut de pain mangent des choses immondes comme des chats, de la chair des chevaux écorchés et jetés à la voirie, le sang qui coule dans le ruisseau des bœufs et vaches qu'on égorge, les tripailles, boyaux, intestins et autres choses semblables que les rôtisseurs jettent dans la rue... Une autre partie de ces pauvres mangent des racines d'herbes et des herbes qu'ils font bouillir dans l'eau, comme sont des orties et autres semblables herbes... D'autres vont déterrer les fèves et menus grains semés à ce printemps... et tout cela produit des corruptions dans le corps humain, et différentes maladies mortelles et communicatives, comme fièvres pourpreuses... qui atteignent même les personnes riches et accommodées.

De nombreux textes de cette encre ont été publiés, ou pourraient l'être. Ils concernent presque tout le royaume, sauf peut-être la Bretagne et le Midi méditerranéen. Peu atteignent la densité et l'exactitude du précédent, dont nous avons retiré pourtant bien des détails répugnants, et l'exposé naïf des circonstances météorologiques de 1692 — été froid et pluvieux — et de 1693, brouillards et chaleurs tardives « niellant » les blés, malgré les neuvaines et les processions...

Il nous apparaît aujourd'hui avec une aveuglante lumière que, de l'été 1693 à l'été 1694, la grande majorité des Français — et nombre d'étrangers —

ont été menacés, atteints ou tués par la famine. Dans un très grand nombre de localités, l'effectif annuel des morts a doublé, triplé, quadruplé, parfois pire encore. Un grand nombre de ménages ont été rompus. Il n'est pas né la moitié de l'effectif habituel d'enfants, et ceux qui sont venus au monde sont disparus très vite, au moins pour la moitié, quelquefois dans leur totalité. Les cloches n'ont presque jamais sonné pour les épousailles. On a craint le retour de la peste : les anciens disaient, dans l'opulente Bourgogne qui ne mangeait que du « pain de fougère », « que les pestes ont toujours commencé par les nourritures de fougère » ; en Vivarais, selon le curé de Saint-Just-en-Chevalet, on trouvait des gens morts « au travers des prairies avec la bouche pleine d'herbes »... L'examen, même superficiel, des registres paroissiaux, montre abondamment l'étendue de la catastrophe : au moins un dixième des Français au cimetière, en quelques mois.

L'honnête officier beauvaisien, plus encore que les grands économistes du temps, Boisguillebert et Vauban, décèle toutes les causes avec une naïve précision. Certes, « les saisons se sont déréglées » ; mais elles se sont déréglées plusieurs années de suite : la récolte de 1691 a été médiocre, la récolte de 1692, mauvaise, celle de 1693, catastrophique ; catastrophique mais non nulle : le tiers, la moitié, les deux tiers de la normale, nous dit-on çà et là. Un phénomène d'accumulation et d'accélération est à la base de la famine. Comme d'habitude, les prix amplifient démesurément les résultats décroissants des moissons : de l'été 1688 au printemps 1694, ils quintuplent, ils sextuplent, et plus encore : à Provins par exemple, le prix des seigles est multiplié par 8,60 ! De tels excès dépassent même ceux de 1649 ou de

1662. Les achats pour les troupes, les achats faits avant la moisson et à bas prix, une spéculation éhontée (dont les magistrats et les ecclésiastiques ne craignaient pas de donner l'exemple), la facilité d'exporter par mer et à haut profit vidant les provinces favorisées (Bretagne), la peur de manquer, une peur panique qui provoquait à nouveau des émeutes de marchés et des attaques de convois, tous ces facteurs ajoutés expliquent l'excès même des prix.

Car les prix demeurent l'essentiel. Disette et famine, ces mots trompeurs, signifient simplement « cherté » : il y avait de la farine et du pain pour tous, mais tous ne pouvaient pas l'acheter. La famine est strictement une calamité sociale ; seules, les épidémies qui la suivent franchissent souvent les barrières de classe, bien que les riches fuient les centres de contamination pour se réfugier aux champs. On ne comprend rien à ces phénomènes tragiques quand on continue d'ignorer que l'immense majorité des Français, même à la campagne, *devait* acheter son pain ; que, dans certaines provinces, les trois quarts des paysans étaient incapables de nourrir leur famille sur leur exploitation, qu'ils devaient gagner leur seigle par des journées ou des travaux manufacturiers à domicile. Or, en temps de cherté, il est bien connu que le travail manque aux champs, aux granges et aux métiers, chacun se resserrant et les débouchés s'étranglant. Bien mieux, il est de coutume de diminuer même le salaire à la tâche ou à la journée « à cause de la difficulté des temps ». Cette échelle mobile à l'envers, particulièrement savoureuse, jouait moins, dans la réalité, que le chômage croissant et les prix prohibitifs. On comprendra aisément que, si tel artisan consacre la moitié de son revenu à l'achat du pain familial, sa situation devient épouvantable quand le prix du pain quadruple et que son revenu disparaît ; il ne peut alors compter que sur la charité — insuffisante en ville, inexistante à la campagne — ou sur ses économies. Or (et c'est ce qui explique l'ampleur inusitée de cette grande famine), d'économies populaires, il n'en existait guère depuis quelques années.

La guerre avait épuisé les petites trésoreries familiales : accroissement d'impôts anciens, création d'impôts nouveaux (dont la milice), prélèvements par les nouveaux officiers, brutalités des gabelous et des agents des fermes, subsides légaux et illégaux aux troupes pillardes passant ou campant, incertitudes monétaires, affaissement d'ensemble des exportations, donc des manufactures et du travail manufacturier, cherté des blés menaçante dès 1691 : tout cela s'accumulait sur ces générations peu nombreuses d'adultes nées entre 1648 et 1663, qui se trouvaient surchargées d'enfants, de vieillards et de cinq années d'économie de guerre.

Si l'on pouvait mesurer, avec on ne sait quelles balances, le poids de misère et de deuils qui s'abattit alors sur le petit peuple de France, il apparaîtrait avec clarté que jamais, depuis au moins la Fronde, il ne connut plus longues, plus rudes et plus universelles souffrances.

Le Grand Roi exprimait à « ses peuples » sa commisération, peut-être sincère, — bien que les attendrissements, en sa cinquante-cinquième année, fussent chez lui hors de saison, à la fois comme tardifs et comme prématurés. Les administrateurs prenaient de nombreuses dispositions concernant la police des marchés, les accapareurs, la mendicité et

parfois les prix (qu'on tenta plus ou moins d'empêcher de monter, en quelques endroits) : simples
papiers d'Etat, sans effet décelable. Pour nourrir un
peu Paris, qui s'ameutait, des blés furent commandés
en Baltique, interceptés par les Hollandais, repris
par Jean Bart ; une partie, à peine avariée, arriva
presque à temps. La thérapeutique officielle et privée
ne pouvait naturellement rien contre un tel mal.

Mais le mal lui-même se communiqua fâcheuse-
ment à l'Etat. Dès 1693, le rendement de tous les
impôts fléchit brusquement : aucun sergent, aucun
garnisaire ne peut faire payer des mourants ou des
morts. Il fallut, on le sait, baisser tailles et fermes,
accélérer les dernières manipulations monétaires,
instaurer rapidement la première capitation, et
même, fait mémorable, diminuer en pleine guerre
les dépenses de guerre, tout en engageant sérieusement la négociation.

Sur un autre plan, la grande famine accélérait
l'éclosion et la mise en place d'une opposition. Non
de l'opposition des réfugiés de Hollande ou d'ailleurs,
dont l'hostilité était acquise et dont l'argumentation
se trouvait renforcée, mais d'une véritable opposition
intérieure. Dès 1694, Vauban élève la voix et commence à méditer sa *Dixme Royalle* ; en 1695, Boisguillebert publie son *Détail de la France*, qui souligne bien plus la lente décadence de l'économie
du royaume que la récente famine, mais attire tout
de même l'attention sur l'importance du problème
des blés et l'absurdité du système fiscal qui accentue
la misère rurale. Datant peut-être de 1695, c'est peut-
être à Fénelon qu'il faut attribuer la très éloquente
lettre au Roi, si souvent citée :

Vos peuples, Sire, que vous devriez aimer comme vos
enfants, et qui ont été jusqu'ici si passionnés pour

vous, meurent de faim. La culture des terres est presque abandonnée ; les villes et les campagnes se dépeuplent ; tous les métiers languissent et ne nourrissent plus les ouvriers ; tout commerce est anéanti... Vous avez détruit la moitié des forces réelles du dedans de votre Etat pour faire et pour défendre de vaines conquêtes au-dehors. Au lieu de tirer de l'argent de ce pauvre peuple, il faudrait lui faire l'aumône et le nourrir. La France entière n'est plus qu'un grand hôpital désolé et sans provisions. Les magistrats sont avilis et épuisés. La noblesse, dont tout le bien est en décrets (c'est-à-dire en instance de saisie) ne vit que de lettres d'Etat. Vous êtes importuné de la foule des gens qui murmurent. C'est vous-même, Sire, qui vous êtes attiré tous ces embarras... Le peuple même..., vos victoires et vos conquêtes ne le réjouissent plus, il est plein d'aigreur et de désespoir. La sédition s'allume peu à peu de toutes parts. Il croit que vous n'avez aucune pitié de ses maux, que vous n'aimez que votre autorité et votre gloire. Si le Roi, dit-on, avait un cœur de père pour ses peuples, ne mettrait-il pas plutôt sa gloire à leur donner du pain, et à les faire respirer après tant de maux qu'à garder quelques places de la frontière, qui causent la guerre ?...

Cette longue et littéraire épître, bien plus qu'un tableau du royaume, apporte le témoignage de la naissance de l'opposition qui va se cristalliser, avec quelle vigueur insinuante, autour du jeune duc de Bourgogne et de ses conseillers. Toute la politique de Fénelon y est déjà exprimée : fin des conquêtes, paix à tout prix, priorité à la reconstruction intérieure, protection de la noblesse traditionnelle avilie, de la noblesse de robe diminuée. Du Marillac rebouilli et de nuance plus aristocratique — ce réformisme espagnol et dévot que Richelieu avait anéanti, en 1630, pour soixante-cinq années. Déjà, le groupe Fénelon préparait ses dossiers, en lançant

auprès des intendants de province cette grande
enquête de 1697-1698, qui devait étaler l'épuisement
de la France à des fins politiques.

Au-delà de ces mécontentements pleins d'arrière-
pensées, la grande famine aliénait l'avenir proche
et l'avenir lointain. L'avenir proche, par la diminution
des forces et du nombre des contribuables (à Beauvais, le nombre des « feux » qui paient l'équivalent
local de la taille tombe de 3 310 en 1691 à 2 428 en
1695, donc de plus du quart), qui condamnait l'Etat
à réduire son train de vie et à adapter, du moins
pour quelque temps, sa politique à ses ressources.
L'avenir plus lointain, en créant plusieurs nouvelles
classes d'hommes très diminuées, dont le faible
effectif allait échancrer pour longtemps la pyramide
des âges, et promettre des difficultés nouvelles aux
années futures.

La puissance de la coalition tout juste contenue,
le prix extrêmement élevé de cette longue guerre,
l'épuisement fiscal, la fragilité monétaire, le marasme
du commerce, la misère des campagnes, la chute
brusque de la population (2 à 3 millions d'hommes,
pour le moins), la levée d'une opposition aristocratique et pacifiste (et aussi janséniste, que nous
retrouverons), l'échec affirmé de la Révocation et du
gallicanisme royal, la pénurie de grands capitaines,
les saignées et les désertions militaires, l'impopularité
de la milice, le tout amplifié par l'effroyable famine
qu'on n'était pas près d'oublier : tout commandait
un repli, une longue respiration du royaume, une
trêve en tous les domaines.

Pour le Roi et pour le royaume, le malheur voulut
qu'elle ne durât même pas cinq années.

II

Le répit (1697-1701)

Parvenu à sa soixantième année, Louis XIV, qui a négocié avec tant d'obstination et traité avec tant de sagesse, va-t-il enfin faire taire en lui les voix de la gloire et de la magnificence, et ne plus écouter que cet instinct de prudence qui appartient aussi à sa nature profonde ? Va-t-il donner à ses finances et à ses peuples le repos dont ils ont tant besoin ?

Au-delà de la Cour, des bâtiments et du gouvernement de la religion, qui lui restent chers, le domaine d'élection qu'il se réserva d'un bout à l'autre de son règne, dans lequel il décida toujours seul, demeure « le dehors », diplomatie et guerre, qui donnent la Grandeur, et la Gloire, et l'Honneur. Le vieux Roi n'attendit point le dernier traité de Ryswick (octobre 1697, avec l'Empereur) pour s'occuper de l'imminente succession espagnole, qui captivait toutes les Cours d'Europe. Avec ses diplomates, que dirigeait désormais Colbert de Torcy, successeur de son père Croissy, il se lança dans de subtiles et prudentes combinaisons ; il pensait que, tout en sauvant la gloire de la Maison des Lys et en renforçant ses frontières, elles éviteraient une coalition nouvelle, que le royaume était incapable de supporter, comme il le savait. Prudence et subtilité donnèrent

au royaume quarante-deux mois de paix, plus une
année de guerre localisée. Ce répit suffirait-il ?

A. — LES SIGNES DE RENOUVEAU.

Le conflit enfin terminé, il y eut dans le royaume
comme un immense soulagement.

Trois des plus lourdes charges qui pesaient sur
les campagnes disparurent tour à tour : la milice
détestée, la capitation et les subsides pour l'armée.
La taille des pays d'élections, qui atteignait encore
35 millions en 1695, baissa à 32, puis au-dessous
de 31 en 1699 ; les « dons gratuits » des pays d'Etats
fléchirent d'un dixième. Le produit des fermes
remonta quelque peu, ce qui signifie que la perception se faisait mieux, dans un pays qui souffrait
moins. Depuis 1693, la valeur nominale du louis
d'or et du louis d'argent demeurait fixe, à 14 livres
et à 72 sols : on pouvait espérer, de 1697 à 1699,
que les manipulations monétaires cesseraient. Les
excellentes récoltes de 1694 et 1695 avaient tué,
miraculeusement, et la cherté et la famine : les
prix céréaliers allaient retrouver les bas niveaux
d'avant-guerre. Un peu partout, en France, ce fut
un éclatant printemps d'hyménées joyeux, rapidement suivis de baptêmes multipliés. Débarrassés
du poids des oisifs définitifs — les vieillards, décimés
en 1694 — et de trop d'oisifs provisoires — les
enfants —, bien des familles fêtèrent bruyamment
la facilité retrouvée, le pain à 6 deniers la livre,
le travail abondant, les salaires souvent en légère
hausse, car on manqua de tisserands et même de
manouvriers. Dans les villes et les campagnes textiles, les métiers se remirent à battre joyeusement,
car les bas prix, la baisse des charges et la réou-

verture des mers multipliaient la demande. Une brutale cherté, due à la médiocre récolte de 1698 (en certains endroits, on vit encore doubler et tripler le prix du blé), ne produisit pas de catastrophe économique ou démographique ; les maladies épidémiques, si brutales en d'autres pays d'Europe, épargnèrent même le royaume. Cet apparent miracle — qui comporte tout de même des exceptions — doit être attribué au soulagement fiscal, à la résistance des survivants, plus encore à l'abondance du travail, lié à la paix et à la reprise du grand commerce.

Car, en cette fin de siècle, renaît, avec une énergie insoupçonnée encore, un négoce qui n'était qu'assoupi, une marine privée pour qui la course n'avait constitué qu'un pis-aller. Rien qu'en 1698, 12 navires malouins partirent pour les Antilles, c'est-à-dire autant ou plus que durant les six années précédentes ; à Nantes, il en partit 42, trois fois plus que l'année précédente. Exprimés en tonneaux de jauge, les départs de terre-neuvas atteignent en 1699 un chiffre record (près de 16 000 tonneaux). Le trafic du grand port retrouve, dès la paix, son niveau d'avant-guerre — plus de 80 000 tonneaux — en attendant d'atteindre bientôt une nouvelle pointe de prospérité. Enfin et surtout, un trafic d'une hardiesse et d'une richesse inégalée commence avec fracas : les négociants malouins, rochelais, et quelques autres, assaillent l'Amérique espagnole, le Pérou, le Chili, le Pacifique et la Chine, sans passer par l'intermédiaire désuet de Cadix. Pour la première fois, les négociants marseillais s'y précipitent en masse, selon Charles Carrière.

Dahlgren a conté, jadis, avec une belle précision, les débuts modestes ou malheureux de cette grande

affaire, avec l'expédition manquée de Jean-Baptiste
de Gennes (1695), et l'expédition encourageante de
Beauchesne (départ en 1698, retour en 1701) qui, la
première, alla commercer sur la côte du Pérou après
avoir emprunté le détroit de Magellan. Aux populations sud-américaines avides des produits de luxe
français, et immensément riches, il s'agissait de
porter des marchandises, et de ramener des barres
ou des piastres d'argent. Les risques, qui tenaient
à la navigation, aux corsaires ennemis et à la législation espagnole, étaient considérables ; mais les
bénéfices pouvaient atteindre des centaines de milliers de livres, ou des millions, en argent fin.
Malouins, Rochelais, Parisiens, Havrais, d'autres
encore, mirent dans cette grande entreprise, bien
soutenue par le gouvernement, des capitaux considérables. En quelques années, de 1698 à 1701, on
vit éclore au moins six compagnies, soit pour la
« mer du Sud », soit pour la Chine. Dès 1698, les
plus grands capitalistes du temps participent aux
deux premières compagnies : Jourdan, de Paris, et
l'illustre Danycan, de Saint-Malo, véritables initiateurs, vite rejoints par les Magon, les Crozat, les
Begon, les La Houssaye... Aux débouchés anciens
et indirects qu'offrait Cadix aux produits de France,
aux débouchés directs et croissants des Antilles
venait donc de s'ajouter l'énorme appel du Pérou
et de la Chine. Les Danycan et les Magon ne devaient
pas être les seuls à en bénéficier. Au couchant du
XVIIe siècle, on dirait qu'une manière de souffle océanique s'empare du vieux royaume, réanime ses manufactures, réveille et rajeunit le travail et l'esprit
d'entreprise. En des cités jusque-là continentales
et isolées, les mots presque magiques d'Isles, d'Indes,
de mer du Sud et de Chine retentissent comme

une promesse : de Dunkerque à Saint-Malo, de Port-Louis à Bayonne et même à Marseille, le XVIIIe siècle atlantique et exotique prépare ses opulences marines, qui vont, pour une grande part, commander les autres.

Le Roi lui-même, qui alors n'y pensait guère, devait, la guerre revenue, tirer de tels secours des « retours » d'Amérique qu'on a parfois avancé une hypothèse séduisante : les motifs commerciaux, maritimes, économiques pour tout dire, ne dictèrent-ils pas la décision lors du grave problème de l'acceptation du testament de Charles II ? Si Louis XIV était peu sensible à ces basses considérations, certains de ses conseillers durent l'être beaucoup plus, et notamment le secrétaire d'Etat à la Marine et le contrôleur général des Finances...

B. — Les tentatives de redressement.

Au lendemain de la paix, le gouvernement, tout en préparant de subtils dossiers espagnols, pensait bien disposer de quelques années, et même éviter une guerre générale. Envisagea-t-il une sorte de remise en ordre du royaume, comme Colbert un tiers de siècle plus tôt ? On ne saurait l'affirmer.

Pourtant, quelques mesures de réorganisation, financières, administratives, voire religieuses, virent le jour dans les trois dernières années du siècle.

La plus urgente tâche consistait à stabiliser et à réduire l'énorme dette du royaume, plus de 300 millions. La paix, le bond en avant du commerce et des manufactures avaient rétabli une sorte de confiance. Elle permit au Roi de trouver plus aisément de l'argent. Dès la fin de 1697, des rentes au denier 18 (5,5 %) furent offertes avec succès ; en

1698 et 1699, on put descendre au denier 20 (5 %).
Les secondes servirent à rembourser les premières,
comme les premières avaient servi à rembourser les
rentes aux deniers 14 et 12 (plus de 7 et de 8 %)
que les malheurs de la guerre avaient contraint de
créer. En somme, par un mécanisme de conversions
successives — que les rentiers pouvaient baptiser
escroqueries —, la charge de la dette diminuait
fortement.

Parallèlement, on achevait de tirer les derniers
bénéfices de la dernière refonte monétaire, celle de
1693, qui donna encore 1 million 1/2 en 1699, tout
en préparant avec quelque prudence les prochaines
manipulations : lentes et faibles diminutions sur le
louis d'or, en attendant de le « rehausser » en
septembre 1701 de 13 à 14 livres (son taux de 1693) ;
plus tardives et plus faibles diminutions de l'écu
en 1700, laissant prévoir l' « augmentation », véritable
dévaluation celle-là, qui survint à la veille de la
guerre (abaissé de 72 à 71, puis 70 sols, l'écu blanc
ou louis d'argent se retrouve à 76 en fin 1701).
Manœuvres subtiles, qui concourent à une relative
remise en ordre...

Pour obtenir un véritable assainissement, il eût
fallu plus de temps et plus de courage : les « affaires
extraordinaires » continuaient, plus mesurées sans
doute ; les anticipations aussi : en 1699, Pontchartrain, pour sa dernière année financière, consomma
25 millions sur les revenus futurs de 1700 et 1701...
Pour amuser l'opinion, on se donna le plaisir d'une
nouvelle chasse aux abus : les traitants les moins
adroits durent rembourser environ 20 millions, peut-
être le cinquième des « remises » que le Roi leur
avait consenties durant la dernière guerre. La nouvelle guerre approchant, les foudres de la Chambre

de Justice cessèrent, et les traitants purent se rattraper...

Parmi la foule des offices vendus, quelques-uns présentaient une certaine utilité : entre 1693 et 1703, l'institution progressive du contrôle des actes des notaires et du centième denier sur les mutations, échanges, donations et certaines successions, mesures fiscales sans doute, constituent la charte même de l'administration coriace de l'Enregistrement. L'ensemble irrita d'abord, mais son utilité fut éclatante. Dans les mêmes années, parmi quelques créations ridicules, on étendit tout de même à la plupart des villes l'institution parisienne du lieutenant de police (fin 1698-1699) : fonction importante, que se disputèrent les seigneurs, les échevins et certains corps d'anciens officiers, elle régissait les approvisionnements, les marchés, les métiers, les salaires et les prix, une bonne partie de la vie économique, mais aussi la pensée et les mœurs. Un arrêt du Conseil de 1700 lança le principe d'une contribution nouvelle et vraiment générale, qui assurerait l'entretien d'un maître et d'une maîtresse d'école par paroisse. Louable initiative, si elle n'était point seulement fiscale, qui commença à être appliquée dans les provinces les plus instruites, comme l'Ile-de-France, mais fut vite oubliée, la guerre venant.

Une initiative plus étudiée, plus durable, plus caractéristique d'une certaine forme de renouveau économique, ce fut le réveil du Conseil du Commerce, créé jadis par Colbert, qui l'avait ensuite laissé tomber. Le mois même de l'acceptation du testament de Charles II, il tint sa première séance, et cette date revêt une forte signification. Plus encore, la composition du Conseil. Outre les deux initiateurs, responsables de tout le commerce, Cha-

millart et Pontchartrain fils, et quelques grands
commis comme Daguesseau et bientôt Amelot, douze
grands négociants représentaient les principales
villes marchandes du royaume, qui peu à peu se
pourvoyaient de Chambres de Commerce. Les sept
grands ports océaniques et Marseille déléguèrent
de très grands marchands — Piécourt de Dunkerque,
Mesnager de Rouen, Des Casaux de Nantes, par
exemple — qui parlèrent de liberté économique et
de traités avec les puissances maritimes. Les intérêts
maritimes espagnols et américains pénétrèrent par
eux jusqu'au sein du gouvernement, avec l'exigence
d'une liberté océanique, fille de la prospérité commerciale, retrouvée ou espérée. Les « députés du
commerce » servirent bien, outre leurs intérêts, ceux
du Roi, qui les employa souvent comme négociateurs
secrets, puis comme plénipotentiaires officiels. Le
XVIIIᵉ siècle du négoce atlantique commençait, là
aussi, de bonne heure. Mais enfin le Conseil du
Commerce n'était que consultatif.

A ces initiatives dispersées, pas toujours bien
pures, ni vraiment indispensables, on ne saurait
attribuer le caractère d'une réforme préparée et
pensée. Approuvé par le Conseil, le duc de Beauvillier
visa-t-il autre chose que l'éducation du duc de Bourgogne lorsqu'il entreprit, en 1697-1698, cette grande
enquête auprès des intendants qui devait alimenter
tant de publications, de récriminations, de projets
de réformes, et fournir aux historiens tant de
tableaux tout faits ? Il est probable que Beauvillier,
Fénelon et l'entourage du jeune duc, tous aristocrates et dévots, désiraient une information sérieuse
en vue d'une action réelle. Mais le groupe réformateur ne put prendre aucune initiative.

La grande enquête, cependant, remit à jour le

problème protestant, révéla à la fois les misères et l'inefficacité de la Révocation, et provoqua, tout au long de l'année 1698, une sorte de large consultation qui s'adressa à la fois aux intendants et aux évêques. Beaucoup, surtout dans le Midi, où la révolte huguenote avait plus d'une fois grondé durant la guerre, conseillèrent la continuation des rigueurs : dragonnades, obligation d'assister aux offices, enlèvements d'enfants, cadavres huguenots traînés sur des claies et mis à pourrir avec les carcasses d'animaux ; les partisans de la douceur, Bossuet, Noailles, Daguesseau, Pontchartrain, beaucoup d'intendants, réclamaient une action uniquement spirituelle, et aucune obligation de messe pour les huguenots entêtés. A la fin de l'année, une Déclaration royale, que suivit une sorte de circulaire interprétative au début de 1699, recommanda la rigueur des principes en interdisant toute contrainte d'application. Ce texte subtil commence tout de même par une exhortation au clergé et aux fidèles de montrer l'exemple, et accepte que la « religion prétendue réformée » puisse survivre dans la France toute catholique. Sans l'exprimer vraiment, la déclaration royale impliquait l'aveu d'un demi-échec, et semblait promettre un régime moins rigoureux : « Sa Majesté ne veut point qu'on use d'aucune contrainte. » Restait l'application. L'affaire camisarde devait en montrer bientôt les difficultés.

Ce gouvernement, qui inclinait vaguement aux bilans, à la pacification, à l'apaisement, à l'assainissement financier, à quelques améliorations, ne pouvait pourtant se dégager des embarras et des manières de penser du temps. Routinier, dévot et sexagénaire comme son Roi, il s'empêtrait de disputes religieuses, se dépêtrait mal de sa dette de guerre et attendait, haletant, qu'un cadavre lui permette d'annexer un morceau d'Espagne. C'était là la grande politique.

C. — L'AFFAIRE.

Pendant que la Cour, la Ville et toute la province se passionnaient à nouveau pour ces « affaires du temps » que nous affublons de mots en « isme » — quiétisme, molinisme, jansénisme renaissant, gallicanismes subtils —, dans lesquelles le Roi-prêtre donnait aussi son avis, l'affaire par excellence, la seule digne du Maître, c'était la succession.

Lamentable descendant d'une famille épuisée, incapable de procréer, condamné depuis l'enfance, le roi d'Espagne Charles II semblait, en septembre 1697, au bord de la mort. Il traîna encore trois ans, ce qui donna aux diplomates le temps de montrer leur imagination. Une dizaine de monarques ou de princes pouvaient prétendre au trône d'Espagne. Deux seulement constituaient des candidats sérieux : Louis XIV, époux et fils d'infantes aînées, l'empereur Léopold Ier, époux et fils d'infantes cadettes. Le premier se prétendait dégagé de la clause de renonciation du traité des Pyrénées, la dot de la Reine qui en était la condition n'ayant jamais été payée ; il mettait naturellement en avant son fils le Dauphin. Léopold plaidait pour l'un de ses petits-fils, le prince électoral de Bavière, mais revendiquait tout l'héritage espagnol, Pays-Bas, Italie et Indes comprises. Beaucoup plus mesuré, pour une fois, Louis réclamait seulement un morceau du gâteau, proche de ses frontières si possible, ou alors qui soit facile à échanger : une bonne part des Pays-Bas le tentait ou, à défaut, par un subtil système de trocs, la Lorraine, la Savoie, Nice.

L'hostilité de l'Empereur étant certaine, Louis fit effectuer par ses diplomates un beau travail de séduction auprès du grand pensionnaire de Hollande, Heinsius, et même de son intraitable ennemi Guillaume III, tout en maintenant des troupes en armes à toutes ses frontières. L'un et l'autre ne pouvaient supporter de voir un Habsbourg allemand à Madrid, à Cadix, à Anvers, à Naples et surtout aux Indes. Un an suffit pour qu'intervienne un premier projet de partage avant décès : le Dauphin se contenterait de Naples, de la Sicile et d'un morceau du pays basque espagnol, bonnes monnaies d'échange ; les autres possessions italiennes iraient à un fils de l'empereur Léopold, Charles, né d'un second mariage, et tout le reste au petit prince électoral. Celui-ci venant à mourir, il fallut un second projet de dépeçage, qu'adoptèrent les trois larrons en mars 1700 : le Dauphin se contenterait du Milanais, splendide instrument de troc, et l'archiduc Charles garderait le reste. Belle modération, à laquelle Angleterre et Hollande s'appliquèrent à croire, qui rompait la grande alliance de 1689-1697, et qui ne laissait aucune chance à l'Empereur dans un conflit armé... On comprend que les Français, de 1697 à 1700, aient pu espérer la paix, se remettre au travail, envisager l'avenir avec quelque optimisme, et songer à des réformes.

C'était compter sans les Espagnols eux-mêmes, principaux intéressés en ces découpages préalables. Un parti national espagnol se forma à la Cour madrilène ; il s'opposait à tout partage, prônait l'intégrité de l'empire, et, par hostilité envers une reine autrichienne méprisante, se tournait vers les

Français, fort bien représentés auprès de Charles II. L'avenir devait prouver que cette coterie de Cour rencontrait de sérieux échos dans le fond des Castilles. Le parti assiégea le Roi mourant, lui arracha en octobre 1700 un testament rigoureux, qui resta secret jusqu'à la mort du Roi (1er novembre). Connu à Paris huit jours plus tard, il éclata comme un coup de tonnerre. Le roi d'Espagne exigeait le maintien de l'unité intégrale de ses royaumes, possessions et empires, ce qui conduisait à refuser tout partage ; en second lieu, l'héritier désigné était le duc d'Anjou, second petit-fils de Louis XIV, à condition qu'il renonçât formellement à tous ses droits au trône de France ; en cas de refus, Berry, le frère cadet, devenait héritier aux mêmes conditions ; à défaut des deux précédents, l'archiduc Charles succédait.

Louis XIV et son Conseil — le Dauphin, le chancelier Pontchartrain, le contrôleur général et secrétaire d'Etat à la Guerre Chamillart, Torcy et Beauvillier — délibérèrent longuement à Fontainebleau les 9 et 10 novembre. Le dilemme était le suivant : refuser le testament et s'en tenir au traité de partage de 1700, accepter le testament et donc violer le traité. Dans les deux cas, la guerre avec l'Empereur était certaine. Dans le premier, on risquait de l'engager avec l'appui anglais et hollandais ; dans le second, avec l'hostilité des deux puissances maritimes. Mais, dans la première hypothèse, la guerre se ferait contre les provinces espagnoles, occupées en droit par des contingents impériaux ; dans la seconde, les terres espagnoles occupées par les Français pouvaient servir de bases de départ, et l'appui des armes et du peuple espagnol pouvait ne pas être négligeable. Enfin et surtout, suprême argument pour un « glorieux » sexagénaire et pour un Roi nourri du passé anti-habsbourgeois de la maison de Bourbon, il était insupportable d'accepter qu'un Habsbourg régnât au Nord, à l'Est, au Sud du royaume et aux Indes, avec le risque permanent d'une reconstitution de l'Empire de Charles Quint ; il était honorable et grand qu'un fils de France s'installât sur ce trône qui, tant de fois en deux siècles, avait fait trembler la monarchie des Lys. Après de très sérieuses discussions en Conseil, Louis XIV opta pour l'acceptation.

Ce choix, si important, a déchaîné toute une littérature plus ou moins historique : les uns, à la suite de Michelet, injurient le vieux monarque ; les autres louent platement son sens de l'honneur, son patriotisme et son génie politique ; ceux-là dissertent à perte de vue... Du point de vue économique, la décision était la meilleure : qu'un Français règne à Cadix et dans toutes les Indes de Castille, quelle aubaine ! Les membres du Conseil du Commerce, nouvellement reconstitué, de grands administrateurs et de grands négociants le sentirent fort bien ; les Hollandais et les Anglais, bien mieux encore ; mais Louis, on le sait, avait toujours méprisé les détails d'intendance. Militairement, sa décision n'était peut-être pas la plus mauvaise ; sur le plan diplomatique, tout pouvait ne pas être perdu, et la suite de l'histoire parut bien le montrer, puisque enfin Amsterdam et Londres parurent d'abord se résigner. Pour le renforcement des frontières du royaume et pour la gloire de sa maison, c'est-à-dire de la France, l'option du Roi était non seulement la meilleure, mais la seule qu'il pouvait prendre, étant donné sa nature profonde. Simplement, la nation, très fatiguée, et les finances, très éprouvées, n'avaient

pas eu le temps de se redresser. Le répit avait
été trop court.

La guerre, pourtant, n'était pas fatale, du moins
la guerre générale. Certes, dès le printemps 1701,
les hostilités éclatèrent en Milanais entre les troupes franco-espagnoles aidées (avec prudence) par
les savoisiennes, et les troupes impériales fort bien
conduites par le prince Eugène. Le conflit pouvait
rester limité, et le resta pratiquement une année.
La coalition européenne n'entra en action contre la
France et l'Espagne unies que le 15 mai 1702. C'est
que, en Angleterre comme aux Provinces-Unies, existaient de puissantes forces de paix, freins efficaces
aux rancœurs de Guillaume et à l'hostilité du Grand
Pensionnaire Heinsius. En Espagne, le jeune monarque fit une entrée remarquée : non seulement la
Cour et les notables, mais aussi le petit peuple,
lui ménagèrent un accueil enthousiaste. Les deux
premières manœuvres d'intimidation de Louis XIV
ne rencontrèrent même pas d'hostilité immédiate.
Dès février 1701, contrairement à ses engagements
antérieurs et au testament de Charles II, il main-
tenait tous les droits de Philippe V à la couronne
de France, et faisait enregistrer solennellement par
le Parlement cet acte de magnificence ; le Grand
Dauphin et le duc de Bourgogne, il est vrai, sépa-
raient encore Philippe V du trône, et personne ne
pouvait deviner que l'un et l'autre mourraient prématurément. Mais cette première bravade irrita
l'Europe. Une seconde suivit immédiatement, plus
grave peut-être : en attendant l'arrivée de garnisons
espagnoles, des troupes françaises allèrent s'installer aux Pays-Bas, retenant prisonnières les troupes

hollandaises qui occupaient les places de la Barrière, évidente violation du traité de Ryswick. Les Etats généraux protestèrent vivement ; mais, tout en déclarant qu'il s'agissait d'une mesure provisoire, le vieux Roi refusa aux Hollandais la plus minime satisfaction. Aussi Heinsius resserra son traité avec le Danemark (12 000 hommes contre 300 000 écus par an, janvier 1701) et négocia activement en Europe. De son côté, Louis XIV, outre l'alliance sarde, s'était assuré l'appui de l'Electeur de Bavière Max-Emmanuel, gouverneur des Pays-Bas (mars 1701) et de son frère Joseph-Clément, Electeur de Cologne et prince-évêque de Liège ; en juin, il obtenait la neutralité, géographiquement si importante, du roi de Portugal, contre subsides et promesse d'agrandissements au Brésil. L'Empereur battait aussi le rappel des princes allemands : l'Electeur de Hanovre, l'Electeur de Brandebourg qu'il fit roi de Prusse dès la fin de 1700 et, une foule de vassaux... Chacun prenait ses précautions.

Et pourtant, devant l'hostilité des milieux financiers et marchands et des diverses Assemblées, le roi Guillaume et le Grand Pensionnaire reconnurent Philippe V au début de 1701, ce qui constituait un acte de neutralité provisoire dans le conflit franco-impérial. Beaucoup de diplomatie et de sagesse auraient-elles pu fortifier cette neutralité ? La chose est fort douteuse, car Guillaume manœuvrait continuellement pour pousser à la guerre son Parlement, ses marchands et son peuple. Une fois encore, Louis XIV l'aida efficacement.

D'abord, en refusant toute concession sérieuse sur les Pays-Bas espagnols, que les régiments français fortifiaient comme pour une installation définitive : cette tactique unit l'indignation britannique aux rancœurs hollandaises, qui montèrent de concert durant l'été 1701.

Ensuite, en gouvernant trop visiblement l'Espagne à la place du falot Philippe V : armées espagnoles commandées de Versailles, flottes françaises croisant sur les côtes espagnoles, conseillers français assiégeant le roi et la reine d'Espagne, et surtout, débuts d'une sorte de fusion commerciale entre les deux royaumes.

Au-delà des haines tenaces de Guillaume et d'Heinsius, il semble à peu près prouvé que ce furent les facteurs économiques qui décidèrent les banquiers, les armateurs, les négociants, les marins néerlandais et anglais, de qui, en fin de compte, dépendait vraiment la guerre. Les grands négociants français poussaient hardiment l'exploitation de ce cadeau : le marché espagnol, le marché américain, l'argent mexicain et péruvien. Sur les côtes américaines croisaient les escadres françaises ; galères et navires du Ponant, dunkerquois, havrais, rouennais, malouins, nantais, rochelais, bordelais envahissaient pacifiquement les ports de la péninsule et ceux des Indes. En des délibérations vibrantes d'espoir, les négociants et les fabricants picards, normands, lavallois se réjouissaient de l'immense marché qui, plus largement et plus aisément encore, s'ouvrait tout grand à leurs draps, leurs serges, leurs toiles et leurs pacotilles. Enfin, suprême victoire et suprême danger, le roi d'Espagne accordait l'asiento à une compagnie française — dans laquelle lui-même et Louis XIV étaient actionnaires ! — en septembre 1701.

Chacun sait que l'asiento est le monopole de la fourniture de nègres aux colonies espagnoles. Ce monopole si disputé, et si avantageux, avait auparavant appartenu aux Hollandais. Les Anglais s'y intéressaient énormément. Le travail monumental de Georges Scelle (un peu trop oublié, il date de 1906 !) analyse en détail la très habile pénétration française dans les affaires d'une compagnie portugaise de transition, la Compagnie de Cacheu (1696-1701) qui détint un moment l'asiento, et les préparatifs très poussés du duc d'Harcourt et de Pontchartain le fils (très adroit en cette affaire comme en tant d'autres) dès le lendemain de la proclamation de Philippe V, peut-être même un peu avant. Bref, le monopole de la fourniture des indispensables travailleurs noirs aux Indes passait à la Compagnie française de Guinée pour dix ans ; en son sein, on rencontrait, outre les deux monarques, les plus grands capitalistes du temps, notamment Crozat, Legendre et Bernard.

Ce triomphe économique, les marchands anglais et hollandais (l'histoire traditionnelle minimise beaucoup trop le rôle de ces derniers) ne pouvaient l'accepter. La Grande Alliance de La Haye suivit de quelques jours la signature de l'asiento.

A La Haye, l'Empereur et les puissances maritimes, fortement unis, donnèrent deux mois à Louis XIV pour négocier ; sinon, ce serait la guerre. La guerre pour le démantèlement de la succession espagnole, pour la fermeture des Pays-Bas aux Français, pour la maîtrise de l'Italie et de la Méditerranée, pour la pénétration des coalisés dans les colonies espagnoles et leur interdiction au négoce français (7 septembre 1701). Neuf jours plus tard, la mort de l'ex-roi d'Angleterre Jacques II donna à Louis XIV l'occasion de leur expédier une réponse bien dans sa manière. Malgré l'avis du Conseil, et cédant aux prières de l'équipe dévote et de sa seconde épouse, il eut le front de reconnaître comme roi d'Angleterre le fils du défunt, en le saluant du nom de Jacques III.

Sans doute prit-il le soin de distinguer Guillaume, « roi de fait », et Jacques, « roi de droit ». L'heure n'était plus aux finasseries subalternes. Profondément antipapiste et fatigué des Stuarts, tout le peuple anglais hurla sa colère ; le Parlement, qui venait d'établir l'ordre de succession à la Couronne parmi les princes protestants, et que Guillaume renouvela en sa faveur en un tour de main, se cabra sous l'injure, et vota tous les subsides que la guerre demandait. Louis XIV avait provoqué un véritable sursaut national en Angleterre ; unifier et renforcer ses adversaires était décidément une de ses spécialités.

Désormais, la guerre sur tous les fronts, espagnols et français, était inévitable. La mort de Guillaume III (mars 1702) ne la retarda même pas. Les trois alliés de La Haye la déclarèrent le même jour (15 mai 1702).

La troisième coalition commençait.

III

La dernière coalition (1702-1714)

PENDANT qu'au nord et à l'est se développait l'extraordinaire épopée du jeune roi de Suède Charles XII, qui apparut un moment (en 1706) comme un redoutable arbitre dans l'Europe en guerre, mais s'enfonça l'année suivante dans l'immensité russe, une troisième coalition attaquait Louis XIV, allié pour la première fois au roi d'Espagne, son petit-fils. Une fois encore, la guerre commande l'histoire du royaume, du règne et du Roi.

Pour Louis comme pour ses ennemis, l'enjeu de la guerre était considérable. Tous les problèmes se posaient à la fois.

Problèmes de prestige monarchique : qui, du Habsbourg ou du Bourbon, conquerrait la gloire d'installer un enfant à Madrid, au cœur de cet Empire « où le soleil ne se couche jamais » ? Qui dominerait l'Italie : Léopold, Louis ou Victor-Amédée ? L'Empereur vainqueur des Turcs pourrait-il vaincre, dans l'Empire, ses vassaux récalcitrants ou jaloux ? Le Très Chrétien et son protégé Stuart pourraient-ils inquiéter le royaume parlementaire et protestant de William et d'Ann ?

Problèmes éternels de frontières : Louis reculerait-il les siennes vers les Pays-Bas malgré Hollandais et Anglais ; vers la Lorraine et le Rhin malgré l'Empereur et l'Empire ; dans les Alpes plutôt ?

Problèmes presque neufs de maîtrise des mers. La toujours robuste marine néerlandaise, la jeune et conquérante marine anglaise accepteraient-elles de voir les Français, déjà si puissants à Dunkerque, conquérir, par Ostende et Anvers, la maîtrise de la mer du Nord ? S'installer de Gibraltar à Naples et dans les îles de la Méditerranée occidentale, naguère hispano-génoise, demain britannique, quoique encore partiellement barbaresque ? Convoyer à travers l'Océan les galions qui ramenaient d'Amérique le fabuleux métal ? Pénétrer impunément dans les ports chinois ou péruviens ?

Au-delà des questions d'honneur, de dynasties, de frontières et de pavillons, l'immense marché de l'Amérique espagnole constituait, pour les Anglais, mais seulement pour quelques Français, l'enjeu suprême. La fourniture des étoffes et des nègres aux Indes de Castille a pesé sur ces douze années de guerre autant que les considérations de prestige...

Mais, pour le vieux roi Bourbon, il s'agissait d'abord de défendre sa maison. Dans ce dessein, il ne ménagea ni sa peine ni celle de son peuple. L'épreuve s'annonçait difficile.

A. — L'ORGANISATION DE LA DÉFENSE.

En 1701, les troupes franco-hispano-sardes n'avaient point brillé en Milanais, face au prince Eugène. Or, il s'agissait désormais de bien autre chose que de combats locaux. Il y aurait à défendre tout le pays, de Gibraltar à l'Escaut et de Lisbonne à Naples, plus les deux empires lointains, et principalement l'Amérique. La longueur des fronts maritimes et

terrestres, la puissance militaire et financière des
alliés, rien ne découragea le vieux monarque, qui
avait posément préparé ses forces.

Sur le plan diplomatique, il disposait de quatre
précieuses alliances. Entre la Hollande et l'Empire,
couvrant les Pays-Bas, le double prélat de Cologne
et Liège offrait ses forteresses et ses bases de départ.
Au cœur de l'Empire, prenant en coin les Etats
de la maison de Habsbourg, le Bavarois pouvait
fixer les troupes impériales, en protégeant le Rhin
et l'Alsace. L'allié savoisien garantissait le facile
passage des Alpes, aidait à fixer en Italie une
armée ennemie, tout en concourant — mollement,
il est vrai — à la défense du Milanais espagnol.
L'allié portugais avait promis de fermer ses ports
aux coalisés, de les ouvrir aux franco-espagnols,
empêchant ainsi une invasion de la péninsule ibérique par l'ouest. Pendant quelque temps, les quatre
alliés allaient sauver les deux royaumes de l'invasion.

Sur le plan du commandement, malgré la montée
d'une génération de chefs médiocres ou pires, choisis par le Roi lui-même, il restait de la vieille
garde le marquis de Chamlay, véritable chef d'état-
major conseillant son maître, et l'infatigable Vauban,
plus utile que jamais, mais qui mourra trop tôt,
honteusement disgracié pour excès d'intelligence et
de franchise. Catinat baissait beaucoup et disparut
bientôt ; Villars gâtait ses dons par un caractère
épouvantable et une vanité de matamore ; Vendôme avait des illuminations géniales quand, par
hasard, il ne se vautrait pas dans la paresse ou la
débauche ; Berwick, bâtard de Jacques II, ne brillait
que par comparaison avec Tallard, Marcin et Villeroy. Malheureusement pour tous ceux-là, il se trou-

vait que l'adversaire possédait deux grands capitaines, Eugène de Savoie et John Churchill, bientôt duc de Marlborough, et que tous deux entendaient également la diplomatie et la politique, l'un peut-être par hérédité (il descendait de la famille Mazarini), l'autre par son génie joint à celui de sa femme, l'impérieuse amie de la très anglaise reine Ann. Complétant le « triumvirat », l'infatigable et rigide Heinsius tâchait de coordonner les intérêts et les actions. Personne, en France, ne pouvait égaler ces hommes ; pour une fois, le génie s'était installé chez l'adversaire.

Sur le plan des armées, Louis XIV avait pris très tôt des mesures rigoureuses. Dès 1698, des régiments entiers avaient été réorganisés, réarmés, exercés et campaient aux frontières. Vauban ne cessait de voyager d'une place forte à l'autre, de Flandre en Savoie, de Brest à Toulon. Des armes modernes avaient été adoptées : le fusil généralisé en 1701, la baïonnette à douille en 1703, l'artillerie renforcée selon les idées du duc de Luxembourg par Surirey de Saint-Rémy. Mais surtout, un énorme effort de recrutement avait été et devait être tenté pour couvrir des fronts immenses. Etudiés autrefois avec précision par Georges Girard, réexaminés récemment par A. Corvisier, enrôlement régulier ou forcé, racolage et milice mirent 220 000 hommes à la disposition du Roi en janvier 1702 ; 300 000 peut-être l'année suivante. Jamais on n'avait vu un royaume d'Europe lever de telles multitudes. Un moment même, le Roi songea à une sorte d'amalgame entre vieux soldats et jeunes recrues ; puis il y renonça, laissant à la Révolution l'honneur et le bénéfice de cette initiative. Ces foules soldatesques, sans doute, avaient été recrutées dans ces conditions pénibles : racolages irréguliers, enrôlement des mendiants, des vagabonds, des prisonniers, enlèvement de jeunes gens, miliciens tirés au sort, d'abord parmi les seuls célibataires (d'où une inquiétante épidémie de mariages), puis parmi les moins de trente ans. Elles se débandaient facilement, et désertaient plus facilement encore : la chasse aux insoumis devint, désormais, la constante occupation de la maréchaussée et des troupes de l'intérieur. Mal vêtues, mal nourries, payées irrégulièrement, elles considéraient le pillage comme une de leurs principales attributions. Mais leur nombre, leur armement, l'influence de quelques centaines de vieux officiers et de deux ou trois bons généraux leur donnèrent, par moments, quelque valeur ; d'autant que les troupes d'en face, mieux commandées, mieux ravitaillées, comprenaient surtout des régiments de mercenaires de vingt nationalités, dont l'action demeurait très difficile à coordonner, chaque coalisé tirant volontiers du côté de son intérêt propre.

La marine, en apparence, était encore plus mal pourvue. Les ministres successifs, Pontchartrain père et fils, étaient pourtant hommes d'esprit et d'application. Ils disposaient encore de bons conducteurs d'escadre, comme Châteaurenault et Ducasse. C'étaient les navires qui leur manquaient le plus : la marine royale ne comptait même pas, en 1702, cent vaisseaux de ligne, galères comprises, et ses tâches étaient énormes, face à la longueur des littoraux à défendre ; avec les vieux galions espagnols, le tonnage de la marine des Bourbon ne devait pas représenter la moitié du tonnage adverse. Mais il y avait les corsaires, nombreux, redoutables et fameux depuis la dernière guerre. Enlevons-leur soigneusement les oripeaux dont les ont revêtus les récits pour la jeunesse et l'imagerie populaire. Les corsaires français, ce sont les commerçants des grands ports armant leurs propres navires, avec la permission royale, pour protéger leur commerce en Espagne, aux Isles, aux Indes, en mer du Sud. L'intérêt de ces grands chevaliers du négoce se trouvait coïncider avec celui du Roi. Ce dernier consentait à fermer les yeux sur leurs actes de piraterie, de contrebande, et même de commerce avec l'ennemi. A bien des égards, l'aide de la marine privée se révéla très utile à la marine royale, et au Roi lui-même, qu'elle sauva plusieurs fois de la faillite.

Une guerre qui s'annonçait dure et longue requérait une sorte de mobilisation économique du royaume. Personne, à cette date, ne concevait vraiment ce que pouvait être une économie de guerre ; la première, la Convention nationale en réalisera vraiment les règles, les conditions et les disciplines. On savait seulement que la guerre coûtait fort cher, et que le rôle du contrôleur général se réduisait à trouver de l'argent, par tous les moyens. Le successeur de Pontchartrain, Chamillart, jouit d'une bien pitoyable réputation, qu'il doit en partie à Saint-Simon ; l'infatigable médisant et calomniateur avait, pour une fois, bien connu l'objet de son venin. On disait qu'il devait son poste à son talent au billard et à sa médiocrité, le Roi ne souffrant plus que les courtisans ou les faibles, qu'il pouvait plus aisément dominer. L'honnêteté, la modestie et la stricte dévotion (fort appréciée de Maintenon) du nouveau Maître Jacques (car Chamillart reçut l'ordre de cumuler la Guerre et les Finances) sont hors de cause ; ces qualités ne suffisent pas lorsqu'on doit, face à une coalition sans précédent, être à la fois le Louvois et le Colbert d'un royaume fatigué. D'autres que lui auraient-ils fait mieux ? Cela n'est pas sûr. Disons qu'il se dévoua sans compter, avec résignation, alors que son successeur se dévoua avec cynisme. Il trouva tout de même de quoi nourrir la guerre. Certes, il épuisa le royaume ; mais personne ne lui demandait de le ménager, le bonheur des peuples n'ayant jamais constitué, pour Louis XIV comme pour beaucoup d'autres, un objet de gouvernement.

Dès 1701, les dépenses militaires sautèrent de 56 à 97 millions, tandis que le Roi ne rognait pas un écu pour l'entretien de ses maisons, ses constructions (Marly surtout), ses gratifications et ses « comptants ». Chamillart recourut, pour remplir les caisses, aux bonnes vieilles méthodes. En deux ans, la taille augmenta de 15 %. Le 12 mars 1701, un édit rétablit la capitation, limitée au temps de la guerre plus six mois, disait le préambule ; ce texte affirmait même qu'elle permettrait d'éviter les « affaires extraordinaires », ce que personne ne pouvait vraiment penser. Très vite, le taux de cette capitation fut augmenté d'un tiers. Une certaine imagination créatrice, en matière fiscale, se manifesta très tôt : en 1700, on reprit l'ancienne idée d'une « loterie royale », ancêtre vénérable ; elle ne rapporta que 5 millions, l'Etat distribuant surtout en lot des rentes, dont on avait quelque raison de se méfier. En 1701, on inventa, parmi d'autres, une taxe sur les jeux de cartes. La milice exécrée, rétablie après quatre années de suppression, était levée d'argent autant que levée d'hommes. On fit une « chasse aux traitants », grande manœuvre politique pour amuser l'opinion ; les traitants, qui avaient fort légalement gagné 107 millions durant la dernière

guerre (et d'autres sans doute, moins officiels), durent
en rendre provisoirement une vingtaine, qu'ils récu-
pérèrent dès l'année suivante. Fin 1702, on augmenta
tout simplement le prix du sel, de 3 à 5 livres par
minot ; les ventes, naturellement, baissèrent aussitôt, et les faux saulniers multiplièrent leur activité.
En 1703, furent étendus ou créés les droits de
contrôle des actes, d'insinuation, de centième
denier ; puis vingt autres...

Tout cela ne suffisait pas. Très tôt, dès 1701,
rentes, nouveaux offices, exemptions d'impôts furent,
comme d'habitude, créés, vendus, supprimés, recréés,
revendus ; un peu plus tard, on imagina même de
révoquer des anoblissements récents pour contraindre les nouveaux nobles à payer une seconde fois
leur titre. Les manipulations monétaires s'accélé-
rèrent : en 1701, la nouvelle « augmentation » (tra-
duisez : dévaluation) des 2 louis s'acheva, après le
petit jeu préalable des « diminutions » en escalier.
La « refonte » d'espèces qui l'accompagna rapporta,
dit-on, une trentaine de millions à l'Etat ; la même
année, le rapport bimétallique baissa quelque peu
(de 15,6 à 15,4), ce qui fit fuir l'or du royaume.
Deux nouveautés, assez intelligentes, sont contemporaines de la grande refonte : les billets de monnaie et la Caisse des Emprunts.

Sous leur forme initiale, les premiers ne présentaient que des avantages : comme en 1693,
c'étaient de simples reçus correspondant à la remise
aux Monnaies de vieilles espèces à refondre, reçus
remboursables en espèces de nouvelle refonte. Dès
octobre 1701, on décida que les billets non encore
remboursés porteraient intérêt à 4 %. En 1703, l'intérêt fut porté à 8 % ; plus de 6 millions de billets
circulaient alors au pair, surtout à Paris. Cet essai

de papier-monnaie fonctionnait assez bien, et Chamillart promit le remboursement intégral en espèces pour 1704. Si la guerre avait fini cette année-là, les avantages des billets de monnaie auraient été soulignés par tout le monde ; mais elle ne finit pas.

Quant à la Caisse des Emprunts (reprise d'une initiative de Colbert), elle fut ressuscitée le 11 mars 1702, avant donc la déclaration de guerre des coalisés. Les dépôts du public y étaient reçus, portaient 8 % d'intérêt — ce qui était beaucoup, peut-être trop —, et étaient remboursables, non plus à volonté, mais à terme fixe, et en espèces. Le système fonctionna correctement jusqu'en août 1704. La continuation d'une guerre de plus en plus malheureuse le dégrada aussi.

A cette date, d'ailleurs, les manipulations monétaires déviaient dangereusement. Une nouvelle dévaluation était déjà intervenue (les 2 louis passant à 15 et 4 livres dès mai), ce qui ne constituait après tout qu'une persévérance comme une autre. Mais, dès 1703, Louis avait autorisé Chamillart à fabriquer ce qu'il faut bien appeler de la fausse monnaie : des pièces dites de 10 sols, qui ne contenaient que pour 6 sols 3 deniers de métal. Mauvaise monnaie qui chassa la bonne, et annonça le pire.

Toutes ces mesures de guerre, assez bien combinées, et adaptées, en somme, aux ressources faiblissantes du royaume, à la puissance des coalisés et à la grandeur de l'enjeu, auraient pu suffire si les combats n'avaient duré que deux années, trois au maximum ; à cette seule condition, le Roi, l'Etat et la multitude des sujets eussent pu supporter sans défaillir le poids de la guerre.

Or, il était évident, aux derniers jours de 1703, que la guerre risquait d'être fort longue, et malheureuse.

B. — LE MALHEUR DES ARMES (1702-1708).

Pourtant, la lutte avait assez bien commencé. La lenteur et les divisions des coalisés, la rapidité et la bonne préparation des armées françaises, l'appui géographique et stratégique des quatre alliés peuvent expliquer les premiers succès.

Certes, sur le front septentrional, les troupes franco-espagnoles avaient dû abandonner l'Electorat de Cologne, la Gueldre et le Limbourg, mal situés entre les territoires ennemis. Mais elles étaient installées sur de solides retranchements en Brabant, et les adversaires se disputaient au sujet de la tactique et des villes conquises. Les Français avaient sacrifié l'accessoire, et tenaient de bonnes positions de défense. Vers l'est, Catinat perdit Landau, que Tallard reprit sans peine, son adversaire badois étant parti pour la Bavière. Dans ce duché allié, Max-Emmanuel se défendait avec énergie, aidé par Villars, qui remporta deux éclatants succès : Friedlingen (octobre 1702) et Höchstaedt (septembre 1703) ; mais Villars ne s'entendait avec personne, même pas avec Chamillart, et réclama son rappel ; on l'envoya tuer des Français dans les Cévennes, où la révolte des Camisards immobilisait trop longtemps de trop nombreux régiments [1]. En Italie, Vendôme et Eugène s'acharnaient l'un contre l'autre, jusqu'à la tuerie. Ils se valaient. Eugène occupé ailleurs, Vendôme avança jusqu'à Trente en 1703.

---

1. Un récit alerte et nuancé de la révolte religieuse et paysanne des Camisards (1702-1710) est donné par Le Roy Ladurie dans sa très neuve *Histoire du Languedoc* (coll. Que Sais-je ?, 1962), p. 81-87. Nous renvoyons à cet excellent morceau, et à ses *Paysans de Languedoc* (S.E.V.P.E.N., 1966), p. 605-629.

Mais la défection de Victor-Amédée l'obligea bientôt à la retraite. Contre l'Espagne et les Indes, les Anglo-Hollandais manquèrent deux débarquements, l'un à Carthagène d'Amérique, l'autre à Cadix ; l'amiral français Ducasse défendit heureusement la première ville, les Espagnols eux-mêmes la seconde (août-septembre 1702) ; les coalisés se vengèrent en tombant sur les galions espagnols et la flotte française de convoi, qui se réfugièrent assez malheureusement à Vigo : des vaisseaux furent détruits ou capturés, 4 millions d'or et d'argent enlevés ; mais plus de 30 millions furent sauvés. Bref, la résistance franco-espagnole était efficace, et personne ne pouvait imaginer qu'une invasion puisse menacer un jour l'un ou l'autre des deux royaumes.

La défection des deux alliés latins effaça brusquement cette impression réconfortante. Bien que beau-père de deux fils de France, et gorgé de subsides, Victor-Amédée n'avait jamais cessé de négocier avec l'Empereur, son ennemi provisoire ; celui-ci lui promettant beaucoup plus que Louis XIV, Victor-Amédée changea de camp, en novembre 1703. Résultat : l'armée française d'Italie devait désormais, non seulement essayer de défendre le Milanais, mais reconquérir le Piémont, ne serait-ce que pour assurer ses arrières. Vendôme perdit du temps et, en janvier 1704, les troupes impériales et piémontaises opéraient une menaçante jonction. Puis il racheta son erreur, tint sur deux fronts pendant deux ans dans la plaine du Pô, enleva même la plupart des villes piémontaises, sauf Turin. Mais en août 1705, Vendôme fut appelé ailleurs, et l'armée française livrée aux incapables. Un désastre approchait...

L'allié portugais trahit les Bourbons en même

temps que le piémontais. Deux traités, en 1703, ouvrirent le Portugal aux vaisseaux, au commerce, et aux troupes de la coalition. Contre une protection navale, la promesse de quelques annexions en Espagne et en Amérique, et l'importation massive de vin de Porto par l'Angleterre assoiffée, le roi Don Pedro promit son armée, ses ports, et sa clientèle. A cette date, le Portugal devint un satellite économique de l'Angleterre ; dans l'immédiat, sa défection mettait en danger le jeune Philippe V, d'autant plus que toute la coalition reconnut pour roi d'Espagne l'archiduc Charles. Il restait à celui-ci à conquérir son royaume. Pour prévenir le péril, Louis XIV expédia en Espagne Berwick et douze mille hommes, qui pénétrèrent dans l'intérieur du Portugal ; en même temps, la flotte de Toulon tâchait de couvrir les côtes espagnoles. Efficaces jusqu'en août 1704, ces précautions devinrent rapidement insuffisantes. Là encore, un désastre menaçait...

Le premier désastre se produisit ailleurs. A Blenheim, non loin de Höchstaedt, les Franco-Bavarois de Marcin et de Tallard furent écrasés en août 1704 par les armées supérieures en nombre et en commandement de Marlborough et du prince Eugène. Trente mille hommes pris, débandés ou massacrés ; de vieux régiments se rendant après avoir déchiré et enterré leurs drapeaux ; Versailles atterré, personne n'osant annoncer le désastre au vieux Roi ; la Bavière perdue ; les restes de l'armée vaincue refluant jusqu'en Alsace, suivis par les triomphateurs, qui passèrent le Rhin au début de septembre, mais perdirent du temps à reprendre Landau, malgré Marlborough qui voulait entrer en Lorraine. Un champ de bataille extérieur venait d'être abandonné ; une menace d'invasion par l'est apparaissait, si vive que Louis XIV envoya rapidement Villars des Cévennes sur la Moselle. Les coalisés ne surent pas profiter de l'occasion, et piétinèrent en 1705. Mais ils avaient obtenu à cette date d'autres succès sur d'autres fronts.

Le mois même de Blenheim, une flotte anglaise prit Gibraltar, très facilement. L'escadre française de Toulon vint assiéger la place forte, bien garnie de troupes par les conquérants ; malgré quelques beaux faits d'armes, elle échoua ; une partie fut prise, l'autre sombra. Au début de 1705, la maîtrise de la Méditerranée passa aux Britanniques. Ceux-ci conduisirent tranquillement l'archiduc Charles sur la côte catalane. Toute la Catalogne se déclara pour lui, puisque la Castille était contre. A la fin de l'année, Charles III, reconnu également dans les royaumes de Valence et de Murcie, avait pris à Philippe V toute l'Espagne méditerranéenne, la plus riche. Louis XIV entama courageusement des négociations de paix, exploitant des dissensions entre coalisés ; mais Marlborough, en une sorte de tour d'Europe, réconcilia tout le monde, et trouva même de l'argent pour l'Empereur.

Louis XIV n'était pas au bout de ses peines. L'année 1706 fut très pénible. Villeroy perdit les Pays-Bas, après s'être assez sottement laissé défaire à Ramillies par Marlborough, habile à exploiter les maladresses. Libérés des Français bien plus que des Espagnols, les Etats de Flandre reconnurent Charles III pour leur roi. Vauban mit hâtivement Dunkerque en défense. Pourtant, le général anglais mit le cap plus à l'est, enleva Courtrai et Menin, franchit la frontière dans l'intention d'assiéger Lille, mais trouva soudain Vendôme devant lui. Le bou-

clier septentrional du royaume était tombé ; une
seconde voie d'invasion s'offrait aux coalisés.

Au sud, tout allait mal. Devant Turin, Marcin et
La Feuillade furent écrasés par le prince Eugène
et Victor-Amédée (septembre 1706). L'Italie du Nord
était perdue. Louis XIV obtint de l'Empereur d'accomplir une retraite honorable, contre cession de
quelques places qu'il tenait encore en Milanais (mars
1707). Quelques mois plus tard, il décida d'abandonner Naples et la Sicile, indéfendables. Charles III
entrait peu à peu en possession de son royaume,
tandis que les frontières alpines et provençales
étaient à leur tour menacées.

En Espagne même, on put aussi se croire au bord
de la débâcle. Philippe V et une escadre française
échouèrent lourdement au siège de Barcelone. Venue
du Portugal, une armée adverse, commandée par
un protestant français réfugié en Angleterre —
Ruvigny devenu Lord Galway — bouscula Berwick
et entra dans Madrid (juin 1706). Philippe V ne
renonça pas. Epaulé par des miliciens, des volontaires, des guérilleros et des sortes de *desperados*
qui, en plein Madrid, assassinaient les mercenaires
étrangers, il rentra à Madrid quarante jours plus
tard. Berwick reprit bien Carthagène, mais les
Anglais s'installèrent aux Baléares. Fin 1706,
Louis XIV cherchait partout la négociation, faisant
appel tantôt à une médiation pontificale, tantôt à
Charles XII, menant en Hollande jusqu'à quatre
intrigues à la fois, essayant de ramener à lui le
duc de Savoie... Rien ne sortit de ses tentatives,
prématurées, repoussées par les coalisés, vainqueurs
et trop gourmands.

L'année 1707 ne fut pas trop désastreuse. Villars
fit une incursion brillante dans l'Empire, mais

fut rappelé pour sauver la Provence, envahie par une armée austro-piémontaise, bombardée par la flotte anglaise. La sécheresse, la maladie, la désertion et les milices locales aidèrent à l'échec de cette première invasion, terminée à l'automne. Sur le front du Nord, Vendôme avait contraint Marlborough à l'inaction. En Espagne, le Roi, la Reine, l'ambassadeur français et Berwick rétablirent la situation : à la fin de 1707, les Anglo-Portugais ne tenaient plus que quelques places catalanes, dont Barcelone et les Baléares. Louis XIV pouvait espérer que son petit-fils régnerait enfin. C'est pourquoi il négocia plus mollement cette année-là, avec les Hollandais.

Mais 1708 gâta tout. Une tentative, bien chimérique, de débarquement en Ecosse pour aller soutenir d'éventuels partisans du prétendant jacobite, partit trop tard, commença bien, et échoua piteusement. Personne ne put débarquer : les Ecossais étaient absents dans le golfe du Forth, mais la flotte anglaise, présente ; les navires français revinrent donc à Dunkerque. En Espagne, le duc d'Orléans, qui avait remplacé Berwick, piétina quelque peu. Les Anglais s'installèrent en Sardaigne. La catastrophe décisive eut lieu sur le front Nord.

Vendôme et le jeune duc de Bourgogne possédaient en commun le commandement de l'armée du Nord, 80 000 hommes. Les deux hommes s'opposaient en tout : l'élève de Fénelon était renfermé, minutieux, scrupuleux, souvent distrait, et en fin de compte détestait la guerre et l'armée ; Vendôme, tout le contraire, jusqu'à l'excès. Tandis qu'ils discutaient un plan de campagne, Marlborough et Eugène, qu'ils auraient dû battre séparément, joignirent tranquillement leurs forces, plus de 100 000 soldats. Puis les Français s'en allèrent conquérir

Gand et Bruges, quelque peu excentriques, sans coup férir. Vendôme voulut pourtant arrêter sur l'Escaut les coalisés, qui fonçaient vers le sud. Dans un accrochage à Audenarde (10 juillet 1708), le duc de Bourgogne refusa de prendre part à l'action. Vendôme excédé ordonna la retraite, que personne n'organisa : ce fut une déroute. De petits groupes de soldats s'égaillèrent, poursuivis par l'ennemi, qui en neutralisa une vingtaine de milliers. Le reste, au lieu de barrer la route de Lille, reflua vers Gand et Bruges, laissant l'armée adverse investir la grande cité. Bourgogne tergiversa encore. Lille capitula le 22 octobre, à une heure où le duc jouait paisiblement au volant. Boufflers tint six semaines encore dans la citadelle. L'invasion commençait par un coup d'éclat. Toutes les autres frontières étaient menacées. L'armée, les finances, le peuple lui-même, tout semblait prêt à fondre et s'évanouir. Seul, le roi Philippe et sa petite armée se comportaient bien en Espagne. Le Roi et le royaume allaient-ils glisser dans une sorte d'abîme ?

C. — LE ROYAUME AU BORD DE L'ABIME (1709-1710).

Le Roi venait de célébrer son soixante-dixième anniversaire ; âge rarement atteint à cette époque, âge qui, même au XXe siècle, sonne l'heure de la retraite définitive pour tous, sauf pour les hommes qui se croient providentiels. Tout baissait en lui, sauf l'appétit. Balourde, rassotie ou scandaleuse — les trois à la fois pour le Grand Dauphin — sa descendance légitime le décevait et l'agaçait. Quelques-uns de ses bâtards mâles ne lui déplaisaient pas, surtout le duc du Maine ; il s'amusait comme un grand-père avec la duchesse de Bourgogne, gamine espiègle devenue experte en plaisirs. Autour de lui, une Cour souvent grossière, dévergondée et athée, savait prendre au besoin le masque de la dévotion et de la solennité. Elle complotait par petits groupes, guignant la succession proche, et surtout la protection du successeur.

Avec un calme surprenant, le vieux monarque accueillait, impavide, l'annonce des désastres qui se succédaient depuis l'année de Blenheim. A ses enfants et à ses généraux coupables, il n'adressa, semble-t-il, aucun reproche. Mépris sénile pour la jeune génération, forcément incapable ? Volonté de ne pas reconnaître qu'il avait pu se tromper en les désignant, lui qui, seul, choisissait ses serviteurs ? Fatigue et déception ? Retour de l'ancienne timidité ? Forme silencieuse et royale de la souffrance ? Avec un tel homme, si habitué à dissimuler que le secret, forme du mépris, lui était devenu comme une seconde nature, on ne peut jamais se prononcer sûrement. Il est certain pourtant que le moindre succès, celui de son petit-fils d'Espagne notamment, le transportait d'une joie contenue, et freinait ses négociations secrètes. Car ce hardi, ce superbe, cet agresseur instinctif se prenait à rechercher des contacts officieux dès la première défaite. Attitudes successives et presque contradictoires, dirait-on, si les mœurs du temps n'eussent été celles-là, s'il ne s'agissait ici du dessein fort avisé de rompre une coalition qu'il estimait de circonstance. Seul maître de la guerre et de la paix, il se décida, après la chute de Lille, à aller très loin, plus loin dans les concessions que n'alla jamais roi de France : au bord de la honte.

C'est que tout, dans le royaume, criait grâce et appelait la paix, fût-ce à n'importe quel prix.

L'état des finances, sans lesquelles il n'est point de guerre possible, désespérait Chamillart dès 1707. Tous les historiens citent, en la recopiant sur quelque prédécesseur, cette lettre désespérée que l'infortuné contrôleur général écrivit alors au Roi pour lui dire son épuisement physique, intellectuel et moral. Mais Louis s'entêta un an encore, avant de se résigner à prendre enfin Desmarets ; neveu de Colbert, d'une intelligence éclatante et cynique, ce dernier inspirait forcément de la méfiance...

Le désespoir de Chamillart, ce grand honnête homme, possédait de solides fondements. Les impôts directs avaient été portés au maximum, et même un peu au-delà : les tailles, accrues de près d'un tiers en sept ans, ne rentraient qu'avec la plus grande peine : les retards s'allongeaient sans cesse. Les fermes, qui produisaient 66 millions avant la guerre, n'en produisaient plus que 58 ; encore fallait-il consentir de temps à autre des remises aux fermiers. Bientôt, on ne trouva même plus de fermiers pour percevoir les impôts du Roi : un essai de régie directe dut être tenté en octobre 1709 ; il fonctionna cinq années ; on estime que, d'octobre 1709 à octobre 1711, le système rapporta 35 millions par an, soit la moitié du chiffre d'avant-guerre.

Les affaires extraordinaires furent poussées au-delà du raisonnable : nouveaux offices, nouvelles exemptions, nouvelles augmentations de gages (emprunts forcés sur les officiers), nouvelles offres de rentes, nouveaux appels au crédit, tout cela rendait de moins en moins et engageait de plus en plus l'avenir. On continuait de manger à l'avance les revenus des années à venir. Après l'augmentation des espèces de mai 1704 (le louis d'or à

15 livres), on reprenait la mécanique déjà rituelle : on diminuait lentement la monnaie en attendant le moment favorable à une « augmentation » — donc une dévaluation — brutale ; elle se produisit en 1709 : le louis bondit à 20 livres. Ainsi, celui qui avait prêté 4 louis de 15 livres en 1704 était remboursé par 3 louis de 20 livres en 1709 ; la perte effective était, en principe, du quart.

A ce rythme, le crédit de l'Etat tomba rapidement, surtout à partir des premières défaites graves. Déjà, au lendemain de Blenheim, la Caisse des Emprunts, qui jusqu'alors donnait à peu près satisfaction, prorogea brutalement la date de ses remboursements ; la nouvelle échéance arrivée (avril 1705), un nouveau délai fut décidé ; puis les remboursements se firent, partie en espèces, partie en billets de monnaie. Or, les billets de monnaie, habile moyen de financement qui fonctionna bien quatre années durant, montrèrent des signes de faiblesse fin 1705 et s'effondrèrent en 1706. En janvier, on donnait 94 livres d'argent pour un billet de 100 livres ; en juillet, 72 livres ; en octobre, moins de 50 livres ; au début de 1707, 37. En décembre 1706, le puissant et astucieux Samuel Bernard obtenait du Roi que sa perte sur les billets de monnaie fût estimée à 78,5 %, et remboursée par le Trésor ; opération qui montre la puissance du personnage et le désarroi des finances.

Dans la pratique, l'Etat dépendait des arrivées d'argent des Indes espagnoles ; ainsi, l'arrivée à La Rochelle, le jour de Pâques 1709, de l'escadre de Chabert, chargée de 30 millions de piastres, permit d'éviter la banqueroute immédiate. Il dépendait plus encore des grands brasseurs d'affaires, armateurs, négociants, partisans, banquiers, parmi les-

quels on trouve une belle proportion de huguenots.
Eux seuls pouvaient mettre leur crédit au service
du crédit de l'Etat, avec promesse de se rembourser
quelque jour sur la substance du royaume. On
relève partout leurs patronymes obsédants — Bernard, Crozat, Legendre, Fizeaux, Nicolas, les Genevois Hogguer, Huguetan, Mallet, Lullin, étudiés
récemment par Herbert Luthy ; beaucoup laissent
des plumes dans des combinaisons fort compliquées,
le grand Samuel Bernard lui-même. Tous sont liés
avec ces grandes compagnies qui commercent aux
Indes et qui tiennent l'asiento, Compagnies de Guinée, de Chine, de la mer du Sud, truffées aussi de
Malouins, de Rochelais et de Nantais. Mais, au début
de 1709, beaucoup de ces grands brasseurs d'affaires
sont en difficulté, sauf peut-être Legendre, sur qui
Desmaret s'appuya pour terminer la guerre.

Les finances du royaume tombaient donc, au
moment de l'invasion de la Flandre, aux mains d'une
poignée de capitalistes qui n'oublieraient pas de
faire, au milieu des plus grands risques, d'énormes
fortunes dans la détresse générale.

Cette détresse générale, on l'a tant de fois soulignée qu'il est désormais permis de la nuancer.

Le siècle avait commencé, en beaucoup de provinces, au moins dans le Nord et dans l'Ouest, par
une terrible épidémie, qu'on nomme tantôt rougeole
et pourpre, et tantôt dysenterie. On la retrouve un
peu partout en feuilletant les vieux registres paroissiaux ; en Haute-Bretagne même, des études récentes
montrent que l'année 1701 détient, entre 1640 et
1750, le record de la mortalité : des centaines
d'enfants et de jeunes gens disparurent durant l'été
et le début de l'automne, en des paroisses où n'en
mouraient habituellement que quelques dizaines.

Simple péripétie sans doute, mais qui frappa les esprits.

Après l'alerte de 1698-1699, les prix agricoles s'étaient effondrés, et se maintinrent à un niveau exceptionnellement bas jusqu'en 1708. Un tel phénomène, qu'on a rarement remarqué, revêt à cette date une double signification. D'une part, tous les vendeurs de céréales — laboureurs aisés, gros fermiers, propriétaires, seigneurs, décimateurs — perdirent de l'argent et se remirent à gémir. Les œuvres majeures de Boisguillebert et de Vauban furent écrites et publiées dans cette exacte perspective, celle d'une forte récession. Leurs plaintes sur la baisse des revenus agraires sont donc plus fondées que jamais ; et les laboureurs et fermiers, qui constituaient, quoi qu'on ait prétendu sur l'injustice fiscale du temps, les plus gros contribuables et les éventuels acheteurs de petites rentes et de petits offices, éprouvèrent des difficultés graves, que renforça l'insécurité monétaire.

En revanche, le petit peuple des villes et des campagnes, au moins en certaines provinces, souffrit beaucoup moins qu'on le croit. D'une part, les subsistances étaient à très bas prix, aussi bas qu'en 1672 ou en 1687, parfois plus, et il suffisait que le travail fût assuré pour que l'existence apparût facile. Or, le travail ne manquait pas dans les régions qui ravitaillaient en marchandises les grands ports océaniques liés à l'Espagne et à l'Amérique. Rurales ou urbaines, les régions productrices de toiles et de draps fournissaient Dunkerque, Rouen, Saint-Malo, Nantes, La Rochelle, Bordeaux et Bayonne. Chaque fabricant, chaque négociant s'était réjoui de voir les draps anglais et les toiles hollandaises évincés des marchés ibériques et américains, et s'était mis à imiter les étoffes étrangères. On découvre avec stupeur, jusqu'en 1709 et même après, la prospérité d'infimes villages, notamment en Picardie : les tisserands y affluent de partout, les mariages se multiplient, les naissances aussi et l'on oublie d'y mourir lors du « grand hyver » de 1709 et de la famine de 1710, preuve qu'on y trouvait du travail et du pain. Le même phénomène paraît s'être produit dans la Bretagne et le Maine, pays de la toile.

A ces privilèges — peut-être limités — de la frange maritime et manufacturière du royaume s'oppose brutalement, en un contraste saisissant, la détresse infinie de la masse continentale.

On ne décrira pas encore, après tant d'autres, l'exceptionnel hiver de 1709 qui gela tous les grains (sauf en Bretagne) et une quantité incroyable d'arbres fruitiers, dont tous les noyers de Bourgogne, sans compter les oiseaux, le bétail et les vagabonds. Si le vin gela, dit-on, à la table du Roi, cela prouve simplement que Versailles était mal chauffé. Les victimes immédiates du froid relèvent, par leur nombre, de la chronique des faits divers. La catastrophe réelle se produisit à la fin de l'année, et surtout en 1710. Sauf dans les campagnes qui purent semer des blés de printemps, surtout de l'orge, la récolte fut nulle. Les prix des blés, vieux, mauvais, importés, atteignirent des altitudes himalayennes : en Beauce et en Brie, dix, douze et treize fois les prix de l'année précédente. Comme en 1694, le petit peuple, aux réserves épuisées par les divers impôts, ne put vivre que de charité ou de charognes infectes. On enterra en série, on ramassa des morts le long des chemins, on ne se maria plus, et le peu d'enfants qui réussirent à naître moururent très vite. Avant que de rendre l'âme, on tentait de se révolter.

Paris insulta les riches, les grands, la famille royale. Les chansons et les libelles les plus atroces atteignaient le vieux Roi lui-même ; pourtant, il invitait un peu moins de gens à Marly, et avait même du mal à payer ses fournisseurs. La défaite, la ruine, l'hiver, la famine, la révolte grondant un peu partout, tous les malheurs s'accumulant, Louis se résigna, avec une très grande dignité, à implorer la paix, en négociant jusqu'à l'impossible.

En mai 1709, à La Haye, le ministre lui-même, Torcy, tâcha de donner satisfaction aux coalisés triomphants. Il accepta de reconnaître Charles III roi d'Espagne et de toutes les possessions espagnoles, abandonnant Philippe V. Il accepta l'expulsion de France de Jacques III le Prétendant, la destruction de Dunkerque, l'abandon de Terre-Neuve et même de Strasbourg. Contre tous ces renoncements, il obtenait une trêve de deux mois, à condition que Louis XIV s'engageât à porter les armes contre son petit-fils, pour aider les coalisés à le chasser d'Espagne. Cette suprême humiliation, que le parti pacifiste des ducs de Beauvillier et de Bourgogne eût peut-être acceptée, le vieux monarque la repoussa, refusant une première fois de « faire la guerre à ses enfants ». Il alla jusqu'à publier une lettre très digne à ses peuples (ses conseillers, même Vendôme dès 1706, avaient suggéré une réunion des Etats généraux...), qui expliquait les raisons de la continuation de la guerre.

Et pourtant, l'année suivante, à Gertruydenberg, les pourparlers reprirent, et butèrent, en gros, sur le même obstacle. Poussé par ses ministres, par ses enfants et même par Villars, Louis offrit des subsides à ses ennemis pour qu'ils chassent de Madrid son petit-fils. Les Hollandais, négociateurs principaux, voulaient l'intervention armée ; Marlborough et l'Empereur, plus encore. Approuvé par son Conseil, le vieux monarque épuisé, très inquiet, mais conscient des limites du possible et du simple honneur de son royaume, brisa net. La guerre continuerait. Depuis Malplaquet, bain de sang et demi-défaite (septembre 1709), elle n'était cependant plus une collection de revers : affamées, décimées, improvisées, les pauvres armées françaises tenaient, ou à peu près, sur le sol national.

D. — LE REDRESSEMENT PARTIEL (1711-1714).

Des conditions repoussées par Louis en 1709-1710 aux traités acceptés par lui en 1713-1714, les gains apparaissent nettement : en deux mots, Strasbourg et le roi d'Espagne sauvés. Cet évident redressement demande explication.

Le manque de travail, d'argent et de pain rejeta en plus grand nombre vers l'armée décimée et épuisée ceux qui en fournissaient habituellement les effectifs : jeunes paysans appauvris, bien plus encore apprentis et compagnons « oysifs » des villes. Louis put ainsi renforcer ses troupes aux diverses frontières, et renvoyer même quelque secours à son petit-fils d'Espagne, qu'il avait un moment abandonné.

Toujours habiles et parfois courageuses, les mesures financières du colbertide Desmarets permirent l'effort militaire et surprirent l'Europe par leur relatif succès. Un nouvel impôt, qui scandalisa les privilégiés parce qu'il reprenait les principes en somme égalitaires de Vauban, le dixième, produisit, malgré mille révoltes et sabotages, quelque 25 millions chaque année. La régie financière qui avait succédé aux fermiers généraux défaillants ne donnait pas, dans un contexte difficile, de résultats trop décevants. Astucieusement, le contrôleur général « affaiblissait » progressivement la valeur des louis, apparente réévaluation qui eût permis d'accroître largement le rendement monétaire des impôts, s'il n'avait existé cette masse de billets dévalués, réduite pourtant par de successives banqueroutes. Les Malouins et les autres grands armateurs commerçant aux Indes ramenaient périodiquement des millions de piastres d'argent, que le Roi réquisitionnait pour la plus grande part. La Caisse des Receveurs généraux, ou Caisse Legendre, rassemblait tous les billets émis par les officiers et receveurs des finances, les escomptait, épaulait le faible crédit de la monarchie par le grand crédit de la fameuse, huguenote, rouennaise et internationale famille Legendre. Par surcroît, les moissons de 1710 et 1711 furent belles dans le royaume, épargnant un accroissement des charges et des misères.

Ses effectifs rajeunis et rééquipés, l'armée eut le temps d'utiliser le génie de ses derniers grands chefs : Vendôme avant qu'il meure en 1712 et Villars vieilli. Celui-ci soutint pratiquement seul la poussée des coalisés dans le Nord du royaume, de la Canche à la Scarpe, de 1710 à 1712, ne cédant que lentement, ici ou là, une lieue carrée ou une petite place. Celui-là, un moment disgracié, aida vigoureusement Philippe V, qui perdait à nouveau sa capitale et son royaume, à récupérer l'un et l'autre (sauf la Catalogne) après la décisive victoire de Villaviciosa (décembre 1710) ; ainsi était démontrée la solidité de l'implantation en Espagne du jeune Bourbon, soutenu par son peuple combattant. Illuminant d'un dernier fait d'armes, la décadente marine royale, Duguay-Trouin et 11 navires bombardèrent Rio de Janeiro (septembre 1711), effrayèrent une armée portugaise, ramassèrent 20 millions partagés entre le Roi et quelques capitalistes, inquiétèrent enfin l'Angleterre alliée du Portugal.

Pour célébrer l'affaire de Denain, il est d'usage d'emboucher la trompette épique. Le vieux Roi dit au vieux maréchal de belles paroles, et Villars partit fort inquiet pour ce front Nord sur lequel venait de réapparaître le terrible prince Eugène. Celui-ci s'était emparé des dernières places qui barraient encore la route de Paris, sauf Landrecies. Un conseiller lillois, Lefebvre d'Orval, lui indiqua une tactique, que le maréchal de Montesquiou le décida — non sans peine — à adopter. Une feinte sur Landrecies trompa le prince Eugène, Denain fut emportée, les armées adverses coupées de leurs centres de ravitaillement (juillet 1712). Cette surprise peu sanglante fut surtout une victoire psychologique et diplomatique ; en montrant ce que pouvait encore l'armée française, elle inclina les diplomates à reprendre à Utrecht les pourparlers suspendus depuis trois mois. Une simple analyse des faits montre d'ailleurs que les meilleurs artisans de la victoire de Denain furent les Anglais, qui avaient retiré leurs nombreuses troupes — et leurs sterlings — de la coalition.

La résistance, le courage, l'ingéniosité ou l'astuce de son peuple, de ses commis et de ses maréchaux eussent-ils suffi, sans l'Angleterre et quelques événements fortuits, à sauver le royaume de France ? En avril 1710, la reine Ann préféra sa femme de chambre à l'impérieuse Lady Marlborough ; un an plus tard, l'empereur Joseph Ier mourut prématurément, laissant ses terres et bientôt l'Empire à

Charles III qui se disait déjà roi d'Espagne ; d'avril 1711 à mars 1712, la rougeole et l'imbécillité des médecins enlevèrent au roi de France son fils, son petit-fils et sa femme, l'aîné enfin de ses arrière-petits-fils. Pour insignifiant qu'il pût apparaître, le premier de ces événements déclencha, en Angleterre, le succès du parti tory, du parti de la paix, des land-lords qui trouvaient que la guerre coûtait bien cher pour de bien minces profits. Le Parlement et le gouvernement furent renouvelés rapidement. Dès le début de 1711, les Anglais prenaient l'initiative de la négociation avec Versailles ; en octobre, un traité secret, les préliminaires de Londres, fut signé : il contenait l'essentiel de la future paix d'Utrecht. Le second événement, la mort de l'Empereur, en avait hâté la conclusion : aucun Anglais (et aucun Français) ne pouvait admettre qu'un même Habsbourg puisse régner à la fois à Vienne, dans l'Empire, dans les Pays-Bas, à Madrid, en Italie, et aux Indes. Enfin, la série de deuils de la Cour de France posait, bien plus que le problème de la succession d'Espagne, celui de la succession de France : Philippe V et le fragile duc d'Anjou — que son âge tendre et la protection de ses femmes avaient sauvé des méde-cins — devenaient les seuls héritiers en ligne directe. Louis XIV comprit qu'il devait s'engager fermement ; il accepta, et fit accepter à son petit-fils, la renon-ciation solennelle de Philippe V à la couronne de France — et la renonciation de tous les Bourbons de France à la couronne d'Espagne. Presque en même temps, la reine Ann s'affaiblissant, il accepta solennellement la succession protestante en Angle-terre et chassa le prétendant Stuart, qui alla vivre en Lorraine.

L'évolution intérieure anglaise, les décès préma-

turés, les successions dynastiques à régler, l'extrême
sagesse de Louis XIV enfin triomphèrent lentement
des réticences hollandaises, et surtout impériales.
De 1713 à 1715, toute une série de traités, dont on a
l'habitude de retenir les seuls noms d'Utrecht et de
Rastadt, réglèrent l'avalanche de conflits qui rebon-
dissaient depuis quinze ans. Ces traités remodelèrent
l'Europe et le monde, et établirent fermement ce
qu'on a appelé, avec quelque exagération, la « prépondérance anglaise ».

En ce qui concerne Louis XIV et son royaume,
qui seuls nous intéressent, il faut souligner que le
premier réalisait au moins l'un de ses buts de
guerre : Philippe V demeurait roi de toute l'Espagne
et des Indes, mais devait céder ses possessions italiennes et belges à l'Empereur. Grâce aux Anglais,
à Desmarets, à Villars, à des armées courageuses
et à un petit peuple obstinément décidé à survivre
en des années terribles, les frontières du royaume
demeuraient presque intactes. Du côté des Alpes, le
Roi n'annexa ni Nice ni la Savoie, comme il en avait
maintes fois caressé l'espoir, mais conclut avec le
duc (devenu roi) de Savoie, l'éternel Victor-Amédée,
quelques utiles rectifications de frontières, selon
la ligne de partage des eaux. L'Empereur accepta
de mauvaise grâce la confirmation des limites de
Ryswick (alors que Joseph et Charles avaient songé
à reprendre l'Alsace, et même les Trois-Evêchés),
c'est-à-dire Strasbourg et Landau. Du côté du Nord,
il fallut rompre : les Pays-Bas devenus autrichiens
annexaient une partie de la Flandre française, des
garnisons hollandaises vinrent s'établir aux portes
du royaume (à Furnes, Ypres, Menin, Tournai, notamment) après le troisième traité de « La Barrière »
péniblement conclu en novembre 1715. Enfin, il

fallut accorder à l'Angleterre cette suprême satisfaction : la destruction des fortifications, des écluses
et du port même de Dunkerque... Mais qui eût osé
espérer, en 1709 ou 1710, que de telles conditions
pussent un jour être obtenues ?

Au-delà de ces succès relatifs, qui ne prennent du
relief que par comparaison avec les catastrophes
qui auraient pu survenir quelques années plus tôt,
il faut, avec insistance, l'heure des redditions de
comptes approchant, mettre en relief le prix de cette
paix, plus élevé que jamais, et le poids de cette
guerre, plus lourd que jamais.

Le démantèlement de l'Empire français d'Amérique, que d'audacieuses individualités avaient porté
du Saint-Laurent à l'océan Glacial et au Mississipi,
commençait : Terre-Neuve, l'Acadie et la baie d'Hudson étaient cédées ou restituées aux Anglais, qui
faillirent cueillir aussi le Cap-Breton. En même
temps, les Anglais annexaient une riche petite Antille,
Saint-Christophe, et les Hollandais un morceau de
Guyane. Rien à signaler aux Indes orientales, où
une sorte de neutralité tacite avait régné entre les
belligérants d'Europe ; mais Louis XV se chargerait,
sur ce point, de compléter l'œuvre de son bisaïeul.

Le renforcement des frontières nord et est du
royaume paraissait définitivement manqué. La Lorraine demeurait indépendante ; et surtout Louis avait
dû promettre aux Etats généraux des Provinces-
Unies que jamais aucune ville ou place des Pays-
Bas ne pourrait être cédée ou échoir à la couronne
de France, ni à aucun prince ou princesse de la
maison de France. Bien plus, il autorisait l'Empereur et la Hollande à surveiller désormais, les
armes à la main, la « ceinture de fer » de Vauban.

La satisfaction dynastique — Philippe V à Madrid — était une apparence : le Bourbon français devenait espagnol tout en continuant à espérer, malgré traités et renonciations, la succession française, et en attendant d'intriguer à plaisir dans l'Italie autrichienne. Le temps n'était pas loin où, ayant interdit les Indes et la mer du Sud aux vaisseaux français, il aurait le front d'en faire saisir un grand nombre dans le port d'Arica, au Pérou (septembre 1717). Coup de force qui montre bien le sens des traités de 1713-1714 : un désastre économique.

Retour à la législation commerciale de 1664 : telles furent les premières conditions imposées par les Anglais et les Hollandais (qu'on ne néglige pas ces derniers ; leur prétendue décadence a été totalement niée, preuves à l'appui, par les récents travaux de Christensen et Glamann). Cela signifiait, notamment, que le marché français s'ouvrait largement à presque toutes les marchandises anglaises, alors que le marché anglais faisait exactement le contraire ; les ministres de Louis XIV obtinrent tout de même quelques améliorations de détail à ce « diktat » commercial. Cela signifiait encore, et surtout, que la France ne prétendrait, dans le monde espagnol, qu'aux seuls privilèges dont elle jouissait au temps des Habsbourg de Madrid. Pour l'Angleterre marchande, l'essentiel était là.

Le rêve de quelques grands négociants atlantiques, de quelques très grands commis (Pontchartrain, Daguesseau, Amelot) s'évanouissait. Le Portugal et le Brésil étaient déjà perdus, depuis les traités de 1703 ; désormais, l'Espagne et l'Amérique espagnole risquaient de l'être, les Français y perdant tous les privilèges qu'ils y avaient acquis depuis 1700. Sans doute, vingt sortes de fraudes demeuraient possibles, et la suite prouve qu'elles furent largement utilisées. Mais enfin, il ne s'agira, dans la plupart des cas, que de combinaisons astucieuses et particulières, entraînant de gros risques, et souvent de rudes échecs. L'asiento et ses énormes bénéfices échappaient aux négociants français, et passaient pour trente ans aux Britanniques. Bien plus, Philippe V leur accordait un territoire sur le rio de la Plata pour « garder et rafraîchir » les « pièces de nègre » ; il leur donnait la possibilité de faire venir d'Europe, sur leurs vaisseaux, autant de marchandises et de denrées qu'ils voudraient pour l'entretien de ces nègres, ce qui ouvrait la voie à toutes les combinaisons mercantiles ; bien mieux, un vaisseau anglais de cinq cents tonneaux pourrait, chaque année, commercer aux Indes : cet unique navire non espagnol, le « vaisseau de permission », perpétuellement rempli à mesure qu'il se vidait, fut l'instrument d'une extraordinaire contrebande, et l'un des piliers de l'opulence marchande de l'Angleterre du XVIIIe siècle.

Tel fut, réduit à l'essentiel, le prix de la paix que dut accepter Louis XIV, malgré le redressement de ses armes et les services intéressés de l'Angleterre. On peut affirmer que l'essentiel avait été sauvé : l'existence du royaume, l'honneur de la dynastie. Mais tout le reste était perdu...

On sait déjà ce que, d'année en année, la guerre, les finances de guerre et l'économie de guerre avaient coûté « aux peuples » du royaume : impôts, violences fiscales et soldatesques ; milice, chasse aux déserteurs ; chertés et famines accrues par la guerre, la misère et les accapareurs ; troubles monétaires, fuite devant la fausse monnaie et les « billets » de toutes

sortes, tous dévalués de 80 à 90 % ; endettement
paysan croissant, impossibilité de trouver des fermiers pour les impôts du Roi comme pour les terres
des particuliers ; effondrements ou alanguissements
démographiques ; pourpres, typhoïdes, scarlatines,
dysenteries et rougeoles se promenant de la Cour au
fond des campagnes ; troupes de mendiants, de brigands et de déserteurs s'enfonçant dans tous les
bois du royaume pour en ressortir dangereusement ;
désespoirs et peurs collectifs des foules rurales,
hurlant contre un droit nouveau réel ou imaginaire,
un commis nouveau, un charroi de blé, un passage
de soldats, le bruit d'un rassemblement de brigands ;
l'armée, comme au siècle passé, allant réprimer les
« émotions » des Cévennes, du Centre, de Guyenne,
de n'importe où... Sombre tableau d'une sorte de
misère anarchique et primitive, qui apparaît, du
moins dans l'intérieur arriéré du royaume, dès 1703,
et ne cesse jamais, même aux années du relatif
redressement, puisqu'en 1712, une fois encore, la
récolte est médiocre, puisqu'elle est mauvaise en
1713, puisqu'en 1714 le manque de fourrage et une
mystérieuse épizootie font mourir le bétail par
milliers de têtes. Cette nouvelle accumulation de
calamités achève, en quelque sorte, de préparer les
couleurs sombres du tableau final qu'il va bien
falloir présenter : le legs du vieux monarque à un
bambin de cinq ans, son arrière-petit-fils.

Cinquième partie

1715 : le temps des bilans

I

La dernière année

A. — Le Roi.

En septembre 1714, il était entré dans sa soixante-dix-septième année, la dernière. Plus que l'âge, les médecins avaient ruiné sa magnifique santé. Purges, saignées, émétiques antimoines, toute une pharmacopée de cauchemar, rien ne lui avait été épargné. Les chirurgiens s'en étaient mêlés, lui brisant la mâchoire sous prétexte d'extraire quelques mauvaises dents. Personne n'avait songé à imposer un régime à ce boulimique effarant, qu'on laissait se gaver d'épices, de gibiers faisandés, de fruits glacés, de sorbets, par pelletées gargantuesques. Très tôt, des troubles digestifs, surtout intestinaux, l'avaient assailli ; puis la goutte, naturellement ; puis les « vapeurs » et les vertiges ; enfin l'amaigrissement et, en août 1715, les taches noires de la gangrène des membres inférieurs. A cette date, les Anglais avaient depuis longtemps engagé des paris sur la date de sa mort. Chacun sait qu'il la sentit venir, qu'il s'y prépara et qu'il l'accueillit avec cette dignité majestueuse qu'il montra presque toujours.

Enorme tumulte apparemment organisé, la Cour continuait, autour de lui, son train mécanique et ses grimaces : voyages, revues, audiences, jeu, concert,

chapelle. En réalité, la Cour préparait l'avènement du
duc d'Orléans, le renversement complet du gouvernement et de l'administration, ou bien se livrait,
sans plus dissimuler, à l'orgie, à l'athéisme, aux
tripotages, pour le moins aux joutes d'esprit en des
salons aimables et des décors nouveaux. Lentement,
lourd de trop d'ans et de deuils, le Roi s'était
retranché de ces bruits, qui ne faisaient que l'effleu-
rer. Il se cantonnait dans ce qui lui restait de famille
— Maintenon et deux bâtards — pour écouter, le
soir, de la musique de chambre et de menues anecdotes en buvant de l'orangeade. Les prêtres, les
vieillards et les souvenirs complétaient son entourage. Grammont et Villeroy, les derniers de ses
contemporains, lui parlaient du passé ; il se faisait
jouer les comédies de Molière, qui lui rappelaient
l'Ile enchantée.

Et pourtant, il s'astreignait toujours à travailler,
bureaucrate impénitent, aux affaires de l'Etat. Deux
tourments l'obsédaient : la religion du royaume,
la succession de France. Un troisième l'occupait
aussi : la nécessité de maintenir la paix.

Ce désir d'une paix durable, il l'avait exprimé à
plusieurs reprises durant les dernières années de
guerre, dans les premières lignes de son testament
(2 août 1714), dans les derniers mots enfin qu'il
dit peut-être à son arrière-petit-fils : « J'ai trop aimé
la guerre... » Ses dernières instructions aux ambassadeurs, notamment à celui de Vienne (1715), montrent qu'il songeait à une entente permanente avec
l'Empereur pour l'assurer en Europe (du monde
colonial, il n'était point question). L'idée paraissait
neuve et raisonnable ; elle demeura une idée.

La fragilité du Dauphin et le mépris haineux (cultivé par l'entourage dévot) qu'il éprouvait à l'égard de son neveu Orléans, régent désigné par la coutume et l'usage, poussèrent Louis à deux actes imprudents. L'un, extraordinaire, déchaîna la fureur de Saint-Simon : les bâtards du Maine et de Toulouse, déjà légitimés en 1694 et mis au-dessus des ducs et pairs, furent déclarés (édit de juillet 1714) aptes à succéder au défaut de princes légitimes. Cette énorme « nouvelleté » passa, cependant, apparemment sans résistance ; le Parlement enregistra sans sourciller (il avait, alors, des préoccupations surtout religieuses). Quelques jours plus tard, comme jadis son père, Louis pensa régler par un testament les conditions de la Régence : un Conseil de quatorze personnes nommément désignées annihileraient les pouvoirs du Régent en décidant à la majorité ; le duc du Maine aurait « la sûreté, conservation et éducation du Roi mineur » ; Villeroy serait gouverneur, Fleury précepteur, Le Tellier confesseur (codicille du 23 août 1715). Toutes ces belles dispositions, qui visaient à prolonger le règne du moribond à travers son bâtard préféré, ne lui survécurent pas quarante-huit heures...

Comme tout vieillard de ce temps, Louis se préparait, avec quelque inquiétude, à rendre des comptes à son Dieu. Son entourage le poussant, il s'appliquait, par une sorte de compensation à ses fautes passées, à rendre à Dieu des services renouvelés et obstinés.

Sur les réformés, ménagés depuis 1698 par une sorte de semi-tolérance tacite à Paris et dans plusieurs provinces, s'abattit un renouveau de persécution officielle. Dès 1711, le Roi violait dans la principauté d'Orange sa promesse de « n'inquiéter jamais personne sur la religion ». Puis une série de textes rappela les mesures les plus rigoureuses (et les moins respectées) qui avaient précédé ou suivi la Révocation ; notamment, l'interdiction à tous les médecins « de visiter les malades le troisième jour s'il ne leur est pas fourni un certificat signé du confesseur desdits malades qu'ils ont été confessés ». En mars 1715, une déclaration royale dirigée principalement contre les relaps donnait de ceux-ci une incroyable définition : elle laissait entendre que le fait, pour un protestant de naissance, d'avoir résidé dans le royaume depuis 1685 constituait une preuve de catholicisme, ce qui était contraire au texte même de l'édit de Fontainebleau. Simples hoquets séniles de rage dévote, chez un monarque dont le despotisme ultra-catholique se heurtait à la raison et à la charité de la plupart des administrateurs et des évêques. La multiplicité même des rappels de la législation persécutrice prouve son habituelle inapplication. Au moment même de l'agonie royale, le premier synode réformé du siècle se réunissait près de Nîmes, au sein de la fervente chrétienté languedocienne... Louis avait écrit en son testament : « Nous avons fait tous nos efforts pour réunir à l'Eglise ceux qui en étaient séparés. »

Il y écrivait aussi : « Notre principale application... a toujours été de conserver à notre royaume la pureté de la religion catholique romaine, d'en éloigner toute sorte de nouveauté. » On trouvera dans les ouvrages spécialisés, nombreux et bien différents, les récits compliqués des intrigues, des cheminements, des oppositions feutrées, des querelles de personnes, de coteries et d'influences auxquelles se ramènent, trop souvent, les oppositions entre catholiques français de la fin du règne. Le Roi, dont l'esprit n'était pas plus porté à la théologie que l'âme à la mystique, désirait l'apaisement des disputes, une foi de catéchisme et se méfiait instinctivement de tout groupe un peu indépendant, voire de tout essai de pensée personnelle. Il s'indignait, s'effrayait peut-être encore (souvenir de la Fronde ?) de toute « nouvelleté », forcément hérétique, de tout groupe constitué, forcément « cabaleur ». Pour garder la « pureté » de sa religion, il intervint, tantôt avec brutalité, tantôt avec maladresse.

Brutalité : l'emprisonnement de quelques-uns de ces mystiques béats que rassembla une illuminée quelque peu hystérique, Mme Guyon (1697) et ses « quiétistes ». Brutalité pire, l'action contre les dernières religieuses de Port-Royal-des-Champs : dispersion *manu militari* des vingt-deux survivantes (1709) ; destruction des bâtiments et charrues passant sur leur emplacement (1710) ; viol des tombes et transport des ossements à la fosse commune, par pleines charrettes ; démolition enfin de l'église coupable (1712). Victoires bestiales qui n'empêchaient pas la querelle janséniste renouvelée de secouer à nouveau, depuis 1702, tout le clergé, la robe, la cour, la ville et même le fond des provinces.

Avec les brutalités inefficaces alternaient les démarches lourdement subtiles. Louis avait demandé au Pape une condamnation solennelle du quiétisme, et surtout de Fénelon ; le Pape prit son temps, envoya un petit « bref » qui ne condamnait pas grand-chose, mais déclara qu'il agissait *motu proprio* : bel échec (1699). Contre le jansénisme renaissant, mais teinté de gallicanisme et de richérisme, Louis s'en-

têta dans la même tactique : demander au Pape de
juger, c'est-à-dire de lui donner raison. Le Pape
prit encore son temps, rédigea, assez malheureusement, la bulle *Unigenitus* (1713), qui vint trop
tard et souleva de nouvelles tempêtes : l'archevêque de Paris, une quinzaine de prélats, des centaines de curés de campagne et de religieux, la
Sorbonne, le Parlement gallican se joignirent pratiquement aux jansénistes, sous l'œil ironique des
protestants et des athées. Les uns refusaient de
publier la bulle, les autres en appelaient du Pape
mal informé au Pape mieux informé, voire à un
concile général. L'archevêque de Paris entrait en
demi-rébellion, l'illustre parlementaire Henri Daguess-
seau également ; au ministère, Pontchartrain et
Voysin tâchaient de les soutenir. Louis se lamenta,
cria, tempêta, menaça de « lever le pied » ou de
« marcher sur le ventre » de ses adversaires, puis
gémit à nouveau. Dernier et singulier projet : il
réunirait un Concile français où il dirait le droit
à son clergé et excommunierait les mal-pensants,
comme un petit pape gallican. Il mourut avant de
réaliser cette incroyable rêverie.

La politique religieuse occupa donc, et gâta fort
les derniers mois de celui qui avait été le Grand
Roi ; elle contribua à la confusion, à l'inefficacité, à
l'hostilité, sinon au mépris final. Louis en souffrit
durement, et chercha à se justifier. Il renvoya, dit-on,
aux évêques qui l'avaient conseillé toute la responsabilité des échecs : il avait simplement suivi leurs
avis et, s'il avait mal fait, ce serait à eux d'en répondre devant Dieu... Petitesse passagère, peut-être, d'un
mourant.

Là-dessus, il entra dans une sorte de prostration,
se réveilla le soir du 31 août pour réciter un Ave

et un Credo, et mourut quelques heures plus tard, au matin du 1er septembre. Tout autorise à penser, au-delà des manifestations religieuses, mondaines et coutumières, que, des grands jusqu'au dernier des manants, la France éprouva un profond sentiment de délivrance.

B. — LE GOUVERNEMENT.

Autour du vieux monarque, les vides s'étaient creusés. Beauvillier et Chevreuse, conseillers souvent écoutés, venaient de mourir ; Fénelon, dont la faveur remontait, allait les suivre ; le vieux Pontchartrain s'était retiré en 1714. Trois hommes seulement demeuraient au Conseil : Voysin, Torcy, Desmarets, tous apparentés, les deux derniers, neveux de Colbert. Autour d'eux, les services s'étaient multipliés, peuplés et « structurés » ; des « directions » et des « bureaux » assez bien spécialisés y apparaissaient ; on y trouvait des intendants du Commerce, et déjà l'amorce d'un service des Ponts et Chaussées.

En province, la mécanique administrative royale, lentement installée, se rodait, s'étoffait, commençait à se bureaucratiser, à se renseigner mieux, à se faire obéir un peu plus souvent ; les intendants disposaient de services centraux étiques, mais de nombreux subdélégués ; les inspecteurs des manufactures s'étaient installés à demeure, agents de renseignements bien plus que d'exécution des règlements. La vieille administration d'officiers vénaux subsistait, plus pauvre, moins respectée ; mais les receveurs et trésoriers des finances s'en détachaient de plus en plus, jouant un rôle évidemment essentiel. Parallèlement, l'excellente et perspicace adminis-

tration semi-privée des fermes, générales ou particulières, montrait une redoutable efficacité. Les
forces de police, la maréchaussée demeuraient très
insuffisantes ; en cas de besoin, on appelait l'armée ;
mais une part des trublions habituels se séden-
tarisait : les mendiants dans les hôpitaux généraux
de plus en plus nombreux, les soldats maintenus en
activité dans des casernes toutes neuves, mais en
nombre encore insuffisant. La monarchie administrative commençait. La France ordonnée de Louis XV
s'annonçait.

Mais, avant qu'elle déploie la belle ordonnance
d'une administration souvent compétente et efficace,
elle aurait à subir la considérable réaction de l'imminente Régence. Déjà, d'ailleurs, les esprits s'apprêtaient, les complots s'ourdissaient, les armes se
préparaient pour mettre à terre les hommes qui
avaient gouverné sous le despote mourant. Dès 1695,
une véritable opposition, encore feutrée, se mani-
festait par des mémoires, des intrigues, des libelles.
Entre 1705 et 1710, un véritable complot politique,
animé par Fénelon et Beauvillier, toléré par le
second Dauphin, visait à l'établissement d'une
monarchie aristocratique et pacifiste où la noblesse
de race et les corps intermédiaires prendraient, ou
reprendraient, une place de premier plan, où toute
la « vile bourgeoisie », tout le néant « roturier »
d'où Louis XIV aurait « tiré » ses ministres, ses
secrétaires et ses intendants serait renvoyé à ses
grimoires et à ses métairies. Des morts prématurées,
la résistance royale, un meilleur sort des armes
françaises avaient abattu tous ces espoirs, toute
cette cabale qui mêlait les idées les plus réaction-
naires (au sens propre du mot) aux projets de
réforme les plus hardis. Simple sursis. L'ultime

maladie royale survenue, ducs et parlementaires, qui comptaient sur Orléans, tenaient enfin une certitude, se préparaient à renverser l'Etat de Louis XIV.

Cette immense famille ministérielle qui, depuis un demi-siècle et parfois un siècle, avait comme « trusté » les grandes charges de l'Etat, tous ces Phélypeaux, ces Le Tellier, ces Colbert, ces Voysin si étroitement apparentés, qui plaçaient leurs neveux dans les intendances, les prélatures et les abbayes ; tous ces nobles authentiques mais récents (deux générations, en moyenne) allaient retourner au « néant » à quoi les vouait Saint-Simon, duc et pair, ami du Régent, grand personnage du lendemain, et tout son parti d'aristocrates. Avec eux seraient replongés dans l'opprobre de la bâtardise ces fruits de double adultère, Maine et Toulouse, vivantes preuves de la noirceur d'âme du monarque mourant.

La dépouille de Louis reposait encore sur son lit d'apparat qu'était accomplie la révolution attendue. Elle donnait tout le pouvoir aux ducs, sous la houlette débonnaire de Philippe d'Orléans. A terre, les bâtards, les vils bourgeois et presque toute l'armature administrative péniblement construite depuis Richelieu. Dire la destinée, très brève, de cette révolution aristocratique n'entre pas dans notre propos. En souligner la rapidité, la violence et l'ampleur aide à saisir la qualité et la force des rancunes accumulées au bout d'un trop long règne.

Un tel bouleversement eût été impossible sans la complicité du Parlement de Paris. D'avance, elle était certaine. Le Parlement et le vieux Roi s'étaient déjà heurtés au sujet de la bulle. Daguesseau n'avait pas craint de résister, et avait courageusement envisagé de se laisser embastiller. Trop longtemps domestiqué et méprisé, le Parlement de Paris avait

commencé à regimber, ayant choisi le terrain favorable : le gallicanisme, qui lui procurait de nombreux
et puissants soutiens. En province, même impatience.
Le Parlement et les Etats de Bretagne n'avaient pas
attendu le 1er septembre 1715 pour reprendre leur
opposition financière et nationale. Un grand réveil
des puissances méprisées se préparait ; par moments,
en ce bel été 1715, un air de Fronde commençait à
souffler. Comme il avait cassé le testament de
Louis XIII, le Parlement de Paris cassa, le plus
légalement du monde, celui de Louis XIV. Lui seul
pouvait le faire. Orléans et ses amis auraient à lui
payer cet arrêt tant attendu. Et tous les Parlements
du royaume allaient disposer du xviiie siècle pour
se venger de cinquante années de captivité.

Pour tout esprit un peu averti, la violente réaction
de la Régence devait paraître inévitable. Depuis un
quart de siècle au moins, la direction de la pensée
française avait échappé au mécénat royal. L'esprit
avait quitté Versailles pour Paris, la Cour pour les
salons. Neufs ou rajeunis, les principes de loi, de
contrat, de constitution se répandaient dans les
cercles éclairés. L'exemple anglais était ouvertement
allégué : si, pour le moment, on laissait de côté (et
pas toujours encore) le souvenir de Charles Ier
poussé sur l'échafaud, on rappelait les principes et
les faits qui avaient permis l'expulsion de Jacques II.
Autant que de Bayle, le jeune Arouet se nourrissait
alors d'idées anglaises. Les symboles littéraires du
Sage égyptien ou chinois et du bon Indien, en attendant Rica et Usbek, montraient par leur popularité
la vanité de vingt idées reçues. L'anti-despotisme,
l'irrévérence, l'irreligion et les « cabinets de physique » étaient à la mode. Depuis 1700, les députés
du Commerce défendaient ouvertement l'idée de

liberté économique. Cent « donneurs d'avis », depuis Boisguillebert et Vauban, ces initiateurs admirés, expliquaient comment rétablir les finances désemparées, enrichir le royaume, assurer la paix universelle ; un certain John Law avait figuré dans ces équipes pittoresques, qui propageaient mille chimères, et quelques idées de génie... Dans ce bouillonnement de pensée, de raillerie, de légèreté et de folie, le système du vieux Colbert, l'entêtement du vieux Bossuet, la vieille Maintenon, ses bonnets et ses jésuites, le vieux monarque immobile et racorni, comme tout cela paraissait démodé, ridicule, d'un autre âge ! Au matin du 1er septembre 1715, beaucoup durent songer, soulagés, qu'enfin le règne des vieillards était terminé...

Aux équipes nouvelles qui s'emparaient, joyeuses, du pouvoir, le problème essentiel allait se poser très vite, le premier moment d'euphorie passé. Depuis la paix, le lucide et brillant Desmarets n'avait cessé de le présenter au vieillard qu'il servait, en lui proposant un jeu de solutions, toutes écartées ou remises au lendemain, c'est-à-dire au successeur. En 1715, les revenus nets de l'Etat auraient été, selon Desmarets, de 74 millions, pour 119 millions de dépenses ; déficit de l'année en cours, 45 millions. La dette théorique globale de l'Etat serait de l'ordre de 2 milliards, chiffre fantastique, peut-être exact. La dette immédiatement exigible aurait dépassé 400 millions. Le Trésor est alors pratiquement vide, et pourtant les revenus espérés pour 1716, 1717 et 1718 ont déjà été dépensés. Les gages des officiers sont rarement payés ; les rentiers de l'Etat (surtout des Parisiens) ne touchent plus leurs « quartiers », c'est-à-dire leurs « coupons » trimestriels. Les créan-

ciers de l'Etat détiennent des « billets » des trésoriers des guerres, des « promesses » de la Caisse des
Emprunts, des « assignations » sur des recettes futures ; papiers menacés qui circulent avec de fortes
pertes ; quand on les lui présente avec trop d'insistance, Desmarets donne, au compte-gouttes, de la
rente 4 % gagée sur des recettes futures. Depuis
décembre 1713, les manipulations monétaires ont
repris. Tous les deux ou trois mois, on « diminue »
les 2 louis afin d'augmenter, si possible, le rendement métallique des impôts. En décembre 1715,
la mécanique inverse se déclenche, comme de coutume : une brutale « augmentation » ramène la
monnaie ainsi dévaluée au taux le plus bas du
grand règne, celui de mai 1709. Les mésaventures
de la livre et des louis (qui ne sont pas terminées)
troublent l'opinion, dérangent les affaires, bouscu-
lent les changes, provoquent dans le public des
pertes cruelles et des gains trop habiles... Mais la
monnaie métallique à sa valeur officielle tient-elle
encore le rôle essentiel, quand les marchands lui
assignent entre eux une autre valeur, quand circule
tant de papier ?

Pire que celle qu'avaient laissée Richelieu et
Mazarin, cette situation avait pour cause presque
unique vingt années de guerre. Desmarets a osé
proposer des remèdes terribles. Economiser 25 millions sur les dépenses militaires ; maintenir tous
les impôts nouveaux (limités au temps de guerre,
avait-on promis) ; augmenter toute la fiscalité,
ancienne ou récente, en régie ou affermée ; pour
la dette exigible comme pour la dette perpétuelle,
la banqueroute pure et simple, du tiers ou de la
moitié, pour commencer. Un tel programme a fait
se récrier des générations d'historiens, hommes ver-

tueux et piètres financiers. Or, cette chirurgie s'imposait, puisqu'il apparaissait impossible de transformer la Caisse Legendre en Banque d'Etat, les liquidités indispensables à l'opération (quelques centaines de millions) ne pouvant être avancées ni par le Trésor public ni par les banquiers et les capitalistes méfiants. Rien ne fut décidé.

La Régence recevait là une redoutable succession. Elle faillit la redresser brillamment... ce que nous n'avons pas à exposer.

C. — LE ROYAUME.

Pour tirer l'Etat de la débâcle financière menaçante, la richesse du royaume, revigorée par la paix revenue, pouvait-elle procurer, peu à peu, le remède décisif d'un redressement économique vigoureux ?

De « la France en 1715 », les historiens ont habituellement brossé des tableaux si sombres, qu'on se demande par quel miracle le siècle de Louis XV a pu, par la suite, présenter tous les traits, couramment enseignés, d'une indicible prospérité.

La « misère de la France à la fin du grand règne » a besoin d'être analysée de près, ce que tentent, lentement et difficilement, quelques jeunes historiens ; dès maintenant, il est nécessaire, en braquant la lumière sur l'année 1715 seule, de présenter de sérieux correctifs au trop classique tableau de désolation.

Il est d'usage de gémir sur la dépopulation du royaume, à la suite des disettes de 1709-1710 et de 1713-1714, et de diverses épidémies, par endroits fort graves, notamment en 1701, bientôt en 1719, à d'autres dates aussi en certaines provinces. Ce bas niveau démographique (à superficie nationale égale, le plus bas depuis le xvie siècle ?) paraît probable. Il est permis pourtant d'envisager la question sous d'autres angles.

D'une part, une chute de population n'est pas forcément un malheur, lorsqu'un pays contient trop de bouches pour sa production et ses possibilités de travail. D'autre part, les diverses « mortalités » touchaient principalement les enfants et les vieillards, groupes inutiles, puisque improductifs ou peu productifs ; jusqu'à un certain point, leur disparition pouvait apporter un soulagement aux survivants. Ceux qui devaient surtout manquer, dans le groupe des producteurs actifs (15 à 50 ans), c'étaient les plus jeunes et les plus vigoureux, nés entre 1690 et 1700 en nombre assez faible, frappés dans leur âge tendre par la famine, la variole, la typhoïde, le pourpre et les « dysenteries ». Peu nombreux, ils étaient plus fortement touchés par des impositions dont le poids n'avait cessé de croître. En revanche, les terres et les possibilités de travail manufacturier pouvaient ne pas leur manquer, au retour de la paix, dans la perspective de rapide essor commercial, donc de débouchés plus faciles, qui paraissait s'annoncer. Enfin, si un peu partout en France les courbes de baptêmes et d'épousailles se creusent de 1715 à 1720 pour atteindre un minimum prononcé, il sied de remarquer que cette observation n'est pas absolument générale, que les années suivantes annoncent un redressement, et qu'il ne s'agit là que du sort de quelques classes d'âge. Dirons-nous encore que les épizooties de 1714, surtout bovines, mais vraiment terribles, durent présenter, pour la majorité des provinces, une autre gravité que la réduction momentanée de la charge infantile et sénile ?

Gémirons-nous encore, non plus en 1709, mais bien en 1715, sur la misère qui se répand par les campagnes, et sur les « animaux farouches » ? De la Picardie à la Provence, après les alertes de 1712 et 1713, les récoltes sont redevenues belles à partir de 1714 ; 1715, 1716, 1717 continueront dans le même sens ; le prix de l'aliment essentiel retombe presque aux bas niveaux de 1704-1707, sinon de 1686. Seuls, les vendeurs de grains pourraient protester, pour manque à gagner ; mais ils constituent, on le sait, la minorité. En Provence, le prix du vin demeure modéré, sans atteindre un niveau trop bas ; de même pour l'huile d'olive. Si les lourds impôts n'avaient persisté, l'année 1715 se fût peut-être parée, dans les campagnes, de couleurs assez riantes.

De fait, depuis la paix, l'on voit à nouveau des fermiers et des métayers se présenter pour faire valoir les domaines, les bordages, les fermes, les métairies et les mas que les maîtres, de 1709 à 1711, avaient souvent dû cultiver de leurs mains, ou « par serviteurs et journées », faute de preneurs solvables. Les contrats paraissent se conclure à des prix raisonnables, preneurs et bailleurs retrouvant des conditions presque normales de travail. Et cependant vont s'introduire bientôt, dans ces contrats, quelques petites phrases significatives, d'ailleurs illégales : les redevances seront payées en « bonnes espèces d'or et d'argent, et non en billets... et quel que soit le fait du prince » ! Le monde rural, plus sensible qu'auparavant aux phénomènes monétaires, se protégeait à sa manière des fantaisies législatives d'un Etat au bord de la banqueroute. Mais ces mesures de défiance n'apparaissent pas encore au moment où meurt le vieux Roi.

Une vigoureuse expansion maritime nous a paru marquer la fin du XVIIe siècle et le début du XVIIIe, aux périodes de paix surtout, mais aussi, sauf exceptions, aux périodes de guerre. La même impression a été ressentie — non seulement à Saint-Malo — mais par deux historiens de la jeune école, frais émoulus de leurs thèses : Pierre Chaunu pour l'Atlantique espagnol, René Baehrel pour la Provence méditerranéenne pensent avoir décelé un rapide renouveau des influences maritimes, en pleine croissance, au tournant des deux siècles. Un retour aux anciennes et admirables recherches du Suédois Dahlgren dans les archives de nos ports suffit à étayer d'exemples ces vues d'ensemble : en 1712, une dizaine de vaisseaux sont partis pour la mer du Sud, une quinzaine en 1713, une vingtaine en 1714 ; le *Grand-Dauphin*, de Saint-Malo, qui avait fait le tour du monde en pleine guerre, réitère de 1714 à 1717 ; dans la seule année 1714, une vingtaine de navires français commercent dans les ports péruviens et chiliens ; d'autres traversent le Pacifique pour aller trafiquer en Chine. Malgré ses risques, ce commerce était le plus profitable à l'économie du royaume, non seulement par ses « retours » en piastres d'argent, mais par ses « embarquements » variés, surtout des toiles.

D'autres relations reprennent activement. Les historiens marseillais montrent également que leur grand port, redevenu « franc », renforce son influence au Levant. Si le gouvernement néglige quelque peu (moins qu'on l'a dit) le domaine colonial, il a tout de même laissé François Martin mener son habile politique dans l'Inde, la Compagnie du Sénégal pénétrer dans l'intérieur du pays et confié à

Antoine Crozat (1712) le privilège du commerce avec l'immense et prometteuse Louisiane. Les grands ports du Ponant, Nantes spécialement, s'enrichissent déjà de leurs liens avec le monde antillais, surtout Saint-Domingue, et sèment des raffineries de sucre ici et là, surtout le long de la Loire. De plus en plus, marchands, officiers, bourgeois, grands seigneurs même osent placer leurs louis dans des entreprises maritimes, prennent des « parts » dans des voyages lointains, acquièrent des « habitations » au Cap français et dans les Caraïbes. Tout un aspect du XVIIIe siècle, qui certes n'est pas nouveau en 1715, apparaît désormais au premier plan, dans la paix retrouvée et la sécurité relative que donnent les nouveaux traités de commerce.

Le bas prix des subsistances, la reprise accélérée du grand négoce, la paix, une certaine inflation peut-être, autant de facteurs qui pourraient entraîner une renaissance des « manufactures » (nous dirions : de l'industrie), dont les historiens traditionnels peignent volontiers l'affreuse décadence. En ce domaine et à cette date — 1715 —, les études approfondies manquent trop pour qu'on puisse avancer autre chose qu'une impression. Le « lanifice » de Picardie, qui a travaillé pour la troupe et pour l'Espagne, paraît maintenir sa production, sans plus ; le nouvel essor d'Amiens et de Beauvais partira des années 1725-1730. Du côté des toiles, on ne possède actuellement aucun repère statistique acceptable. Ce qui reste des grandes créations de Colbert — les Gobelins et Beauvais, par exemple — s'apprête à refleurir, après avoir connu des moments très difficiles. La métallurgie ne paraît pas brillante, surtout par comparaison ; mais l'on s'intéresse de plus en plus au charbon de terre — un bon siècle après les Anglais. Les fabriques alimentées par les produits « coloniaux » sont plus vivantes.

Un moment d'hésitation, des nécessités de reconversion, des difficultés dues aux problèmes monétaires et à la redistribution des marchés internationaux ; du déclin ici, de bons départs ailleurs, de la stagnation le plus souvent : telles sont les impressions que laisse la faiblesse ⸰des travaux accomplis par les érudits. Une atmosphère de ruine, certes pas ; plutôt une grande attente...

Aurions-nous trop éclairci le tableau classiquement sombre de la dernière année du règne ? Certes, ducs et parlementaires s'apprêtent à prendre ou à reprendre un pouvoir dont ils ont été rudement écartés ; certes, le clergé et tous les « honnêtes gens » sont travaillés par la grande affaire gallicane et janséniste ; certes, les églises protestantes se replantent, victorieusement et illégalement, dans le Midi, voire à Paris ; certes, la situation financière et monétaire, bien plus grave ʼqu'en 1661, paraît sans solution, au moins « ordinaires » ; certes, les rangs du petit peuple, qui a tant souffert, se sont éclaircis, et l'on observe beaucoup de misère à la campagne et à la ville, peut-être plus qu'en 1661 ; certes, des soldats congédiés, des vagabonds et des brigands hantent encore les fourrés et les chemins du royaume ; certes, presque aucun progrès technique n'apparaît dans les champs et les ouvroirs, sauf le métier à bas et quelques petites machines à lustrer ou presser les étoffes ; certes, la « vocation » maritime et coloniale du pays a été quelque peu négligée par l'Etat, et celui-ci ne commandite presque plus les artistes qu'il attirait naguère...

Mais tout de même, à part les Cévennes écrasées et quelques émeutes de marché vite apaisées, la révolte incessante ne menace plus telle ou telle partie du royaume ; les soldats, de plus en plus encasernés, ne sèment plus l'épouvante à la seule annonce de leur approche ; on peut croire que « le mal qui répand la terreur » a été vaincu, et il sera cantonné en 1720 ; si les escadres du Roi ne dominent plus les mers, les armateurs et négociants français entretiennent, sur la Méditerranée comme sur les Océans, des navires nombreux, opulents et respectés ; discutée, mal obéie, menacée dans l'immédiat, une administration plus compétente et mieux armée s'est installée lentement dans le royaume ; une province, la Franche-Comté, quelques « pays » du Nord, une grande ville-pont, Strasbourg, ont partiellement renforcé les frontières, cadenassées par Vauban ; le prestige de la langue, des lettres et des arts français s'est répandu, pour longtemps, dans le monde cultivé ; la débâcle financière même trouvera, en une dizaine d'années, sa solution ; et surtout, 17 ou 18 millions de Français, aux champs et aux ateliers, travaillent paisiblement, lentement, avec des techniques encore archaïques, dans des conditions encore précaires, mais avec un courage, une habileté, une finesse, une persévérance jamais démentis. C'est en eux que reposent, en fin de compte, l'avenir et la force de cette nation qui commence à se chercher et à se trouver, au lendemain de la disparition du potentat fatigué et démodé, finalement détesté, mais qui laissait du moins une image assez magnifique de cette religion de la royauté dont il s'était fait le grand prêtre.

Durant cinquante-cinq ans, dans la lente évolution du royaume — et, par-delà, de l'Europe et du monde —, quelle avait été exactement l'action propre de Louis ?

II

Louis XIV : un homme dans l'univers

LUCIEN FEBVRE, l'un des guides de l'école historique française, écrivit un jour que l'historien n'avait point à « prononcer la sentence... à s'ériger en juge suppléant de la vallée de Josaphat ». Il répétait souvent que le péché majeur de l'historien était le péché d'anachronisme ; et pourtant il professait aussi que l'Histoire est « fille de son temps », qu'aucun de ses artisans ne pouvait s'abstraire des soucis, des courants de pensée, du « climat » de son époque. On pourrait également soutenir qu'une certaine passion est nécessaire à l'historien ; que les œuvres les plus vibrantes et personnelles demeurent les plus vivantes et fécondes, ne serait-ce que par les réfutations 'qu'elles inspirent, et surtout par le travail d'analyse et d'obscure recherche — sans quoi rien n'est sérieux — qu'elles provoquent inévitablement.

Laissons aux souverains juges, de Josaphat ou d'ailleurs, l'exclusivité ou le ridicule de la sentence à prononcer sur le filleul de Mazarin ; et d'ailleurs, qui juge Louis-Dieudonné se juge surtout lui-même. Mais, pour qui essaie d'être un historien de bonne volonté, une question ne saurait être éludée, qui paraît une authentique question d'historien : quelles furent, exactement, la portée et les limites de l'action personnelle du roi Louis durant cinquante-cinq longues années, cinquante-cinq secondes de l'histoire du monde ?

A. — L'ACTION DU ROI : LE DOMAINE RÉSERVÉ.

Dès 1661, il le proclame en ses *Mémoires*, Louis voulut être le seul à décider en tous domaines ; il revendiqua fermement, à la face du monde et pour la postérité, la responsabilité de tout ce qui se ferait sous son règne. Malgré un travail acharné, il fut amené assez tôt à confier à quelques commis la direction effective de certains services, comme les finances ou le commerce, quitte à prendre lui-même les grandes décisions. En revanche, il s'est attaché de manière complète et persévérante — mais pas toujours également persévérante — à certains secteurs de son métier de roi. Il est ainsi permis de distinguer, durant le règne, une sorte de domaine propre que se réservait le monarque — domaine qui a pu varier —, tout le reste demeurant néanmoins dans sa « mouvance ».

Jeune, Louis s'était bien juré que son siècle et toute la postérité s'entretiendraient de ses exploits. Si c'eût été là un simple vœu, et non une intime certitude, l'on pourrait dire qu'il fut largement exaucé.

Bouillant cavalier, il brava les rois par ses gestes de magnificence, les confondit par l'éclat de son entourage, de ses fêtes, de ses carrousels et de ses maîtresses ; nouvel Auguste, il prétendit un moment être le seul mécène. Jusqu'en 1672, ses exploits de toutes sortes paraissent avoir hypnotisé l'Europe, tandis que l'écho de sa jeune renommée se répandait

jusque chez les « barbares » d'Asie. Sept ou huit
années encore, l'armée de Le Tellier et de Turenne
parut presque invincible, pendant que la jeune
marine de Colbert et des grands chefs d'escadre
brillait autour de la Sicile. Puis, l'Europe s'étant
ressaisie, Louis étonna par sa résistance, voire par
sa souplesse. Vieillissait-il, glissait-il à la dévotion
et à l'isolement courtisan ? Il stupéfiait encore par
la splendeur de sa résidence versaillaise, la volonté
d'être un « nouveau Constantin » tout en s'opposant
au Pape, puis de s'allier avec lui pour « purifier »
la religion catholique. A demi mourant, il impres-
sionnait encore l'ambassadeur anglais, qui protes-
tait parce qu'un nouveau port français se construisait auprès de Dunkerque ruiné.

Mort, il devient une espèce de mannequin symbolique, que chacun prétend annexer en l'habillant des
oripeaux de son choix. Au nom de « son » siècle,
il sert à Voltaire d'argument polémique contre
Louis XV. A l'opposé, il incarne pour longtemps le
despotisme guerrier, intolérant et sanguinaire :
même les Bourbons du XIXᵉ siècle préfèrent se réfé-
rer au « bon roi Henri » et à son panache blanc,
ou au « martyr » du 21 janvier. La grande école
historique qui occupe les années 1850-1914 ne le
ménage pas, mais étudie exemplairement son entourage et son règne. Au XXᵉ siècle, les académiciens
royalistes, Bertrand, avec une naïveté superbe,
Gaxotte, avec plus de talent et de perfidie, en font
le symbole de l'Ordre, de la Grandeur, de la Patrie,
voire de la Vertu. Parallèlement, l'enseignement de
Lavisse, hostile, mais avec beaucoup de nuances
et une science jamais égalée, l'emporte encore dans
la tradition universitaire et scolaire. Enfin de jeunes
historiens, fortement influencés par des philoso-

phes, des sociologues et quelques économistes, dédaignent la personne et l'entourage royal — livrés aux grimauds appointés de l'historiette et du scandale — pour soulever des problèmes qui transcendent, pensent-ils, l'événement et l'individu : les institutions, les structures mentales, les formes de la piété, les groupes sociaux, les grands mouvements et les forces profondes de l'économie. Pendant ce temps, le « grand public » subit des parlotes sur le « classicisme », cette illusion, sur Versailles et sa « signification », le Masque de fer, l'affaire des Poisons, les maîtresses successives et simultanées et la « politique de grandeur ».

Depuis exactement trois siècles, Louis XIV continue donc de subjuguer, d'hypnotiser, de hanter. « Tout l'univers et tous les siècles » gardent donc bien son souvenir, qui n'est pas toujours celui qu'il prétendit laisser. De ce point de vue, l'action personnelle de Louis a parfaitement réussi ; simplement, le mépris et la haine montent vers sa mémoire avec autant de persévérance que l'encens des adorateurs ou la piété des imitateurs attardés.

Dans sa volonté personnelle d'agrandir le royaume, succès du Roi : les pays qui forment sensiblement le département du Nord, Strasbourg, la Franche-Comté, la « ceinture de fer », évidentes réussites ; Paris, ainsi, est mieux protégé de l'invasion. Mais tout cela est acquis dès 1681 et, par la suite, seulement confirmé, sauvé ou diminué. On a même pu soutenir que, dans la forte position qui était la sienne en 1661, parmi tant de rois jeunes, mal assurés ou incapables, de plus grands espoirs auraient été permis : annexion des Pays-Bas espagnols, mais Hollande et Angleterre surent toujours l'interdire ; de la fragile Lorraine, où Louis est moins puissant en 1715 qu'en 1661 ; et avec un peu d'astuce ou de souplesse, de la Savoie, de Nice... Ne parlons pas des colonies, dont il se préoccupe peu, les abandonnant aux trafiquants, aux aventuriers, aux prêtres et à quelques commis. Il se contenta de perdre une Antille et les portes du Canada, tandis qu'une poignée de hardis compagnons tentait de lui donner un empire en Amérique et un autre dans l'Inde.

Chef absolu, d'un bout à l'autre, de la diplomatie et des armées, il y fut bien servi, tant qu'il utilisa ceux qu'avaient distingués Mazarin et Richelieu, mais se ridiculisa souvent en leur désignant d'indignes successeurs. Il était assez peu homme de guerre. Son père et son aïeul respiraient avec délices la fumée des camps ou l'ivresse de l'attaque. Il préféra toujours les grandes manœuvres, les parades et les sièges sans danger au feu des batailles ; puis, l'âge venu, la stratégie de cabinet. Secret, patient, subtil pour combiner des alliances, nouer des intrigues, dénouer des coalitions, il gâcha tous ces dons par des coups d'orgueil intempestifs, des brutalités risquées, des attaques en pleine paix. Cet agresseur-né paraît plus grand, en fin de compte, dans l'adversité que dans le triomphe. Mais il en imposa toujours à ses contemporains, qui toujours éprouvèrent à son égard des sentiments tranchés et violents : admiration, crainte, haine, secrète envie...

Si, bon libertin et piètre théologien, il négligea d'abord les affaires religieuses, il en fit, à partir de sa quarantième année, l'un des « secteurs réservés » auxquels il s'attacha le plus. Dans ce domaine, échec total. Opposé à Innocent XI, grand pape impérieux et projanséniste, il dut s'incliner et, de furieusement gallican, devenir ultramontain jusqu'à importuner les pontifes suivants. Anti-janséniste par politique plus que par doctrine, il ne réussit, malgré des violences réitérées, qu'à renforcer la secte, à l'unir aux gallicans du Parlement et de la Sorbonne et aux prêtres richéristes abaissés par l'édit de 1695. L'extirpation de l'« hérésie de Calvin » aboutit, quoi qu'on prétende parfois, à l'affaiblissement du royaume, au renforcement des voisins, à un redoutable concert de haines nationales et européennes, feintes on sincères. En fin de compte, les « religionnaires » se convertirent peu ou se rétractèrent, résistèrent, se révoltèrent, appelèrent l'ennemi et replantèrent tranquillement les églises du Midi, tandis qu'à Paris les grands hommes d'affaires huguenots étaient largement tolérés, parce qu'indispensables. Sans doute la contre-réforme catholique progressa-t-elle sensiblement durant le règne, grâce aux missions, aux séminaires enfin créés, aux curés jansénistes, pasteurs admirables, mais enfin les principaux fondements en avaient été plantés bien avant 1661.

Pendant quinze ou vingt années, Louis voulut rassembler autour de sa personne l'élite des écrivains et des artistes. Dans ce domaine, Colbert — qui avait appris ce métier auprès de Mazarin — l'aida considérablement, tant qu'il eut du pouvoir et de l'argent. A partir de 1673, les crédits se raréfièrent ; à partir de 1689, ils devinrent très médiocres, et une magnifique création comme les Gobelins faillit sombrer en 1694, année sinistre ; d'autre part, Louis concentra très tôt ses efforts sur l'ensemble versaillais, puis sur Marly, négligeant le reste. Après 1680, le mécénat d'ensemble échappe à la monarchie ; la pensée se diversifie, se libère, tous les thèmes du XVIIIe siècle apparaissent, tandis que l'esprit critique et la science en rapide progrès ébranlent les vieux dogmatismes : à ce moment, Louis ne s'occupe plus réellement des choses de l'esprit, si ce n'est pour tenter de contrecarrer quelque « nouvelleté » suspecte. Mais, durant une quinzaine d'années, une heureuse assemblée de génies a comme illuminé la belle période du règne. Le Roi jeune a montré du goût, parfois de l'audace ; il y avait en lui un très grand « honnête homme », au sens de l'époque, capable d'apprécier, de distinguer, d'imposer (même Molière) et parfois de tolérer (même La Fontaine). Par la suite, chargé de soucis, moins bien secondé, figé d'ailleurs dans ses goûts et refusant l'évolution des mœurs et des idées, il s'est entêté, ou a franchement renoncé. Le mécénat du prétendu « grand siècle » par le prétendu « Grand Roi » : un feu d'artifice d'une quinzaine d'années.

Si le détail de l'exécution en fut confié à la piétaille des commis, l'abaissement de tous les grands « Corps et Estats » du royaume demeura le souci constant de Louis, fils de la Fronde. Méprisées, avilies, taillables à merci, les compagnies d'officiers ; anéantis, les Parlements, les Etats, les communes et les consulats ; réduits à implorer ses grâces, les superbes nobles, naguère comploteurs et instigateurs des révoltes provinciales ; courtisan, presque tout le clergé ; domestiquée et écartée des Conseils, toute l'ancienne noblesse ; méprisée, quoique bradée à vil prix, la nouvelle ; massacrés enfin, les Béarnais, les Catalans, les Cévenols, les Bordelais, les Poitevins, les Bretons surtout, et tant d'autres qui s'obstinaient encore en des émotions hors de saison. Une aussi rude mise au pas devait provoquer, par son exagération même, des réactions forcenées : la nouvelle Régence et le siècle nouveau en procurèrent, on le sait, d'éclatantes occasions.

Chef d'une dynastie qu'il faisait remonter à Charlemagne, et qui était forcément la première du monde, Louis soutint avec hauteur les intérêts et la dignité de toute sa famille. Ce fut pour son petit-fils, en dernière analyse, qu'il engagea et continua la guerre de Succession d'Espagne. L'avenir de Philippe V assuré, il se préoccupa de survivre à travers ses derniers descendants, légitimes et illégitimes, par ce testament de 1714, retouché en 1715, cassé le lendemain de sa mort, dont on peut se demander s'il fut l'œuvre d'un obstiné, d'un inconscient ou d'un désespéré...

Gloire perpétuelle, agrandissement et hégémonie au-dehors, maîtrise à l'intérieur de toute la vie politique et administrative, de la religion, de la société et de la pensée, défense de la dynastie et de la succession : tels furent les domaines, immenses, que Louis osa réserver, souvent ou toujours, à sa compétence et à sa décision. Les résultats obtenus offrent un mélange de réussites éclatantes, de réussites partielles ou provisoires, de demi-échecs et de déroutes totales.

C'est qu'après tout, quels que fussent son courage, son application, son opportunisme fréquent et son sens de la grandeur, il n'était qu'un homme, avec un honorable et variable mélange de vertus et de faiblesses. Et puis, la qualité de ses ministres varia, ses agents d'exécution manquèrent souvent de moyens de persuasion, et les forces qui s'opposaient à sa volonté et à sa gloire montaient de toutes parts. L'action de ces commis et l'étude de ces forces antagonistes restent à examiner.

B. — LA RESPONSABILITÉ DU ROI :
LE DOMAINE DES COMMIS.

Le plus souvent, parfois en permanence, le détail des affaires et un certain nombre de secteurs de l'administration ont été délégués à des commis, nommés par le Roi, responsables devant lui. Louis adopta rarement l'attitude assez lâche qui consiste à rejeter un échec sur des sous-ordres ; il ne se laissa aller à cette petitesse que vers la fin, notamment avec les évêques. Tout ce qui fut fait sous son règne le fut sous son nom : la responsabilité indirecte de Louis dans les affaires déléguées est égale à sa responsabilité directe dans les affaires réservées. Les deux secteurs ne pouvaient d'ailleurs qu'être étroitement liés.

A une politique de grandeur et de prestige, il fallait une administration efficace et obéie, des moyens militaires et des moyens financiers. Nous avons toujours suivi, au fil des ans, l'effort des uns et des autres en ce domaine. Un bilan s'impose désormais.

Pour porter au loin les ordres du Roi et battre en brèche la foule enchevêtrée des pouvoirs locaux, on a répandu, installé et renforcé un réseau d'une trentaine d'intendants, hommes du Roi émanés des Conseils du Roi, aidés par des correspondants, des commis, des subdélégués, nombreux et organisés en 1715. A cette date le système est bien en place, à peu près accepté (même en Bretagne), souvent respecté, parfois obéi. Parfois seulement : il suffit de lire la correspondance des intendants pour perdre rapidement, à cet égard, les illusions entretenues par les manuels vieillis ou la petite histoire anecdotique. La force d'inertie, la difficulté des communications, les traditions d'indépendance provinciale, les coutumes et privilèges inébranlables, tout cela demeure singulièrement vivace. Lavisse disait que l'absolutisme était tempéré alors par la désobéissance ; dans les provinces lointaines et au fond des campagnes, on pourrait presque renverser la formule. Personne ne nie cependant qu'un pas en avant ait été fait, que la belle administration de Louis XV et de Napoléon ne soit déjà en germe dans les progrès réalisés entre 1661 et 1715. Quelques-uns des grands corps qui, par la suite, donnèrent le ton et l'exemple aux autres, sont même en place : l'enregistrement, les hypothèques, la poste, les ponts et chaussées ; les premiers, il est vrai, à titre de moyens fiscaux, le dernier à l'état embryonnaire et le troisième sous forme de service affermé.

Dans un domaine adjacent, mais capital, un gros effort a été accompli par des ministres et des juristes pour unifier le droit français, mettre le droit royal au-dessus des coutumes locales, simplifier l'énorme fatras de la jurisprudence. Rappelons, à cet égard, les codes de Colbert et quelques grands recueils de droit et de pratique, comme ceux de Ricard, de Domat, de Savary. Mais ces beaux travaux s'accordent-ils avec l'esprit du temps, la marche quotidienne de la justice ? Chaque petite province persiste à juger selon sa propre coutume, rédigée et fixée au XVIᵉ siècle, puis couverte de gloses ; la loi royale n'est qu'une loi parmi d'autres ; elle a besoin d'un enregistrement par les Cours souveraines, qui savent admirablement traîner et biaiser, puisqu'elles ne peuvent refuser ; et d'ailleurs les textes royaux s'appliquent rarement à tout le royaume, y compris la révocation de l'édit de Nantes ; telles ordonnances sur le « denier » (taux d'intérêt maximum) varient d'une province à l'autre, et sont aisément tournées ; quant aux ordonnances monétaires, chaque particulier les accommode à son intérêt : les marchands ont leurs « équivalences » et leurs taux propres, et le moment approche où l'on inscrira froidement, dans un simple contrat de fermage : « nonobstant le fait du Prince », en ce qui concerne les modes de paiement. Quant aux trop fameux règlements de Colbert et de ses épigones, on a vu, en passant, à quel point ils pouvaient être ignorés et journellement violés dans une ville, Beauvais, éloignée de Paris de moins de vingt lieues. Trop d'intérêts, d'habitudes, de routines, de privilèges s'opposaient à l'application de la législation royale. Le gros effort de centralisation et d'unification qui fut entrepris n'a que partiellement réussi. Mais il a préparé le terrain aux grands législateurs et unificateurs du XVIIIe siècle, surtout de la Révolution et de l'Empire.

Des moyens de la gloire et de la puissance, l'un, la diplomatie, est affaire de personnes plus que d'institutions. Bien avant le « grand règne », existait une grande tradition, que suffisent à évoquer les noms de Servien, de Lionne, d'Avaux, sans compter les deux admirables cardinaux-diplomates. Ceux-là, leurs commis, leurs successeurs et tous leurs enfants ont continué la tradition. En des styles divers, les diplomates de Louis furent parmi les meilleurs d'Europe ; mais ils se heurtèrent, du côté hollandais, britannique, et même romain, à de brillants adversaires. Deux nouveautés, peut-être : une certaine « institutionnalisation » de la « carrière », et surtout l'introduction, à un niveau plus élevé, de négociateurs qui jusqu'alors avaient agi dans une certaine obscurité : les grands marchands du royaume, comme le Rouennais Mesnager.

Sortie du néant, ou presque, par Colbert qui lui donna ses arsenaux, ses charpentiers, ses artilleurs, ses talentueux décorateurs, ses meilleurs capitaines et son personnel renouvelé par l'inscription maritime, la marine royale s'illustra surtout de 1672 à 1690. Faute de ressources, faute d'intérêt réel de la part d'un Roi « continental », elle déclina ensuite, et la première place revint aux initiatives, à l'armement et aux exploits privés. Louis et ses bons commis du secrétariat d'Etat à la Marine surent cependant utiliser et favoriser la flotte des négociants et des armateurs des grands ports, des capitalistes qui les soutenaient, et des hardis capitaines qui leur donnaient gloire et profits.

Illustres entre tous, les grands commis qui aidèrent le Roi à constituer cette armée qui, par ses effectifs et sa puissance, égala le plus souvent la somme des autres armées d'Europe : Le Tellier et Turenne d'abord ; Louvois et Vauban, ensuite. Nombre de moins fameux, comme Chamlay, Martinet, Fourilles et Clerville devraient figurer à un palmarès particulièrement fourni, si c'était le rôle de l'historien de dresser des palmarès, surtout militaires. Les effectifs ont été accrus, au moins quadruplés ; la discipline des soldats, des officiers et des généraux a été améliorée ; une administration civile a heureusement été superposée, non sans peine, à l'administration militaire, querelleuse, imprévoyante, souvent incapable et malhonnête ; des grades nouveaux, des corps nouveaux (artillerie, génie), des armes nouvelles (fusil à pierre, baïonnette à douille), une poliorcétique nouvelle (Vauban) ont amélioré l'efficacité militaire. Surtout, une véritable Intendance a enfin été créée, avec ses arse-

naux, ses magasins et ses étapes réglées. L'uniforme
s'est peu à peu généralisé, ce qui fit travailler des milliers d'artisans. Les premières casernes ont essayé de
mettre fin à la redoutable coutume du « logement »
(des gens de guerre chez les civils). L'Hôtel des
Invalides a été construit, avec magnificence. Une
véritable armée royale, de plus en plus nombreuse,
diversifiée, moderne, disciplinée, tel fut l'instrument, presque inégalé en son temps, que des commis de grande valeur donnèrent à leur maître.

Vraisemblablement, les peuples du royaume n'en
éprouvèrent pas toujours une fierté éclatante. L'armée coûtait très cher ; elle « logeait », elle pillait
encore, même dans le royaume ; elle prétendait
encore s'emparer (comme la marine, par la « presse »
des ports) de trop de jeunes gens, qui préféraient
leur foyer et leur village : les excès du racolage,
la milice plus encore, contribuèrent à l'extrême
impopularité du monarque vieillissant.

Pour faire plaisir à Colbert son complice, le jeune
Roi essaya quelque temps de s'occuper de finances,
et de tenir un petit carnet personnel de recettes
et de dépenses ; il demeurait, au fond, persuadé
que de telles occupations étaient indignes de sa
majesté. L'on a suffisamment expliqué, au cours de
cet essai, comment l'effort de Colbert fut compromis par la première coalition (1673) et ruiné
par les deux suivantes. Il éclate aux yeux que ce
ne furent ni les constructions, ni la vie de Cour,
ni les « grâces » et les « comptants » qui démo-
lirent les finances du royaume, redressées par un
bon comptable : la longueur des guerres et leur
extension croissante dans l'espace en sont les seules
responsables.

Les commis aux Finances, qui brillèrent tantôt

par l'honnêteté, tantôt par la virtuosité, firent ce qu'ils purent pour nourrir la guerre toujours renaissante. Ils acceptèrent ou inventèrent des procédés qui, avec plus de courage et de volonté, auraient pu constituer des réformes heureuses et radicales : la capitation, le dixième, la Caisse des Emprunts et même les billets de monnaie. Dans l'ensemble, ils ne purent que tirer le maximum d'un système financier, administratif et social figé, qui refusait absolument la moindre réforme. Les plus riches continuèrent à ne payer que des sommes ridicules, ou rien du tout. L'Etat ne sut pas maintenir son crédit, ni se créer une grande banque — alors que l'Angleterre réussissait l'opération, malgré ses difficultés. Accumulation de vieilles structures, de vieilles coutumes, de vieilles croyances, d'autant plus respectées qu'elles étaient plus anciennes, l'Ancien Régime n'a pas su, sous Louis XIV, renouveler ou même réformer son système financier : c'eût été en effet renoncer à sa nature même, démolir la vétuste bâtisse vingt fois rafistolée dont la façade brillante en imposait encore, bravant témérairement la marche du temps et la « nature des choses ». La vieille maison tint soixante-quinze ans encore... Personne ne pouvait prévoir, en 1715, l'imminence relative de son écroulement.

De ces réussites, de ces bonnes intentions, de ces échecs, insuffisances et refus, Louis XIV demeure, à travers ses commis, finalement responsable...

...Responsable, s'il est vrai qu'un homme, fût-il roi et même grand roi, ait le pouvoir d'exercer une action efficace contre les grandes forces, politiques, démographiques, économiques, mentales qui, peut-être, commandent l'évolution générale d'un royaume qui n'est pas isolé dans le vaste monde.

Parmi ces forces, certaines, que le Roi sut ou ne sut pas apercevoir, s'opposèrent directement à son action ; d'autres, plus lentes et plus mal connues, presque toujours ignorées par lui, n'en exercèrent pas moins une longue et sourde pesée, que certains historiens jugent fondamentale.

C. — Les forces antagonistes.

Il est beau de vouloir étonner le monde par sa magnificence et ses armées ; encore faut-il que le monde consente à se laisser étonner.

Lorsque Louis, au début de son règne, se livrait à un « tour d'horizon » européen, il ne relevait que faiblesse et déclin. Une partie de ses observations était exacte : Espagne, Italie ; une autre était fausse : Provinces-Unies, si sottement sous-estimées, comme si le petit nombre, la bourgeoisie et le calvinisme pouvaient immanquablement constituer des signes de faiblesse ; une autre enfin se trouva rapidement contredite, par l'évolution même de deux ensembles pourtant peu comparables, l'Angleterre et l'Empire.

Louis XIV trouva toujours devant lui la diplomatie, l'obstination, la bravoure, la marine et l'énorme fortune des Provinces-Unies. Nul ne croit plus, aujourd'hui, que le « Siècle d'Or » des Hollandais fût terminé en 1661. Longtemps encore, la Banque, la Bourse, la Compagnie des Indes, les flottes et les florins bataves maintiennent et renforcent leur puissance ; l'invasion de 1672 ne les a affaiblis qu'un instant ; et même en 1715, quoi qu'on enseigne ou prétende, les Hollandais envoient autant, ou plus encore, de navires en Baltique, au Japon (où ils sont seuls), à Batavia, dans toute l'Asie et toutes les mers du globe ; leur monnaie, leur fortune et leurs banquiers demeurent puissants, respectés, souvent déterminants ; leur politique n'est pas encore « à la remorque » de l'anglaise ; simplement, ils ne jouissent plus d'une domination sans partage : une autre économie nationale est montée à leur niveau, va les dépasser... Louis XIV voulut toujours ignorer les facteurs économiques ; têtus, ceux-ci se vengèrent. Par surcroît, l'agression de 1672 produisit ce miracle de souder le patriotisme néerlandais, de provoquer une révolution nationale, de porter Guillaume d'Orange à la tête de la République. Or, le dernier quart du XVIIᵉ siècle est autant le siècle de Guillaume que le siècle de Louis. Obstiné, habile, riche de toute la République, Guillaume, malgré sa malchance militaire, fut l'ennemi persévérant, l'âme et le financier de toutes les coalitions. A peine était-il mort qu'un grand Néerlandais, Heinsius, qui le valait et qui déjà l'aidait sur le continent, lui succéda.

Par une maladresse suprême, le roi de France, qui avait fait de Guillaume le maître des Provinces-Unies, contribua à le faire roi d'Angleterre. Longtemps, Louis XIV pensa tenir l'Angleterre à sa merci, parce qu'il se croyait sûr de Charles II, vénal, et de Jacques II, papiste ; parce qu'il pensait aussi qu'une révolution et qu'un Cromwell n'avaient pu qu'affaiblir ce royaume insulaire. C'était compter sans les traditions constitutionnelles anglaises, sans la religion profondément anti-catholique de presque tous les Anglais, sans la flotte, sans les marchands de Londres, sans la livre sterling. De 1685 à 1712, la politique anglaise de Louis XIV constitue une erreur presque permanente, et presque une suite de provocations. Pendant ce temps montait la puissance du Parlement, de la marchandise, de la marine, de la banque britannique et étaient plantés, au-delà des mers, les solides fondements d'un robuste Empire, appelé à avaler le naissant Empire français, et qui le grignotait déjà. Plus que par la « prépondérance française », le dernier quart du XVIIᵉ siècle est marqué par l'ascension britannique, que ratifient avec éclat les traités de 1713.

Du côté même de cet impuissant Empire, abaissé par les traités de Westphalie, et pour lequel Louis n'avait que mépris, un monarque d'abord trop jeune, hésitant et timide réussit peu à peu un imprévisible rétablissement. Bien conseillé, il apparut comme le chef d'une croisade contre les Turcs ; soutenu par le Pape, par la majorité des princes allemands, par les rois plus catholiques que politiques comme Sobieski, il réussit, pour la première fois depuis trois siècles, à arrêter l'assaut des infidèles, puis à les repousser jusque dans leur repaire balkanique : libérant Vienne, la Hongrie, la Transylvanie, il agrandissait ses Etats beaucoup plus que Louis XIV n'agrandissait les siens, et soulageait définitivement l'Europe de la pression ottomane. Par là, il devint, en son pays, le grand Empereur qui réussit là où tout autre avait échoué ; artistes et écrivains chantèrent sa gloire de toutes les manières ; pour tout bon Allemand, cette fin de siècle n'est plus le temps de Louis le Dévastateur, mais de Léopold le Victorieux. De son côté, Louis XIV découragea la clientèle germanique qu'il possédait en 1661, la dégoûta par ses dévastations et ses mesures anti-protestantes, ne sut plus la séduire par ses finances assez déclinantes, impuissantes contre les florins et les sterlings, qui surent nouer outre-Rhin de nouvelles fidélités. Il est possible qu'on considère comme une honte l'absence de tout

contingent français à la grande victoire catholique
du Kahlenberg (1683) ; ce fut sûrement une faute,
ce qui est plus grave. Or, tout un parti impérial
savait exploiter, par de violents libelles, les erreurs
du roi de France et les excès particulièrement san-
glants de sa soldatesque. Louis XIV contribua ainsi
à la naissance du patriotisme allemand. Quand
mourut Léopold (1705), il ne fut même pas délivré :
la haine tenace de ses successeurs lui était acquise ;
par une ironie supplémentaire, le prince Eugène, —
qui n'avait d'abord demandé qu'à servir la France !
— survécut à Léopold, comme Heinsius et Marlborough à Guillaume.

Avancera-t-on que, par une sorte de compensation, la langue, les lettres et les arts français con-
quéraient pacifiquement l'Europe coalisée ? Sans
doute, chaque monarque et chaque petit prince veut
ou voudra bientôt avoir son Versailles et sa Maintenon, et s'y essaie avec plus ou moins de bonheur.
Ne nous hâtons pourtant pas, nationalistes incorri-
gibles, de crier au triomphe de l'esprit français...
Ce serait d'abord oublier le caractère propre de
l'art baroque, notamment de l'autrichien et de l'espagnol ; et puis Locke et Leibniz, pour ne citer
qu'eux, furent-ils des esprits négligeables ? et la
prodigieuse avance des sciences fut-elle une affaire
strictement française ? et enfin si certains cercles
étrangers adoptaient, par goût ou par snobisme,
l'air et les manières de France, combien de Français
éminents, depuis Descartes, allaient respirer ailleurs, en Hollande et surtout en Angleterre, l'air
de la liberté ?

Des forces antagonistes, Louis en trouva aussi à
l'intérieur de son royaume ; on sait comment il

mata les plus évidentes, les plus coriaces, et l'on
n'y reviendra pas ; on sait aussi que d'autres appa-
rurent, ou réapparurent à la fin du règne, que
certaines attendirent, pour éclater au grand jour,
la mort du despote ; l'on connaît enfin celles qui
ne se laissèrent pas abattre : le petit troupeau
fervent et décidé des chrétiens non romains, les
groupes intelligents, orgueilleux et tenaces des jansénistes, finalement unis aux gallicans... Inutile d'insister encore.

Pourtant, si. Pour essayer de faire sentir cette
ancienne, traditionnelle et rusée inertie de l'ensemble de « nations », de « pays », de seigneuries, de
fiefs, de paroisses dont la juxtaposition formait le
royaume de France. Chaque groupe avait l'habitude
de vivre sur soi, avec ses coutumes, ses privilèges,
son langage, replié dans ses guérets, auprès de ses
clochers. Le Roi sacré à Reims, le Roi quasi-prêtre
était vénéré, presque adoré ; de loin, s'entend. Qu'un
de ses envoyés paraisse au village avec une escorte
d'hommes en noir ou en armes, voire un simple
grimoire, et c'était l'hostilité, au moins la méfiance
de principe : quelle « nouvelleté » allait-il apporter ?
quel accroc aux coutumes ? quelle levée de deniers,
de chevaux ou d'hommes ? On ne dira jamais assez
cette vie cloisonnée, ce patriotisme local, cette hor-
reur sacrée de la nouveauté, ces craintes et ces
paniques, qui sont comme la texture même du
royaume de France sous l'Ancien Régime. Allez
donc faire entendre la voix du Roi au fond des
campagnes quand le curé, seul agent de diffusion,
sabote, bâcle ou oublie ce rôle, qui fort évidemment
n'est pas le sien ; quand les tribunaux sont lointains,
chers, peu sûrs et peu respectés, la maréchaussée

absente, l'intendant inconnu et le subdélégué sans pouvoir ? Il faut suivre le malheureux Colbert essayant d'imposer ses manufactures, ses règlements tâtillons, ses compagnies : personne n'en veut, car chacun a ses traditions, ses habitudes, ses intérêts, le sens très vif de sa liberté ; il faut voir chaque administrateur, clerc ou laïc, tenter d'appliquer à sa province les instructions contradictoires sur les « prétendus réformés » ; il faut compter, dans les registres des Eaux et Forêts, dans les papiers des Gabelles, l'incroyable nombre et la variété des contraventions, dès que les agents de répression, bien armés, osent se mettre en campagne ; il faut souligner encore la plaie de la désertion dans l'armée régulière, surtout dans la milice (50 % ?), au moment où des paroisses et des provinces entières approuvent, protègent et nourrissent les déserteurs...

Si, l'œil fasciné par les ors versaillais, l'on oublie le foisonnement incessant de toutes ces manifestations profondes, on n'a rien compris à la France de Louis XIV, à l'impossible tâche que le monarque et ses commis osèrent entreprendre, à l'inertie énorme qui la rendait si difficile... Et encore n'examine-t-on pas l'inertie du Clergé et de la Noblesse, qui refusent d'aider le royaume à aller de l'avant, si ce n'est par des oraisons, des coups de rapière et quelques aumônes ladrement consenties, alors que leur richesse, leur puissance et leur esprit eussent dû être mobilisés pour servir de si grands desseins... Mais leur demandait-on tellement ? Ils demeuraient le premier et le second ordre qui devaient seulement le service de la prière et de l'épée. Et cela aussi était inertie, refus de changement, refus d'efficacité dans un régime dont nul ne songeait qu'il pût un jour cesser d'être.

D. — Les forces oubliées.

L'inertie de ce grand corps traditionnel de la monarchie d'Ancien Régime, l'opposition croissante des grands Etats d'Europe, forces diffuses ou précises, imprévues ou mal prévues, plus ou moins consciemment ressenties par Louis XIV, toutes se sont, en fin de compte, opposées à ses desseins, avec une incontestable vigueur. Plus mystérieuses, plus puissantes peut-être, mais totalement absentes dans les prévisions de l'Etat et même dans la pensée des gouvernants, d'autres forces ne se sont-elles pas manifestées ? N'ont-elles pas régi la vie même du royaume ? et réduit à une agitation mesquine l'action d'un petit monarque dans un petit Etat, insectes dans l'Univers ?

Depuis quelques lustres, les jeunes historiens d'une certaine école, négligeant volontairement la poussière des individus et des événements, prétendent déceler, mesurer, expliquer et mettre en avant les grands rythmes qui scanderaient et domineraient toute l'histoire du monde ; des rythmes surtout économiques... Audace imprudente peut-être, bien que fructueuse ; laissons-nous, un moment, porter par elle.

Par-delà l'agitation des insectes humains, le rythme d'extraction, d'acheminement et de circulation du « fabuleux métal » peut avoir commandé, en France et dans une partie du monde, la vie économique, sociale et politique. La découverte des « Indes », les mines du Pérou et du Mexique, en déversant sur l'Europe une quantité toujours croissante de métaux précieux, expliqueraient largement la prospérité, les éclats et les excès du riche XVIe siècle ; et, plus tard, l'or du Brésil, la prospérité ascendante du XVIIIe siècle, comme l'or de Californie, la « belle époque » de Badinguet. Or, à partir de 1600, moins d'argent arrive d'Amérique en Espagne ; de moins en moins : en 1650, les quantités débarquées représentent le cinquième de celles de 1600 ; une probable réanimation des mines d'Europe centrale ne suffit pas à compenser ce déficit. L'or d'abord, l'argent ensuite se font rares et se thésaurisent ; suédois ou japonais (donc néerlandais), le cuivre tend à les remplacer, piteux ersatz. Le temps de Louis XIV s'inscrit tout entier sous le signe de la « famine monétaire » (l'expression est de Marc Bloch) ; le Roi a du mal à payer Dunkerque aux Anglais ; ministres et particuliers se plaignent de la « pénurie des espèces », des « amas secrets » qui s'en font, et tous paient leurs dettes en rentes, donc en traites sur l'avenir. Nous avons montré, avec quelque insistance, comment cette situation pouvait expliquer certains aspects de l'œuvre de Colbert, et leur échec, certaines difficultés gouvernementales permanentes, un certain style d'opposition aussi. Mais la monnaie n'est pas seule en question.

Depuis longtemps, historiens et économistes ont constaté que le XVIIe siècle dans son ensemble, plus précisément la période 1650-1690, voire 1650-1730, fut marqué par une baisse plus ou moins prononcée des grands prix alimentaires et de beaucoup d'autres prix — par-delà les « accidents » annuels. Les revenus de la terre, les offices, le loyer de l'argent peut-être paraissent affectés de la même contraction. Vers les années 1930, François Simiand, puis Ernest Labrousse ont coordonné et interprété ces observations, et soutenu qu'entre les grandes phases d'expansion économique qui exaltèrent les XVIe et XVIIIe siècles, le XVIIe, et singulièrement

l'époque Louis XIV, fut marqué des stigmates de la
dépression, de la récession, du recul économique,
au mieux de la stagnation. D'autres historiens vinrent ensuite, qui généralement renchérirent, parfois
exagérément et sans nuance. A partir de ces thèmes,
et fortifiés par une extraordinaire analyse statistique des relations Espagne-Amérique, Huguette et
Pierre Chaunu ont affecté d'un immense signe négatif l'ensemble du xviie siècle maritime, dès les
années 1600, — tout en reconnaissant que d'autres
secteurs géographiques, septentrionaux et continen-
taux, ont conservé plus longtemps leur rythme propre de croissance, observation confirmée par d'autres. Les mêmes auteurs, toujours soutenus par
une documentation impressionnante, annoncent
désormais un « retournement de la conjoncture »
maritime aux approches de 1700 ; cette conjoncture
maritime d'expansion nouvelle s'étendrait lentement
des grands ports vers l'intérieur continental ; observation qui a été également exprimée pour la Provence, le Dauphiné, le Beauvaisis...
   Mais voici, en revanche, que René Baehrel con-
teste avec violence, — pour la seule Basse-Provence
rurale, il est vrai —, le signe négatif dont semblait
marqué le « triste xviie siècle » : il voit s'y poursuivre la· « croissance économique », mais convient
cependant que le rythme de cette « croissance »
s'est singulièrement ralenti entre 1655 et 1690 ; mais
la Basse-Provence rurale ne représente ni le royaume
de France ni l'Ouest européen ; elle est un coin de
Méditerranée, et celui qui l'étudia aime contredire...
   Au-delà de ces disputes d'érudits, quelle fut, au
juste, la portée de ces grands rythmes de la conjoncture économique, rythmes rarement perçus en
leur temps, sinon par quelques esprits supérieurs,

et confusément ? Expriment-ils, pour parler comme Chaunu, les « respirations profondes de l'Histoire » ?

Demeure, très forte, l'impression que le règne de Louis se coula dans une période de difficultés économiques, traversée à la fois par des crises extrêmement brutales et des phases de stagnation et de marasme profond. Il est difficile de gouverner dans un tel climat, surtout lorsqu'on l'ignore, comme ce fut le cas du Roi et de presque tous ses conseillers. Mais ce qu'ils ont tenté, et parfois réussi malgré de tels obstacles, n'en demeure que plus digne d'intérêt, sinon d'admiration.

Discutées et mal expliquées encore, de grandes forces économiques, puissantes et ignorées, ont donc pu dominer la France de Louis XIV. Sociaux, démographiques, mentaux, d'autres facteurs jouèrent aussi, incompris ou à demi compris par les gouvernants ; dans quel sens et dans quelles limites purent-ils intervenir ?

Contre les progrès irrésistibles de l'esprit critique (en un siècle qui ne disposait pas de moyens massifs d'information) et de la science, l'Etat de Louis et ses champions scholastiques ont mené de pâles luttes d'arrière-garde. On n'arrête pas Descartes, ni Harvey, ni Newton, ni Bayle. On n'arrête pas non plus cette sorte de balancement qui fait succéder aux moments d'apogée du catholicisme romain ses moments de déclin. Si le XVIIe siècle fut le «siècle des saints » (et certes l'Eglise avait un urgent besoin de tels champions), ses dernières décennies, nous le savons, annoncent le siècle des « lumières » et du « roi Voltaire ». Bossuet est mort en vaincu, comme Louis XIV, ses confesseurs et ses dragons. On ne va pas contre la nature des choses.

Comment évolua, de sa lourde et lente allure,

ce grand corps de la société française, sur laquelle
nous ne savons presque rien — quelques lueurs,
çà et là ? Louis XIV paraît avoir pensé que les
structures sociales étaient bonnes, à condition qu'il
les domine, et il s'y employa rudement. Cette action
de surface étant admise, il semble bien que l'Ancien
Régime social se figea plus qu'il n'évolua. La
noblesse, qui désirait se garder pure et prédomi-
nante, essaya peut-être de se fermer, mais continua
à vivre follement, à accueillir des bourgeois enrichis,
à rechercher leurs écus et leurs filles. De grands
hommes d'affaires, banquiers, traitants, fermiers,
grands armateurs, négociants de Paris, de Lyon
et des ports semblent dominer de très haut, par leur
fortune souvent rapide, par leur crédit, voire par leur
mécénat, la société de la fin du règne ; mais la fin
du règne précédent, celui de Mazarin, avec le
triomphe de Fouquet et de la banque italienne ou
allemande, présenta-t-il des caractères bien différents ?

Et cependant, dans les villes manufacturières, les
petits patrons indépendants semblent disparaître,
les distances se marquer, les rapports se resserrer
entre chefs d'entreprises et ouvriers à la tâche...
Concentration ? Prolétarisation ? Mais quoi ! nous
ne connaissons encore que Beauvais et Amiens... Au
fond des campagnes, autour de Paris et vers le
Nord surtout, mais aussi en Languedoc, on a cru
déceler les éléments d'un processus du même type :
diminution en nombre et en puissance des petits
paysans indépendants, fourmillement de pauvres
journaliers, montée brutale de puissants fermiers-
receveurs, sorte de « bourgeoisie » rurale étroitement liée aux grands propriétaires et aux grands
seigneurs, nobles ou non, laïcs ou non ; dans les

mêmes régions, il a été possible d'apercevoir les
signes précoces (1660-1670) d'une sorte de réaction
seigneuriale (ou « féodale »), marquée par des réfec-
tions de terriers, une levée plus attentive des dîmes
et champarts, des recherches de droits anciens, de
nouveaux empiétements sur les « communaux »...
Mais quoi ! René Baehrel affirme, et prouve peut-
être, que rien n'a changé en Basse-Provence, et tant
de provinces du Sud-Ouest, du Centre, de l'Ouest
restent à prospecter ! Il est seulement certain que
l'action royale et administrative, lorsqu'on l'aperçoit,
vise à conserver, à maintenir les droits des plus
puissants de cette aristocratie mêlée, surtout doma-
niale, qui avait toujours raison dans ses tribunaux,
quand par hasard ses vassaux et ses censitaires
osaient plaider contre elle.

Malgré un effort insignifiant et passager de Colbert, l'Etat de Louis XIV n'eut pas, ne songea guère
à avoir une politique démographique. On pensait
communément que la fécondité française « rache-
tait » rapidement les pertes des « mortalités » et
des « pestes », et l'on était persuadé que la population du royaume, la plus forte d'Europe, était à
l'abri de toute diminution. Le plus souvent, on ne
pensait rien du tout, ou on pensait à autre chose,
et la nature allait son train. Sauf Vauban et quelques esprits oubliés, on ne s'intéressa alors « aux
peuples » qu'en fonction de leur rendement fiscal.
La principale victoire démographique du régime,
le recul de la peste, est surtout à mettre à l'actif
des échevinages. Elle n'a pas empêché les couches
profondes et ignorées de la population d'éprouver,
de l'avènement à la fin du règne, les misères séparées ou cumulées des « chertés » et des épidémies.
Sauf dans la très mince classe dominante, les carac-

téristiques démographiques du royaume ont peu
changé ; ou bien ses changements n'ont pas encore
été décelés. Composée de classes d'âges aux effectifs inégaux, la population du royaume (ramenée à
des frontières fixes) a peut-être crû, par moments,
en Provence, en Bretagne ou ailleurs ; elle a sûrement baissé le plus souvent ; stagné peut-être parfois. En son sein, les périodes de misère et d'aisance,
de baptêmes multipliés et de sépultures précipitées
continuent d'alterner, comme aux temps bibliques,
ou peu s'en faut. Aucun signe apparent de renouveau, et à peu près personne pour y songer.

La Cour, le royaume, l'assemblée de princes que
constituait, pour Louis, ce cap du vieux continent,
telles étaient les limites habituelles de l'horizon du
monarque. Au-delà, beaucoup plus loin, la Moscovie,
l'Asie, les Amériques, tout l'Univers continuait pourtant d'exister, et d'évoluer. Un nouveau César s'était
levé en Russie, mais ses singularités amusaient
seulement la Ville et la Cour. Quelques missionnaires et commerçants seulement s'occupaient de
la Chine, ce bout du monde, et en soupçonnaient
l'incomparable civilisation ; seuls, les Hollandais
accédaient, mais avec quels avantages, à un îlot
du Japon hostile et clos. Un grand combat s'annonçait dans l'Inde. Louis ne prêtait guère attention
à ces empires païens. L'Afrique fournissait des
« pièces de nègre » et quelques autres marchandises : deux ou trois comptoirs mal défendus y
tenaient lieu de politique. Tandis qu'ils investis-
saient économiquement l'Amérique ibérique, les
Anglais, affluant plus au Nord, commençaient à
gagner un combat décisif, qui n'intéressait pas le
Grand Roi, à peu près indifférent au Canada et à
la Louisiane. Elevé par Mazarin dans les intrigues

de Cours, les querelles dynastiques et successorales, les procès de bornage, Louis s'éleva rarement au-dessus de ses terres, n'eut presque jamais la vision de l'Univers. Vingt religieuses à Port-Royal-des-Champs, quelques bâtiments à Marly, deux ou trois places fortes lui paraissaient de plus dignes objets de gloire.

On ne peut douter que Louis XIV, comme presque tous les hommes qui se formèrent entre 1640 et 1660, ne sut pas dépasser les limites de son éducation, ni surtout embrasser d'un seul coup d'œil l'ensemble de la planète sur laquelle il vivait, pour ne point parler des « espaces infinis ». Profondément roi, et roi très appliqué, il avait un sens de la grandeur qui était celui de sa génération : grandeur militaire, grandeur dynastique, grandeur territoriale, grandeur politique dans l'unité de la foi, l'illusion de l'obéissance et la magnificence du décor. Il a laissé, de la monarchie, une image admirable, mais déjà ridée, sinon périmée, au moment où il mourut. Comme beaucoup d'autres rois, et comme presque tous les hommes, il avait vieilli en se raidissant, en se sclérosant.

Homme de goût par inclination, politique par nature, par formation et par volonté, il a toujours méprisé ces contingences matérielles qui s'appellent économie et finance ; ces objets roturiers devaient simplement suivre ses grands desseins ; jamais il ne soupçonna qu'ils pussent, un jour, ébranler le trône de son second successeur. Pour lui, remous sociaux et aspirations spirituelles se ramenaient à des « émotions » et à des « cabales », bonnes à réprimer par la force.

Tôt isolé dans Versailles par son orgueil, une

intrigante, quelques prêtres et quelques courtisans, il ignora et voulut ignorer que son temps devenait celui de la raison, de la science et de la liberté. D'un bout à l'autre, il refusa de comprendre la puissance hollandaise, la nature de l'Angleterre, la naissance d'un embryon de nation allemande. Il soutint mal Colbert dans sa courageuse politique maritime et coloniale, qu'il ne poursuivit pas sérieusement. Une place forte de Flandre ou de Palatinat le passionna toujours plus que l'Inde, le Canada et la Louisiane réunis.

Ses commis et lui-même ont cependant laissé une France territorialement plus grande, militairement mieux défendue, administrativement clarifiée et en partie pacifiée. S'il les a négligées et bien souvent combattues, il a su, un moment, rassembler et soutenir ce qui devait faire, longtemps, la véritable grandeur et la noblesse de la France : sa langue et sa culture, appelées à dominer en partie le Siècle des lumières.

Enterré, comme beaucoup de rois de France, dans l'hostilité générale et la haine particulière des Parisiens, sa dépouille était déjà un symbole. Louis devenait cette solennelle momie appelée à la déification future par la nostalgie des uns, à la dérision suprême par la passion antagoniste des autres... Ce cadavre que nous voulions seulement essayer de comprendre en son temps, sans parvenir à l'adorer.

Chronologie

I. — Louis XIV sous Mazarin

1638 (5 septembre) : naissance de Louis-Dieudonné, dauphin de France.

1643 (14 mai) : avènement de Louis XIV et régence d'Anne d'Autriche.

1648 : début des Frondes ;
traités de Westphalie : la France acquiert la plus grande partie de l'Alsace.

1649 (6 janvier) : fuite du jeune Louis XIV et de la Cour à Saint-Germain.

1651 (septembre) : majorité légale du Roi.

1652 (octobre) : rentrée triomphale du Roi à Paris, les principales Frondes étant terminées.

1653 : le Roi organise, vraisemblablement seul, l'arrestation du cardinal de Retz, en pleine Cour.

1655 : le Roi au Parlement en costume de chasse.

1658 : le Roi malade devant Calais ; agitations un peu partout.

1658-1659-1660 : derniers traités de paix en Europe, dans le « Nord » (Suède, Danemark, Pologne, Brandebourg), et entre la France et l'Espagne (traité des Pyrénées, novembre 1659 ; gain du Roussillon, de la Cerdagne, de la plus grande partie de l'Artois ; pardon à Condé et mariage décidé entre Louis XIV et l'infante Marie-Thérèse).

1660 (9 juin) : mariage de Louis XIV et de Marie-
     Thérèse.

1661 (9 mars) : mort de Giulio Mazarini.

II. — Douze années de gloire, 1661-1672

A. « *Le dedans* ».

1661 : le Roi refuse de prendre un premier ministre ;
     Colbert aide le Roi à chasser Fouquet, et prend
     sa place (sans le titre).

1662 : grand carrousel au cœur de Paris ;
     famine presque générale ; révoltes (Boulonnais
     notamment) ;
     premiers grands sermons de Bossuet.

1663 : première liste d'écrivains « subventionnés » par
     le pouvoir ; création (parmi quelques autres) de
     l'Académie des Inscriptions et Belles-Lettres.

1664 : grandes fêtes de « l'Ile enchantée » à Versailles ;
     le Roi est parrain d'un enfant de Molière (qui
     écrit son *Tartuffe*), s'apprête à dissoudre la
     Compagnie du Saint-Sacrement, fait expulser des
     religieuses de Port-Royal ;
     grandes créations attribuées à Colbert : compa-
     gnie des Indes orientales, manufacture de tapis-
     series de Beauvais (par exemple) ;
     révolte du Béarn.

1665 : Colbert enfin nommé contrôleur général des
     Finances (mais aussi débuts du fils Le Tellier,
     dit Louvois) ;
     « Grands Jours » d'Auvergne, essai de remise en
     ordre de la province ;
     débuts des grands travaux maritimes à Brest ;
     premier numéro du *Journal des Savants* ;
     les « Cours souveraines » rabaissées au titre de
     « Cours supérieures ».

1666 : l'Académie (privée) des Sciences passe sous la protection royale ;
premiers règlements détaillés sur les « manufactures ».

1667 : tarif douanier ultra-protecteur ;
Ordonnance « civile » de Saint-Germain, la première des « grandes » ordonnances du règne ;
La Reynie lieutenant de police de Paris.

1668 : « paix de l'Eglise » réglant provisoirement la querelle janséniste.

1669 : reprise de la persécution « légale » contre les protestants ;
Colbert secrétaire d'Etat (Marine et Maison du Roi) ;
grande Ordonnance des Eaux et Forêts.

1670 : révolte du Vivarais.

1672 : Louvois entre au Conseil d'En-Haut (Arnauld de Pomponne aussi).

B. « *Le dehors* ».

1661 : querelles de préséance à Londres.

1662 : « audience des excuses d'Espagne » ;
querelles subalternes à Rome (la garde corse).

1663 : annexion (provisoire) d'Avignon ;
saisie de la forteresse lorraine de Marsal.

1664 : séance des excuses du légat du Pape ;
élargissement de la Ligue du Rhin (créée par Mazarin) ;
défaite des Turcs à Saint-Gothard sur le Raab, avec participation française ;
début de la guerre anglo-hollandaise.

1665 : mort de Philippe IV d'Espagne, et préparation de la guerre de Dévolution.

1667 : liquidation de la guerre anglo-hollandaise (traité de Breda) ;

début de la guerre de Dévolution : invasion de la Flandre.

1668 : invasion de la Franche-Comté (espagnole) ;
Triple-Alliance de La Haye (Hollande, Angleterre, Suède) contre la France ;
mai : paix d'Aix-la-Chapelle : Louis XIV abandonne la Franche-Comté contre une douzaine de places flamandes, dont Lille.

1669 : la Crète tombe aux mains des Turcs, malgré les renforts français.

1670 : traité de Douvres avec l'Angleterre, contre la Hollande.

III. — Les années hollandaises (1672-1679)

1672 : Louis XIV entre en guerre, passe le Rhin, occupe une partie de la Hollande ;
mais la rupture des digues sauve le pays, dont Guillaume d'Orange devient stathouder ;
pour la première fois, les dépenses publiques dépassent les recettes.

1673 : coalition contre Louis XIV : Empire, Espagne, Lorraine ;
promulgation de l'Ordonnance du Commerce ;
accroissement du déficit et premières mesures financières « extraordinaires ».

1674 : l'Angleterre abandonne Louis XIV (traité de Westminster) ;
seconde occupation de la Franche-Comté ;
victoire de Seneffe (Condé) ;
Turenne sauve l'Alsace et le royaume (campagne d'hiver, fin décembre) ;
les nouveaux impôts concourent à provoquer des révoltes intérieures (Guyenne, surtout).
perte momentanée de la Martinique ; installation à Pondichéry ;

dissolution de la Compagnie des Indes occidentales.

1675 : mort de Turenne et nouvelle campagne d'Alsace
(Condé) ;
révoltes de Haute et Basse-Bretagne, et répression militaire ;
la Suède alliée est écrasée à Fehrbellin par le
Brandebourg ;
naissance de Saint-Simon, historiographe tardif
du règne.

1676 : victoires de la flotte française autour de la Sicile ;
mort de Ruyter ;
création de la « Caisse des conversions » ;
Innocent XI devient pape.

1677 : prise de Valenciennes et de Cambrai (Vauban) ;
retraite de Racine après *Phèdre* ;
faillite de l'agence rochelaise de la Compagnie du
Nord.

1678 : traités de Nimègue : annexion de la Franche-
Comté et de parties de la Flandre et du Hainaut ;
révocation du tarif de 1667 ;
débuts de l'affaire de la régale ;
R. Simon publie son *Histoire critique du Vieux
Testament*.

1679 : derniers traités liquidant la coalition (paix dans
le Nord, notamment) ;
amorce de lutte contre les jansénistes ; nombreuses mesures législatives contre les protestants.

IV. — LE TEMPS DU MÉPRIS, 1679-1689

1680-1681 : développement de l'affaire de la régale ;
accentuation de la persécution des protestants et
premières dragonnades ;

premières « réunions » en pleine paix : Strasbourg, septembre 1681 ;
Ordonnance de la Marine, 1681.

1682 : installation définitive à Versailles ;
déclaration des « Quatre Articles » et quasi-schisme de Louis XIV ;
la Compagnie des Indes renonce à son monopole.

1683 : victoire catholique du Kahlenberg, qui force les Turcs à lever le siège de Vienne ;
mort de la reine Marie-Thérèse et remariage secret du Roi (?) ;
mort de Colbert, à demi disgracié.

1684 : trêve de Ratisbonne, après une courte campagne contre l'Espagne ; la plupart des « réunions » sont acceptées, même par l'Empereur ;
bombardement et incendie de Gênes, en pleine paix.

1685 : édit de Fontainebleau, révoquant l'édit de Nantes ;
publication du Code noir (colonies) ;
conflit sur la succession du Palatinat.

1686 : formation, autour de l'Empereur, de la ligue d'Augsbourg, contre la France ;
la flotte française devant Cadix ; Catinat ravage le pays vaudois ;
Fontenelle publie *l'Entretien sur la pluralité des mondes.*

1687 : conflit avec le Pape sur l'affaire des franchises (à Rome) et la nomination au siège d'archevêque-électeur de Cologne.

1688 : seconde révolution anglaise : Guillaume d'Orange devient roi d'Angleterre ;
série d'agressions de Louis XIV : pays liégeois et rhénan, Palatinat, Avignon ;
première édition des *Caractères* (La Bruyère) ;
prix des vivres et des denrées particulièrement bas ;
création de la milice (Louvois).

V. — LE TEMPS DES ÉPREUVES, 1689-1715

1689 : sac du Palatinat ; débarquement de Jacques II ; guerre un peu partout ;
installation du dernier intendant de province, à Rennes ;
Soupirs de la France esclave qui aspire à sa liberté (Jurien ?) ;
mort d'Innocent XI.

1690 : victoires de Fleurus (Luxembourg), de Staffarde (Catinat), de Beachy Head (Tourville), mais désastre de Drogheda (Irlande).

1691 : mort de Louvois.

1692 : victoire de Steenkerque et désastre naval de La Hougue.

1693 : victoire de Neerwinden (Luxembourg) et de La Marsaille (Catinat) ;
début de la grande cherté des subsistances et de la « grande mortalité » ;
Louis XIV cède dans le conflit avec Rome et devient « ultramontain ».

1694 : développement de la plus grande « mortalité » du règne, dans presque tout le royaume, sauf l'Ouest et le Midi ;
création de la Banque d'Angleterre ;
mort du grand Arnauld ; le Père Quesnel, oratorien, auteur des *Réflexions morales*, devient l'un des animateurs du jansénisme ;
dénonciation de l' « hérésie quiétiste » (Mme Guyon).

1695 : établissement de la première capitation, qui frappe en principe tout le monde ;
édit royal mettant l'ensemble du bas-clergé sous la dépendance des évêques, et réactions « démocratiques » des curés ;

Boisguillebert : *Détail de la France ;* lettre de Vauban au Roi (?).

1696 : le duc de Savoie signe une paix séparée avec Louis XIV.

1697 : traités de Ryswick (Strasbourg seule conservée) ; début de la grande enquête sur l'état du royaume préparée par le duc de Beauvillier ;
Bayle, *Dictionnaire historique et critique ;* Fénelon, *Explication des maximes des saints sur la vie intérieure.*

1698 : atténuation partielle des poursuites contre les protestants ;
premières compagnies pour la mer du Sud et la Chine.

1699 : Pontchartrain passe des finances à la chancellerie ;
condamnation modérée du quiétisme par le Pape ;
Fénelon : *Télémaque.*

1700 : réveil du Conseil du Commerce, avec des marchands ;
mort du roi d'Espagne ; acceptation de son testament par Louis XIV.

1701 : Guillaume III (d'Orange) fomente la Grande Alliance de La Haye ;
premiers combats en Italie contre les Impériaux ;
rétablissement de la capitation (supprimée en 1698).

1702 : début de la guerre de Succession d'Espagne ;
mort de Guillaume III ;
début de la révolte des Camisards ;
convocation des milices.

1703 : le duc de Savoie rejoint la coalition anti-française ; le Portugal également.

1704 : défaite de Blenheim-Hochstadt ; les Anglais à Gibraltar.

1705 : mort de Léopold Ier ;
fin de la révolte violente des Camisards ;
propositions de paix de Louis XIV à Heinsius ;
bulle *Vineam domini* contre le jansénisme.

1706 : Villeroy, battu à Ramillies, perd les Pays-Bas ;
La Feuillade, battu devant Turin, perd l'Italie ;
les Anglais entrent à Madrid, puis en sont chassés.

1707 : Vauban, *Projet d'une dîme royale* ;
Denis Papin construit un bateau à vapeur.

1708 : défaite d'Oudenarde et chute de Lille ;
Desmarets aux finances.

1709 : le « grand hyver » et les débuts de la famine ;
bataille indécise et sanglante de Malplaquet ;
coup de force contre Port-Royal.

1710 : famine et agitation en plusieurs provinces ;
échec des négociations de Gertruydenberg ;
impôt du dixième, en principe général ;
victoire de Villaviciosa (décembre) qui redonne
l'Espagne à Philippe V.

1711 : mort de l'empereur Charles III, et d'une partie
des « enfants de France » ;
l'Angleterre lâche la coalition, et signe avec
Louis XIV les préliminaires (secrets) de Londres ;
achèvement de la destruction de Port-Royal, cimetière compris.

1712 : négociations à Utrecht ;
victoire de Denain ;
nouveaux décès dans la famille royale : le duc
d'Anjou, deux ans, seul héritier.

1713 : traités d'Utrecht ;
bulle *Unigenitus*, contre le jansénisme, diversement accueillie ;
reprise accélérée des manipulations monétaires.

1714 : traités de Rastadt ;
conflits sur l'enregistrement de la « bulle » ;
terrible épizootie ;

édit déclarant aptes à succéder les bâtards déjà légitimés (dont le duc du Maine) et testament de Louis XIV.

1715 : reprise de la persécution anti-protestante ; mais le pasteur Court réunit un synode près de Nîmes ; mort de Fénelon ;

mort de Louis XIV (1er septembre) ; cassation de son testament et régence de Philippe d'Orléans ; décembre : achèvement provisoire des dévaluations de la livre tournois.

Esquisse bibliographique

Pas plus que la précédente (imprimée en 1966), cette esquisse ne prétend être complète ; il y faudrait un autre volume ! Elle essaie de présenter au lecteur non spécialiste, mais qui désire aller plus loin, une sélection de volumes recommandables surtout par leur solidité.

I. MANUELS DE BASE

Ils ont la réputation d'être ennuyeux, et pourtant il faut commencer par là ; sinon, qu'on se contente des « Histoires des amours de... »

Un bon manuel d'enseignement du Second Degré peut fournir les bases de départ, ou les rafraîchir. Les plus récents et les plus illustrés ne sont pas forcément les meilleurs. La vieille collection MALET et ISAAC (Hachette), fort décriée par les pédagogues dans le vent, n'est pas la plus mauvaise ; de plus, elle est précise, bien qu'évidemment vieillie, ce qui n'est pas forcément une tare.

Au niveau supérieur, deux brefs et solides précis d'Hubert MÉTHIVIER dans la collection « Que Sais-je ? » (P.U.F.) : *Le Siècle de Louis XIV* (n° 426) et *L'Ancien Régime* (n° 925).

Nos éditeurs ont depuis longtemps lancé de grandes collections d'Histoire générale, dans lesquelles la France occupe une place de choix. Parmi celles-ci :

— La collection *Peuples et Civilisations* (P.U.F.) : le tome X, l'ancien *Louis XIV* de SAGNAC et SAINT-LÉGER

(1943) a été heureusement remplacé par le talentueux *Louis XIV en son temps* (1973) de Robert MANDROU.

— Le même éditeur a publié *L'Histoire générale des Civilisations* : pour *Les XVIᵉ et XVIIᵉ siècles*, synthèse originale de Roland MOUSNIER (1ʳᵉ édition : 1954).

— Chez Arthaud, avec une remarquable illustration, la collection *Les Grandes Civilisations* : pour notre époque, la fresque séduisante et fragile de Pierre CHAUNU, *La civilisation de l'Europe classique* (1ʳᵉ édition : 1966).

— D'un style différent, la collection « U » chez A. Colin, contient 2 volumes de P. GOUBERT intitulés *L'Ancien Régime* (1969 et 1973).

Pour réagir contre le nationalisme presque maladif de trop d'ouvrages français consacrés à Louis XIV (même les plus talentueux, ceux de GAXOTTE), il conviendrait de lire avec soin les ouvrages étrangers, qui rendent un tout autre son. La production anglaise est souvent la meilleure et la plus sereine, notamment les grandes séries d'Oxford et de Cambridge. Ont au moins été traduits en français :

MAURICE ASHLEY : *Le Grand Siècle*, Fayard, 1972.

CHARLES WILSON : *La République hollandaise des Provinces-Unies*, Hachette, 1968.

Le *Times Literary Supplement* consacre souvent des pages à l'histoire, même française ; la qualité est très supérieure à ce qu'on peut trouver dans les rares équivalents français. Le *New York review of books* fait de même, mais la qualité est un peu plus inégale.

II. OUVRAGES SPÉCIALISÉS PAR MATIÈRES

Histoire du gouvernement et des institutions

MARION : *Dictionnaire des institutions de la France aux XVIIᵉ et XVIIIᵉ siècles*, Picard. Commode, fondamental (réédité en 1968).

ELLUL : *Histoire des Institutions*, t. 2 (coll. « Thémis », P.U.F.).

MOUSNIER : *Les institutions de la France sous la monarchie absolue* (t. I, 1974, P.U.F.). Le plus complet.

Histoire de l'armée

Deux historiens sérieux, mais assez difficiles à aborder:
ANDRÉ CORVISIER : *L'armée française de la fin du XVII* siècle au ministère de Choiseul : le Soldat*, 2 vol., P.U.F., 1964. Une grosse thèse.

GEORGES LIVET : *La guerre de Trente Ans*, P.U.F., « Que Sais-Je ? », 1963.

Id., *L'intendance d'Alsace sous Louis XIV, 1648-1715* (thèse aussi) ; Belles-Lettres, 1956.

Id., *Guerre et paix de Machiavel à Hobbes*, Colin, U2, 1972.

Histoire religieuse

— D'inspiration catholique classique, les tomes 18 et 19 de l'*Histoire de l'Eglise*, de FLICHE et MARTIN ; ou bien le t. 2 de l'*Histoire du catholicisme en France*, de LATREILLE et DELARUELLE, Spes.

— D'inspiration protestante : l'*Histoire générale du Protestantisme*, par Emile-G. LÉONARD (P.U.F.).

— Le renouvellement :

JEAN DELUMEAU : *Naissance et Affirmation de la Réforme* (P.U.F., 1965) et surtout *Le Catholicisme entre Luther et Voltaire* (P.U.F., 1972).

MICHEL VOVELLE : *Mourir autrefois* (coll. Archives, n° 53, 1974) et tout ce qu'on pourra lire de ce jeune historien.

Enfin Pierre CHAUNU aborde l'histoire religieuse de manière très personnelle dans son immense production (récemment : *Le temps des réformes*, Fayard, 1975).

Histoire de la population et démographie historique

Une des rares spécialités où les Français aient particulièrement réussi.

Ouvrage de base : l'*Histoire générale de la Population mondiale*, 3ᵉ éd., 1968, par REINHARD, ARMENGAUD, DUPAQUIER ; une 4ᵉ édition est en préparation.

Chaque année, les *Annales de Démographie historique* (Paris, Mouton) renseignent sur la production mondiale en ce domaine.

Histoire économique et sociale

En plein renouvellement. Parmi les meilleurs ouvrages :

FERNAND BRAUDEL : *Civilisation matérielle et capitalisme* (Colin, 1967) : on attend un tome 2.

PIERRE LÉON : *Economies et Sociétés pré-industrielles, 1650-1780*, « U », Colin, 1970.

BRAUDEL et LABROUSSE (sous la direction de) : *Histoire économique et sociale de la France*, t. 2, *1660-1789* (P.U.F., 1970). Très à jour à sa date.

Histoire de la civilisation et des « mentalités »

D'une production surabondante, sortons quelques « classiques » récemment réédités :

FERDINAND BRUNOT : *Histoire de la langue française*, t. IV (Colin) (indispensable et admirable).

DUBY et MANDROU : *Histoire de la civilisation française* (Colin).

PAUL HAZARD : *La Crise de la conscience européenne, 1680-1715* (Fayard).

VICTOR-L. TAPIÉ : *Baroque et Classicisme* (Plon).

ROBERT MANDROU : *Magistrats et Sorciers en France au XVIIᵉ siècle* (Plon), et toute la production de cet historien.

YVES-MARIE BERCÉ : *Fête et Révolte ; des mentalités*

populaires du XVI au XVIII* siècle* (Hachette, 1976) ;
particulièrement réussi.

III. — LES GRANDES ÉTUDES PROVINCIALES

Ce sont elles qui ont vraiment renouvelé notre connaissance des profondeurs du royaume de France. Les géographes, trop oubliés, avaient montré la voie, avant
1914 ; deux modèles, difficiles à trouver : *Les Paysans
de la Normandie orientale*, de Jules SION (1909) et la
Picardie d'Albert DEMANGEON (1905).

Pour le XVII* siècle, le grand initiateur, longtemps
ignoré, fut Gaston ROUPNEL : *Les populations de la ville
et de la campagne dijonnaise au XVIIᵉ siècle* (1922, rééd.
en 1955) ; Lucien FEBVRE l'avait précédé pour le XVIᵉ siècle
avec *Philippe II et la Franche-Comté* (1912, rééd. récente
chez Flammarion).

Nous citons, par ordre alphabétique, quelques livres
parmi les plus riches et les plus abordables (souvent
réédités chez Flammarion dans la coll. « Science », mais
parfois avec des coupures).

YVES-MARIE BERCÉ : *Histoire des Croquants* (Droz, 1974).

CHARLES CARRIÈRE : *Négociants marseillais au
XVIII* siècle* (Marseille, 1973).

PIERRE DEYON : *Amiens, capitale provinciale, étude
sur la société urbaine au XVII* siècle* (Mouton, 1967).

GEORGES FRÊCHE : *Toulouse et la région Midi-Pyrénées
au Siècle des lumières, vers 1670-1789* (Cujas, 1974).

MAURICE GARDEN : *Lyon et les Lyonnais au XVIII* siècle*
(Belles-Lettres, 1970).

PIERRE GOUBERT : *Beauvais et le Beauvaisis de 1600 à
1730* (1960) ; éd. abrégée sous le titre : *Cent mille provinciaux au XVII* siècle* (Flammarion, « Sciences »).

JEAN JACQUART : *La crise rurale en Ile-de-France, 1550-
1670* (Colin, 1974).

FRANÇOIS LEBRUN : *Les Hommes et la Mort en Anjou aux XVIIe et XVIIIe siècles* (Mouton, 1971).

EMMANUEL LE ROY LADURIE : *Les Paysans de Languedoc* (S.E.V.P.E.N., 1966).

JEAN MEYER : *La Noblesse bretonne au XVIIIe siècle* (S.E.V.P.E.N., 1966).

ABEL POITRINEAU : *La vie rurale en Basse-Auvergne au XVIIIe siècle* (P.U.F., 1965).

PIERRE DE SAINT-JACOB : *Les Paysans de la Bourgogne du Nord au dernier siècle de l'Ancien Régime* (Belles-Lettres, 1960).

On attend la sortie en librairie d'autres travaux remarquables : CABOURDIN (Lorraine), GRESSET (Besançon), NICOLAS (Savoie), QUENIART (culture dans les villes de l'Ouest).

Comme il fallait choisir, aucun article de revue n'a été cité. Les meilleures revues d'histoire sont, en français, *Annales (Economies, Sociétés, Civilisations)*, éd. par Colin ; en anglais, *Past and Present* (moins volumineux).

C'est délibérément qu'a été laissé de côté le monde assez mêlé et parfois peu ragoûtant de l'histoire anecdotique, pourtant fort prospère dans l'édition, et même à la télévision.

Critiques et Commentaires [1]

Actualité de Louis XIV

... Au goût que manifeste aujourd'hui le public pour le Roi-Soleil, il faut sans doute voir autre chose que l'attrait, réel sans doute pour l'Histoire et le Grand Siècle. Ou que l'attirance de lecteurs républicains pour la monarchie et cette sorte de « super monarque » qu'était Louis XIV. C'est que la notion de pouvoir personnel a pris en France depuis quelques années une singulière actualité. Habitués aux mots « autorité », « personnalisation », « grandeur », aux phrases magnifiques, « le pouvoir ne recule pas », « l'épée est l'axe du monde », et « la grandeur ne se divise pas », les Français ont, consciemment ou non, de l'intérêt pour ce qui, dans leur histoire, les préparait au système semi-autoritaire qu'ils connaissent depuis 1958. Pour confirmer ce phénomène d'assimilation, il n'est pas sans importance que le général de Gaulle soit, dans tant de caricatures, représenté sous les traits de Louis XIV, que son entourage soit composé de « barons » et de « marquis », ou qu'il soit tellement fait mention de « cour » et de « courtisans ».

La majorité des Français s'en persuade chaque jour : si Louis XIV vivait aujourd'hui, il irait sans doute parler à la frontière vietnamienne. Si le général de Gaulle avait été Louis XIV, il serait lui aussi entré avec Lionne-Couve de Murville dans cette querelle insensée de savoir qui des Anglais ou des Français devait saluer l'autre le

1. Cette « revue de presse » a été établie pour la présente édition ; les intertitres sont, pour la plupart, de l'éditeur.

premier. De là, à n'en pas douter, l'intérêt actuel pour le « guide » du xviiᵉ siècle.

Mais il y a biographie et biographie. Succès de vente de l'année dernière (22 000 exemplaires), celle de Philippe Erlanger évoquait, par le menu, les idylles de Louis XIV, de la timide La Vallière à l'hypocrite Maintenon. Le but que s'est fixé Pierre Goubert est différent : (....) Ce qui l'intéresse, et ce à quoi il parvient à intéresser le lecteur, c'est moins l'homme que les infrastructures économiques et sociales de son temps. Pierre Goubert — il ne s'en cache pas — ne partage pas la sympathie amusée de Philippe Erlanger pour les distractions du Grand Siècle. Le bilan qu'il fait du plus long règne du xviiᵉ siècle est sans complaisance : succès du roi dans sa volonté personnelle d'agrandir le royaume ; échec total dans sa stratégie religieuse ; succès relatif dans l'établissement des intendants chargés de réorganiser les provinces et de limiter la foule enchevêtrée des pouvoirs locaux ; maladresse presque constante de la diplomatie royale, agressive sans nécessité, provocatrice sans cohérence.

(...) Philippe Erlanger démystifiait le Grand Siècle, en montrant qu'aucun bourgeois d'aujourd'hui n'échangerait son deux-pièces contre le taudis qu'habitait un prince à Versailles ; ou que Mme de Maintenon était la plus fieffée hypocrite du monde. La démystification de Pierre Goubert va plus loin : il montre plus profondément la misère d'un siècle illustre, que rythment les catastrophes démographiques (...) et les affrontements militaires (...).

(...) Et surtout il rend à Louis XIV sa véritable dimension : celle d'un homme confronté aux dimensions économiques de son temps, et souvent dépassé par elles. C'est dire qu'à la fois, il diminue sa responsabilité en lui fournissant des circonstances atténuantes — et qu'il l'accable, en révélant que ce grand roi n'a su ni dominer son époque en mutation, ni réformer profondément sa société.

Merveilleusement écrit, parfois trop allusif, souvent

sévère, le livre de P. Goubert traite plus des Français et de leurs problèmes que du roi de France. Il n'a pas écrit — ni voulu écrire — un « Si Versailles m'était conté », mais une véritable autopsie d'une société qui se mourait, qui était morte.

MICHÈLE COTTA : *L'Express*, 12 septembre 1966.

De Louis XIV à Charles XI

La France redécouvre Louis XIV. Forcément, à la longue, cela devait arriver. Et tout naturellement. On commence à reconnaître à un homme une « stature exceptionnelle », une lucidité surnaturelle, une pré-science de l'événement... On lui met dans la tête (et il n'avait pas besoin de cela pour s'en convaincre) que lui seul est capable de gouverner le pays et, aussitôt, on lui abandonne, sans recours et sans contrôle, les rênes de l'Etat. Va-t-on s'étonner, après cela, qu'il fasse sienne la formule de Louis XIV que rapporte Pierre Goubert : « La nation... réside dans la personne du Roi » ? Il ne peut pas s'étonner non plus si, troublés par tant de similitudes, les historiens « se mélangent les pédales », pratiquent volontiers la confusion des siècles, cherchant à Louis XIV des références chez de Gaulle et réciproquement.

Récemment, Philippe Erlanger, dont le « Louis XIV », publié ces temps-ci chez Fayard, a fourni la matière au film de Rossellini donné à la télévision le 8 octobre, avouait qu'il lui arrivait souvent, trompé par le style gouvernemental de l'un et de l'autre, de confondre les deux monarques.

(...) Quand, de son côté, Pierre Goubert écrit, sans réfléchir, sans doute, au fil de la plume, au début du chapitre : « Le royaume au bord de l'abîme, 1709-1710 » : « Le roi venait de célébrer son soixante-dixième anniversaire ; âge rarement atteint à cette époque, âge qui, même au XXe siècle, sonne l'heure de la retraite définitive pour tous, sauf pour les hommes qui se croient providentiels », oserait-on prétendre que toute ressem-

blance avec un personnage connu est absolument for-
tuite ?

(...) L'auteur ne nous en voudra pas et peut-être l'a-t-il
souhaité, nous nous sommes goulûment jetés sur ce qui,
dans le siècle de Louis XIV, nous rappelait d'une manière
aveuglante le siècle de Charles XI... Nous interdirait-il
de penser que l'intendance suivra quand il évoque le
« mépris » de Louis XIV « pour l'économie et les
finances qui devaient seulement suivre ses grands
desseins »... ?

(...) Et l'on pourrait multiplier les citations. Mais faut-il
conclure que le pouvoir de Louis XIV et son style
étaient en avance sur son temps ou bien que le nôtre
retarde de trois siècles ? A vous de juger...

FRANÇOIS FONVIELLE-ALQUIER : *Témoignage-Chrétien*,
3 novembre 1966.

De Dumas à Goubert...

Pierre Goubert n'a rien d'un mousquetaire, et pourtant
sa passion (enfantine) pour Alexandre Dumas nous vaut
peut-être son *Louis XIV et vingt millions de Français*.
Il a lu et relu Dumas, dans l'épicerie que ses parents
tenaient à Saumur, dans la rue même où Balzac a
installé Eugénie Grandet.

« Chez Dumas, tout est faux, dit-il, mais l'histoire y
est passionnante. » Par cet aveu Pierre Goubert se
découvre : en son for intérieur, le professeur de Nanterre, l'historien, croise le fer avec le littéraire qu'il
n'est pas devenu.

Ce n'est pas un drame : Pierre Goubert demeure un
professeur souriant. Il accomplit avec plaisir son métier,
mais il serait aussi à l'aise dans une ferme de l'Anjou :
ses grands-parents étaient des paysans.

« A l'époque de mon enfance (il est né en 1915), on ne
sortait pas facilement de son milieu. Mes parents ne me
destinaient pas au métier de professeur. » Mais il a tenu
bon. Il a fini par enseigner non pas les lettres comme
il le souhaitait, mais l'histoire. Périgueux, Beauvais,

Rennes, la faculté de Nanterre, sont les étapes de sa vie de professeur.

En même temps se dessinait en lui ce « Louis XIV », que ses aïeux avaient peut-être aperçu, un soir, au large de leur coin de terre. Il filait en carrosse. On l'avait à peine vu, dans un nuage de poussière. On l'avait trop vite jugé.

(...) Un Louis XIV méconnu, tout neuf, apparaît dans ce livre. Un personnage fougueux, certes, mais sachant se contrôler, préférant, de tempérament, la chasse à l'étude des dossiers, mais capable aussi de s'asseoir derrière un bureau.

Pierre Goubert a tenté de ressusciter le face à face, le dialogue entre un peuple et son maître. Il a essayé de retrouver le climat, l'esprit d'une époque, la vérité d'un homme, à la fois solitaire et très entouré, bien et mal informé, qui a subi, et façonné le destin de ses contemporains.

(...) Son livre est tout empreint de l'honnêteté et de la modestie, qui nourrissent la vraie passion historique. Il évite aussi bien les écueils de l'érudition que ceux de la petite histoire, où l'on passe des secrets d'alcôve, aux secrets d'Etat, sans découvrir le véritable visage des hommes du passé.

Le Magazine littéraire, 17 novembre 1966.

Le noir et le rose

Du renouvellement des recherches historiques qui s'est opéré il y a quelques lustres par l'attention prêtée aux aspects économiques, sociologiques et mentaux des époques passées, sortent aujourd'hui de grands ouvrages de vulgarisation qui mettent à la portée du public les acquisitions érudites. Ils sont généralement dus aux spécialistes eux-mêmes, qui acceptent de baisser le ton, ou plutôt de trouver celui qui peut flatter une oreille non initiée. Deux collections illustrent en particulier cette tendance. La toute récente « Histoire sans frontières » lancée au printemps dernier chez Fayard et celle, plus imposante et plus luxueuse, ne serait-ce que par sa riche iconographie appelée à fournir presque autant d'enseignements que le texte, des « Grandes Civilisations », dirigée par Raymond Bloch chez Arthaud.

Pierre Goubert s'est fait connaître, et même au-delà des limites de l'université, par une thèse remarquable sur *Beauvais et le Beauvaisis de 1600 à 1730*. Il est un des premiers à avoir défriché archives et registres paroissiaux pour recréer le tissu même de la société française au XVIIe siècle et redonner vie à tout un petit peuple de « manouvriers », d' « haricotiers », de « laboureurs », d' « artisans », avec ses heurs et malheurs, ses mérites et ses misères. La lecture de cette thèse était à la fois enrichissante par ses informations inédites et émouvante par son humanité. Les grands acteurs de l'histoire n'y figuraient guère.

Dans ce nouveau livre, ils reprennent leur place sans éclipser totalement les autres. Mais c'est tout de même un « Louis XIV » et non une « France de Louis XIV » que Pierre Goubert nous donne aujourd'hui. Il s'agit de juger un roi, sa politique, son entourage, mais d'après l'état du royaume. Celui de la France en 1661 annonce-t-il l'éclat incontestable que va prendre le règne ? Pierre Goubert étale d'abord des couleurs sombres : un gâchis terrible de vies humaines, une terre mal cultivée, un retard technique considérable, une fortune nationale dormante, un niveau de vie médiocre, masqué par les fastes de la cour. (...) La nation de pointe en ce « siècle de Louis XIV », ce n'est pas la France, c'est la Hollande, petite république marchande bien plus alerte, bien plus déliée que le grand royaume « moyenâgeux », et ce sera bientôt l'Angleterre.

Alors d'où ce rayonnement, d'où ce prestige ? Il y a là comme un paradoxe. Est-ce le seul fait du souverain ? Tout en reconnaissant à Louis la haute conscience qu'il a de son métier de roi, une vitalité à toute épreuve qui se traduit par une énorme puissance de travail, un goût artistique très sûr, du moins dans sa jeunesse, Pierre Goubert sait trop ce que coûte, déjà à cette époque, la guerre « tant aimée », avec son cortège d'impôts, d'épidémies, de pillages, pour faire du roi le « *Deus ex machina* » de la grandeur française.

(...) La richesse française est indéniable. Mais selon Pierre Goubert elle ne dépend ni du monarque ni des ministres. Elle vient, presque malgré eux, des qualités naturelles d'un sol généreux et surtout d'un peuple fécond, intelligent, actif. Cette population rurale, qui pratique aussi bien l'artisanat que la culture — le tissage notamment, — Goubert la voit produire, par son travail et son astuce, tout le sang du royaume, et supporter sans trop s'appauvrir une politique de grandeur agressive. Car s'il atténue l'éclat du règne à ses débuts, si les années d'apogée lui paraissent dessiner un tournant qui va découvrir une nouvelle Europe, il ne voit pas la France de 1715, en dépit des revers subis et d'une dépopulation quasi certaine, dans l'état de misère où les hommes du temps l'ont peinte. Les réalités économiques, la reprise du commerce, la hardiesse des riches marchands — les capitalistes d'alors, — démentent une littérature qui relève plus de la polémique que du témoignage.

Sur le fond par endroits très noir de ce tableau se posent donc des touches roses. Le dernier portrait du roi est lui-même adouci par la dignité que son historien lui reconnaît dans l'épreuve et la modération qu'il se plaît à lui voir témoigner à la fin à maintes reprises (...)

Jacqueline Piatier : *Le Monde*, 24 septembre 1966.

Une controverse toujours ouverte

On a sans doute plus écrit sur Napoléon que sur Louis XIV, mais la controverse sur le Roi-Soleil est peut-être encore plus ouverte et plus acharnée parce qu'on y trouve au moins deux sujets de débat : l'homme lui-même et la monarchie absolue, qu'il incarne avec la majesté qu'on lui reconnaît.

Même à l'intérieur de chaque maison d'édition, la lutte est ouverte. Fayard, éditeur spécialiste de l'Histoire,

nous a donné successivement un *Louis XIV* enthousiaste
de Louis Bertrand, un *Louis XIV* plus nuancé de Philippe
Erlanger et enfin, ces jours derniers un *Louis XIV* de
Pierre Goubert où les critiques ne sont pas ménagées.

Il est vrai qu'à la fin du XIXᵉ siècle, qualifié de stupide
par Léon Daudet, la grande vague des historiens radicaux
avait mis le monarque de Versailles au-dessous du
médiocre.

Pierre Goubert, premier auteur français d'une nouvelle
collection, *L'Histoire sans frontières*, n'est d'ailleurs pas
aussi sévère qu'on l'a prétendu. Le grand reproche qu'il
fait à Louis XIV, c'est de n'avoir pas vu en avant de
son temps ; d'avoir révoqué l'Edit de Nantes alors
que la tolérance religieuse faisait son chemin ; d'avoir
exercé le despotisme alors qu'on allait vers le despotisme éclairé, c'est-à-dire vers un certain libéralisme,
et de s'être « engagé » dans la guerre par souci dynastique, alors que les dynasties allaient finir.

Il ne refuse pas au règne du Roi-Soleil douze années
de grandeur, de 1661 à 1672. Il reconnaît que Colbert
avait de bonnes idées, qu'il partait pour nous faire une
grande marine et une industrie prospère, que Versailles,
d'une part, et les grands écrivains, d'autre part, ont
contribué à une grande gloire ; qu'enfin un grand effort
d'unification a été fait.

Le jugement de Goubert peut se résumer dans cette
phrase :

« *C'est qu'après tout, quels que fussent son courage,
son application, son opportunisme fréquent et son sens
de la grandeur, il n'était qu'un homme, avec un honorable et variable mélange de vertus et de faiblesses.* »
(...)

Jean Fayard : *Le Figaro*, 5 novembre 1966.

Les sujets du roi

La thèse monumentale de Pierre Goubert, *Beauvais
et le Beauvaisis de 1600 à 1730* est l'une des œuvres
capitales de l'historiographie française contemporaine.

C'est aussi un ouvrage qui fait peu de concessions au lecteur non spécialiste. Il est donc heureux que Pierre Goubert l'ait fait suivre d'un livre de vulgarisation qui mettra sa réévaluation du *Grand Siècle* à la portée d'un plus grand nombre de lecteurs. Le titre le laisse entendre et l'avertissement le dit explicitement : le dessein de ce livre est d'éclairer les rapports entre la politique du monarque et la vie quotidienne de ses sujets.

(...) Pierre Goubert expose avec une impartialité scrupuleuse la politique étrangère de Louis XIV, montrant l'enchaînement des décisions et des événements à partir du moment où le jeune roi résolut d'être reconnu comme le chef de la Chrétienté. Les décisions prises le furent toujours pour de bonnes raisons, même s'il en existait de meilleures qui ne furent pas perçues pour trancher dans un autre sens. De même, Pierre Goubert replace la politique d'unité religieuse qui entraîna tant de souffrances, dans une perspective réaliste où elle apparaît tout à fait raisonnable, compte tenu des données et du climat de l'époque.

(...) On peut avancer que les guerres incessantes permirent à la Monarchie de vaincre les tendances centrifuges qui n'ont cessé de menacer l'unité du pays. Les réussites du règne dans ce domaine sont remarquables ; la répression des prétentions et des abus de la noblesse et des émeutes populaires est peut-être le résultat le plus durable à mettre au crédit de Louis XIV. Mais comme le montre Pierre Goubert les plus grands progrès dans ce sens furent presque tous accomplis avant 1679. On assiste ensuite à une régression. Les guerres entreprises par Colbert avec l'espoir naïf d'établir la suprématie commerciale de la France n'affaiblirent pas la puissance hollandaise et encouragèrent une autre rivale dangereuse : la Grande-Bretagne. Et pendant que les armées royales semaient la peur et la haine en Europe, les « contribuables », — les paysans — subissaient une série de crises économiques et démographiques qui les laissèrent probablement moins nombreux à la fin du règne qu'au début. Pierre Goubert est maître dans ce domaine et sa subtile description des courants sociaux de l'époque mérite d'avoir de nombreux lecteurs. Le soin avec lequel il indique la nature et les limites de notre connaissance du XVIIᵉ siècle est admirable, de même la modestie avec laquelle il expose ses conclusions provisoires. (...) Il faudra sans doute longtemps avant que ce livre soit égalé, et plus longtemps encore avant qu'il soit dépassé. »

The Times Literary Supplement, 1ᵉʳ novembre 1966 [1].

L'Envers du Grand Siècle

(...) Avec *Louis XIV et vingt millions de Français*, dernier paru de la collection « L'Histoire sans frontières », Pierre Goubert, un de nos meilleurs spécialistes de démographie historique, dissèque, en homme de science, le corps social de la France du XVIIᵉ siècle. Et son analyse sereine mais impitoyable fait mesurer les progrès accomplis par l'Histoire au cours des dernières décades.

Il y a quarante ans, en publiant *L'Envers du Grand Siècle*, Félix Gaiffe faisait scandale. Il dénonçait « une nouvelle école d'historiens qui prétend (...) nous imposer, en bloc et sans réserves, l'admiration aveugle pour tout le règne du Grand roi ». Et d'ajouter « si l'on réclame le droit de faire des distinctions, de ne point approuver

---

1. Traduit en anglais (Allen Lane The Penguin press 1970), en américain (Pantheon Books), en allemand (Propylaën Verlag, Berlin), etc., le livre de Pierre Goubert a fait l'objet de nombreux comptes rendus dans la presse étrangère, dont cette anthologie ne peut donner qu'un faible écho. Citons, pour la Grande-Bretagne : *The Sunday Telegraph* (31 mai 1970), *The Economist* (24 avril 1970), *The Observer* (22 mars 1970) ; pour les Etats-Unis : *The Chicago Tribune* (mai 1970), *The Boston Globe* (2 avril 1970) ; pour l'Allemagne : *Die Welt* (10 janvier 1974) *Süddentsche Zeitung* (15 novembre 1973), *Münchener Merkur* (29 janvier 1974), etc.

également toutes les campagnes, toutes les somptuosités, toutes les mesures fiscales, on est immédiatement rangé au nombre des « défaitistes » jaloux de la gloire nationale »... Le livre de Félix Gaiffe est aujourd'hui bien oublié, sa méthode bien dépassée, mais sa protestation a eu le mérite d'être tôt formulée. Et la nouvelle école « des Annales » qui se substitue aujourd'hui grâce à Fernand Braudel et à Ernest Labrousse à la génération des « historiens » nationalistes contre lesquels Gaiffe rompait des lances, n'a plus à redouter l'accusation de « défaitisme » si volontiers proférée, au cours de l'entre-deux guerres par des censeurs dont beaucoup devaient, par la suite se révéler orfèvres en la matière.

Modestement, Pierre Goubert termine son livre sur un vœu : il espère voir paraître dans peu d'années une *France de Louis XIV*, nouvelle, accordant aux « aspects économiques, sociaux et surtout psychologiques et culturels » la place qui leur revient. Peu d'ouvrages auront, autant que le sien, préparé les voies à une telle œuvre — et en auront autant souligné la nécessité.

« Le livre du mois », *Le Miroir de l'Histoire*, décembre 1966.

Les comptes de la nation

(...) Pierre Goubert a établi les comptes de la nation sous le très, trop long règne de Louis XIV. (...) La grandeur, le prestige, les hommes aussi : Louis XIV, Colbert, jugés, jaugés à l'aune du pays et des Français. Il faut se garder de tout rapprochement intempestif. Ce livre n'est pas une leçon de morale mais une leçon d'histoire. On y apprend entre autres que le bon sens ne peut suppléer aux statistiques démographiques, pas plus qu'il ne peut inventer l'économie politique. Passionnante est la démonstration de l'absence de politique chez le roi. *Elevé par Mazarin dans les intrigues de cours, les querelles dynastiques et successorales, Louis s'éleva rarement au-dessus de ses terres, n'eut presque jamais la vision de l'univers. Vingt religieuses à Port-*

Royal-des-Champs, quelques bâtiments à Marly, deux ou trois places fortes lui paraissaient de plus dignes objets de gloire.

Là aussi donc changement de perspective. Richelieu grandit. Les incompréhensions de Louis XV entrent dans l'héritage. Les distances, les rapports changent. Dirais-je que, paradoxalement, ce Louis XIV ramené à sa vraie taille, devient beaucoup plus riche, beaucoup plus intéressant que la galerie de ses portraits traditionnels ne pouvait le laisser supposer ?

Le portrait de la France réserve encore plus de surprises. C'est que Pierre Goubert comme Pierre Chaunu franchit la barrière des témoignages indirects — lamentations, pamphlets, littérature — pour atteindre aux témoignages directs — prix, rendements des impôts, faillites, etc. — *qui dorment presque tous dans la paix des archives.* Du coup les contrastes surgissent. Catastrophes épouvantables des années de famine, mais des répits et peut-être un certain mieux-être parfois pour le peuple. *Demeure très forte l'impression que le règne de Louis XIV s'écoula dans une période de difficultés économiques, traversée à la fois par des crises extrêmement brutales et des phases de stagnation et de marasme profond. Il est difficile de gouverner dans un tel climat surtout lorsqu'on l'ignore comme ce fut le cas du Roi et de presque tous ses conseillers. Mais ce qu'ils ont tenté et parfois réussi malgré de tels obstacles, n'en demeure que plus digne d'intérêt, sinon d'admiration.*

Jugement qui me paraît bien caractériser la ligne du beau travail de Pierre Goubert. Nous commençons seulement de quitter l'histoire superficielle, pas seulement parce qu'elle ne voyait que les rois ou la politique, mais bien parce qu'elle restait à la surface, à l'apparence du passé. (...)

PIERRE DAIX : *Les Lettres françaises*, octobre 1966.

L'histoire des survivants

(...) C'est peut-être moins la vie de Louis XIV que celle de ces survivants que l'auteur nous décrit et c'est ce qui fait l'originalité de son œuvre. L'angle de vue sous lequel l'historien indiscutable qu'est M. Pierre Goubert présente l'espèce de divorce qui petit à petit sépara le roi de son peuple, nous est apparu comme du plus haut intérêt. Nous n'oserons pas écrire que M. Goubert a révolutionné l'Histoire mais en n'axant pas exclusivement son ouvrage sur l'homme, le monarque, il a réussi, comme le dit son présentateur, à établir « l'autopsie de la France du grand et tragique XVIIe siècle ».

Nous n'hésitons pas à affirmer qu'à notre sens, le livre de M. Goubert est remarquable.

Bulletin bibliographique des Armées, 1er trimestre 1967.

Jacques Bonhomme entre dans l'histoire

(...) Revenons à notre Jacques Bonhomme, qui fait une entrée brillante, mais tardive, dans l'histoire. Les récents ouvrages des jeunes maîtres de l'école historique contemporaine disent assez, par leurs titres, l'intérêt qu'ils portent aux classes rurales. De M. Pierre Goubert, *Louis XIV et vingt millions de Français* (A. Fayard), et encore *Cent mille Provinciaux au XVIIe siècle* (Flammarion) ; de M. Emmanuel Le Roy Ladurie, *Paysans de Languedoc* (Flammarion). Ce sont là des ouvrages pour le grand public cultivé, des versions allégées et dépouillées de l'apparat critique que l'on retrouvera dans leurs thèses monumentales. Ce qui est le plus étonnant — et le plus heureux — c'est que les dernières découvertes de l'érudition qui, jusqu'ici, restaient enfermées dans les ouvrages universitaires et les revues spécialisées, sont mises sans retard à la disposition du public lettré, qui leur réserve le meilleur accueil. Le côté très neuf et aussi très humain de ces travaux séduit des lecteurs, souvent lassés par des ouvrages d'histoire de troisième main, qui n'apportent guère de nourriture substantielle à leur curiosité. Ils semblent découvrir avec joie des domaines inconnus de l'histoire. (...)

La Revue des deux mondes, 1ᵉʳ juillet 1969.

La vie intime d'un peuple

(...) Voici un livre qui nous rappelle, par sa méthode et ses disciplines, *L'Histoire des Français* de Pierre Gaxotte. Pierre Goubert est un agrégé d'histoire, professeur à la Faculté des lettres et sciences humaines de Nanterre. Et l'on sait que Nanterre est devenue Faculté autonome, Paris ne pouvant plus contenir le contingent gigantesque des cent mille étudiants et étudiantes régulièrement immatriculés. Cet ouvrage nous plaît, parce qu'il quitte délibérément le thème classique de l'histoire « bataille » et de l'histoire « traité » pour creuser ce que nous appellerions la vie intime d'un peuple.

(...) Le prix du blé, les salaires des artisans, le grossissement du nombre des métiers à Amiens, voilà des problèmes qui préoccupent les esprits actuels de l'Université de France quand il s'agit de Louis XIV et de ses vingt millions de sujets. On a tôt fait de reconnaître le parallélisme entre les économistes d'aujourd'hui et les historiens de cette époque glorieuse qui ne fut pas uniquement celle de la douceur de vivre.

Livre solide et consciencieux, fait par un historien de métier et très bien fait.

Charles d'Ydewalle : *Le Soir* (Bruxelles), 27 octobre 1966.

Un livre rude

Ce livre est rude. Louis XIV et ses plus grands ministres y sont traités sans ménagement. Il y a des pages impitoyables sur Colbert et sa « politique économique » : « Au XVIIᵉ siècle, les notions de « commerce » et de « manufactures » sont étroitement liées, et désignent tout ce qui produit de l'argent frais, apte à être

pompé par la machine fiscale... C'est dans cette perspective qu'il convient d'interpréter l'action de Colbert,
qui ne visait pas à enrichir le royaume pour l'amour
des sujets, mais pour les nécessités du gouvernement. » Historien des faits économiques et démographiques, avec sa thèse de doctorat sur *Beauvais et le
Beauvaisis de 1600 à 1730* (1958), M. Goubert ne s'en
laisse pas accroire, lorsqu'il s'agit de juger des grands
faits du règne, des guerres et de la politique intérieure.
Il y a quelque chose de sain dans cette attitude réaliste
vis-à-vis d'un règne dont on a trop célébré les gloires.
Peut-on se permettre de dire qu'elle n'est pas exempte
d'outrances. L'auteur a le droit de déclarer qu'il écrit
l'histoire de Louis XIV et de « vingt millions de Français ». Est-ce une raison suffisante pour formuler cette
remarque dédaigneuse : « Nous n'attachons pas, dans
cet essai, une importance bien grande aux hommes de
plume, de pinceau ou de burin, cette minuscule élite
qui, en son temps, a pu occuper quelques milliers
d' « honnêtes gens ». N'y aurait-il pour l'auteur que des
réalités chiffrables et pondérables ?

J. LECLER : *Etudes*, janvier 1967.

L'importance d'une « minuscule élite »

Pierre Goubert, qui vient de publier un gros volume,
Louis XIV et vingt millions de Français, appartient à
cette école d'historiens « nouvelle vague » qui veut mettre
au premier plan les aspects économiques et sociaux.
Aussi croit-il devoir lancer dans son ouvrage force
pointes contre la plupart de ses prédécesseurs. Justifiées
lorsqu'il s'agit du *Louis XIV* de Louis Bertrand, ces
pointes ne le sont nullement dans le cas de *La France
de Louis XIV* par Pierre Gaxotte, que Goubert accuse
de « perfidie ». Accuser un historien de « perfidie »
exigerait que l'on en fournisse des preuves, ne fût-ce
que succinctement.

Je viens de relire tout exprès le livre de Gaxotte : au
contraire de ce qu'insinue Goubert, Gaxotte ne s'y montre

nullement un apologiste aveuglé. S'il met en valeur
les incontestables qualités de Louis XIV, il ne manque
pas de relever ses erreurs, de rappeler les misères du
temps, de traiter des problèmes financiers, économiques
et sociaux. En outre, il fait une place aux lettres, aux
arts visuels, à la musique, aux sciences. Les lettres
et les arts visuels, Goubert les écarte avec dédain :
« Nous n'attachons pas dans cet essai une importance
bien grande aux hommes de plume, de pinceau ou de
burin, cette minuscule élite qui, en son temps, a pu
occuper quelques milliers d' « honnêtes gens ».

Il n'empêche que cette « minuscule élite », par les
œuvres qu'elle a créées et l'influence durable qu'elles
ont eue, a dans l'histoire de la France du xviie siècle une
importance qui vaut bien le fait d'une émeute provinciale.

Quant à la musique, Goubert ne la mentionne même
pas. Ce n'est pas la première fois que je remarque
que certains historiens politiques d'une époque citent
bien les écrivains et les artistes, mais passent sous
silence les musiciens. Pourquoi cette exclusion ? D'ailleurs, même lorsque ces historiens donnent un aperçu
des arts visuels d'une époque, ce qu'ils en disent est
souvent superficiel et parfois inexact. Je ne reproche pas
à un spécialiste de l'histoire politique de ne pas être
aussi un spécialiste de l'histoire de l'art, mais de ne
pas savoir utiliser avec intelligence les travaux des
spécialistes.

Ce sont ces insuffisances et aussi le ton agressif de
Goubert, qui gâtent son ouvrage. A la dernière page,
il déclare fièrement qu'il a voulu essayer de comprendre
Louis XIV en son temps, « sans parvenir à l'adorer ».
Mais jamais quelqu'un dans son bon sens n'a demandé
à un historien d'adorer le personnage du passé dont il
raconte la vie.

Ces réserves faites, il faut reconnaître que *Louis XIV
et vingt millions de Français* est un ouvrage de valeur,
intéressant et riche en faits. Dans les premières pages,
Goubert insiste sur la mortalité en France au xviie siè-

cle, et signale que si les Français avaient beaucoup d'enfants, la mortalité infantile, les épidémies et les famines en supprimaient un grand nombre. A ce propos, il relève qu'à cette époque, seules les courtisanes et les « bourgeoises de Genève » pratiquaient la limitation des naissances. Les lecteurs genevois de Goubert auraient aimé savoir sur quels faits il fonde cette affirmation, et pour quelles raisons leurs ancêtres féminines s'abstenaient d'avoir une abondante progéniture.

Un autre point sur lequel on aurait aimé avoir des précisions. Au début de son livre, Goubert assure qu'au XVIIe siècle, la Hollande était « en majorité peuplée de catholiques » ; ce qui est contraire à l'opinion courante, et d'ailleurs erronée, selon laquelle les Provinces-Unies n'auraient contenu que des calvinistes. En fait, d'après un voyageur français, les catholiques formaient en 1672 le tiers de la population de la Hollande.

Sur la politique extérieure et intérieure de Louis XIV, de même que sur ces problèmes irritants que posaient le gallicanisme, le jansénisme et le protestantisme, Pierre Goubert est bien informé et intéressant. Il marque nettement les phases d'heur et de malheur du règne. Ses pages sur l'esprit nouveau qui se manifesta déjà pendant les dernières années du roi et s'intensifia sous la Régence sont excellentes. Les dernières pages de son livre, où il trace un portrait de Louis XIV en définissant ses qualités et ses limites, donnent une image équitable de celui que ses contemporains ont appelé le Grand Roi. (...)

François Fosca : *La Tribune de Genève*, 8 décembre 1966.

Entre Voltaire et Simiand

Depuis trente ans, une génération d'historiens a mis l'histoire économique en équations..., ou du moins l'a exprimée en graphiques, en tableaux et séries chiffrées. Pierre Goubert plus que quiconque, a contribué avec l'Ecole des *Annales*, à cette évolution souhaitable. La science y a gagné.

Quant au grand public, rebuté et bluffé par la statistique, il a presque totalement ignoré cette nouvelle tendance. D'où les projets de Pierre Goubert, récemment accomplis dans *Louis XIV et vingt millions de Français* : puisque le point de non-retour est maintenant atteint, puisque l'histoire mathématisante et quantitative est désormais sûre d'elle-même, reconnue et consacrée, il est bon de se tourner à nouveau vers un public plus large. Et le moment est venu de remettre l'histoire économique en bon français, en épisodes, en images vivantes et colorées. Le biographe des *Vingt millions de Français* n'hésite pas à emprunter à l'histoire traditionnelle, pour mieux la combattre, les procédés qui ont fait le succès de celle-ci : le tableau, le récit, voire le portrait. Et même un brin d'humour noir ou rose ; et quand il le faut, le risque judicieux d'un anachronisme calculé.

L'homme Louis XIV, dans cet essai, est à peine plus qu'un prétexte. Le vrai, le seul personnage, corps morbide, énorme, et distendu, dinosaure aux formes géantes et à la cervelle en tête d'épingle, c'est le peuple français. Dix huit millions de sujets, soit la population la plus forte du monde, après la Chine et l'Inde, avant la Russie et avant l'Allemagne. Sur ces dix-huit millions, quinze millions de ruraux (plus qu'aujourd'hui !). *Trente mille villages*, dont presque tous ont quatre siècles d'ancienneté ou plus encore. Un peuple de paysans maigres, tondus par les dominants de la Rente, par la triade vermoulue, mais toujours prospère, des Trois Etats : noblesse, clergé, bourgeoisie du Tiers, celle-ci généralement fort archaïque. Deux mille gendarmes et quelques centaines de bureaucrates, ministres, intendants, et gratte-papiers. Enfin, coiffant le tout, juché en équilibre instable sur les sommets, le Roi, d'autant plus exalté, absolutisé, « surcompensé », qu'il est en fait moins puissant, qu'il a moins de prise et de pouvoir réel sur la société vivante de son royaume.

Après le peuple, le siècle. En l'occurrence, c'est du long XVIIᵉ siècle qu'il s'agit, tel qu'il se termine en 1715, avec la mort du Roi, avant le dégel de la Régence.

Pieusement gravée par Voltaire, l'image d'Epinal du « Grand Siècle » est depuis longtemps défraîchie. Inversement, s'est imposé (depuis Simiand, lu trop vite ou pas lu du tout), le cliché d'un « tragique XVIIᵉ siècle », marqué par la dépression économique et par la « famine monétaire ». Goubert va bien au-delà de ces conceptions trop simples. Et il propose une réalité séculaire plus subtile.

Le XVIIᵉ siècle français, après 1640, tel que le peint notre auteur, est en fait largement conforme aux schémas de Malthus. Car les subsistances sont rares ; et les bébés grouillent, faute de *birth control*. La mort fauche donc à tour de bras. Epidémies, famines géantes (1649-52, 1661, 1694, 1709) épongent tant bien que mal les excédents humains, et jugulent sévèrement une démographie surabondante. Si la nation crève, c'est d'un excès de fécondité, joint à l'insuffisance de productivité.

Cela posé, qui est l'essentiel, Goubert refuse de noircir davantage le tableau. Il serait faux, selon lui, de voir le siècle de Louis XIV comme une période de régression économique et démographique, comme un recul sur toute la ligne. En dépit d'épisodes affreux, d'une stagnation générale, d'une récession fréquente, le peuple et le royaume de Louis paraissent tenir bon.

Deux phénomènes paraissent marquer davantage les destins archaïques du royaume de Louis : la religion, bien sûr, et aussi la guerre (...).

Guerre décisive entre toutes : celle de Hollande. En 1672, le royaume puissant et moyenâgeux de Louis XIV se lance à l'assaut de la nation la plus petite, la plus capitaliste, la plus sophistiquée du Continent ; à l'assaut de la Hollande, pays éclairé des banques et des flottes, des fromages et des tulipes. Goubert raconte, non sans une pointe de jubilation, cette sanglante affaire où le Roi-Soleil fut à deux doigts de se faire rosser par

une poignée de marchands de fromages. Avec raison,
la guerre hollandaise est présentée, en quelques pages,
comme un tournant fondamental du XVIIe siècle louis-
quatorzien. Tournant peut-être plus important que la
Fronde : car c'est à ce moment-là, vers 1672-1679, que
certaines régions et certains secteurs de l'activité française basculent, pour quarante années, vers la crise
et vers la misère...

Dans tout cela, on le voit, il n'est guère question des
poncifs habituels de l'historiographie louis-quatorzienne.
Guère question de Versailles (dont la grande époque,
comme le note malicieusement Goubert, est bien pos-
térieure aux véritables réussites du règne). Guère question non plus des maîtresses : la tendre La Vallière,
célèbre midinette du colbertisme, la chaude et superbe
Montespan, la réfrigérante Maintenon n'ont droit, dans
l'ouvrage, qu'aux quelques lignes de rigueur. Ces ren-
gaines et fredaines, qui ont fait la joie de générations
de lecteurs et d'historiens, Goubert les abandonne décidément à leur triste sort. Car il a plus et mieux à
dire : son tour de force, c'est justement d'avoir balayé
l'accessoire, et l'événementiel superflu. C'est d'avoir
bâti un livre passionnant, lisible d'un trait, avec des
données capitales, mais qui, jusqu'à lui, étaient considérées, bien à tort, comme parfaitement ennuyeuses, et
comme indignes du grand public.

Tel quel, ce livre est donc salubre. Il rompt et il
tranche enfin avec la fastidieuse histoire en robe de
bal et en gants blancs, du genre *Si Versailles m'était
conté*. Aura-t-il un succès massif ? Je souhaite, pour
ma part, cent mille lecteurs à ces *Vingt millions de
Français*.

EMMANUEL LE ROY LADURIE : *La Quinzaine littéraire*,
1er novembre 1966.

Le roi nocturne

C'est sans doute parce que la France était le pays
le plus peuplé d'Europe — dix-huit à vingt millions

d'habitants — que Louis XIV passe pour un grand roi et son siècle pour le grand siècle... Pour le reste : marine lamentable — quelques centaines de vaisseaux contre les huit mille de la minuscule Hollande —, industrie inexistante — en France, on ne sait même pas faire de l'acier —, famines chroniques, administration embryonnaire, agriculture médiévale, mortalité dévorante, du fait des maladies, des médecins et des guerres... On n'en finirait pas de dénombrer les facteurs catastrophiques qui font du règne du Roi-Soleil une époque peu enviable. C'est, du moins, l'impression qu'on retire de la lecture du livre de Pierre Goubert, savant historien qui a résumé pour le grand public, une partie de son érudition. Avec son *Louis XIV et vingt millions de Français*, nous ne sommes plus dans la légende, mais dans l'histoire.

Le Nouvel Observateur, 14 septembre 1966.

Commencer par la mort...

— *Votre « Louis XIV » ne ressemble guère à ses prédécesseurs. D'ordinaire, quand on ouvre une biographie du Roi-Soleil, on est d'emblée placé devant un décor de gloire et de splendeur, on attend Versailles, Molière, la place des Victoires. Or votre livre commence et se termine sur la mort. Votre France du Grand Siècle est toute rassemblée autour du cimetière.*

Pierre Goubert. — Ce livre n'est pas vraiment une biographie de Louis XIV, mais un dialogue entre le Roi et les habitants de son royaume. Or, pour le grand public, auquel je m'adresse, le Roi est mieux connu que le royaume. Le Roi peut se présenter tout seul. Pour le royaume, il m'a semblé utile d'insister d'abord sur les traits les plus frappants, les plus opposés à ceux de la France actuelle, notamment les aspects démographiques sur lesquels notre savoir a progressé depuis une vingtaine d'années.

Commencer par la mort, c'est saisir le contraste le plus fort avec ce que nous connaissons aujourd'hui. Il faut savoir que la moitié des enfants n'atteignaient jamais leur majorité ; qu'au XVIIe siècle encore la peste sévissait d'une façon courante ; que les famines n'étaient pas de simples accidents, plus ou moins montés en épingle par des journalistes en mal de copie, mais des réalités quotidiennes dues à la cherté des prix. Commencer par la mort, c'est donc entrer dans la connaissance des profondeurs du royaume. On devrait bien, d'ailleurs, lui consacrer toute une histoire, car c'est précisément après le temps de Louis XIV que la mort commence à reculer.

— *Vous évoquez les structures sociales. Or un des thèmes dominants chez les historiens du droit, et même chez certains historiens tout court, est que la société du XVIIe était une société d'ordres et non une société de classes, et que, par conséquent, elle ne serait pas justiciable d'une analyse économique. Qu'en pensez-vous ?*

PIERRE GOUBERT. — Je me refuse à poser cette question en termes contradictoires. Dire qu'il y a une société d'ordres *ou* une société de classes me paraît une simplification outrancière. En réalité, la France du XVIIe siècle, c'est l'ancienne société du Moyen Age, qui était pleinement une société d'ordres, qui est en train de passer lentement, sans révolution, sans crise, sans à-coup, vers la société de classes qui sera celle de la fin du XVIIe siècle, et, en tout cas, du XIXe siècle.

La notion d'ordre est juste, mais insuffisante. D'abord parce que seuls deux ordres sont parfaitement définissables. On est clerc ou on ne l'est pas. La noblesse pose un peu plus de problèmes, surtout dans sa partie inférieure, mais enfin ils ne sont pas insolubles. Mais reste en dehors de ces deux ordres, ce qu'on appellera, ou non, le tiers état, et qui, comme le dira Sieyès, comprend 95 % des Français. Dire que le tiers état est un ordre serait une vue tout à fait sommaire. A l'intérieur de cette masse, surtout à la campagne, les distinctions d'estime, de rang, de professions sont ténues, rares, floues, sinon nulles.

D'autre part, même un ordre aussi défini que le clergé n'échappe pas aux luttes sociales. S'il y a une époque où l'on voit se dessiner deux classes à l'intérieur du clergé séculier, c'est bien celle de Louis XIV. Je pense à la décision de 1695 qui met les curés à la disposition des évêques, sous leurs ordres directs. Déjà, les idées jansénistes s'y ajoutant, s'esquisse la future opposition, qui est sociale, qui est de classes, entre le bas clergé qui aidera la révolution commençante de façon décisive et le haut clergé, qui, sauf exception sera contre.

Voilà l'exemple d'un ordre qui est uni par la tonsure, ce qui est important au point de vue religieux, mais compte bien peu aux autres points de vue.

Enfin, sans oublier les données psychologiques, il semble tout de même que les modes de production et de répartition puissent fournir les éléments d'une stratification sérieuse. Pour l'essentiel, la France de Louis XIV est une grande entreprise agricole, la production agricole représente au moins les trois quarts de ce que l'on n'appelait pas encore le produit national brut. Une masse considérable de paysans producteurs verse à une masse beaucoup plus réduite de non-paysans une rente qu'on appellera comme on voudra, rente foncière, rente féodale, ou rente décimale.

Il faut donc distinguer d'une part la masse des paysans qui sont les producteurs et, d'autre part, le groupe beaucoup plus exigu des rentiers du sol qui comprend toute la noblesse, tout le clergé, presque toute la bourgeoisie, elle aussi privilégiée, et quelques-uns de ces coqs de villages qui servaient d'intermédiaires entre les paysans et les propriétaires fonciers.

Une partie de la population échappe toutefois à ce schéma d'ensemble : ce qu'on peut appeler le monde de l'industrie, du commerce et des affaires. Il y a là des groupes peu nombreux. Quelques centaines de milliers de personnes — mais efficaces, qui jouent un rôle considérable. Capitalisme commercial, un peu de capitalisme industriel, ne serait-ce que dans les

villes textiles où existe un véritable prolétariat industriel, c'est l'ébauche des structures capitalistes.

*— En fin de compte, puisque vous avez déterré
Louis XIV, que pensez-vous de son cadavre ?*

PIERRE GOUBERT. — Ce cadavre, j'ai voulu le comprendre, non le juger. Après Lucien Febvre, je pense que
l'historien n'a pas à siéger parmi les juges de la vallée
de Josaphat. Pour comprendre Louis XIV, il faut le
confronter à ses sujets, à son entourage, aux Etats
voisins. Il faut surtout le voir vieillir. La clef du personnage, si tant est qu'il y en ait une, c'est peut-être
d'abord qu'il est le Roi. Il en est profondément persuadé, il en est naturellement très fier. Il n'a jamais
douté, même s'il ne l'a jamais dit, que l'Etat c'était
lui, que le royaume c'était lui, que la France c'était lui,
que la nation — comme il l'a fait écrire — ne fait pas
corps en France, qu'elle est dans la personne même du Roi.
Cela explique son orgueil, bien sûr, mais aussi ses
mérites. Regardez ce jeune homme de vingt-trois ans.
C'est un sanguin, c'est un jouisseur, c'est un Henri IV
qui a encore meilleure santé. Et pourtant ce jeune
homme plein de vie et de sève consent à s'enfermer
dans un bureau, à lire des papiers, à s'occuper même
de finances, même d'économie, ce qui visiblement l'en-
nuie, et probablement le dégoûte.
Louis XIV c'est aussi une éducation. Mazarin, dont
il ne parle jamais, lui a appris l'Europe, lui a appris
la diplomatie, lui a assez mal appris la France, que
lui-même avait mal comprise. Louis XIV restera toujours le filleul, le pupille, un peu le beau-fils de Mazarin. Cette formation explique certaines myopies et l'inin-
telligence des changements. Louis XIV a continué à
voir l'Europe telle qu'on la voyait entre 1640 et 1660.
Une assemblée de princes catholiques, une Europe où
comptent mariages et testaments royaux, une Europe
de procès de bornages, de places fortes et de coups
d'éclat. Rien ne préparait Louis à comprendre l'écono-

mie hollandaise, ni l'originalité anglaise, ni l'embryon d'une nation allemande. Mazarin lui avait légué un corps remarquable de grands commis. Mais dès que ces hommes disparaissent — et ils ont presque tous disparu quand il s'installe à Versailles — il se montre incapable de leur choisir des successeurs.

Je crois que le vieillissement a pris chez lui des formes exceptionnelles. Jamais il n'avait été ce que nous appellerions un intellectuel. Un théologien : moins encore. Mais enfin, dans sa jeunesse, il avait du goût, il était capable de distinguer les bons auteurs, les bons musiciens, les bons artistes. Puis son goût s'est émoussé. En ce domaine, comme en d'autres, cet homme plein d'application et de courage a vieilli sans changer, en se racornissant, en se butant, alors que la France changeait et que l'Europe changeait plus encore. Cette Europe à laquelle il ne comprenait, hélas ! plus grand-chose et qu'il heurtait en agissant à contre-courant.

Propos recueillis par PATRICK LORIOL, *Le Nouvel Observateur*, 28 septembre 1966.

« La force des choses »

(...) Pierre Goubert a-t-il « démystifié » Louis XIV ? Oui et non. On le sent, chaque fois qu'il montre ses échecs, soucieux de corriger telle affirmation brutale, de ne rien pousser au noir. Avec une adresse de paysan matois, il adoucit les contours, met en relief telle province moins affectée par les catastrophes ; plus frappé par la dignité du roi dans les revers que par son orgueil dans les succès, il laisse échapper des clins d'œil entendus au lecteur sur la « force des choses ». Car, finalement, le seul domaine que l'on ne peut « démystifier » chez ce petit homme et cet homme qui ne se montra jamais petit, c'est son art d'en imposer et son souci de faire parler de lui. Que ce soit en bien ou en mal, il y a réussi. C'est même son succès incontestable.

PIERRE CASTANS : *La France catholique*, 20 janvier 1967.

Un homme de son temps

(...) Ne doutons pas que Louis XIV fut un homme de son temps, incapable de dépasser les limites de son éducation et d'embrasser, d'un seul coup d'œil, l'ensemble de la planète. Sans doute est-ce là, sinon son tort, du moins sa faiblesse. Il méconnut la puissance économique des Provinces-Unies et de l'Angleterre, comme il méprisait l'économie et les finances ; il ne sut pas apercevoir la naissance du patriotisme allemand dont il était, en partie, la cause, aveuglé par sa rivalité avec le seul Habsbourg ; il ne comprit pas les « voix nouvelles » qui s'élevaient car elles troublaient l'obéissance qu'il réclamait de ses sujets. Ne lui jetons pas la pierre. Il fut profondément roi et avec une conscience admirable. Mais, comme tout homme, il fut de sa génération, vieillit en se raidissant, en se sclérosant, si tant est qu'il est vrai, comme le dit M. Pierre Goubert, que, même au XXe siècle et *a fortiori* au début du XVIIIe, « soixante-dix ans est pour chacun l'âge de la retraite définitive sauf pour ceux qui se croient providentiels. »

Henri Legohérel, *Revue historique de droit*, XIV, 1967.

Un Louis XIV vu de gauche

L'auteur d'une thèse récente sur *Beauvais et le Beauvaisis de 1600 à 1730*, était bien armé pour retracer cette histoire du roi en son royaume, solidaire de sujets qui sont — et aux lendemains des guerres de religions et des Frondes, ce sont-là mots qui comptent — vingt millions de Français.

Les historiens modernes sont volontiers attirés par les études économiques, non que l'économie soit l'essentiel mais elle donne la mesure des moyens. Le bon sens, et l'habitude des plus humbles documents, font connaître à Goubert cette société qui (comme l'économie et comme l'Etat) « reposait sur la masse la plus nombreuse, la plus éminemment productrice, la plus dépen-

dante : la paysannerie », « groupe complexe bien plus
que classe... ». La mode, gauchisme véniel de l'auteur,
se révèle en des accentuations de mots, ou pudiques
retraits de pattes du chat qui craint l'eau (l'hétéro-
doxie), ce qui donne des phrases du genre : « La tradition distinguait dans le royaume ceux qui priaient,
ceux qui se battaient et ceux qui travaillaient, ces
derniers ignobles, puisque utiles » ou encore : « On
raconte couramment chez les royalistes historiens... ».

Il n'est de richesse que d'hommes. Il est comme un
leitmotiv, ce rappel discret de la vraie puissance : « Les
rois et leurs commis savaient bien que la richesse du
royaume constituaient un facteur considérable de puissance... ».

(...) On en comprend le thème : forte en hommes,
et riche, la France permit à son roi une action politique
hors pair. Est-ce diminuer la foi qu'exalter son
royaume ? Nous ne le croyons pas. Goubert non plus,
qui décrit, au mieux, la force du roi « reposant sur
l'éducation, sur l'expérience, sur la méfiance, sur le
profond désir d'être en tous points le « maître » (nous
aurions dit l'unique responsable), la majesté royale
dans le secret est essentiellement une victoire de la
grande vertu du siècle, la volonté. »

Au passage, Goubert ruine un certain nombre de
schémas, prenant à partie Lavisse « sorte d'historien
officiel de la république des radicaux » qui, « avec un
talent jamais égalé... a inventé de toutes pièces » un
Colbert novateur, quand même celui-ci, grand bureaucrate, se référait toujours à Richelieu pour le plus
solide de son œuvre.

Ce livre est plein d'idées, pas toujours neuves, mais
pas toujours officielles non plus, à commencer par le
rappel de cette observation du roi jeune qui déclare
mineure (sous tutelle ou curatèle) la « grandeur » des
empereurs parce qu'on leur impose, en les élisant, les
conditions qu'on veut ».

Rappelant le cas aberrant, unique au XVIIe siècle
(qui est celui des sensibilités religieuses vives) d'une

France où se côtoyaient catholiques et protestants, une « situation religieuse tout à fait extraordinaire », l'auteur replace la politique religieuse du roi dans le cadre plus général de sa politique étrangère. De fait, Louis étudiait son peuple, et les autres, sériait questions et problèmes, restait pragmatique jusqu'au bout.

(...) P. Goubert a voulu montrer aussi (et c'est la raison d'une peinture trop systématiquement et progressivement assombrie de ce temps) que le roi avait abusé de la force du royaume pour asseoir son autorité en Europe, au détriment d'une politique intérieure, que nous appellerions sociale.

Que la guerre ait pesé sur l'économie encore fruste qu'était la française au XVIIe siècle, nul doute, mais cette économie était en partie sauvée par son inorganisation même, d'où les reprises rapides. Que le roi n'ait pas su équilibrer la répartition des denrées lors des « chertés », c'est sûr ; mais pourquoi lui reprocher ce dont notre siècle, avec des moyens mécaniques mille fois supérieurs, est incapable ? Ce procès d'intentions est au service d'une thèse que nous croyons mauvaise.

Car Goubert, au fond, reste malthusien, plus marqué qu'il ne le croit par les idées modernes. Il y a opposition entre ce qu'il écrit au chapitre II, 4e partie, qu' « il y avait de la farine et du pain pour tous, mais tous ne pouvaient pas l'acheter » et au chapitre II, 5e partie : « une chute de population n'est pas forcément un malheur, lorsqu'un pays contient trop de bouches pour sa production et ses possibilités de travail » ; la première phrase est d'un historien, la seconde d'un idéologue qui sacrifierait, sans même s'en rendre compte et en toute (bonne) conscience, la partie de la population qui ne peut acheter.

C'est ce même réflexe malthusien qui lui fait croire que la politique extérieure et la politique intérieure sont antinomiques. Si nous le suivions, nous en viendrions à croire que l'excellente santé économico-démographique de la France de 1661 (due sans doute aux troubles de la Fronde, autrement réels et marqués sur le sol) ne servit jamais qu'un jeu de princes.

Il y a donc une autre thèse, autrement pernicieuse, qui tient à tout un aspect de Goubert, à cette éducation dite libérale mais assez tyrannique pour qu'il n'ait pu s'en dégager tout à fait, celle du roi sacrifiant ses sujets.

Mais cette thèse est en porte-à-faux, en contradiction même avec l'esprit de l'ouvrage. Il y a bien des causes à l'appauvrissement du royaume, et l'auteur a l'honnêteté de les présenter, en premier lieu la baisse générale des prix alimentaires en Europe, et puis « il y avait vingt-sept à vingt-huit ans que Louis gouvernait en régnant, et la population de la France s'était presque entièrement renouvelée, génération par génération, classe d'âge par classe d'âge, et chacune avait grandi et mûri dans une atmosphère différente ». Des classes creuses avaient succédé à des classes pleines. La météorologie n'avait pas toujours été favorable.

Ignorons que le roi « ignora et voulut ignorer que son temps devenait celui de la raison (?), de la science (!) et de la liberté (...) ».

Présenté en ses cinq parties qui sont, bien mieux que des autopsies, cinq biopsies véritables d'un règne bien vivant, étudié en tranches, de l'héritage en 1661 au bilan de 1715, ce petit livre est à lire, ne serait-ce que pour sa richesse de détails souvent inédits et la sympathie (pas toujours avouée) de l'auteur pour son sujet. Malgré d'assez nombreuses réserves (la folle ivraie dans la riche moisson), il s'inscrit dans la ligne d'une réhabilitation — pas encore achevée — du vrai « Grand Siècle ».

Bénassis, *La Nation française*, 29 décembre 1966.

Archi-snob...

Le roi sans majuscule, le Grand Roi, Louis XIV, est, si je me permets cet anachronisme, d'actualité. Des millions de Français (moins que les « Vingt millions de Français » que M. Pierre Goubert veut mettre en vedette avec le prince) l'ont vu l'autre mois à son lever, à sa table, à sa chasse, à son coucher.

Miracle des moyens modernes de communication et d'éducation. Rossellini et Erlanger, avec leur film télévisé le samedi 8 octobre 1966, ont sans nul doute plus fait pour ressusciter la vieille « gloire » du jeune roi de 1661 que trois cents années de légende et de cours d'histoire.

Mais grâce à Lavisse, l'incomparable Lavisse (ce « monument ancien, partial, admirablement documenté, pensé et écrit », je cite M. Goubert), tous les jeunes Français, qu'ils aient le certificat d'études primaires ou l'agrégation, se sont fait une « certaine idée » du grand roi.

Celle du prince de seize ans botté, à la cravache qui bouscule les parlementaires ; celle du roi amoureux des Mazarinettes et qui y renonce pour raison d'Etat ; celle du jeune souverain déjà glorieux qui se veut son propre premier ministre, chasse Fouquet, s'inflige Colbert avant de laisser monter Louvois, va se ruiner dans les « bâtiments » et commencer une guerre de quarante-six années contre le monde entier d'alors, en quatre épisodes (guerres de Dévolution, de Hollande, de la Ligue d'Augsbourg et de la Succession d'Espagne).

(...) Philippe Erlanger, pour académique qu'il se veuille, subtil réhabilitateur des princes contestés par la psyché patriotique et morale, les Henri III, les Régent, n'a pas voulu donner à son public littéraire, celui de la collection « jaune » de la librairie Arthème Fayard, une image aussi démodée de Louis XIV.

Avec des dizaines d'anecdotes, rarement inédites, il a su composer une suite de tableautins, plaisants, excitants et réalistes. Mieux que du Simenon, moins grandiose que du Tolstoï, quelque chose comme un portrait animé où les trop faciles couleurs à la Mignard auraient été recouvertes par les effets plus contrastés, quoique d'époque, des Le Nain.

Le sujet a toujours été difficile. Prenons Voltaire et

son « Siècle » : « *Ce n'est pas la vie de Louis XIV qu'on prétend écrire ; on se propose un plus grand objet* », etc.

Il y a de cette prétention ouverte, déclarée dans le « Louis XIV et vingt millions de Français » (dans la nouvelle collection « L'Histoire sans frontières » de François Furet et Denis Richet, collection [toujours de Fayard] universitaire, d'érudits, archi-snob).

M. Erlanger, qui est un homme de trop bonne compagnie pour étaler ses « sources » autrement que par des allusions de détective privé, a des trouvailles à la vaticane. M. Goubert dresse modestement une « esquisse bibliographique » ravissante de doctoralisme. Oui, oui, nous avons lu les deux « comprimés » de Méthivier dans les « Que sais-je ? », oui, nous feuilletons d'aventure — pour retrouver une date — les manuels de seconde de la collection Huby. Très bien, ce coup de caveçon à M. V.-L. Tapié dont les exposés sont « un peu vieillis » dans l'ancienne « Clio ». Oui, nous lirons Chaunu, Mandrou...

Mais quelle hauteur pour évoquer en une ligne les « qualités et les défauts » de la « savoureuse » Princesse Palatine et du duc de Saint-Simon.

Ce public cultivé auquel il s'adresse, M. Goubert croit-il qu'il pourrait s'intéresser vraiment à ce siècle si la grosse Bochesse, entre deux charcuteries, ne nous avait régalés de la hauteur et de la verdeur qui échappaient, naturelles, à sa plume, dans ses cabinets de Versailles ou du Palais-Royal ? Ni si le petit duc mythomane n'avait osé entreprendre dès l'âge de dix-huit ans, sous la tente, le fantastique projet ultra-moderne de tout noter, de tout raconter de ce qu'il verrait à cette inimitable Cour pendant plus de trente ans ?

Sans ces écrivains furieux, que seraient nos annales et l'Ecole des Annales de Marc Bloch et de Lucien Febvre dont se réclame M. Goubert ? Cher monsieur, ils ne nous auraient donné que d'ennuyeux « signalements » économiques et sociaux d'un siècle certainement tragique, mais pas plus triste que celui que nous vivons.

André Julien, *Le Nouvel Adam*, décembre 1966.

La dernière mode

Le règne du malheureux Roi-Soleil — décidément très maltraité ces temps-ci — nous est présenté dans les termes et selon les données furieusement économiques et sociologiques dont se gargarisent nos actuels professeurs. Le seul ennui est qu'en dépit de tout le tapage fait autour de ce livre, on se demande ce qu'il peut bien ajouter à ce que nous savions déjà sur le Grand Siècle. Mais il paraît que c'est la dernière mode.

JEAN BOURDIER, *Minute*, 9 novembre 1966.

Un anti-portrait de Louis XIV

(...) Ceux qui vénèrent les légendes de l'école communale, ceux qui ressassent les leçons de Sorel et de Bainville, ceux qui lorgnent avec gourmandise du côté des alcôves entrouvertes sous de pompeuses draperies, chercheront en vain dans le livre de M. Goubert l'image de Louis XIV à laquelle ils étaient habitués.

(...) M. Goubert l'a privé d'un centre de gravité, d'un point d'équilibre. Il a brisé en tronçons la grande voie royale où roulaient les carrosses ensoleillés. Il l'a coupée même de quelques fondrières. L'idole y bascule et s'y fracasse. Il n'y a plus un siècle de Louis XIV. Il n'y a plus de style Louis XIV.

M. Goubert qui n'aime ni les grands tableaux ni les grands ensembles — Versailles n'est pour lui que latrine nocturne ou bosquet intime à l'heure de la limonade — M. Goubert s'en réjouit. Nous croyions être introduits auprès du Grand Roi par un porche solennel. Dieu merci ! on ne nous a point fait passer par l'escalier dérobé. Mais au lieu de nous pousser à genoux vers les marches d'un trône sur un tapis bleu et or, on nous conduit par des chemins de terre où continuent de piétiner les arrière-gardes frondeuses vers des chaumières et des labours brunâtres. Nous ne sommes pas devant un tableau de Rigaud mais devant un tableau de Le Nain. M. Goubert n'attend rien du Roi qui a été trop pressé de questions et qui n'a plus grand-chose à dire. Mais le peuple va parler. On ouvre les dossiers : on dresse des fiches ; d'obscurs chercheurs n'ont-ils pas fouillé toutes les archives d'un canton ? Ils n'en ont tiré que des conclusions fragmentaires et contradictoires. En désespoir de cause, on interroge la météorologie. Un été est chaud et sec, la récolte est bonne, on fait ripaille. L'été suivant, il pleut, tout pourrit, c'est la famine. Les enfants meurent. Il en naîtra deux fois plus l'année suivante. Qu'est-ce que tout cela prouve ?

Cela prouve qu'il ne faut pas perdre son temps à déchiffrer l'histoire dans des grimoires empoussiérés. L'historien n'est rien s'il n'est qu'un greffier. Pour ressusciter un monde qui est mort, il suffit de savoir faire vivre un homme.

(...) L'année 1715 est une bonne année pour la France. « Une année riante », dit M. Goubert qui aime prendre le contre-pied de l'opinion commune et qui, pour une fois, a raison. Je sais bien que 1715, c'est pour lui une année riante, car il sent passer un air de fronde printanière dont la France était depuis longtemps sevrée. Le petit roi a cinq ans, le même âge que son arrière-grand-père lorsqu'il a été chassé de son palais au milieu de la nuit avec sa mère en robe de chambre, dans ce temps lointain où l'on écrivait déjà que « la monarchie était trop vieille ». Une monarchie trop vieille, un roi trop jeune, quelle aubaine !

Voltaire « a des idées anglaises » et l'on va mettre l'Etat en question. Or, il se trouve que l'armature dont Louis XIV a doté son pays tiendra encore près d'un siècle, que le règne de Louis XV sera l'un des plus prospères de notre histoire, que, jamais, les Français n'auront été aussi heureux. En 1715, on a prétendu que la France était exsangue. M. Goubert serait-il l'homme qui rit dans les cimetières ? 1715, c'est l'année du soleil qui se couche sur les campagnes où le blé lève et où les enfants battent des mains en mangeant des tartines de confiture.

Bon grand-père de la patrie ! C'est encore une des

figures possibles d'un roi méconnu, trop haï, trop aimé. M. Goubert n'y a pas pensé.

Philippe Sénart, *Combat*, 29 décembre 1966.

L'école de la calomnie

Les révolutions ne se contentent pas de tuer leurs ennemis, elles les traînent dans la boue et les déshonorent. Elles se prolongent par des polémiques interminables, où leurs thuriféraires s'attachent à diffamer tout le passé de la France, en particulier l'œuvre et la personne de ces souverains qui firent de notre pays le premier en Europe et le plus civilisé de l'Univers. La tâche n'est pas facile, mais, à force de ruses, de falsifications, de sophismes, de calomnies surtout, ces messieurs arrivent à persuader les naïfs.

Michelet et son école s'appliquèrent à cette tâche avec un zèle délirant, mais souvent maladroit. Puis vint une époque plus sereine, et, grâce à l'Action Française, grâce à des écrivains honnêtes, à des historiens soucieux d'exactitude, la vérité réapparut dans les livres et même dans quelques manuels. Aujourd'hui, sous le couvert de l' « Ecole Unique », et grâce à la complicité communiste-catholique-progressiste, une nouvelle offensive ignoble se déroule. (...)

L'an dernier, M. Pierre Goubert publiait chez Fayard, *Louis XIV et vingt millions de Français*, livre destiné à transférer la gloire de ce règne sublime du souverain à ses sujets. On y retrouvait les critiques anciennes et quelques reproches nouveaux ; dans l'existence si riche d'un Roi qui créa tant et qui, dans tous les domaines, multiplia ses initiatives, il n'est jamais difficile, après quatre siècles, de dénoncer des erreurs ou des maladresses. Mais l'effort pour opposer peuple et Roi constitue une imposture si flagrante qu'il faut ici la dénoncer. Louis XIV fut, durant la majeure partie de son règne, universellement populaire (sauf dans de petites cliques d'opposants) ; il incarnait la vigueur, l'ambition, la fierté de ses sujets. Il n'aurait rien pu sans eux, mais eux, sans lui, n'auraient jamais réussi à faire de la France le flambeau de l'Europe. A l'heure critique, ils se serrèrent autour de lui, et leur héroïsme assura le maintien de son œuvre. Il n'est pas jusqu'à ses erreurs dont on ne trouve la source dans ce peuple ; l'immense majorité des Français désira, applaudit et approuva la révocation de l'Edit de Nantes. Ils voyaient là une réponse normale à toutes les persécutions dont souffraient les catholiques en pays protestants ou grecs. Si tant d'historiens ont aujourd'hui l'impression qu'à la fin de sa vie Louis XIV fut entouré d'hostilité, on le doit à la popularité de Saint-Simon et à l'éclat de son style, mais, pour avoir une impression juste, il faut se reporter à ce qu'écrivait Voltaire dans son *Siècle de Louis XIV* consacré à l'époque du « Roi-Soleil ». Au demeurant, dans son dernier ouvrage sur ce Roi, Philippe Erlanger a dit avec un grand talent et beaucoup d'exactitude tout ce qu'il fallait dire. (...)

BERNARD FAY, *Aspects de la France*, 26 janvier 1967.

La fête et le drame

(...) Un livre aussi riche en réflexions, aussi ferme en documentations et aussi bouleversant dans les deux sens du terme, mériterait sans doute une analyse plus détaillée. Certains esprits polémiques l'opposeront à celui de M. Erlanger ; ce dernier caresse l'histoire de Louis XIV, la flatte, l'éclaire d'une lumière vive et appétissante, M. Goubert, lui, la retourne, la laboure et la pénètre dans ses noires profondeurs. Pour le premier, l'histoire est une fête tragi-comique ; pour le second, un drame. Les deux ouvrages, à mon avis, se complètent. Les éditions Fayard l'ont si bien senti qu'n'ont pas hésité, avec courage et peut-être malice, à leur donner à tous deux le même toit.

JOËL SCHMIDT, *Réforme*, 8 octobre 1966.

Enfin, le lecteur pourra se reporter au livre d'Alain Peyrefitte, *Le Mal français* (Plon, 1976), dont les chapitres 11 — « Le Grand Siècle, éblouissant début du déclin » — et 12 — « L'écroulement démographique » — constituent, pour une bonne part, un commentaire détaillé et élogieux des travaux de P. Goubert et, en particulier, du présent livre.

Pluriel

Mieux que des rééditions, Pluriel propose de nouvelles éditions de titres « classiques » ou récents dans une présentation éditoriale de qualité – préfaces, notes, revues de presse, etc. – qui en facilite l'accès et en renouvelle l'intérêt. Des inédits font le point sur les grandes questions d'actualité.

ART, MUSIQUE, LITTÉRATURE

FRANÇOISE CACHIN
Gauguin
Françoise Cachin, directeur du musée d'Orsay, fait revivre ici l'itinéraire singulier de Gauguin exilé social, peintre maudit, héros exotique.
288 p. ●●●● 8528

GILLES CANTAGREL
Bach en son temps *Inédit*
De l'ensemble exceptionnel de documents rassemblés ici se dégage un portrait vivant du musicien qui, trop souvent, n'est perçu qu'à travers le prisme des idées reçues.
570 p. ●●●● 8380

KENNETH CLARK
Le Nu (I et II)
Voici la réédition illustrée d'un grand classique de l'histoire de l'art publié une première fois (en 1969) dans la série « Arts » du Livre de Poche.
416 p. - 288 p. ●●●● 8498-8501

ÉRIC DARRAGON
Manet
La biographie d'un des principaux peintres impressionnistes, qui est aussi un bourgeois parisien qui rencontra les plus grands hommes de son époque : Baudelaire, Mallarmé, Banville Cros, Zola, Chabrier, Regas, Monet, Fantin...
530 p. ●●●● 8568

WILHELM FURTWÄNGLER
Musique et Verbe *Inédit*
Le parcours intellectuel et artistique d'un interprète dont la puissance d'évocation ne paraît pas avoir été dépassée. Un répertoire discographique le complète utilement.
416 p. ●•◦• 8479

ROBERT GRAVES
Les Mythes grecs (I et II)
L'essentiel de la littérature et de l'art occidentaux n'est intelligible qu'à la lumière de la mythologie grecque. D'où l'importance de ce livre où Robert Graves nous présente près de 200 mythes.
446 p. - 448 p. ●●●● 8399-8400

OTTO KLEMPERER
Écrits et Entretiens *Inédit*
Disciple de Gustave Mahler, chef reconnu de l'avant-garde puis grand interprète du répertoire classique et admirateur de Pierre Boulez, l'une des personnalités les plus marquantes de la vie musicale européenne de ce siècle.
552 p. ●•◦• 8391

GEORGES LIÉBERT
L'Art du chef d'orchestre *Inédit*
Berlioz, Wagner, Félix Weingartner, Bruno Walter et Charles Munch : les plus grands chefs d'orchestre ont écrit des textes sur la direction et l'interprétation musicales, réunis ici pour la première fois. Présentés et annotés, ils sont précédés d'une préface de Georges Liébert.
774 p. ●●● 8383

HERBERT LOTTMAN
Gustave Flaubert
Herbert Lottman a mobilisé une somme considérable d'informations sur Flaubert, son entourage et son époque, utilisé de nombreuses sources inédites ou, jusqu'à ce jour, inaccessibles. Il propose ainsi un portrait saisissant du grand écrivain, souvent à contre-pied des mythes entretenus autour de lui.
578 p. •♦•   8553

THOMAS MANN
Wagner et notre temps   *Inédit*
Thomas Mann a consacré à Wagner des textes - réunis dans ce recueil - où il observe avec une passion lucide et critique, la vie, les œuvres et les idées de l'artiste.
••   8315

VICTOR L. TAPIÉ
Baroque et Classicisme
Considérablement enrichie depuis sa première édition, cette brillante synthèse présentée ici par Marc Fumaroli est d'une lecture indispensable à qui veut comprendre l'avènement de l'Europe moderne.
512 p. •♦•   8491

DORA VALLIER
L'Art abstrait
Parmi tous les textes consacrés au même sujet, celui-ci est demeuré sans équivalent. Il permet de cerner ce phénomène du xxᵉ siècle tout en montrant que la préhistoire connaissait déjà l'abstraction en matière d'art.
352 p. ••••   8425

PHILIPPE BÉNÉTON
Introduction à la politique moderne   *Inédit*
Une analyse de la politique moderne : alternance entre démocratie libérale et régime totalitaire.
485 p. ••••   8414

RENÉ GIRARD
Mensonge romantique et vérité romanesque
Nous nous croyons libres dans nos choix. En réalité, comme le montre René Girard à partir d'une analyse des plus grands chefs-d'œuvre de la littérature romanesque, nous ne choisissons que des objets désirés par les autres.
352 p. •••   8472

La Violence et le Sacré
S'appuyant sur une relecture des tragiques grecs et sur une discussion serrée des principaux systèmes d'explication, René Girard remonte aux origines de notre civilisation, pour y découvrir le rôle de la « violence fondatrice » et de la « victime émissaire ».
544 p. ••••   8461

DANIEL HALÉVY
Nietzsche
S'il appartient au biographe d'éclairer, voire d'« expliquer » l'œuvre par l'homme, peu d'écrivains ou de philosophes justifient autant que Nietzsche cette ambition.

Nouvelle édition présentée et annotée par Georges-Arthur Goldschmidt et Georges Liébert.
736 p. •♦•   8466

ANDRÉ JARDIN
Alexis de Tocqueville
En cette fin du xxᵉ siècle, l'œuvre de Tocqueville connaît un regain de faveur. Cette biographie est indispensable à la connaissance, et même à la lecture, d'un des plus grands penseurs politiques.
546 p. •♦•   8474

BERTRAND DE JOUVENEL
Du pouvoir
Fasciné par la croissance ininterrompue du pouvoir qui rendit possible la guerre totale déclenchée par Hitler, Bertrand de Jouvenel s'est donné pour tâche d'étudier cette croissance. Un classique.
608 p. ••••   8503

FRIEDRICH NIETZSCHE
Par-delà le bien et le mal
« Ce livre est, pour l'essentiel, une critique de la modernité - sans en exclure les sciences modernes, les arts modernes, et même la politique moderne. On ne trouvera pas dans ce livre une seule parole indulgente... » écrivait Nietzsche. Édition présentée par Daniel Halévy.
286 p. ••••   8448

PHILOSOPHIE

Aurore
« On quitte ce livre avec une prudente méfiance pour tout ce qu'on avait tenu jusqu'ici en honneur et même en adoration sous le nom de morale. » F. Nietzsche voulait ce livre « ensoleillé, lisse et heureux ».
322 p. ••••   8509

Le Gai Savoir - Préface de Julien Cheverny.
Le livre le plus heureux de Nietzsche, où est exaltée et célébrée la « grande santé de l'intellect ».
352 p. ••••   8497

Humain, trop humain - Préface de Vincent Descombes.
« Humain, trop humain est le monument commémoratif d'une crise. Il se proclame un livre pour les esprits libres (...). » Nietzsche présente ainsi son recueil d'aphorismes.
724 p. •.•.   8516

Sous la direction de PASCAL ORY
Nouvelle histoire des idées politiques
Un grand ouvrage de référence, qui renouvelle la perspective des manuels existants. Bibliographie inédite.
832 p. :::   8537

JEAN-JACQUES ROUSSEAU
Du contrat social
L'oeuvre la plus célèbre et la plus obscure de l'auteur le plus vanté, le plus maudit et qui a exercé la plus grande influence sur le développement des croyances et institutions politiques de l'Europe.
Nouvelle édition, précédée d'un important *Essai sur la politique de Rousseau* par Bertrand de Jouvenel, accompagnée de notes de deux contemporains de l'auteur, et suivie de deux autres essais sur la pensée de Rousseau.
448 p. •••   8519

RAYMOND RUYER
La Gnose de Princeton
La crise religieuse de notre époque est d'abord une crise de tous les mythes qui contredisent la connaissance scientifique. Ce livre déconcertant offre le seul récit non réfutable par la science.
448 p. ••   8303

SCIENCES

CLAUDE ALLEGRE
L'Écume de la Terre
Pourquoi les éruptions volcaniques, les tremblements de terre, la diversité du relief ? La tectonique des plaques permet aujourd'hui d'expliquer ces phénomènes. Une nouvelle géologie est en train de naître.
348 p. •.•.   8443

JEAN BERNARD
De la biologie à l'éthique
Une réflexion qui vise à « limiter la souffrance » en aidant les hommes à résoudre les contradictions entre la morale et les progrès de la médecine.
320 p. •••   8554

JEAN-PIERRE CHANGEUX
L'Homme neuronal
« Quelle chimère est-ce donc que l'homme ? » demandait Pascal. Les sciences du système nerveux nous permettent aujourd'hui de mieux le comprendre. L'ambition de cette somme magistrale est de faire partager à de nombreux lecteurs l'enthousiasme qui anime les chercheurs.
384 p. ••••   8410

YVES COPPENS
Le Singe, l'Afrique et l'Homme
L'homme ne descend pas du singe, mais d'un singe : son origine est unique ; son berceau, est-africain. Yves Coppens a le mérite de proposer une solution à la succession des événements et des êtres, qui tienne compte de tout ce que l'on sait aujourd'hui.
256 p. ••   8446

BORIS CYRULNIK
Mémoire de singe et parole d'homme
L'observation du comportement des animaux et de leur « psychologie » permet de mieux appréhender l'animalité qui est en nous, mais aussi de souligner l'importance de la dimension humaine.
320 p. ••••   8434

Pour être des parents acceptables
Pour réussir l'éducation de leurs enfants, les parents doivent les accepter tels qu'ils sont, faire confiance à leur propre intuition et être sûrs d'eux. ●●●●
416 p.   8530

Dialogues avec les mères
Éduquer les enfants en aidant les parents à mieux se connaître eux-mêmes, c'est atteindre l'essentiel : trouver une façon plus harmonieuse et plus heureuse de vivre avec nos enfants.
312 p. ●●●   8605

La lecture et l'enfant
L'auteur s'étant aperçu d'un blocage qui survenait chez l'enfant face au travail de lecture, s'est attaché à découvrir le sens caché de la « faute de lecture ». Riche d'observations et de conseils, cette enquête s'adresse à tous ceux qui ont le souci d'éveiller naturellement et sans contraintes, l'enfant à la lecture.
264 p. ●●●

RAYMOND BOUDON
La Logique du social
En se rattachant aux grands sociologues du passé (Tocqueville, Marx, Durkheim, Max Weber...) Raymond Boudon bat en brèche le sociologisme et ses diverses variantes.
336 p. ●●●●   8417

L'Inégalité des chances
L'inégalité des chances a-t-elle tendance à diminuer dans les sociétés industrielles? Y a-t-il des différences entre les nations industrielles de ce point de vue ? Raymond Boudon s'efforce de répondre dans cet ouvrage rigoureux devenu un « classique » de la sociologie.
418 p. ●●●   8440

BORIS CYRULNIK
Sous le signe du lien
Á la lumière de ses études biologiques et éthologiques, Boris Cyrulnik a construit la première Histoire naturelle de l'attachement : observer le monde animal pour comprendre la nature des liens qui attachent le bébé à ses parents et découvrir que l'histoire affective du bébé commence bien avant sa naissance...
320 p. ●●●   8607

PETER DRUCKER
Les entrepreneurs
Préface de Jean-Louis Servan-Schreiber.
De tous bords, on répète que le salut viendra de l'entreprise et des entrepreneurs. Mais comment fait-on concrètement ? Ce livre apporte de vraies réponses.
384 p. ●●●●   8502

JEAN FOURASTIÉ
La Réalité économique
Écrit avec clarté et rigueur, ce traité de science économique élémentaire s'adresse à la fois aux spécialistes et au grand public.
446 p. ●●●   8488

JEAN FOURASTIÉ ET BÉATRICE BAZIL
Pourquoi les prix baissent   *Inédit*
Bourré de faits, d'observations concrètes, d'histoires ordinaires et extraordinaires, ce livre entraînera le lecteur à découvrir, au jour le jour, les secrets des prix.
320 p. ●●●●   8390

RONALD D. LAING
Le Moi divisé
Comment devient-on « fou » ? C'est ce que montre le psychiatre anglais Ronald D. Laing. Cet ouvrage n'est pas destiné aux seuls « spécialistes ».
256 p. ●   8405

HENRI LEPAGE
Demain le capitalisme
La crise que nous vivons n'est pas celle du capitalisme. Tel est le message de ce livre pionnier, qui est à l'origine du renouveau de la pensée économique libérale française.
448 p. ●●   8322

Demain le libéralisme   *Inédit*
Après le succès de Demain le capitalisme, Henri Lepage poursuit son analyse des impasses auxquelles nous a conduit une vision trop angélique de l'État et trop quantitative de la science économique.
576 p. ●●●   8358

La nouvelle économie industrielle
Ce livre reprend tous les cas difficiles du libéralisme, tous les problèmes limites où même ceux qui croient aux valeurs de la libre entreprise et de l'économie de marché acceptent de reconnaître le besoin d'une intervention de l'État. L'auteur ananlyse les limites et les défauts scientifiques des arguments généralement utilisés pour justifier l'intervention des pouvoirs publics.
450 p. •⁖•   8539

PIERRE PESTIEAU
L'Économie souterraine   *Inédit*
Les travailleurs sans papiers, le bénévole, la ménagère, l'escroc et le jardinier du dimanche : que peuvent avoir en commun ces personnages tirés d'un roman d'Agatha Christie ? Leurs activités échappent aux statistiques officielles et à toutes les formes d'imposition.
320 p. •⁖•   8524

H I S T O I R E

MAURICE AGULHON
La République de 1880 à nos jours (2 tomes)
Une analyse synthétique du régime qui fait la France depuis plus d'un siècle : la République des premières années et des « Pères-fondateurs » que furent Thiers et Gambetta ; la chute de la IIIe et de la IVe ; la persistance de la Ve République à travers un régime où le pouvoir est renforcé sous la présidence de Charles de Gaulle jusqu'à François Mitterrand.
La République - L'élan fondateur et la grande blessure (1880-1932) : La naissance de la République , la stabilisation du régime politique, la guerre 1914-1918.
480 p. •••   8602
La République - Nouveaux drames et nouveaux espoirs (1932 à nos jours) : L'enracinement de la République et la vie économique, politique et sociale qu'elle a permise en France de 1932 à nos jours.
552 p. •••   8603

MICHEL ANTOINE
Louis XV
Véritable prince charmant au début de son règne, le Bien-Aimé a vite été l'objet des clameurs d'une opinion manipulée essentiellement par les jansénistes. Son entourage, y compris la Pompadour et la Du Barry ne lui ont été d'aucun secours. Et pourtant Louis XV est l'un des souverains les plus intelligents.
1054 p. •••   8571

CLAUDE ARNAUD
Chamfort
Bâtard d'une aristocrate et d'un chanoine, tour à tour libertin, poète et jacobin, Chamfort accumu-

le les contradictions. Il est un des témoins les plus brillants de la première société du spectacle. Le volume s'achève sur 70 maximes, anecdotes, mots et dialogues inédits ou jamais réédités.
411 p. ••••   8525

JEAN-PIERRE AZÉMA ET MICHEL WINOCK
La Troisième République
La République qui s'installe en France à la faveur de la défaite de 1870 durera jusqu'à celle de 1940. Jean-Pierre Azéma et Michel Winock la présentent avec honnêteté, concision, brio.
516 p. •⁖•   8426

ALAIN BESANÇON
Présent soviétique et Passé russe   *Inédit*
Comment l'URSS se relie-t-elle à son passé russe ? Cette question domine toute interprétation du phénomène soviétique.
448 p. •⁖•   8487

FRANÇOIS BLUCHE
Le Despotisme éclairé
Le despotisme éclairé fut une réalité bigarrée, dominée par les figures de Frédéric II et de Joseph II. François Bluche nous le présente dans une synthèse brillante.
416 p. •⁖•   8442

Louis XIV
Dans cette somme qui se lit comme un roman, on retrouve ou découvre l'un des plus étonnants de nos rois, Louis XIV, qui a dominé de sa personnalité et de son rayonnement le siècle le plus brillant de notre histoire.
1054 p. •••   8510

JEAN-CLAUDE BOLOGNE
Histoire de la pudeur
Une étude de la pudeur dans une perspective jusqu'ici fort peu exploitée : sa dimension historique.
410 p. ●●●●   8500

EDMUND BURKE
Réflexions sur la Révolution en France
Préface de Philippe Raynaud
La première critique fondamentale de la Révolution française par un grand philosophe et homme politique britannique. Une lumineuse présentation de Philippe Raynaud. Édition augmentée de plusieurs autres textes sur la Révolution.
816 p. ●●●   8475

PIERRE CHAUNU
La France
De quoi est donc faite la sensibilité des Français à la France ? Et en vérité : qu'est-ce que la France ? Pierre Chaunu répond.
448 p. ●●●●   8398

JEAN CHELINI
Histoire religieuse de l'Occident médiéval
L'histoire religieuse à une époque où l'homme n'est pas seulement chrétien par le culte, mais dans tous les aspects de sa vie quotidienne. L'histoire d'une église médiévale qui n'est donc pas celle d'un monde à part, mais au contraire celle de tous les hommes d'Occident d'alors.
672 p. ●●●●   8570

JEAN-CLAUDE CHESNAIS
Histoire de la violence
Contrairement à ce que prétend la rumeur, nos sociétés ne sont pas menacées par l'ascension de la violence. Mais plus un mal diminue, plus insupportable paraît ce qu'il en reste…
512 p. ●●●●   8386

LOUIS CHEVALIER
Classes laborieuses et Classes dangereuses
Le Paris du XIXᵉ siècle est un Paris pathologique où le crime pousse en terrain privilégié comme la fleur empoisonnée d'une civilisation. Un « classique » capital de l'histoire des mœurs et des mentalités.
736 p. ●●●●   8445

Les Parisiens
Postface de Jean-Pierre Garnier
Après les bouleversements qu'a connus Paris depuis une vingtaine d'années, peut-on encore parler de Parisiens ? A peine d'habitants de Paris, répond J. P. Garnier.
452 p. ●●●●   8463

JEAN DELUMEAU
La Peur en Occident
Les individus, mais aussi les collectivités et même les civilisations, sont engagés dans un dialogue permanent avec la peur. C'est ce phénomène qu'analyse ce livre.
608 p. ●●●●   8457

GEORGES DUBY
Le Chevalier, la Femme et le Prêtre
C'est entre l'an mil et le début du XIIIᵉ siècle que l'institution du mariage s'est mise en place, imposée par l'Église pour enfermer les laïques dans la cellule conjugale, contrôlée par le clergé. Une synthèse magistrale.
320 p. ●●●   8376

Le Moyen-Age (987-1460)
4 Tomes parus - Bibliographies originales
« Ce livre n'est pas un précis d'histoire de France ; il n'est pas non plus une histoire de la civilisation française. Mon but est de montrer comment L'État émergea peu à peu de la féodalité. Évidemment, l'évolution politique prend place au sein d'un ensemble. Elle ne saurait en être isolée. Aussi ai-je veillé attentivement à ce que demeurent présents à l'esprit tous les changements qui déterminent cette évolution et sur lesquels elle retentit.
Je dois enfin avertir de deux partis que j'ai pris. Je n'ai pas hésité d'abord à m'arrêter à certains événements. La relation qu'on en a faite à l'époque projette une brusque lumière sur la conjoncture et sur les structures les plus profondes : par l'événement, nous touchons à la vie même. J'ai voulu d'autre part me tenir constamment au plus près des témoignages. Mon ambition est en effet de restituer autant qu'il est possible l'image que les hommes de ces temps lointains se faisaient de leur situation dans monde. Ce monde, je cherche à l'entrevoir par leurs yeux. »
512 p. ●●●●   8547

ALFRED FIERRO-DOMENECH
Le Pré carré
Géographie historique de la France
Un ouvrage qui allie l'étude historique à
l'approche géographique pour comprendre les
ressorts de la formation du territoire de la France
et l'évolution des divisions administratives, politiques et religieuses. Une mise en cours d'une
foule de clichés et d'idées fausses et un rappel
des réalités trop souvent oubliées ou passées sous
silence.
352 p. ●●●● 8535

JEAN FOURASTIÉ
Les Trente Glorieuses
C'est l'histoire économique, sociale et culturelle
de la France de 1945 à 1975 que retrace ici Jean
Fourastié qui a vécu en témoin attentif cette
période-clé.
288 p. ●● 8458

FRANÇOIS FURET
La révolution (2 tomes)
Une analyse synthétique de la naissance de la
démocratie française fondée sur une « idée-force » ;
la Révolution française n'a pas duré 10 ans mais un
siècle. Une vision qui éclaire d'un jour nouveau les
héritages sur lesquels nous vivons encore.
Deux volumes en Pluriel.
*La Révolution française de Turgot à Napoléon
(1770-1814)* : François Furet met en scène les
années fondatrices : des contradictions de l'ancien
régime au rétablissement d'une nouvelle monarchie, avec Napoléon ; l'histoire de la Révolution
de 1789 ; la République jacobine et la République
thermidorienne.
*Terminer la Révolution de Louis XVIII à Jules
Ferry (1814-1880)* : François Furet y décrit l'héritage de la Révolution : l'échec de rois légitimes ;
comment la Révolution de 1848 produit une nouvelle monarchie Bonaparte, avant la difficile
reconnaissance de la République, régime qui divise, finalement, le moins les Français.
544 p. - 540 p. ●●●● 8549-8550

FRANÇOIS FURET ET DENIS RICHET
La Révolution française
Peut-on comprendre la Révolution française sans
faire la critique des tabous et des mythes qu'elle

a engendrés ? Tel est le défi lancé par ce livre qui
suscite débats et polémiques.
544 p. ●●● 8485

RAOUL GIRARDET
Histoire de l'idée coloniale en France
L'idée coloniale a tenu trop de place dans l'esprit
des Français pour les laisser aujourd'hui indifférents. Une synthèse magistrale sur sa naissance,
son apogée et sa mort.
512 p. ●●● 8482

PIERRE GOUBERT
Louis XIV et vingt millions de Français
Confrontant Louis XIV à son royaume et à son
temps, Pierre Goubert présente la France du
« grand et tragique XVIIe siècle ». Nouvelle
édition augmentée d'une préface qui fait le
point des recherches en cours et d'une revue
de presse.
416 p. ●●●● 8460

Initiation à l'histoire de France
Nourri des plus récents apports de la recherche
historique, ce livre renouvelle en profondeur
notre perception de l'histoire nationale.
514 p. ●●●● 8464

FRANÇOIS GUIZOT
Histoire de la civilisation en Europe
Guizot reste le symbole de l'affairisme, de la
médiocrité et de l'aveuglement politique qui
caractérisent souvent la monarchie de Juillet. On
a fini par oublier qu'il fut l'un des historiens et
des théoriciens les plus prolifiques et les plus
importants du XIXe siècle.
396 p. ●●● 8427

JACQUES HEERS
La ville au Moyen-Age
Selon Jacques Heers, c'est non seulement le
facteur économique qui a contribué à l'évolution
du paysage urbain au Moyen-Age, mais aussi la
vie des hommes et ses formes d'organisation ,
d'assemblage, d'opposition à l'intérieur de la
Cité. Paysages, pouvoirs et conflits sont
indissociables.
Parution novembre 92.
553 p. ▪▪▪ 8614

MICHAEL HOWARD
La guerre dans l'histoire de l'Occident
Les guerres ont souvent déterminé le sort d'une société. La guerre fut un élément majeur de l'histoire de l'Occident. Michaël Howard s'est attaché à prendre l'exacte mesure - économique, technologique, culturelle, morale - de ce phénomène total.
162 p. ●   8543

YVONNE KNIBIEHLER ET CATHERINE FOUQUET -
Histoire des mères
De nos jours, la vie privée tombe par grands pans dans le domaine de l'historien, la condition maternelle également. D'où l'importance et l'intérêt de ce livre, au moment où l'institution familiale connaît une crise décisive d'adaptation.
384 p. ●●●●   8388

ANNIE KRIEGEL
Réflexions sur les questions juives   *Inédit*
A la fois témoin, historienne et journaliste, Annie Kriegel nous livre ici le fruit d'une réflexion dont l'actualité baigne dans l'eau vive d'une histoire immémoriale.
640 p. ●●●●   8423

JACQUES LACARRIÈRE
En cheminant avec Hérodote
Voyageur infatigable, Jacques Lacarrière a choisi cette fois de mettre ses pas dans ceux d'un voyageur célèbre du Vᵉ siècle avant J.-C., Hérodote, dont il présente ici les « enquêtes » en Perse et dans le Proche-Orient.
350 p. ●●   8379

En suivant les dieux
Avec les récits des peuples d'autrefois, Jacques Lacarrière a composé la légende des premiers moments de l'humanité. De Sumer à la Scandinavie et de l'Inde à l'Irlande, voici l'histoire de notre naissance et de notre aventure.
384 p. ●●●●   8484

DENIS LACORNE
L'Invention de la République
Trop souvent l'Amérique est perçue comme un pays « jeune et sans histoire ». Et pourtant la République moderne, la représentation parlemen-

taire, le constitutionnalisme, les droits de l'homme, la commémoration des événements républicains fondateurs sont autant d'inventions américaines.
320 p. ●●●   8569

FRANÇOIS LEBRUN
Histoire des catholiques en France
Phénomène culturel et politique autant que religieux, la présence des catholiques français dans l'Histoire constitue une réalité qui n'avait jamais été analysée.
608 p. ●●●●   8408

JACQUES LE GOFF
La bourse et la vie
Si l'usurier est à ce point dans le péché, c'est que, même en dormant, son argent lui rapporte...de l'argent. Voilà ce que nous apprennent les *exempla* - poèmes médiévaux -, anecdotes édifiantes à l'usage des prédicateurs. Le dilemme étant : comment garder sa bourse sans perdre son âme ?
128 p. ●   8609

EMMANUEL LE ROY LADURIE
l'État royal (1460-1610)
« Ce volume se place sous le signe de quelques idées majeures : continuité, croissance, ouverture ». « Continuité : la démographie, la société et l'économie française, si « chahutées » soient-elles, ne sont plus en proie dorénavant aux phénomènes de désintégration apocalyptique qui étaient intervenus jadis entre la Peste noire et les temps difficiles de Jeanne d'Arc ou du jeune Charles VII ».
« Croissance : l'appareil du pouvoir passe de 5 000 fonctionnaires (« officiers ») sous François Iᵉʳ à 50 000 au temps de premiers Bourbons ».
« Ouverture : une longue et sanglante recherche, plus que séculaire, détermine enfin vers 1500, au temps d'Henri IV, un triple et favorable résultat : coexistence pacifique avec les minorités huguenotes ; bonne entente avec les puissances protestantes, libérales, capitalistes (Angleterre, Genève, et surtout Hollande) ; accent heureusement mis, enfin, sur l'expansion, du reste spontanée, de l'économie nationale ».
510 p. ●●●●   8548

MAURICE LEVER
Le Sceptre et la Marotte
D'abord authentique débile mental, le fou de cour devient, au fil des siècles, la figure de l'irrévérence et du désordre. Maurice Lever fait revivre ici une galerie de personnages pittoresques.
320 p. ●●●●   8453

PIERRE MOREL ET CLAUDE QUETEL
Médecines de la folie
Contrairement à une idée solidement ancrée, on a toujours soigné les fous - ce qui ne veut pas dire, bien sûr, qu'on les ait guéris. Vingt ans après le célèbre livre de Michel Foucault, cette étude sur l'histoire des thérapies des maladies mentales jette sur la folie un regard nouveau.
288 p. ●●●●   8455

ERNST NOLTE
Les mouvements fascistes
Préface d'Alain Renaut.
Un grand classique sur l'histoire des mouvements fascistes en Europe, qui comporte une thèse originale quant aux origines et au développement du fascisme , laquelle a donné lieu à un vaste débat parmi les historiens allemands .
64 p. ●●●●   8576

RÉGINE PERNOUD ET MARIE-VÉRONIQUE CLIN
Jeanne d'Arc
Une nouvelle synthèse sur la « pucelle d'Orléans » enrichie des découvertes historiques des dernières décennies sur les mentalités du XVe siècle.
448 p. ●●●●   8499

JEAN-FRANÇOIS REVEL
Un festin en paroles
Autant que la sexualité, la nourriture est inséparable de l'imagination. Pour chaque société, la poésie, le roman ou le théâtre nous livrent un reflet de la sensibilité gastronomique courante.
280 p. ●●   8378

STÉPHANE RIALS
La Déclaration des droits de l'homme et du citoyen   *Inédit*
Le texte fondateur de la société démocratique moderne présenté ici dans son contexte histo-

rique, avec les extraits les plus marquants des débats précédant son adoption.
772 p. ●●●   8527

PIERRE RICHÉ
Les Carolingiens
Pierre Riché retrace le destin d'une famille à l'origine de la première unité européenne au VIIe siècle. Les Carolingiens, dont l'Empire finit par couvrir une grande partie des territoires de l'Occident, établiront les institutions politiques, sociales, religieuses, artistiques et culturelles dont surgira la civilisation occidentale.
432 p. ●●●   8606

YANNICK RIPPA
Histoire du Rêve
Quel regards nos aïeux, avant la naissance de la psychananlyse, portaient-il sur leurs rêves ? Message de Dieu, du diable. Le XIXe siècle essaie de le dompter, de lui donner une dimension humaine et ainsi s'achemine vers la découverte de l'inconscient. Yannick Ripa nous projette, pour la première fois, dans l'imaginaire, le caché et le secret de nos parents. Le lecteur les verra jouer leurs nuits.
288 p. ●●●●   8536

YVES ROUMAJON
Enfants perdus, enfants punis
L'histoire de la jeunesse délinquante en France à travers les siècles par un auteur à la fois historien et expert psychiatre.
354 p. ●●●   8561

MARLIS STEINERT
Hitler
Est-il possible d'établir une correspondance entre la personnalité polymorphe de Hitler et le pays morcellé et déchiré qui l'a porté au pouvoir en 1933 ? Marlis Steinert analyse le phénomène Hitler en le replaçant dans le contexte à la fois personnel, politique, économique et social qui a rendu possible l'idéologie nationale-socialiste, cataclysme sans équivalent dans l'Histoire.
Parution novembre 92.
720 p. ●●●   8616

JEAN TULARD
Napoléon
Augmentée de nouvelles annexes, d'une chronologie et d'une filmographie, cette édition est, en outre, enrichie des recherches les plus récentes.
514 p. •ᵒ•ᵒ•ᵒ   8520

EUGEN WEBER
L'Action française
L'histoire du principal mouvement royaliste et nationaliste de la France du XXᵉ siècle, mouvement qui, entre 1899 et 1944, fournit ses doctrines principales à presque toute l'extrême droite en France, ainsi qu'à d'importants partis

nationalistes et conservateurs de Belgique, d'Italie, du Portugal, d'Espagne, de Roumanie, de Suisse aussi bien que les fondements théoriques de la Révolution Nationale du gouvernement de Vichy.
710 p. •••   8542

ALAIN WOODROW
Les Jésuites
Le point sur l'ordre religieux le plus prestigieux et le plus controversé de l'Église catholique d'aujourd'hui, la Compagnie de Jésus et ses illustres membres, les jésuites, par le chroniqueur religieux du journal Le Monde.
352 p. •••   8572

ALAIN WOODROW
Après la détente   *Inédit*
Un dossier de la revue Politique internationale présenté par Hélène Carrère d'Encausse et François de Rose. La « détente » a-t-elle jamais existé ? Dans l'affirmative qu'en reste-t-il ? Et s'il n'en reste rien, par quoi la remplacer ? C'est à ces trois interrogations essentielles que tente de répondre ce dossier présenté par la revue Politique internationale.
                                                8382

MICHEL BARNIER
Le défi écologique, chacun pour tous
« 100 nouvelles mesures pour l'environnement » proposées par l'actuel député de la Savoie et le principal organisateur du Comité des Jeux Olympiques d'Albertville, parce que le service de la planète est l'affaire de tous.
336 p. ••••   8573

VLADIMIR BOUKOVSKY
De l'utopie au désastre
Une analyse implacable de la situation actuelle de l'URSS par l'un des pourfendeurs de Gorbatchev, qui chercherait, selon lui, non à changer le système, mais à le sauver. Une entreprise incertaine car l'empire s'effondre à l'intérieur comme à l'extérieur.
288 p. •••   8565

YVES CANNAC
Le Juste Pouvoir
Une réponse parfois cruelle mais constructive à

cette question fondamentale : que doivent être dans une démocratie le rôle, les moyens et les responsabilités du Pouvoir ?
Édition revue et augmentée.
318 p. •   8412

CATON
De la reconquête
L'arrivée de la gauche au pouvoir en 1981 a donné à la droite, pour la première fois, depuis vingt-cinq ans, la chance de se transformer. Seule une opposition nouvelle, armée d'idées et de stratégies neuves, pourra mener victorieusement la « reconquête ».
288 p. ••   8409

MICHEL CICUREL
La génération inoxydable
L'annonce de l'avènement d'une nouvelle génération dynamique, celle de ceux qui ont quarante ans aujourd'hui, parce qu'elle n'a pas connu « les grands malheurs de ses pères ni le bonheur clé en main de ses fils ».
262 p. •••   8560

ALFRED GROSSER
L'Allemagne en Occident
Médiateur incontesté entre Français et Allemands, Alfred Grosser dresse le bilan de la République Fédérale d'Allemagne, quarante ans après l'effondrement du Reich.
352 p. ••••   8492

ANNE-MARIE LE GLOANNEC
La Nation Orpheline

L'unité allemande est à l'ordre du jour. De la puissance qui en émergera et des relations de l'Allemagne réunifiée avec ses voisins dépend, en grande partie, l'avenir de l'Europe. L'auteur présente, ici, l'ensemble des facteurs qui préside au rapport entre les deux Allemagnes, fait un bilan plus contrasté que les stéréotypes véhiculés à ce sujet. Des clefs pour une compréhension de l'avenir de la nation allemande.
320 p. •••   8552

JACQUES LESOURNE
Les Mille Sentiers de l'avenir

Fruit d'années de recherches, ce livre tente de décrire les différentes images de ruptures et de continuités dans les pays occidentaux. Il ne se contente pas d'analyser, mais propose une synthèse et suggère des politiques.
Nouvelle édition mise à jour.
480 p. ••••   8397

MAURICE T. MASCHINO
Voulez-vous vraiment des enfants idiots ? -
Précédé de Vos enfants ne m'intéressent plus

Diagnostic accablant : l'éducation est en faillite, l'école ne fabrique plus que des cancres. Une critique féroce et lucide qui n'épargne pas plus les élèves « joyeusement incultes », les représentants de l'administration, complices, que les professeurs, passifs ou délirants.
352 p. ••••   8437

La France socialiste   *Inédit*
Préface de Michel Massenet

Les analyses et les réflexions des auteurs réunis dans ce livre, dont Béatrice Bazil, José Frèches, Bernard Jacquillat, Annie Kriegel et Jean Fourastié, forment un premier bilan de l'expérience socialiste.
512 p. ••••   8392

JULIETTE MINCES
La femme voilée

Dans les pays islamiques, la femme voilée cimente à la fois l'ordre social et conventionnel. Elle demeure la survivance d'une civilisation en transition où le dogmatisme de la tradition n'est

plus acceptable mais où le progressisme de l'émancipation ne l'est pas encore.
256 p. •••   8575

JEAN MIZRAHI
La Liberté à refaire   *Inédit*
Présenté par Michel Pringent

Vingt auteurs de disciplines différentes présentent pour la première fois une somme de réflexions et de propositions définissant ce que devrait être le programme d'un gouvernement libéral.
512 p. •••   8401

WILLIAM PFAFF
Le réveil du Vieux Monde

L'ordre international issu du second conflit mondial s'est effondré. C'est le retour de la « Vieille Europe », le dégel du glacis soviétique aidant. Cette Europe peut devenir demain la plus riche, la plus peuplée et la plus productive des communautés industrielles, mais aussi la plus dangereuse.
286 p. •••   8555

UTA RANKE-HEINEMANN
Des Eunuques pour le Royaume des cieux

Abordant les problèmes que posent les amours démoniaques, la sorcellerie, l'inceste, l'onanisme, l'homosexualité ou le remariage des divorcés, cet ouvrage dresse un véritable panorama de l'évolution de la morale sexuelle dans le catholicisme et dénonce le caractère particulièrement oppressif de la hiérarchie.
416 p. •••   8591

JEAN-FRANÇOIS REVEL
Comment les démocraties finissent

Et si les démocraties n'apparaissaient bientôt que comme de minces et précaires parenthèses à la surface de notre Histoire ? Édition revue et augmentée.
480 p. ••••   8422

Le Terrorisme contre la démocratie   *Inédit*
Revel juge de Jean-François : au florilège de ses articles ici rassemblés, l'auteur adjoint une longue préface inédite, situant l'histoire et la problématique du terrorisme contemporain.
180 p. •••   8508

La Connaissance inutile

Pourquoi, malgré l'abondance de plus en plus grande d'informations, le monde ne se porte-il pas mieux ? Pour répondre à cette question. Jean-François Revel passe en revue la situation de l'information dans le monde. L'information, la presse et les médias, mais aussi la connaissance scientifique, l'éducation, la production culturelle... Construite pour fonctionner grâce à la connaissance, notre civilisation est-elle viable si elle refuse de s'en servir ?

608 p. •♦•   8533

PIERRE ROSANVALLON
La question syndicale

Au-delà de la seule question syndicale - pourquoi le déclin enregistré aujourd'hui par le syndicalisme ? - ce livre incite à une ample réflexion sur les nouvelles conditions de la gestion du social en France.

286 p. •••   8529

JEAN-CHRISTOPHE RUFIN
L'empire et les nouveaux barbares

A la rupture Est/Ouest aujourd'hui disparue s'est substituée une nouvelle fracture Nord/Sud. Ainsi les démocraties occidentales se retrouvent-elles face à la nébuleuse des pays du Tiers-Monde, chaotique et incontournable. Les thèses exposées dans ce livre ont recueilli un large écho international et influencent directement la réflexion de gouvernants au Nord comme au Sud.

256 p. •••   8592

KAREL VAN WOLFEREN
L'Énigme de la Puissance japonaise

La redoutable omniprésence économique du Japon inquiète non seulement ses voisins asiatiques, mais aussi l'Occident. Le livre propose une explication originale des succès économiques japonais en tentant de comprendre comment le Japon est gouverné.

540 p. •♦•   8562

Composition réalisée par C.M.L. LUXAIN

IMPRIMÉ EN FRANCE PAR HÉRISSEY. - N° 62247.
HACHETTE/PLURIEL - 79, bd Saint-Germain - Paris.
Dépôt légal n° 6111, août 1993.
27-24-8460-05
ISBN : 2-01-008855-7
ISSN : 0296-2063

27.8460.1